목회자들의 영원한 숙제는 설교라고 해도 결코 지나치지 않을 것이다. 영혼 구원과 영적 성숙을 이루는 설교를 고민하는 설교자의 애틋한 노력은 아무리 강조해도 결코 지나치다고 할 수 없을 것이다. 거룩한 고민 속에 주일마다 말씀을 전해야 하는 설교자는 어떻게 하면 은혜 넘치는 설교, 감동적인 설교, 가슴에 오래오래 남는 설교, 누군가와 나누고 싶어 견디지 못하게 만드는 매력적인 설교, 평생 마음에 담아두고 좌우명처럼 되새기고 싶은 기념비적인 설교, 언제라도 적용할 수 있는 설교, 어디서든지 영롱하게 빛나는 설교, 누구에게나 변함없는 은혜를 풍성하게 하는 설교를 할 수 있을까를 묵상하고 기도한다.

이러한 설교자들에게 폭염의 타작마당에 얼음냉수 같은 길라잡이요, 북풍한설 엄동 서재에 따끈하고 영흠함이 깊이 밴 은은한 찻잔 같은 수작이 나왔다. 바로 신성욱 교수님의 『원포인트의 드라마틱한 강해설교』이다. 이 책은 하나님을 영화롭게 하고 사람들을 감동하게 하기를 원하는 설교자들에게 모범적 이론과 실제를 보여주는 최고의 걸작이다. 설교로 일생을 살아야 하는 목회자들과 목회자 후보생들에게 이 책을 권한다. 설교자의 마음과 영혼을 쓸어 담은 보석함을 여는 기분이 들 것으로 확신한다.

고명진 목사(수원중앙침례교회 담임)

신성욱 교수님의 신간을 기대하며 읽었다. 그리고 "역시!"라는 감탄을 하며 이 추천사를 쓴다. 저자는 한국교회 강단의 천편일률적인 세 대지 설교에 대해 문제를 제기하며 성경 장르의 풍성함과 본문의 힘을 살리고자 노력한다. 이 책에서 소개하는 "원포인트의 드라마틱한 강해설교"가 그 노력의 열매이다. 이 기법은 성경적이며, 효과적이고, 무엇보다 본문의 풍성한 의미와 영적인 임팩트를 살려낸다.

설교의 새로운 지평을 열기를 바라는 설교자가 있다면 지금 이 책을 탐독하라. 성경에 대한 이해가 깊어지고 설교의 영향력이 한없이 넓어질 것이다. 신 교수님의 이 책을 통해 한국교회 설교 강단에 신선한 변화가 일어날 것을 확신한다.

권호 교수(합동신학대학원대학교 설교학)

화려한 영상미디어 시대에도 설교는 여전히 하나님의 뜻을 효과적으로 전달하는 수단인가? 그렇다. 하나님께서는 말씀으로 세상을 창조하셨고, 지금도 말씀하시는 분이기 때문이다. 설교는 복음과 하나님의 뜻을 언어로 표현하는 핵심 수단이다.

'명화'와 '명설교'의 공통점이 있다. 하나의 주제가 기승전결을 통해 명확히 표현된다는 점이다. 문제 발생 → 갈등 심화 → 문제 해결의 실마리 등장 → 주인공이 문제 해결 -> 갈등 해소 과정을 거치듯, 유명 영화들은 뚜렷한 스토리라인이 있다. 이와 마찬가지로 청중에게 깊은 영향을 주는 설교는 주제가 선명하고, 그림을 그리는 듯한 상상력을 돋우는 표현을 사용하며, 듣는 내내 호기심을 자극한 뒤 '아하!' 모먼트('Aha!' Moment)를 통해 복음을 경험하게 한다.

신성욱 교수님의 이 책에는 메시지의 핵심을 원포인트로 전달하는 방법에 대한 실제적인 모든 노하우(Knowhow)가 담겨 있다. 현장 목회자들의 고민 중 하나는 '어떻게 원포인트로 메시지를 끝까지 이끌어갈 것인가'이다. 설교학을 전공하고 매주 설교하는 목회자의 입장에서 설교의 이론과 실제, 그리고 원포인트 설교법에 관한 책을 꼽으라면 단연 이 책을 추천하고 싶다.

미국 유학 시절 내러티브 설교의 창시자 유진 로우리(Eugene Lowry) 교수와 대화했던 기억이 난다. 그는 평생 '내러티브의 원포인트 설교'를 최고의 설교라 강조했다. 아무리 훌륭한 메시지라도 적절한 배치와 구성이 없이는 설교가 청중에게 제대로 전달되지 않기 때문이다. 신성욱 교수님은 내러티브 설교를 더욱 보강하고 발전시켜 '원포인트의 드라마틱한 강해설교법'을 완성했다. 이 책은 원포인트 강해설교에 대한 '단 한 권의 책'이다. 오늘날 목회자들이 이 설교법을 습득하고 체화한다면, 한국교회에 설교를 통한 새로운 부흥의 역사가 일어날 것으로 믿어 의심치 않는다.

김다위 목사(선한목자교회 담임)

설교 사역을 하면 할수록 설교자는 "무엇을 설교할 것인가?"라는 질문보다는 "그 내용을 어떻게 구성할 것인가?"라는 질문 앞에 흠칫 멈추게 된다. 설교할 진리를 파악하는 것도 중요하지만, 그 진리를 어떻게 청중의 마음을 움직이도록 구성할지가 설교자와 청중 모두에게 매주 절실한 문제로 다가오기 때문이다.

이번에 출간되는 신성욱 교수님의 『원포인트의 드라마틱한 강해설교』는 앞선 두 질문에 명쾌한 답을 주는 명저이다. 이 책은 '유사' 강해설교와 대조되는 '진품' 강해설교의 철학을 기초로 올바른 성경해석뿐만 아니라, 성경의 다양한 장르적 특징을 반영한 '효과적인 설교 프레임'을 다채롭게 제공하고 있다. 무엇보다 자신만의 독창적인 프레임을 소개하며 성경 진리를 현대 청중이 생생하고 감동적으로 받아들이도록 돕는 비결을 보여주는 실제적인 책이다.

이 책을 사서 필독해보라. 그러면 성경 진리로 청중의 마음을 움직이는 능력 있는 설교자로 성장할 수 있는 최상의 길을 발견하게 될 것이다.

김대혁 교수(총신대 신대원 설교학)

"어떤 설교가 좋은 설교일까?"

설교자라면 누구라도 한 번쯤 깊이 고민해본 질문일 것이다. 이 질문에 대한 답은 천차만별이겠지만, 한 가지 사실만은 분명하다. 좋은 설교는 기억나는 설교라는 점이다. 성도들이 설교를 들은 뒤 내용을 기억조차 하지 못한다면 그 말씀을 삶에 적용할 수 없기 때문이다. 그렇다면 어떻게 설교의 내용이 감동과 함께 기억나게 할 수 있을까? 신성욱 교수님의 『원포인트의 드라마틱한 강해 설교』는 이 질문에 대한 명쾌한 답이다.

오늘날 적지 않은 성도가 하루 전 들은 설교조차 기억하지 못하는 이유는 설교 구조가 복잡하거나 전하려는 내용이 너무 많기 때문이다. 설교자가 전하는 메시지가 너무 많으면 들을 때 은혜가 되었던 내용조차 돌아서면 기억이 나지 않는다. 신성욱 교수님의 저서는 이런 안타까운 상황에 대한 탁월한 처방전이다. 청중의 시선을 분산시키기보다는 어떻게 본문 말씀을 통해 하나님께서 전하시고자 하는 핵심 메시지를 원포인트에 담아 감동스럽게 전할 수 있는지를 이해하기 쉽게 설명해준다.

김우준 목사(지구촌교회 담임)

구약학과 신약학으로 석사학위를 받고 설교학으로 최종 박사학위를 받은 뒤 20년간 신학교에서 가르친 신성욱 교수의 『원포인트의 드라마틱한 강해설교』는 성경의 40%를 차지하는 내러티브 본문들을 가장 잘 설교할 수 있는 여러 이론적인 방법론과 구체적인 매뉴얼, 실제 샘플들을 잘 보여주고 있다.

책의 제목 자체가 이런 것들 가운데 신성욱 교수가 말하는 좋은 설교의 세 가지 특징을 잘 보여주고 있다. 첫째, 강해설교가 최고의 설교이기에 성경 본문의 주해가 튼실해야 함을 강조한다. 둘째, 설교의 논지를 한 문장으로 요약할 수 있게 해주는 원포인트 설교야말로 '3개의 대지를 가지고 실제적으로 작은 세 개(때로는 서로 연결이 안 되는)의 설교를 하는' 대지 설교가 아닌, 하나의 주제에 집중함으로써 성경적으로나 신학적으로 통찰력과 깊이가 있는 설교를 할 수 있게 해준다는 점을 설득력 있게 제시한다. 셋째, 내러티브 설교 방식은 드라마틱한 서술의 논리로 설교에 극적 요소를 가미함으로써 청중이 긴장감을 가지고 복음의 소식을 기쁨으로 들을 수 있게 해준다는 점을 강력하게 보여준다.

무엇보다 신성욱 교수의 글은 가독성이 높다. 게다가 각 이론을 제시한 다음에 구체적인 샘플을 제시함으로써 이론을 구체적으로 이해할 수 있게 돕는다. 그런 점에서 단순히 자신이 택한 설교 방식을 일방적으로 주입하려는 자세가 아니라, 왜 '원포인트의 내러티브 강해설교'를 가장 좋다고 하는지 차근차근 설명하면서 이른바 '빌드업(Build-up) 설교학'을 논리적으로 잘 제시하고 있다. 그런 점에서 신학생이나 현재 설교하고 있는 목회자들이 꼭 소장하고 읽어볼 만한 가치가 있어 기쁨으로 추천하는 바이다.

김지찬 교수(전 총신대 신대원 구약학)

40년 가까이 강대상에서 씨름하며 목회했던 나 같은 사람에게도 강대상은 여전히 익숙해지지 않는 낯선 곳이다. 그런 설교자들에게 하나님의 말씀을 바로 연구하며 효과 있게 전달하는 신 교수님의 원포인트 설교는 신선하다 못해 혁명적이라 할 수 있다. 성경을 연구하는 재미는 목회자에게 주어진 영광이다. 그리고 그 말씀을 강대상에서 선포하는 것은 설교자의 특권이자 거룩한 책임이다. 책임에는 반드시 따르는 실력 배양이 있다. 연구된 말씀의 논리적 전개와 회중의 눈높이에 전하는 소통의 기술이다.

나는 신 교수님의 원포인트 설교가 말씀의 논리적 전개에서 가장 탁월한 방법이며, 회중의 입장에서도 가장 설득력 있게 내용을 이해할 수 있는 최선의 소통 방법이라고 믿는다. 익숙한 세 대지 설교에서 원포인트로의 코페르니쿠스적 전환이 결코 만만치 않겠지만, 이 책은 더 나은 설교를 갈구하는 모든 설교자에게 교과서와 같은 친절한 가이드가 될 것을 믿고 강력히 추천한다.

김한요 목사(LA 베델교회 담임)

책을 펼치는 순간부터 한 자도 빠짐없이 몰입해서 읽도록 내 속에 존재하는 모든 환희의 세포를 일깨웠다. 성경적 설교의 학문적 기반을 확실히 보여주면서 청중의 관심을 사로잡고 삶을 변화시키는 가장 효과적인 설교 방식을 한 권의 책에 알차게 담았다. 평소에 어떤 설교 철학을 가졌든 어떤 설교 형식을 추구했든 관계없이 이 책을 읽는 순간 자신의 설교에 거대한 변화가 일어나는 것을 확인할 것이다. 지금 이 책을 손에 잡았다면 설교 여정에 광맥을 만난 것이다. 첫 장을 펼칠 때부터 빛나는 보석을 확인할 것이다. 그 설렘과 기쁨이 이번 주 강단에서 성도들의 반응으로 나타날 것으로 확신한다.

류응렬 목사(와싱톤중앙장로교회 담임, 고든콘웰신학대학원 객원교수)

목회자에게 설교보다 무거운 짐은 없을 것이다. 설교가 모든 설교자에게 부담스러운 과제이긴 하지만, 생명의 말씀을 제대로 잘 전한다면 그보다 보람 있고 행복한 사역은 없다. 선천적으로 설교에 타고난 소수의 설교자 외에는 설교 방법을 배우는 것이 필수적이다. 그런 점에서 성경적이며 효과적인 설교를 위한 좋은 스승을 만나는 것은 매우 중요한 일이다.

내가 판단하기에 이 시대 최고의 설교학자가 한 명 있다. 그는 바로 아신대에서 설교학을 가르치는 신성욱 교수님이다. 신 교수님은 강의도 탁월하지만, 설교에 관한 책 저술에도 남다른 재능이 갖추신 분이다. 그동안 이론적이면서도 실제적인 내용의 양질의 책들을 계속 펴내어 오시던 중 이번에 최고의 걸작품 하나를 또 낳으셨다. 이 책은 신 교수님 본인의 최고 주특기라 할 수 있는 '원포인트의 드라마틱한 강해설교'에 관한 책이다.

성경 본문에서 가장 핵심이 되는 메시지를 추출해 드라마틱하게 효과적으로 잘 전달하는 설교문을 어떻게 작성할 것인가에 관한 이론적이면서 실제적인 내용이 담겨 있다. 무엇보다 저자가 밝히는 방법대로 본인이 직접 작성한 설교 샘플들이 실려 있어 더욱 가치 있는 책이라 생각한다. 설교의 변화를 추구하고자 하는 이가 있다면 이 책이 '필독해야 할(Must-Read) 유일한 책'이라 확신하며, 모두에게 일독을 권한다.

소강석 목사(새에덴교회 담임)

교회사의 위대한 설교자들은 전하는 진리의 내용과 함께 그것을 전하는 방식에도 언제나 관심을 가졌다. 급변하는 시대에 성경적이며 효과적인 (Biblical & Effective) 설교를 꿈꾸는 설교자라면 이 책을 먹으시라.

현대 강단과 청중이 요구하는 '원포인트', '드라마', '강해설교'를 위한 통합적이며 실제적인 원리와 방법들이 저자의 깊고 예리한 통찰과 풍부한 예시를 통해 친절히 안내되어 있다. 일생을 설교 연구에 헌신해온 설교학자 신성욱 교수님이 제시하는 이 원리에 정통한 설교자는 생생한 복음의 진리로 청중의 영혼을 얻게 될 것이다. 일독을 추천한다.

손동식 박사(거인들의 설교연구소 대표, 햇불트리니티신학대학원 설교학 초빙교수)

하나님께서 교회에 허락하신 가장 큰 은혜의 수단은 바로 설교이다. 교회 역사를 빛내온 수많은 인물은 다름 아닌 설교자들이었다. 영적으로 침체된 교회는 설교자들의 말씀을 통해 새 생명을 얻었고, 암흑 같은 세상은 하나님의 나라로 변화되곤 했다. 이러한 이유로 기독교 2000년의 역사는 설교자의 역사라 해도 과언이 아니다.

역사적인 설교자들에게는 몇 가지 공통점이 있다. 본문 중심의 강해설교, 생생한 묘사와 설명, 하나의 주제에 충실한 전개가 그것이다. 이러한 특징은 믿음의 주인이신 예수 그리스도뿐만 아니라 교회 역사상 가장 뛰어난 설교자로 손꼽히는 조지 휫필드(George Whitefield)와 찰스 스펄전(Charles Spurgeon)의 설교를 통해서도 분명히 확인할 수 있다.

신성욱 교수님은 교회사를 이끌어온 설교자들의 이러한 특징을 자신의 명저 『원포인트의 드라마틱한 강해설교』에 고스란히 담아냈다. 이 책은 강단의 부흥을 꿈꾸는 이들에게 밝은 빛을 비추는 등불과 같은 역할을 할 것이다. 이 책을 통해 강단이 살아나고, 강단의 부흥으로 교회가 새 힘을 얻으며, 결국 말씀을 통해 이 나라와 세상이 다시금 소생하기를 소망한다. 설교를 통해 교회의 부흥을 바라는 모든 분에게 이 책을 강력히 추천한다.

오덕교 총장(횃불트리니티신학대학원대학교)

『설교의 삼중주』에서 저자는 백종원 못지않은 요리연구가로 어떻게 본문이라는 고기를 삶고 지지고 구워 내놓을지 비법을 공개했다.

『이동원 목사의 설교 세계』에서 저자는 봉준호 같은 디테일러로 초기 설교자 이동원에 대한 세밀한 스케치를 통해 우리에게 Impossible이 아니라 I'm possible이라는 희망을 주었다.

이 책에서 저자는 마치 연어처럼 맥스 루케이도와 에비앙의 신화를 뛰어넘고, 인간 논리학과 헬라 수사학을 거슬러 자신만이 아니라 우리도 본문으로 회귀하고, 거기서 '왕의 음성'을 듣고 전하라고 요청한다. 수학에 일타강사 생선 정승제가 있다면 설교학에는 '일타강사 연어' 신성욱 교수가 있다.

오현철 교수(성결대 설교학, 전 한국복음주의실천신학회 회장)

내 평생 목회하면서 가장 어려웠던 문제는 설교였다. 그런데 어느 순간 설교는 주님께서 주시는 말씀을 내가 나의 언어로 전하는 것임을 깨달았다. 그때부터 설교 준비는 주님께서 주시는 메시지를 듣는 과정이 되었다. 그렇게 되면서 자연히 나의 설교는 한 가지 메시지를 전하는 설교 형태가 되었다. 한 가지 메시지를 잘 전하는 것도 벅찬데, 두세 가지를 준비할 엄두가 나지 않았다.

신성욱 교수님을 만나 내 설교 형태가 원포인트 설교임을 알았고, 찰스 스펄전이나 존 파이퍼도 원포인트 설교를 자주 했다는 사실을 알게 되었다. 신성욱 교수님은 원포인트 설교를 체계적으로 연구하고, 이를 설교의 중요한 방법론으로 소개한 학자이며, 탁월한 설교자임을 익히 알고 있다. 이번에 신 교수님이 출간한 이 책은 원포인트의 설교를 추구하는 모든 설교자에게 보석과 같은 내용임을 확신한다. 조금 더 일찍 알고 체계적으로 배우고 훈련받았으면 좋았겠다는 마음이 늘 있었는데, 이번에 『원포인트의 드라마틱한 강해설교』라는 제목으로 책을 출간해주셔서 기쁜 마음으로 추천한다.

유기성 목사(선한목자교회 원로)

그동안 설교학계의 최고 난제는 원포인트를 설득하는 설교의 중심사상과 청중 편에서의 드라마틱한 공감을 어떻게 한 편의 설교에 담아낼 수 있느냐 하는 것이었다. 이 시대 최고의 설교학자 신성욱 교수님은 『원포인트의 드라마틱한 강해설교』에서 전통적인 강해설교의 장점과 한계, 이야기 설교와 내러티브 설교의 특징, 그리고 세 대지 설교와 원포인트 설교의 장점과 약점을 두루 섭렵한 다음에 원포인트의 드라마틱한 강해설교의 청사진을 선명하게 제시하였다.

저자의 결론을 그대로 인용하고자 한다.

"어느 날 '한 권의 책'을 읽었다. 그리고 나의 설교는 송두리째 바뀌었다."

이 책이 바로 그 '한 권의 책'이라 확신한다.

이승진 교수(합동신학대학원대학교 설교학)

목회자가 평생 포기하지 않고 마지막까지 씨름해야 하는 사명은 강단에서 성경 본문을 통해 오늘 우리에게 말씀하시는 하나님의 음성을 성도들에게 올바르게 전달하는 것이다. 이 사명을 충실히 감당하며 설교의 본질을 청중에게 명확하고 효과적으로 전달하는 것은 결코 쉬운 일이 아니다.

신성욱 교수님의 『원포인트의 드라마틱한 강해설교』는 이러한 설교의 본질과 목적을 실현하는 좋은 길을 제시한다. 이 책은 전통적인 설교 방식의 틀을 넘어 성경 본문에서 가장 중요한 메시지를 하나의 핵심으로 응축(원포인트)하고, 이를 드라마틱한 내러티브 방식으로 풀어내는 설교법을 제안한다. 또한 성경의 다양한 장르와 본문이 지닌 특징을 살릴 수 있는 체계적 프레임을 제시하며, 설교자가 실질적으로 활용할 수 있는 구체적 매뉴얼을 제시하고 있다.

이 책을 통해 설교가 단순히 청중의 귀를 즐겁게 하는 것을 넘어, 영혼을 새롭게 하고 하나님 말씀의 능력을 강력하게 체험하는 전환점을 맞기를 기대한다. 신성욱 교수님의 평생 연구와 열정이 담긴 이 책이 한국교회의 설교 현장에 새로운 변화를 일으키며 강단을 새롭게 세우는 데 크게 기여할 것을 기대하며, 기쁜 마음으로 이 책을 추천한다.

이영훈 목사(여의도순복음교회 담임)

이 책의 저자 신성욱 박사님은 교회를 세우려는 목회자의 마음을 소유한 설교학자이다. 이번에 출간되는 『원포인트의 드라마틱한 강해설교』에는 그동안 저자의 성경 세계에 대한 깊은 지식과 인문학적인 풍성한 식견과 설교 현장에서의 생생한 경험이 축약되어 있다.

이 책은 원포트설교 강해설교를 느끼고, 배우고, 현장에서 실현하길 원하는 설교자들에게 길라잡이 역할을 할 것이다. 성경적이지만 풍성한 감동이 있는 설교를 꿈꾸는 모든 설교자에게 이 책을 기꺼이 추천한다.

임도균 교수(한국침례신학대학교 설교학, 한국복음주의실천신학회 회장)

목회자에게 설교란 평생을 지고 가야 하는 십자가이다. 그 십자가를 조금이라도 가볍게 하려면 좋은 선생님과 책을 만나야 한다. 평생을 설교해 온 목사이자 설교학 교수로서 신성욱 교수님에게 "어떻게 하면 설교를 잘 할 수 있을까요?"라고 질문한다면, 그에 대한 답변은 이 책의 제목처럼 "원포인트의 드라마틱한 강해설교를 하시오"일 것이다. 이것은 신성욱 교수님이 자신의 설교학 전부를 한마디로 농축한 가장 절제된 답변인 셈이다. 자신이 평생 일궈온 일을 한마디로 정리할 수 있다면, 그는 분명 성공한 전문인 사역자이다. 우리 학교 학생들은 신 교수님을 볼 때마다 '원포인트의 설교'를 떠올린다. 분명 그들은 설교 시간에 중언부언하지 않을 것이다. 그것만 해도 신 교수님은 설교학 교수로서 충분히 성공적인 교수 사역을 하신 것이라 할 수 있다.

한 번의 설교는 제한된 시간과 공간에서 이루어진다. 그 상황에서 하나의 주제에 초점을 맞춘 설교는 적어도 그 설교를 접한 사람들에게 그 하나의 주제에 대한 인식을 성공적으로 전달할 수 있게 된다. 그런데 그 하나의 주제를 드라마틱하게 표현한다면 그 주제는 더 효과적으로 전달될 것이다. 그리고 그 주제가 성경에 온전히 기반한 것이라면 충분히 복음적인 하나님 말씀의 선포와 전달이 이루어지게 된다. 이는 가히 설교의 알파와 오메가라 부를 수 있을 것이다. 여기서 '원포인트'는 설교의 목표이고, '드라마틱하다'라는 말은 설교의 전달방식에 해당하며, 그리고 '강해'라는 말은 설교의 기초와 설교의 실체에 해당한다. 어쩌면 이것을 우리는 설교의 삼위일체라 말할 수 있을 것이다.

이제 평생 설교의 짐을 지고 가야 하는 목회자들은 신 교수님의 『원포인트의 드라마틱한 강해설교』를 통해 그 짐이 가벼워지는 은혜를 누릴 준비를 해도 되겠다. 그것이 평생을 설교학 교수로 살아온 신성욱 교수님이 누리게 될 면류관이 아닐까 생각한다.

정홍열 총장(아신대학교)

지금 우리가 살고 있는 21세기는 '단순성(Simplicity)의 시대'다. 사람들은 첨단기능의 복잡한 사회 시스템에 시달리고 있기에 더욱더 단순함에 목말라한다. 무엇보다도 단순한 메시지를 원한다. 이런 시대적 현실에 부응하여 아주 탁월한 설교학 책이 한 권 등장하였다.

설교학자요 설교가이며 문학가요 저술가인 신성욱 교수님의 『원포인트의 드라마틱한 강해설교』다. 신 교수님은 '그때 거기서(Then)의 말씀'을 '지금 여기서(Now)의 메시지'로 살려내는 설교 기술자다. 진중한 진리를 단순화시키는 탁월한 실력자다. 간단명료한 원포인트로도 깊은 강해설교가 가능하게 해준다.

이 책으로 설교는 더욱 명료해지고 실제적이 될 것이다. 사명감으로 강력히 추천한다.

조봉희 목사(목동지구촌교회 원로)

이 책의 제목에 등장하는 세 단어 '원포인트', '드라마틱', '강해설교' 중 어느 것 하나 쉬운 것이 없다. 만약 이 세 단어를 모두 담아낸 설교를 만들

수만 있다면 최고의 설교가 될 것이다. 그런 점에서 이 책은 제목만으로도 모든 설교자의 관심을 유발하기에 충분하다. 이 책은 본문을 원포인트로 수렴하고, 그 주제를 끝까지 밀도 있게 견인해가는 방식의 설교를 친절하게 소개하고 있다. 이런 방식의 설교가 필요하다는 것을 피력하는 데 그치지 않고, 그런 설교를 할 수 있도록 돕는 실제적인 책이라는 점에서 더욱 장점이 크다.

화려한 성찬에 정작 먹을 것이 없어 젓가락 소리만 요란한 밥상이 있는가 하면, 한 가지 반찬으로도 배가 부른 밥상이 있다. 신성욱 교수님은 설교의 명료성과 단순함을 늘 강조하는 분이다. 본문이 말하는 주제를 정확히 찾아내어 이야기하듯 풀어내는 실제 설교의 대가이다.

이미 탁월한 다수의 설교학 책을 집필해온 저자는 지금까지의 모든 책이 마치 이번 책을 위한 사전작업처럼 느껴지게 한다. 만약 강해설교를 드라마틱하게 구현하고 원포인트로 끌고 가는 힘을 실을 수 있다면, 어떤 설교가 그보다 더 좋을 수 있을까? 너무나도 반갑고 고마운 책이다. 모든 설교자와 신학생들에게 적극 추천한다.

최병락 목사(강남중앙침례교회 담임, 월드사역연구소 소장)

이 책은 매우 유익하며 실용적인 설교 훈련 및 설교 작성을 위한 '교과서'라고 할 수 있다. 이 책에는 저자의 길고 깊은 학문적 여정 속에서 추출한 설교에 대한 정의가 있는데, 이 시대가 기다리던 설교의 지표라 할 수 있다. 바로 '원포인트의 드라마틱한 강해설교' 말이다. 이 정의에는 오랜 기간 매주 강단에서 설교를 해온 내가 이제까지 지향해온 것이지만, 표현할 수 없었고 체계화할 수 없었던 바로 그 내용이 함축되어 있다.

이 책에서 저자는 '원포인트의 드라마틱한 강해설교'를 훈련할 수 있는 '매뉴얼'과 같은 구체적인 준비작업 과정을 소상히 제시한다. 나아가 '원포인트의 드라마틱한 강해설교'의 실례를 보여주는 샘플까지 제공하고 있다. 나는 향후 한국교회 강단이 신성욱 교수님이 집필하신 이 설교의 원리로 가득 채워지길 소망한다. 이 책에 담긴 모든 내용은 나 자신에게도 커다란 유익이 되었음을 고백한다. 바람직한 설교의 변화를 추구하는 모든 설교자에게 일독을 강추한다.

한규삼 목사(충현교회 담임)

미국 하원 최초의 여성 의원이었던 클레어 부스 루스(Clare Boothe Luce)는 1962년에 존 F. 케네디 대통령에게 결정적인 권면을 했다. "위대한 인물은 한 문장으로 묘사됩니다!"

과거의 인물, 역사적인 인물만 한 문장으로 표현되는 것이 아니다. 살아있는 우리 또한 한 단어 혹은 한 문장으로 기억된다. 그 사람이 어떤 사람이냐고 묻는다면 우리는 한두 쪽의 분량으로 답하지 않는다. 그 사람을 겪어본 토털 이미지를 한 문장으로 표현한다.

"그 사람 좋은 사람이야!" "그 사람은 믿어서는 안 돼!"

바울 사도는 누가를 가리켜 "사랑을 받는 의사 누가"(골로새서 4:14)라는 한 문장으로 표현했다. 이보다 더 확실하고 드라마틱한 표현이 있을까.

설교도 그러할 것이다. 실질적으로 성도들은 천둥같이 울리는 하나의 주제, 하나의 말씀을 기억하는 경우가 대부분이다. 이런 면에서 설교학의 거봉(巨峯) 신성욱 교수님의 '원포인트의 드라마틱한 강해설교'는 설교 현장에 너무나도 실질적인 지침이 될 것이다. 나는 쓰리(Three) 포인트 설교를 하다가 지금은 투(Two) 포인트 설교를 하고 있다. 그리고 원포인트 설교를 향해 달려가고 있다. 이 책을 통해 내가 먼저 은혜를 받는다. "맞아! 맞아!" 하고 무릎을 친다. 성도들은 세 가지를 기억하지 못하는 경우가 많다. 두 가지도 그렇다. '성경강해에 근거한 드라마틱한 하나의 메시지'면 족하다. 신성욱 교수님의 『원포인트의 드라마틱한 강해설교』는 참 좋은 책이다. 아주 탁월한 주제다. 모든 설교자에게 일독을 강추한다.

한재욱 목사(강남비전교회 담임, 『인문학을 하나님께』의 저자)

성경적이고 효과적인 베스트 설교의 프레임

원포인트의
드라마틱한 **강해설교**

성경적이고 효과적인 베스트 설교의 프레임

원포인트의

신성욱 지음

드라마틱한 **강해설교**

미래사CROSS

차례

Chapter 7   원포인트의 드라마틱한 강해설교의 실제

설교학을 가르치는 전문가로서 다음 두 가지 질문을 받을 때가 많다.

"우리나라에서 누가 설교를 가장 잘하나요?"

"하나님이 인정하시는 최고의 설교는 어떤 것인가요?"

내가 되레 묻고 싶은 질문들이다. 설교 잘한다는 평가를 받는 이들은 분명히 있다. 그런데 그들의 설교를 하나님이 인정하시는 최고의 설교라 할 수 있을까? 꼭 그런 것만은 아닐 것이다. 아무리 전달이 뛰어나서 듣는 이들 모두가 감탄할 정도의 대설교가라 해도 성경의 알맹이가 빠져 있다면 최고의 설교라고 말할 수 없다.

물론 하나님이 최고의 설교라고 지정하신 '단 하나의 모범적 설교'는 존재하지 않는다. 그렇다면 과연 최고의 설교는 어떤 설교일까? 설교 내용에 영양 만점의 본문 속 엑기스가 듬뿍 들어 있을뿐더러 그것이 맛깔스럽게 요리되어 청중이 맛있게 잘 먹는 설교가 있다면 그것이 최고의 설교가 아닐까 생각한다. '성경적이고 효과적

인(Biblical & Effective)' 설교 말이다.[1]

성경신학과 설교학을 전공한 교수로서 어떻게 하면 그렇게 기막힌 설교를 만들어 전할 것인가에 30년이나 되는 긴 시간을 바쳐왔다. 정말 하나님이 인정하시고 청중이 고대하는 설교가 어떤 설교인지를 창안하기 위해 머리를 싸매고 본문과 씨름하고 원고 작성법 창안에 심혈을 기울여왔다. 그러다가 한 줄기 작은 빛을 보게 되었고, 이 책을 통해 그것을 나누려고 첫걸음을 뗀다.

그동안 한국교회에서는 '세 대지 설교(Three-point Sermon)'가 주를 이루어왔다. 설교하는 사람 누구나가 세 대지로 설교하다 보니 그 밖의 다른 형태로 설교한다는 것은 상상도 못 할 일이 되고 말았다. 하지만 1970년부터 신설교학파를 중심으로 세 대지 설교의 문제성을 인식하고 새로운 설교의 방향을 모색하는 이들이 생겨나기 시작했다. 그 움직임의 열매로 출간된 대표적인 책이 『본문이 이끄는 설교(Text-driven Preaching)』와 『장르에 민감한 설교(Genre Sensitive Preaching)』 등이다.

설교자라면 모두 본문에 충실한 설교를 하고 싶어 하기 마련인데, 그러려면 본문의 핵심 내용('What' does he say?)을 캐내는 일에도 신경 써야 하지만, 그 내용을 어떤 양식(Genre)으로 전달할 것인지('How' do we say?)에 대해서도 관심을 기울여야 한다. 다시 말해 성경의 본문이 각기 다른 장르로 전달된 것처럼 설교를 전달할 때도 획일적인 세 대지로만 전하지 말고 본문의 핵심 메시지를 가장 정확하고 효과적으로 전달할 수 있는 다양한 프레임으로 전해야 한다는 의미다.

그런 움직임으로 인해 이제 한국 강단에서도 웬만한 설교가는 새로운 방향의 설교를 갈구하는 형편이 되었다. 문제는 어떻게 그 방향으로 가야 할지 구체적인 방법을 아직 잘 모른다는 것이다. 물론 그동안 영어권에서 설교의 새 방향을 제시하기 위해 몇 가지의 프레임이 개발되어 설교자들에게 소개되기도 했다.

하지만 그것들이 모든 본문에 적용되기에 합당한 틀인지에 대해서는 의문의 여지가 많다. 이런 문제를 누구보다 잘 아는 학자들이 성경적이면서 효과적인 설교 뼈대를 개발해주면 좋겠는데, 설교학회에서 발표하는 논문들은 대부분 원론적이고 이론적이고 학문적인 설교학의 내용들일 뿐 모든 설교자에게 도움이 되는 실제적이고도 구체적인 프레임 소개와는 거리가 먼 것들이다.

그러던 차에 성경 신학이나 설교학을 전공하지 않은 비전문가들에 의한 무분별한 '원포인트 설교 세미나'가 개최되어 적잖은 설교자들에게 악영향을 끼치기 시작했다.

"스펄전보다 더 위대한 설교를 할 수 있습니다."

"한국 최고의 설교자가 될 수 있습니다."

이처럼 과대 포장된 광고가 얼마나 많은지! 수백만 원에서부터 천만 원에 가까운 터무니없이 비싼 회비를 받는 세미나가 수두룩하다.

전문가들은 설교자들에게 실제적인 도움을 제대로 주지 못하고 있고, 무자격 비전문가들은 그들의 가려운 데를 긁어주긴 하나 시간이 지나면 그 부분에 상처가 나서 결국은 곪아 터지게 하니 이보다 더 심각한 일은 없을 것이다.

원포인트의 드라마틱한 강해설교

"선무당이 사람 잡는다"는 말이 있다. 무자격 야매꾼들에게 설교를 잘못 배우면 치명적인 해가 된다는 사실을 놓쳐선 안 된다. 성경 해석이든 설교든 아무나 가르쳐선 안 된다. 반드시 자격을 갖춘 이들이 성경적으로나 실제적으로 도움이 되는 지식을 전해야 한다.

필자가 신대원에 다니던 시절에 '이야기 설교', '스토리텔링 설교'라는 말이 간간이 들리기 시작했다. 그러다가 '이야기식 설교'나 '이야기체 설교'라는 말과 '내러티브 설교'라는 용어도 유행하기 시작했다. 그러자 교단 어른들이 나서서 비판하기 시작했다.

"설교가 무슨 이야기냐? 설교엔 권위 있고 강력한 선포가 필요한데, 이야기가 듣기는 좋을지 몰라도 선포가 없기 때문에 설교라 할 수 없어. 아이들 설교도 이야기로만 끝내면 설교가 될 수 없어! 그런데 어른 설교를 구연동화처럼 이야기식으로 한다고? 그랬다간 욕먹고 쫓겨나기 십상이지. 강대상에서 이야기 설교는 안 돼. 절대 안 돼!"

아쉽게도 그 당시에는 '이야기 설교'와 '이야기식(이야기체) 설교'를 구분하는 사람이 없었다. 사실 필자 역시 설교학을 전공한 이후에도 두 설교의 구체적 차이점을 제대로 인식하지 못했다. 그 차이를 제대로 구분해 설명해주는 책이나 자료들이 그만큼 부족했기 때문이다.

'스토리텔링 설교(Storytelling Sermon)'는 '이야기 설교'라 하고, '내러티브 설교(Narrative Sermon)'는 '이야기식 설교' 또는 '이야기체 설교'라 한다. '이야기'와 '이야기식' 또는 '이야기체'는 같은 말이 아니다.

이야기 설교는 오래전 필자가 신대원에 다닐 무렵, 텍사스 빛내리교회의 이연길 목사가 한국에서 세미나를 하며 처음으로 알린 설교 방식이다. 이 새로운 스타일의 설교는 잠시 설교자들의 관심을 끌었지만, 유행하지 못한 채 이내 시들어버리고 만다.

필자는 이야기 설교를 주일학교에서 설교할 때 성경 이야기를 현대판으로 각색해서 전하는 것쯤으로만 알았기에 전혀 매력을 느끼지 못했다. 아이들 앞에서 구연동화 하듯이 전개되는 그것을 설교라 할 수는 없었기 때문이다. 설교에는 이야기에 해당하는 예화가 한두 개 들어가긴 하겠지만, 강력한 선포나 적용이나 도전 없이 이야기로만 전개되는 설교는 너무 밋밋해서 설교 같지 않았다.

그러다가 1994년 유학 시절, 이야기 설교에 대한 필자의 선입견에 쐐기를 박는 사건이 발생했다. 우연히 한 지인 목사의 설교노트를 훔쳐보았는데, 거기에 필자가 생각하고 상상하던 바로 그 이야기 설교가 적혀 있었다. 기대가 컸던 탓일까 실망이 컸다. 처음부터 끝까지 이야기로만 구성된 설교원고였기 때문이다. 그것은 설교가 아니라 동화 속 이야기 그 자체였다. 그때부터 필자의 기억 속에서 이야기 설교는 완전히 지워지고 말았다.

그로부터 몇 년이 지난 2000년, LA에서 담임 목회를 하던 필자는 내러티브 설교에 대한 부정적 사고에 코페르니쿠스적 전회를 가져다주는 사건을 하나 경험하게 된다. 당시 필자는 사역을 쉬는 월요일마다 목회의 짐을 내려놓고 배를 타고 바다에 나가 선상 낚시를 즐기곤 했다. 대어를 낚는 그 짜릿한 손맛을 잊을 수 없어 월요일마다 거의 매번 낚시하러 나갔다.

원포인트의 드라마틱한 강해설교

어느 월요일 아침, 필자는 그날도 집에서 일찍 출발해 낚싯배 근처에서 20명 인원이 차기까지 기다리고 있었다. 그날따라 사람들이 더디 와서 얼마 전 기독서점에서 산 맥스 루케이도(Max Lucado)의 설교집 한 권을 차 안에서 읽기 시작했다.

"들고 읽어라, 들고 읽어라(Tolle lege, Tolle lege)!"라는 소리를 듣고 로마서를 읽다가 회심을 경험했던 성 어거스틴(St. Augustine)의 경우처럼 그 책 한 권이 필자를 한순간에 뒤집어놓을 줄은 꿈에도 몰랐다. 그렇게 획기적인 변화와 자극의 기회가 찾아오리라고는 정말 상상도 하지 못했다.

그의 설교집에 실린 설교 한 편을 읽고 난 뒤 필자는 더 이상 이전의 내가 아니었다. 그렇게 새롭고 신선하고 기발한 방식으로 전개되는 설교는 난생처음이었다. 필자는 낚시를 팽개친 채 차 안에서 루케이도의 설교집 한 권을 끝까지 읽었다. 충격적이었다. "아니 이럴 수가!" 감탄사가 절로 터져 나왔다.

'도대체 어떤 책이기에?' 하고 궁금해할 독자들을 위해 필자를 매료시켰던 바로 그 설교집을 소개한다. 맥스 루케이도의 로마서 설교집 『은혜를 만끽하는 비결(In The Grip of Grace)』(규장, 1997)이다.[2] 지금은 절판되었지만, 중고서점에서는 구할 수 있으리라 본다.

프랑스 소설가 앙드레 지드(André Gide)의 고백처럼 루케이도의 설교를 완독한 뒤 필자의 인생은 송두리째 바뀌었다. 필자의 설교 여정에서 B.C와 A.D는 그의 책을 읽기 전과 후로 구분된다고 봐도 좋다.

"아, 설교를 이렇게 쉽고 맛있고 재미있고 드라마틱하게 전개할 수도 있구나. 그것도 수준 높은 콘텐츠와 구체적인 적용과 함께 말이야!"

"내가 실망했던 지인 목사의 이야기 설교와는 완전히 다르군!"

"이게 바로 내가 잘 모르고 폐기 처분을 한 바로 그 이야기 설교구나!"

찬사와 탄성이 절로 터져 나왔다. 그제야 비로소 필자는 '이야기 설교'와 '이야기체 설교' 즉 '내러티브 설교'의 차이를 제대로 깨닫게 되었다. 그날로부터 루케이도의 책을 모두 주문해서 독파했다. 천부적 스토리텔러인 그의 설교집을 읽으며 필자는 비로소 내러티브 설교에 조금씩 눈을 뜨기 시작했다. 닥치는 대로 그의 책을 읽으며 신선한 내용과 함께 극적으로 전개되는 매력 만점의 구조(Structure)마다 표시를 해두었다.

그렇게 루케이도의 설교 콘텐츠와 전개 방식에 빠져든 필자는 그의 설교를 처음부터 하나씩 다시 분석해 나갔다. 그렇게 한 결과 루케이도의 설교 프레임을 기초로 한 '필자만의 독창적이고 새로운 형태의 설교 프레임'이 탄생했다. 그것이 바로 이 책에서 소개하려는 '원포인트의 드라마틱한 강해설교'다. 맥스 루케이도 덕분에 필자가 '원포인트의 드라마틱한 강해설교 프레임'을 완성할 수 있었음을 고백하며 이 자리를 빌려 깊은 감사를 표한다.

다음 두 이야기의 차이점을 읽어보라.

어느 마을에 연로하신 어머니를 모시는 한 청년이 살고 있었다. 얼마나 지극정성으로 모친을 돌봤던지 마을에서 효자로 소문이 났다. 그런데 어느 날부터 모친이 병들어 시름시름 앓아 몸져눕게 되었다. 그런데 소문을 들으니 마을 뒷산 절벽 중턱에 있는 산삼을 캐서 드리면 모친의 병을 고칠 수 있다고 했다.

효성이 지극한 청년은 마음을 굳게 먹고 밧줄을 가지고 절벽 위로 올라가 여러 번 떨어지고 상처를 입은 끝에 마침내 산삼을 손에 넣었다. 그런데 날아갈 듯 기쁜 마음으로 모친이 있는 집으로 오던 중 큰 바위 위에 있던 호랑이한테 그만 잡아먹히고 말았다. 그 결과 청년의 모친마저 세상을 떠나게 되었다.

어느 마을에 연로하신 어머니를 모시고 있는 한 청년이 살고 있었다. 얼마나 지극정성으로 모친을 돌봤던지 마을에서 효자로 소문이 났다. 그런데 어느 날부터 모친이 병이 들어 시름시름 앓아 몸져눕게 되었다. 그런데 소문을 들으니 마을 뒷산 절벽 중턱에 있는 산삼을 캐서 드리면 모친의 병을 고칠 수 있다고 했다.

효성이 지극한 청년은 어느 날 마음을 굳게 먹고 밧줄을 가지고 절벽 위로 올라가 여러 번 떨어지고 상처를 입은 끝에 마침내 산삼을 손에 넣었다. 그런데 날아갈 듯 기쁜 마음으로 모친이 있는 집으로 오던 중 청년은 큰 바위 위에 있던 호랑이를 만나게 되었다. 호랑이는 크게 포효하며 청년을 향해 돌진하려 했다.

'아, 이젠 끝이구나. 그렇게 되면 병들어 홀로 계신 어머니는 누가 봉양하고 간호할 것인가!' 절망에 빠져 있는데, 갑자기 호랑이가 "어흥!" 하며 청년을 향해 돌진했다. 체념한 청년은 눈을 감고 죽기만을 기다리고 있었다. 그런데 갑자기 "탕!" 하는 소리와 함께 청년

앞에 "털썩!" 하고 큰 물체가 떨어지는 소리가 들렸다.

눈을 떠보니 청년을 덮치려던 호랑이가 총을 맞고 바로 앞에서 숨이 끊겨 있었다. 청년이 이게 어찌 된 일인가 하고 뒤를 돌아보니 사냥꾼이 보였다. 사냥꾼이 호랑이를 노리고 있었는데, 청년을 덮치려 달려들자 총으로 쏴서 죽인 것이다.

죽음의 위기에서 가까스로 살아난 청년은 연신 고맙다고 인사하고는 집으로 달려와 모친께 소중한 산삼을 드렸다. 산삼을 먹은 모친은 기적처럼 건강을 회복했다. 이 이야기가 임금님의 귀에 들어가 청년은 효자라는 명예와 함께 기와집과 쌀가마니 등을 하사받았다. 그 뒤 이 모자는 오래오래 잘 살았다고 한다.

둘 중 어느 이야기가 더 솔깃한가? 당연히 두 번째 이야기다. 이유가 뭘까? 첫 번째 이야기는 반전 스토리가 없고 결론도 비극적인 반면, 두 번째 이야기는 손에 땀을 쥐게 하는 기막힌 반전과 함께 해피엔딩으로 끝나기 때문이다.

'밋밋한' 이야기와 '드라마틱한' 이야기체의 차이점을 이제 알겠는가? 한마디로 말해 '이야기 설교'가 '익히 잘 아는 성경 본문의 내용을 이야기로 전하는 설교'라면, '이야기체의 내러티브 설교'는 '전혀 새롭고 낯선 방식의 흐름으로 전개하는 설교'다. '첫째, 둘째, 셋째'로 전개되는 세 대지의 획일적인 설교 방식과는 완전히 다른 설교 형태인 것이다. 본문의 핵심 메시지를 오늘의 청중에게 가장 효과적으로 전하고, 가장 새롭고 드라마틱하게 잘 전개할 수 있는 흐름으로 가져가는 방식이 바로 필자가 구상하는 '원포인트의 내러티브 강해설교'다.

이 책에서는 데이비드 버트릭(David Buttrick)의 말처럼 중간중간 끊기는 여러 개의 대지 설교보다 하나의 주제를 발전시켜 나가되 연속성(Sequence)과 역동성(Movement)을 활용해 궁금증(Curiosity)을 유발시키고, 반전(Reversal) 기법을 통해 절정(Climax)에 이르게 하는 '내러티브 방식의 설교'가 청중에게 가장 호소력이 있고 설득력이 있는 설교[3]임을 구체적으로 살펴보게 될 것이다. 엔데믹 시대를 살아가는 청중이 바라고 고대하는 설교가 바로 그런 설교이다.

코로나19를 겪은 엔데믹 시대의 청중은 이전과는 다른 환경에서 생활하고 있다. 그런 이들에게 어필하는 설교를 하려면 이전 방식으로는 한계가 있다. 현대의 청중이 듣고 싶어 안달 나게 하는 설교를 할 수는 없을까? 맥스 루케이도가 필자의 가슴에 지핀 성경적이면서도 효과적으로 전달되는 설교 프레임에 관한 열정은 여전히 사그라지지 않고 있다. 이 책이 출간되고 수년이 지나면 이 책에는 없는 새로운 형태의 설교 프레임이 또다시 개발 창안될 것이다.

이 책은 필자가 아는 한 '원포인트 설교'로는 세 번째 책이 될 것이다. 앞서 박영재 목사의 『원 포인트로 설교하라』(요단, 2018)와 송인설 목사의 『원 포인트로 복음을 설교하라』(드림북, 2024)가 출간된 바 있다. 영어권도 계속 뒤져봤지만, 아직은 이 주제로 집필된 책이 보이지 않는다. 다만 필자가 창안한 '원포인트의 드라마틱한 강해설교'로는 국내외를 막론하고 최초의 저서임을 밝혀둔다.

원포인트의 설교를 하려면 일단 본문의 핵심 메시지를 추출할 수 있는 실력이 출중해야 한다. 효과적이고 드라마틱하게 전달하기만

한다고 해서 원포인트의 강해설교가 되는 것은 아니다. 본문 속에 숨은 '산삼 한 뿌리'(핵심 메시지)를 찾아낼 때 거기서 진정한 원포인트의 강해설교 작성이 시작되기 때문이다. 그런 점에서 필자의 책 『원포인트의 드라마틱한 강해설교』는 관심 있는 모든 설교자에게 가장 성경적이면서 효과적이고, 구체적이면서 실제적인 저서가 될 것으로 자부한다.

> "어느 날 '한 권의 책'을 읽었다.
> 그리고 나의 설교는 송두리째 바뀌었다."

이 책이 바로 그 '한 권의 책'이 되길 바란다. 이제 필자와 함께 '원포인트의 드라마틱한 강해설교'로의 행복한 여행을 맘껏 즐겨보자.

이 책이 나오기까지 사랑과 격려를 베풀어주신 모든 분께 감사를 드린다. 앞서 천국으로 떠나신 어머니와 아버지, 필자를 설교자이자 설교학자로 이끌어주신 영원한 멘토 대구서문교회 고(故) 이성헌 목사님과 한국 최고의 설교자이자 언제나 신선한 도전과 자극을 주시는 지구촌교회 이동원 원로목사님, 무엇보다 '원포인트의 드라마틱한 강해설교'에 눈뜨게 도전과 자극을 주신 천부적 스토리텔러 맥스 루케이도 목사님께 진심으로 깊은 감사의 마음을 전하고 싶다.

소중한 추천사로 격려해주신 고명진 목사님, 권호 교수님, 김다위 목사님, 김대혁 교수님, 김우준 목사님, 김지찬 교수님, 김한요 목사님, 류응렬 목사님, 소강석 목사님, 손동식 박사님, 오덕교 총장님, 오현철 교수님, 유기성 목사님, 이승진 교수님, 이영훈 목사님, 임도균 교수님, 정홍열 총장님, 조봉희 목사님, 최병락 목사님, 한규삼 목사님, 한재욱 목사님께도 진심으로 감사드린다.

아울러 이 책을 마음에 쏙 드는 작품으로 만들어주신 미래사의 고영래 대표님께 진심 어린 감사를 표한다. 그리고 사랑하는 아내 연희와 혜림·지민·지원·지훈 네 자녀에게도 깊은 사랑을 전하고 싶다. 끝으로, 부족한 나를 하나님의 자녀이자 말씀 사역자로 삼아주신 삼위 하나님께 무한 영광을 돌려드린다.

신성욱

설교

1) 설교의 정의

목회자가 교회와 성도를 맡아 목회하는 데 가장 필수적인 요소가 있다면 무엇일까? 이 물음에 대한 답은 사람마다 동일할 것으로 예상한다. '설교' 말이다. 그렇다면 설교란 과연 무엇일까? 한마디로 정의하기가 무척 어려운 용어다.

게르하르트 키텔과 게르하르트 프리드리히(Gerhard Kittel and Gerhard Friedrich)에 따르면 '전파하다(Preach)'로 번역되는 이 단어는 신약성경에 나오는 33개나 되는 다양한 동사들에서 온 것이라고 한다.⁴ 그중에서 가장 많이 사용하는 동사 세 가지를 살펴보면 다음과 같다.

① 케뤼소(κηρύσσω): 이것은 가장 많이 사용된 용어로 '선포하다 (Proclaim)'라는 뜻이다. 디모데후서 4장 2절에서 "너는 말씀을 전파하라"고 할 때 이 단어가 사용되었으며, 그 외에 마태복음 3장 1절과 4장 17절, 사도행전 28장 31절 등에도 나타난다. 이것은 메시지를 전하는 자가 권위를 가지고 선포하는 것을 말한다. 왕의 도착을 알린다거나, 왕의 판결을 알린다거나, 사람들에게 뭔가 소식을 전하는 행위를 의미한다. 예수님과 사도들의 설교를 두고 가장 자주 사용한 단어가 바로 이 단어다.

② 유앙겔리조(εὐαγγελίζω): 이것은 하나님의 좋은 소식(Good News)을 증거하는(Preach) 것을 뜻한다. 사도행전 15장 35절, 누가복음 8장 1절, 사도행전 8장 4~5절 등에 나타나는데, 때로는 '케뤼소'와 서로 교환돼 사용하기도 한다.

③ 마르튀레오(μαρτυρέω): 이것은 어떤 사건을 경험한 사람이 그것을 다른 사람들에게 증언하는(Testify) 것으로 법정적 용어로 사용된다. 요한계시록 1장 2절에서 요한이 자기가 본 것을 다 '증거하였다'고 할 때 이 말이 사용되었고, 요한복음 1장 7~8절 등에도 나타난다.[5]

목회 현장에서 이렇게 소중한 것이 설교인데, 한 가지 문제가 있다. 하나님 말씀인 성경의 내용으로 만든 '설교'라는 용어가 교회 안팎에서 그리 긍정적인 용어로 인식되지 못한다는 점이다. 왜 그럴까? 다음 내용에 주목해보라.

> 우리 엄마는 목사다. 목사님처럼 교회에서 설교를 잘해서 목사가 아니라 잔소리가 많아서 목사다. 내가 어쩌다 한 번 잘못을 하면 우리 엄마는 그것을 말하고 또 말한다. 그것도 모자라서 아빠가 돌아오면 꼭 일러바친다. 내가 잘못했을 때 우리 엄마가 한 번만 이야기하면 좋겠다.[6]

이 글은 안상헌의 『생산적인 삶을 위한 자기발전 노트 50』(북포스, 2005)에 나오는 어느 초등학생의 일기 내용이다.

미국의 팝 가수 마돈나의 히트곡 중에 'Papa, don't preach'가 있다. '아빠, 이제 설교 좀 그만하세요'라는 제목의 곡이다.

'비전 강연의 달인'인 강헌구 교수도 이렇게 말한다.

"당신은 '꼰대'인가, '이야기꾼'인가? 탁월한 연설가, 설교자, 그리고 프레젠터는 설교를 하지 않는다."[7]

초등학생의 일기와 유명 가수의 노래, 대학교수의 글 속에서 오늘날 세상 사람들이 설교를 어떤 의미로 받아들이고 있는지를 가늠할 수 있다. 세상 사람들은 설교를 진리의 말씀으로 인정하는 것이 아니라 '고리타분하고 지루하고 딱딱한 훈계'로 인식한다. '따분한 잔소리'로 말이다. 문제는 성도들조차 설교라 하면 이와 비슷한 반응을 보인다는 것이다.

"Great preacher doesn't preach"라는 말이 있다. "위대한 설교자는 설교하지 않는다"라는 뜻이다. 설교하지 않는 설교자는 세상에 없다. 그것도 위대한 설교자가 설교를 하지 않는다니 이해가 가지 않을 것이다. 위대한 설교자는 잔소리하듯 사람들에게 부담 주고 짜증을 유발하는 설교를 하지 않는다는 말이다.

그렇게 본다면 예수님이야말로 가장 위대한 설교자셨다. 그분의 설교는 결코 딱딱하거나 지루하지 않고, 재미있고 흥미로웠으며, 권세가 있었다. 한마디로 그분은 천부적인 이야기꾼(Storyteller)이셨다. 그래서 예수님이 가는 곳마다 수천, 수만 명이 따라다니며 그분의 말씀에 귀를 기울인 것이다.

2) 설교의 종류

설교의 종류를 살펴보기 전에 먼저 우리말의 '설교'라는 용어로 혼용되고 있는 'Sermon과 Preaching'의 차이를 정리할 필요가 있다. 보통 'Sermon'은 '설교문' 또는 '설교원고(Sermon Note)'라 할 수 있고, 'Preaching'은 '설교(시연)'라 할 수 있다. 종이에 적힌 설교문과 실제 설교의 행위(선포 or 시연)는 엄연히 구분되어야 한다.

'성경적 설교'라고 할 때 영어로는 'Biblical Preaching'이라고 하는 걸 본다. 그렇다면 따져보자. '성경적인 설교원고의 내용(Biblical Sermon)'을 작성했다는 것은 말이 되지만, '성경적으로 선포함' 또는 '성경적으로 설교함(Biblical Preaching)'이라는 표현은 말이 안 된다. 어떻게 설교(선포 or 전달)해야 성경적으로 설교할 수 있단 말인가?

따라서 본문에 충실한 내용으로 설교원고를 작성하는 것은 'Biblical Sermon'이라 하고, 그 원고 내용을 가지고 효과적으로 잘 적용하고 전하는 것은 'Effective Preaching' 또는 'Powerful Preaching'이라고 구분해서 사용하면 좋겠다.

세상에는 수없이 많은 종류의 설교가 존재한다. 다 나열하자면 끝도 없을 테지만, 여기서 살펴보려 하는 것은 성경 본문과 관련해서 어떻게 나눌 수 있는가에 대한 것이 되겠다. 쉽게 말해서 '성경 본문에 충실한가 덜 충실한가', 아니면 '전혀 충실하지 못한가', 그리고 '성경 본문의 핵심을 잘 살리는가' 아니면 '못 살리는가'에 따라 네 가지 설교로 구분할 수 있다.

대표적으로 주제설교(Topical Sermon), 주해설교(Commentary Sermon), 본문설교(Textual Sermon), 강해설교(Expository Sermon) 이 네 가지로 소개할 수 있다.

하나씩 차례로 살펴보자.

(1) 주제설교(Topical Sermon)

이것은 하나의 주제를 선택한 뒤 전체 성경을 동원해 설교하는 방식으로 '제목설교'라 부르기도 한다. 예를 들어 사랑, 미움, 낙태, 동성애, 용서 등의 주제를 택해 성경이 가르치는 진리와 교훈을 가르치는 설교다. 18세기 '영국식 설교' 방법으로 역사상 많은 설교자가 애용했던 방식으로 잘 알려져 있다.[8]

이 설교를 무조건 비성경적이라거나 강해설교와는 상관없이 수준 낮은 설교라고 부정적으로 평가하는 이들이 많다. 이 설교는 설교자가 자신이 정한 주제에 본문을 들러리 세울 가능성이 다분하기 때문에 그리 보는 것도 무리는 아니다. 그뿐 아니라 이 설교에서 사용하는 세 대지의 주제가 한 본문에서 나오기보다는 구약과 신약 전체에서 동원된다는 점에서 또한 문제로 지적되기도 한다.

하지만 이는 잘못된 편견과 고정관념에서 비롯된 오해다. 본문이 반드시 하나에서 나와야 한다는 절대 법칙은 어디에도 없다.

그것이 하나님이 설교자에게 하달하신 필수조건인가 아니면 성경이 정해놓은 절대조건인가? 하나의 본문에서 설교 내용이 나올 때가 많지만, 신구약 66권 전체가 본문이 되어서 한 본문에는 등장하지 않는 소중한 내용을 다른 본문에서도 끌어오는 방법 역시 무시되어선 안 될 것이다.

예를 들어보자.

위에서 보는 대로 세 대지에서 인용한 구절이 사무엘상 17장뿐만 아니라 역대상 29장과 시편 51편에도 나왔다. '하나님의 마음에 합한 자'의 특징으로 사무엘상 17장에는 없는 다른 두 성경 구절 내용을 소개하는 것이 어째서 문제가 된다는 말인가? 충분히 가능한 일이고 유익한 일이기도 하다. 단지 설교 본문 속에 사무엘상 17장만이 아니라 역대상 29장과 시편 51편도 함께 첨가해주기만 하면 별문제가 없다.

이번에는 주제설교 가운데 문제가 되는 실례를 들어본다. 이 설교는 이름만 대면 알 만한 유명 목사의 설교를 직접 듣고 소개하는 내용이다. 그분은 어느 주일에 창세기 30장 8절 "라헬이 이르되 내가 언니와 크게 경쟁하여 이겼다 하고 그의 이름을 납달리라 하였더라"를 본문으로 다음과 같이 설교했다. 참고로 본문 내용은 다음과 같다.

여러분, 지금은 경쟁 시대입니다. 우리는 경쟁에서 이겨야 합니다. 계시록에서는 '이기는 자'에게 주시는 선물을 세 가지로 말씀하고 있습니다. 하나씩 살펴볼까요?

첫째, 이기는 사람은 둘째 사망의 해를 받지 아니할 것입니다.(요한
계시록 2:11)

둘째, 이기는 사람은 만국을 다스리는 권세를 받을 것입니다.(요한
계시록 2:26).

셋째, 이기는 사람은 내 하나님 성전에 기둥이 되게 할 것입니
다.(요한계시록 3:12)

오늘도 무한경쟁에서 모두 이기는 자가 되어 계시록이 약속한 놀
라운 선물들을 아낌없이 받아 누리시길 주님의 이름으로 축원합
니다.

이 설교자는 '무한경쟁 시대에 성도들은 어떤 경쟁이든 늘 이겨
서 예비해두신 상을 받아 누려야 한다'는 주제를 미리 세워놓고는
그에 맞는 성경 구절을 억지로 끼워 맞춘 경우에 해당한다. 본문이
주가 되어 그 본문에 설교자가 들러리로 따라가야(Exegesis, 읽어내
기) 하는데, 도리어 설교자가 주가 되어 그가 정한 주제와는 전혀 상
관없는 구절들을 자기 마음대로 끼워 맞춰버린(Eisegesis, 읽어넣기)
것이다. 이는 주객이 전도가 된 대표적 케이스다.

요한계시록에서 언급하는 '이기는(νικάω, Overcome) 사람'을 자신
이 미리 설정해놓은 '경쟁에서 이기는(Conquer) 사람'과 자기 마음
대로 연결시켰다. 이것이 바로 주제설교의 위험성이다. 창세기 30
장 8절에서의 '이김'은 '언니에 대한 질투심에서 유발된 경쟁에서의
이김'을 뜻하는 지극히 세속적이고 부정적인 내용인 반면, 요한계
시록에서의 세 가지 '이김'은 '사탄이나 세상으로부터 오는 유혹과

원포인트의 드라마틱한 강해설교

의 싸움에서 얻은 승리'를 뜻하는 매우 긍정적이고 선한 내용이다. 따라서 의미상 서로 연결될 수 없는 내용들이다.

이처럼 주제설교는 설교자가 본문 자체보다는 자신이 정한 주제를 가지고 설교 내용을 이끌어 가려고 할 때가 많기 때문에 본문을 들러리 서게 하거나 무시할 위험성이 많은 설교라는 점을 꼭 기억해두자.

필자가 미국 트리니티 신학교(Trinity Evangelical Divinity School)에서 구약을 전공할 때, 학교에서 가장 인기 있었던 신약 전공자 존 오스본(John Osborn) 교수의 〈요한계시록〉 과목을 수강한 적이 있다. 오스본 교수는 자신의 책에서 다음과 같이 말했다.

> 우리가 종교적인 무엇인가를 언급하기 위해 성경을 도약대로만 사용한다면 우리가 말씀을 설교하고 있다고 말할 수 있는가? 성경을 한 번 열어보고는 곧 버리고 만다면 그것은 말씀을 소개하는 것이지 설교하는 것이 아니다.[9]

그렇다. 이른바 주제설교라 하는 것들을 자세히 관찰해보면 대부분 '도약대식 설교(Jumping Board Sermon)'임을 알 수 있다. 수영하려고 물속으로 다이빙할 때 도구로 사용하는 것이 바로 도약대다. 그런데 일단 점프해서 물속으로 들어가면 더 이상 도약대를 사용하지 않는다. 이와 마찬가지로 설교에서도 설교를 작성하기 위해 성경 본문을 잠시 참고하는 도약대처럼 활용하는 이들이 적지 않다.

이처럼 괜찮은 설교 같아 보이기는 하나, 본문의 의미를 충실히 반영하지 못할 위험성이 다분한 설교가 주제설교다.

(2) 주해설교(Commentary Sermon)

이것은 본문 구절을 하나씩 설명하고 해석해 나가는 방식을 말한다. 17세기 '화란식' 설교가 대표적인 예다.

주해설교는 성경 구절 중심적이며 본문을 떠나지 않고 철저히 해석 및 적용한다는 점에서 장점이 있기는 하지만, 본문의 큰 흐름과 통일성을 밝혀주지 못한다는 점에서 치명적 결함이 있다. 즉, 이 방식은 청중에게 본문의 중심사상이나 메시지가 무엇인지를 잘 드러내주지 못한다는 약점이 있다.[10] 다시 말해 이 설교는 본문의 단어와 구절을 상세히 설명하긴 하지만 정작 중요한 '핵심 메시지'가 무엇인지를 청중에게 전해주지 못한다는 문제를 안고 있다.

주제설교가 설교자가 정한 주제에 맞는 성경 구절을 신구약 전체에서 찾아 소개하는 것이라면, 주해설교는 지나치게 분석적이어서 나무는 보고 숲은 보지 못하는 우를 범할 가능성이 다분하다. 이 설교는 본래 장과 절이 없던 성경을 편의상 장절로 구분해서 나누다 보니 전체의 큰 흐름이 깨지고 단편적 지식만 얻게 되는 경우와 흡사하다고 보면 된다.

현재 적잖은 한국교회 설교자들이 주해설교를 하고 있다. 주해설교는 우선 설교하기가 쉽다는 장점이 있다. 사실상 강해설교처럼 원고를 작성하는 데 큰 수고가 들지 않는다. 그냥 한 절 읽고 설명하고 적용한 뒤, 그다음 절을 읽고 또 설명하고 적용하는 식으로 설교를 진행하면 되기 때문이다.

원포인트의 드라마틱한 강해설교

또한 이 설교를 주로 하는 이들은 스스로 가장 성경적인 설교를 하고 있다는 착각에 빠져 있음을 본다. 성경 본문을 한 절씩 하나도 빠짐없이 해석하고 적용하기 때문이다. 하지만 그렇게 한다고 강해설교가 되는 것은 아니다. 본문에 충실한 설교 같아 보여도 정작 큰 흐름은 드러내지 못하는 경우가 많기 때문이다.

성경주해가 강해설교를 위한 기초가 되는 요긴한 도구이긴 하지만, 그 자체만으로는 '성경적 설교'라는 목적을 이룰 수 없다는 한계가 있다. 사실상 주해설교라는 것은 설교라기보다는 '성경공부'에 더 가깝다고 보는 것이 적합할 것이다. 주해설교가 본문을 한 절 한 절 상세히 해석하는 것이라면, 강해설교는 성경 주해를 통해 얻은 본문 전체의 흐름과 큰 메시지를 전달한다는 점에서 차이가 있다.[11]

필자가 신대원에 다니던 1980년대에 온누리교회의 고(故) 하용조 목사가 영국의 데니스 레인(Denis Lane) 목사를 초빙해 여러 차례에 걸쳐 강해설교 세미나를 개최한 적이 있다. 데니스 레인 목사는 당시 OMF(Overseas Missionary Fellowship) 이사회의 총책임자이자 널리 알려진 강해설교가로, 필자도 그가 인도하는 강해설교 세미나에 참석한 적이 있었다.

여백과 함께 성경 본문이 한 절씩 적혀 있는 교재를 가지고 참가자들이 깊은 묵상을 통해 한 절씩 깨달은 말씀과 적용 거리들을 적어나가는 방식의 훈련 세미나였던 것으로 기억한다. 그런 훈련을 받아본 경험이 거의 없던 당시 한국교회 목회자들에게 이것은 매우 신선하고 유익한 방법으로 와닿았다. 그렇게 데니스 레인의 방식을 배우다 보니 깊은 묵상을 통해 설교할 거리도 생겨서 그때부터 주해설교를 따라 하기 시작한 설교자가 엄청나게 늘었던 것으로 안다.

그렇다면 주해설교는 어떤 식으로 전개되는지 다음에 실례를 소개한다.

"에브라임 산지 라마다임소빔에 에브라임 사람 엘가나라 하는 사람이 있었으니 그는 여로함의 아들이요 엘리후의 손자요 도후의 증손이요 숩의 현손이더라"(사무엘상 1:1)

사무엘이 등장하기 전에 조상들의 이름이 쭉 기록되어 있습니다. 이름은 하나의 역사를 의미합니다. 사무엘의 아버지 에브라임 사람 엘가나는 레위 족속 중에서 고핫 자손에 속한 사람이었습니다 (역대상 6:22~27). 그가 에브라임 사람이라고 불린 것은 에브라임 지역에서 살던 레위인이었기 때문입니다.

장소는 '에브라임 산지 라마다임소빔'인데, 그다지 유명할 게 없는 지역입니다. 하나님을 섬기는 레위인으로 이왕이면 이스라엘의 성지인 실로나 벧엘에서 섬기면 좋겠지만, 사무엘의 조상들은 라마다임소빔처럼 이름 없는 곳에서 묵묵히 신앙을 지키며 살아갔습니다. 유명하지 않아도 믿음의 조상들이 했던 기도 덕분에 사무엘이 태어났을 것입니다.

4대째 모태 신앙인으로서 지금 제가 이렇게 사역하는 것도 조상들의 믿음의 기도가 쌓였기 때문이라고 생각합니다. (…)

"그에게 두 아내가 있었으니 한 사람의 이름은 한나요 한 사람의 이름은 브닌나라 브닌나에게는 자식이 있고 한나에게는 자식이

없었더라"(사무엘상 1:2)

엘가나라는 이름은 '하나님께서 형성하셨다, 하나님이 소유하셨다'는 뜻이고, 한나는 '풍성한 은혜'라는 뜻입니다. 그리고 브닌나는 '진주'라는 뜻입니다.

하나님이 형성하신 엘가나와 풍성한 은혜인 한나가 합쳐 둘이 잘 살면 그만이지 거기에 진주 브닌나가 왜 필요합니까? 그러니 사실 한나의 고통은 자신을 가장 사랑하는 엘가나 때문에 온 것입니다. 아브라함과 사라도 하나님의 때까지 기다리지 못해 하갈을 얻고, 거기에서 나온 이스마엘이 대대로 이스라엘을 괴롭히는 비극의 근원이 되었습니다. 하나님을 믿는 한 사람의 결정이 복의 근원이 되기도 하고 비극의 근원이 되기도 합니다.

"이 사람이 매년 자기 성읍에서 나와서 실로에 올라가서 만군의 여호와께 예배하며 제사를 드렸는데 엘리의 두 아들 홉니와 비느하스가 여호와의 제사장으로 거기에 있었더라"(사무엘상 1:3)

엘가나는 매년 실로로 올라가 여호와께 예배하고 제사를 드렸습니다. 이렇게 경건한 사람이 첩을 들였습니다. 우리가 주님을 사랑하지만 이것만은 못 끊겠다고, 이것만은 꼭 하고 싶다고 하는 것이 있을 수 있습니다. 그런데 그 한 가지 때문에 비극이 찾아올 수 있습니다. 순간의 선택이 영원을 좌우합니다. 너무나 간절한 그 한 가지, '이것만은 좀 봐주셨으면' 하는 단 한 가지라도 하나님이 허락하시지 않으면 포기할 수 있어야 합니다. 경건한 엘가나의 '한 가지', 바로 브닌나 때문에 비극이 시작되었습니다. (…)

"엘가나가 제사를 드리는 날에는 제물의 분깃을 그의 아내 브닌나와 그의 모든 자녀에게 주고 한나에게는 갑절을 주니 이는 그를 사랑함이라 그러나 여호와께서 그에게 임신하지 못하게 하시니 여호와께서 그에게 임신하지 못하게 하시므로 그의 적수인 브닌나가 그를 심히 격분하게 하여 괴롭게 하더라"(사무엘상 1:4~6)

엘가나가 한나를 사랑해서 제물의 분깃을 갑절이나 주었지만, 임신을 못하는 한나는 자녀가 많은 브닌나 때문에 격분해 괴로웠습니다. 남편 사랑을 못 받는 브닌나에게는 자녀를 주시고, 자식이 없는 한나는 남편의 사랑을 받게 하시니 공평하지 않습니까? 야곱의 부인이었던 레아와 라헬도 그랬습니다.

한나가 경건한 남편 엘가나의 사랑을 받아도 하나님께서 임신하지 못하게 하셨습니다. '여호와께서 임신하지 못하게 하셨다'는 말씀이 두 번이나 나옵니다. 성경에 같은 말씀이 반복해서 나오는 것은 굉장히 중요하다는 뜻입니다. 한나가 임신을 못한 것은 하나님이 막으셨기 때문입니다. 지금 내가 임신을 못하고 돈이 없는 것은 하나님이 막으셨기 때문입니다. 오늘 우리의 사업과 학업을 막으신 것은 하나님께서 못하게 하신 것입니다.

그런데 이것이 어떤 모양으로 왔습니까? 환난과 연단, 핍박으로 옵니다.

"매년 한나가 여호와의 집에 올라갈 때마다 남편이 그같이 하매 브닌나가 그를 격분시키므로 그가 울고 먹지 아니하니"(사무엘상 1:7)

브닌나가 자식을 줄줄이 낳으면서 아들을 못 낳는 한나를 격분하게 하고 괴롭게 합니다. 이때 남편이 한나를 이렇게 위로합니다.

"그의 남편 엘가나가 그에게 이르되 한나여 어찌하여 울며 어찌하여 먹지 아니하며 어찌하여 그대의 마음이 슬프냐 내가 그대에게 열 아들보다 낫지 아니하냐 하니라"(사무엘상 1:8)

아무리 재물을 갑절로 주고 사랑을 해주면 뭐합니까? 위로가 안 됩니다. 이렇게 위로가 안 되고 너무나 간절한 고통이 있을 때 진정성 있는 기도를 하게 됩니다. 한나의 기도를 통해 '하나님께 가져가는 기도'의 다섯 가지 특징을 살펴보려고 합니다.

"한나가 마음이 괴로워서 여호와께 기도하고 통곡하며"(사무엘상 1:10)

첫째, 통곡의 기도입니다. (…)

"서원하여 이르되 만군의 여호와여 만일 주의 여종의 고통을 돌보시고 나를 기억하사 주의 여종을 잊지 아니하시고 주의 여종에게 아들을 주시면 내가 그의 평생에 그를 여호와께 드리고 삭도를 그의 머리에 대지 아니하겠나이다"(사무엘상 1:11)

둘째, 서원기도입니다. (…)

"그가 여호와 앞에 오래 기도하는 동안에 엘리가 그의 입을 주목한즉 한나가 속으로 말하매 입술만 움직이고 음성은 들리지 아니하므로 엘리는 그가 취한 줄로 생각한지라"(사무엘상 1:12~13)

셋째, 침묵기도입니다. (…) [12]

이 내용은 널리 알려진 한 목사의 설교집 첫 설교에 나오는 내용의 요약본으로, 주해설교의 전형이라 할 수 있다. 본문으로 선정된 구절을 한 절 한 절 빠짐없이 차례로 상세히 설명하고 적용해 나가는 방식임을 볼 수 있는데, 중요하지 않은 지엽적인 구절이나 내용까지도 간과하지 않고 모두 설명하기 때문에 본문의 핵심 메시지에 집중적으로 많은 시간을 할애할 수 없다는 데 큰 취약점이 있는 설교임을 알 수 있다.

사무엘 아버지의 고향과 거주지와 엘가나, 한나 그리고 브닌나의 이름 뜻을 아는 것은 본문 저자의 핵심 메시지를 이해하는 데 그리 중요한 사안이 아니다. 본문의 핵심 메시지를 찾기 위해서는 한나의 태를 닫으신 하나님의 의도를 살펴야 한다. 하나님은 사무엘이라는 위대한 영적 지도자를 잉태함에 아무런 고뇌와 기도, 헌신 없이 성취되는 것을 원치 않으셨다. 이에 한나가 대단한 믿음과 순종과 헌신으로 응함으로써 비로소 말씀이 희귀한 암담한 시기에 선지자 사무엘이 탄생하게 된 것이 본문의 핵심 내용이다. 이것이 빠져 있는 설교는 강해설교가 아님에 유의하라.

(3) 본문설교(Textual Sermon)

본문 설교는 설교 내용이 본문에서 나오긴 하지만 1~2절 또는 2~3절 정도의 짧은 분량을 본문으로 선정해서 설교하는 형태를 말한다. 많은 설교자, 특히 부흥사들이 이 설교를 성경적인 설교라 생각하며 설교한다.

하지만 이 설교는 보통 짧은 성경 구절을 본문으로 하기에 근시안적 설교가 되며, 설교자가 본문의 전후 문맥을 고려하지 않고 해석하므로 본문이 오용될 위험이 많은 유형이다. 즉, 전후 문맥에 상관없이 짧은 본문에만 집중하므로 통일성 있는 큰 틀의 말씀 전달이 아니라 파편적이고 단편적인 지식에 머무를 수밖에 없다. 결과적으로 청중에게 편협하고 제한된 성경 지식을 전하게 되어 진리를 왜곡시킬 가능성이 아주 높은 설교 방식이라 할 수 있다.

본문을 선정할 때는 반드시 '하나의 큰 주제(One Big Idea)'가 내포된 단락을 본문으로 선정하는 것을 원칙으로 한다. 그렇게 하려면 적어도 본문이 8절 이상은 되어야 정상이다. 본문설교의 문제점을 보여주는 실례를 하나 소개해본다. 이 설교의 본문은 여호수아 1장 6~8절이다. 내용은 다음과 같다.

> "강하고 담대하라 너는 내가 그들의 조상에게 맹세하여 그들에게 주리라 한 땅을 이 백성에게 차지하게 하리라 오직 강하고 극히 담대하여 나의 종 모세가 네게 명령한 그 율법을 다 지켜 행하고 우로나 좌로나 치우치지 말라 그리하면 어디로 가든지 형통하리니 이 율법책을 네 입에서 떠나지 말게 하며 주야로 그것을 묵상하여 그 안에 기록된 대로 다 지켜 행하라 그리하면 네 길이 평탄하게 될 것이며 네가 형통하리라"(여호수아 1:6~8)

이 본문은 세 대지 설교를 행하기에 매우 적절해 보인다. 딱 세 개의 명령형 동사, 즉 '강하고 담대하라!', '우로나 좌로나 치우치지 말라!', '율법책의 내용대로 다 지켜 행하라!'가 나오기 때문이다.

하지만 이 세 구절을 본문으로 정하는 것은 '통전적인(Holistic) 성경해석'과 '완전한 복음(Complete Gospel)'을 망쳐버리는 끔찍한 비극이 됨을 설교자 대부분이 모르고 있다. 여호수아 1장 6~8절만을 본문으로 잡아서 설교하면 '조건부의 율법적' 설교가 됨을 알아야 한다.

이는 복음의 진수를 망치는 잘못된 설교의 전형적 실례이자 본문 설교의 문제점을 적나라하게 보여주는 좋은 실례다. 성경의 복음은 '하나님의 구원계획'과 '은혜의 약속'으로 출발한다. 그로부터 하나님의 사람다운 '삶의 열매'가 필요하다. 다시 말하면 '은혜(Being) + 순종(Doing)'의 흐름으로 가야 한다는 말이다.[13]

따라서 여호수아 1장을 본문 저자의 의도와 흐름대로 해석해 적용하려면 본문을 6절이 아닌 1절에서부터 잡아야 한다. '은혜의 약속'이 1~5절에 나타나 있기 때문이다. 은혜의 약속 없이 명령의 내용만을 전하면 효과적이지도 않고 절름발이 율법적 설교가 될 수 있음에 유의해야 한다. 1~5절의 내용은 다음과 같다.

"여호와의 종 모세가 죽은 후에 여호와께서 모세의 수종자 눈의 아들 여호수아에게 말씀하여 이르시되 내 종 모세가 죽었으니 이제 너는 이 모든 백성과 더불어 일어나 이 요단을 건너 내가 그들 곧 이스라엘 자손에게 주는 그 땅으로 가라 내가 모세에게 말한 바와 같이 너희 발바닥으로 밟는 곳은 모두 내가 너희에게 주었노니 곧 광야와

이 레바논에서부터 큰 강 곧 유브라데 강까지 헷 족속의 온 땅과 또 해 지는 쪽 대해까지 너희의 영토가 되리라 네 평생에 너를 능히 대적할 자가 없으리니 내가 모세와 함께 있었던 것 같이 너와 함께 있을 것임이니라 내가 너를 떠나지 아니하며 버리지 아니하리니"(여호수아 1:1~5)

하나님의 무조건적 은혜의 약속에 관한 내용이다. 따라서 강해설교가 되려면 본문을 여호수아 1장 6~8절이 아니라 1장 1~8절까지로 잡아야 한다. 그래야 '은혜의 약속 + 순종의 삶'의 균형 잡힌 강해설교가 완성될 수 있기 때문이다.

(4) 강해설교(Expository Sermon)

마지막 설교 유형으로 강해설교가 있다. 이것은 바로 다음 장에 소개할 내용이므로 여기서는 '본문설교와 강해설교의 공통점과 차이점'에 대해서만 언급하고 넘어가자.

본문설교와 강해설교는 설교 내용이 본문에 나온다는 점에서 공통점이 있다. 하지만 본문설교가 저자의 핵심 메시지가 포함되든 포함되지 않든 상관없이 짧은 구절만을 본문으로 정하는 반면, 강해설교는 저자가 의도한 큰 흐름과 메시지를 포괄하는 내용까지를 본문으로 선정한다는 점에서 차이가 있다.

이제 다음 장에서 강해설교에 대해 구체적으로 살펴보자.

강해설교

Expository Sermon

1) 베스트 설교

2년 전, 부평에 있는 어느 교회에 설교하러 갔다. 예배 시작 전 담임목사 내외분과 식사를 하는데, 갑자기 사모가 질문을 했다.

"교수님, 어떤 설교가 좋은 설교인가요? 어떻게 하는 게 설교를 잘하는 건가요? 강사분들 많이 모셔보지만, 탁월한 설교자라 생각되는 분들이 별로 없는 것 같아요!"

강사 앞에서 실례가 되는 질문이라 생각하긴 했지만, 남편보다 더 용감해 보이는 사모의 진솔한 질문이 무척 반가웠다. 식사하는 동안 사모와만 약 20분 정도 좋은 설교에 관한 이야기를 나눈 것 같다.

필자가 설교자들에게 가장 많이 받는 질문 중 하나가 이것이다.

"어떤 설교가 최고의 설교입니까?"

필자는 아직 이에 대해 확실한 답을 준비하지 못하고 있다. 왜냐하면 이 질문은 그 누구도 제대로 답하기 어려운 사안이기 때문이다.

언젠가 기도 중에 동일한 질문을 하나님께 드려본 적이 있다.

"하나님, 어떤 설교가 최고의 설교인가요?"

하지만 여태껏 답을 주시지 않고 있다. 그래서 설교자들이 최고의 설교라고 인정하는 설교 중에서 한 단어로 언급할 수 있는 용어를 몇 가지 생각해보았다.

그중 하나가 '성경적 설교(Biblical Sermon)'다. 성경적 설교라고 하면 다들 최고의 설교로 인정하지 않을까 싶다. 성경적 설교를 한다는데 흠잡을 사람이 있겠는가? 그런데 꼭 그렇지만은 않은 것 같다.

필자가 아는 어느 여집사가 어느 주일에 이웃 교회에 가서 새로 부임한 담임목사의 설교를 듣고 왔다. 그날 밤 같은 교회에 출석하는 친구와 통화를 하다가 그 사실을 말했더니, 친구가 그 목사 설교가 어떻더냐고 물었다. 그래서 본문 이야기를 많이 하지 않는 자기 교회 담임목사와는 달리 성경적 설교를 하더라고 답했다. 그랬더니 친구의 입에서 즉각 튀어나온 말이 "야, 참 따분했겠다!"였다. 이렇게 성경적으로 설교한다고 하면 지겹고 따분하다고 생각하는 이들이 많아서 문제다.

다음으로 생각한 최고의 설교 후보는 '본문 중심 설교(Text-centered Sermon)'다. 하나님의 말씀인 성경 본문에 충실한 설교가 최고의 설교가 아닐까? 하지만 이 역시 '본문'이라는 말을 별로 좋아하지 않는 청중은 전혀 배려하지 않는 설교이기에 베스트 설교 타이틀로는 적합하지 않은 듯하다.

세 번째로 떠오른 것은 '깊은 설교(Deep Sermon)'다. 이것은 설교 내용에 '의미심장한(Meaningful) 콘텐츠가 많은 설교'를 의미한다. 이는 성경 속에서 대부분이 발견하지 못한 보다 깊은 의미를 전하는 설교로서 장점이 많지만, 이 설교 역시 청중에 대한 적용에 대해선 침묵하고 있어 최고의 설교라고 하기는 힘들다.

마지막 대안으로 '강해설교(Expository Sermon)'를 말할 수 있다. 필자는 아직까지 강해설교에 대해서 이의를 제기하는 사람을 보지 못했다. 강해설교라 하면 진보 신앙이든 보수 신앙이든 가릴 것 없이 모두가 가장 좋아하는 설교임에 틀림없다. 그렇기 때문에 최고의 설교를 하나의 고유명사로 표현한다면 강해설교가 가장 적절한 설교가 아닐까 생각한다.

문제는 강해설교가 어떤 의미의 설교를 가리키는지에 대해 제대로 이해하거나 정확히 정의를 내리는 이가 드물다는 데 있다. 다시 말해 강해설교에 대해 잘못 생각하는 이들이 많다는 것이다. 따라서 강해설교가 무엇인지 정확히 알아야겠는데, 그전에 강해설교가 아닌 것부터 정리해두면 좋을 것 같다. 물론 어떤 이의 말처럼 진짜 보석이 무엇인지를 제대로 보여주면 가짜 보석은 자동적으로 판별될 수 있다.

그래도 워낙 '가짜 강해설교'가 난무하기 때문에 그것부터 먼저 소개한 뒤 제대로 된 강해설교를 설명하는 것이 도움이 될 것이다. 그렇다면 강해설교가 아님에도 강해설교로 많이 오해되어온 것들이 무엇인지에 대해 하나씩 살펴보자.

2) 강해설교가 아닌 것들

(1) 종교적 담화(Religious Discourse)

성경 본문과 별 관계가 없는 '종교적 담화'는 강해설교가 아니다. 여기에 속하는 대표적 설교가 '주제설교'라 할 수 있다. 물론 주제설교지만 강해설교에도 속하는 설교가 있을 수 있다. 당연히 모든 주제설교는 강해설교여야 한다고 믿는다.

그런데 사실상 대부분의 주제설교는 본문 내용과는 별 상관이 없고, 본문을 들러리 삼은 채 설교자가 하고 싶은 이야기만 늘어놓는 경우가 많다.

예를 들어보자.

〈세상의 빛이신 예수님〉

(요한복음 8:12)

1. 예수님은 지적인 세계의 빛이시다.
2. 예수님은 사회적인 세계의 빛이시다.
3. 예수님은 종교적인 세계의 빛이시다.
4. 예수님은 암흑세계의 빛이시다.
5. 예수님은 영원한 천국의 빛이시다.[14]

위 설교의 개요(Outline)를 보면 대지 숫자가 많긴 해도 언뜻 보기에 짜임새 있는 설교라 볼 수 있다. 하지만 문제는 설교의 대지들이 본문 내용과 거의 상관없이 작성되어 있다는 점이다. 이런 설교는 강해설교가 아니다.

(2) 성경주해(Bible Exposition)

설교를 하면서 주석(Commentary)에 나오는 내용처럼 성경 본문 내용을 주해식으로 잘게 쪼개어 한 단어나 한 절씩 설명해 나가는 방식이 있다. 이것을 가리켜 '구절별 강의(Verse-by-Verse Teaching)'라 부른다.

이런 스타일로 설교하는 이들은 본문을 샅샅이 연구해서 설명하기 때문에 본인들이 가장 성경적인 설교를 한다는 자부심을 가지고 있다. 이들의 약점에 대해서는 리처드 메이휴(Richard Mayhue)가 정확히 지적하고 있다.

> "강해설교는 일관성과 통일된 개요, 그리고 전체적인 지향성이 없이
> 그저 한 단어에서 다음 단어로 혹은 한 구절에서 다음 구절로 연속
> 해서 주해하는 것이 아니다."[15]

주해설교를 설명할 때 언급했듯이 강해설교가 되려면 한 단어 한 단어, 한 구절 한 구절을 잘게 쪼개어 설명하기보다는 '문맥 전체를 통해 흘러가는 중심사상'을 전달하는 일에 중점을 둬야 한다. 이런 점에서 성경주해는 강해설교를 위한 기초 닦기에 도움이 되는 도구이긴 하지만, 그 자체만으로는 강해설교라 할 수 없다는 점에 유의해야 한다.

(3) 성경공부(Bible Study)

적지 않은 설교자들이 '성경공부식 내용'을 설교라고 전달하고 있음을 본다. 주로 성경을 사랑하는 보수교단에 속한 설교자들에게서 이런 유형을 볼 수 있다. 어떤 이는 '성경공부식 설교'라고 하는데, 그것을 설교라 할 순 없다. 성경공부식이라면 더 이상 설교가 아니기 때문이다. 따라서 '성경공부식 내용'이라고 표현하는 게 옳다.

과거 신대원 시절, 설교학 수업 시간에 5분간 설교를 시연한 뒤 교수님의 평가를 받은 적이 있다. 그때 기숙사 방을 같이 쓰던 친구가 시연을 했는데, 시연 후 교수님의 평가는 이랬다.

"이 학생은 성경을 잘 가르치는 사람입니다. 그러나 이걸 설교라

고 할 수는 없어요. 설교는 적용이 있어야 하고 선포가 있어야 하는데, 지금 이 학생이 한 것은 성경을 가르친 거지 설교는 아니에요."

나중에 기숙사로 돌아온 친구가 몹시 기분 나빠하면서 교수님의 평가를 비판하던 일이 지금도 기억에 생생하다.

그렇다. '성경공부'와 '설교'는 구분되어야 한다. 엄연히 다르다는 사실에 유의해야 한다.

(4) 성경묵상(QT)

교회 안에 큐티를 즐겨 하는 교인들이 많다. 큐티는 한국교회에 들어와서 완전히 정착한 아주 좋은 케이스의 묵상법이다. 하지만 큐티집이 정해놓은 몇 구절의 본문이나 개인이 정한 자기 입맛에 맞는 몇 구절만을 택해서 묵상하고 적용하는 경우가 대부분이다.

그러다 보니 성경 본문의 단편적 지식이나 교훈만 섭취할 뿐이라는 약점이 있다. 성경 전체의 문맥을 간과한 짧은 본문의 묵상과 적용에는 '교훈 도출'이라는 '영양결핍의 열매'밖에는 따 먹을 길이 없다. 큐티가 강해설교를 만들어 선포하는 작업에 작은 도움을 주긴 하지만, 그 자체만으로 강해설교라 할 수 없는 이유가 여기에 있다.

그렇다면 진정한 강해설교는 과연 무엇일까?

3) 강해설교의 정의

설교자는 물론이겠지만, 강해설교라는 말을 들어보지 않은 성도도 없을 것이다. 하지만 강해설교가 무엇인지를 제대로 알고 설명할 수 있는 사람은 얼마나 될까?

본교 예배설교학 석박사 과정에 지원한 목사들을 면접할 때면 필자가 어김없이 묻는 질문이 하나 있다.

"강해설교가 무엇인지 아는 대로 답해보시오!"

이것은 십수 년 동안이나 계속 던져온 질문인데, 강해설교를 정확히 아는 목사가 매우 드물다는 사실을 알 수 있었다.

그럼 강해설교란 무엇인가? 다음에서 하나씩 살펴보자.

(1) 강해설교에 대한 오해

강해설교에 대한 오해를 살펴보면 유익할 것이다. 대표적인 오해 몇 가지를 소개해본다.

첫째, 강해설교는 따분하다는 생각이다.

전통적 강해설교에 대한 오명이 '지겹고 따분한 설교(Dull and Boring Preaching)'이다. 존 맥아더(John MacArthur)가 바이런 얀(Byron Yawn)의 책 『자기 목소리로 설교하라』의 추천사에서 언급한 내용을 소개해본다.

성경 본문에 푹 빠진 강해설교자가 따분한 설교를 하다니! 과연 가능한 일인가? 하지만 내가 알기로, 따분한 설교를 하는 강해설교자들이 적지 않다. 사실, 아주 많다. 몇몇 진영에서는 강해설교의 평판이 땅에 떨어졌다. 당연한 일인지도 모르겠다. 메마르고 냉랭한 설교, 뜻도 모를 전문 용어가 난무한 설교가 수많은 강해설교를 망치고 있다. 얼마든지 피할 수 있는 일인데도 말이다. 바이런 얀이 이 책에서 힘주어 지적했듯이 강해설교는 절대로 무미건조하지 말아야 함은 물론, 단순히 현학적이어서도 안 된다.[16]

강해설교의 단점으로 지적되는 첫 번째가 '따분하다'는 점인데, 존 맥아더가 잘 설명하고 있다. 하지만 그의 말에 어폐가 있으니, '따분한 설교를 하는 강해설교자들이 적지 않다'는 내용이다. 따분하게 설교하는 것은 강해설교가 아니다. 그러므로 '따분한 설교를 하는 강해설교자들'이라는 표현은 성립될 수 없다. 따분하게 설교하는 이상 그는 강해설교자가 아니기 때문이다.

둘째, 강해설교는 '귀찮은 훈계(Tiresome Admonition)'나 '성가신 잔소리(Nag)'라는 생각이다.

바이런의 이야기를 들어보자.

> '설교조의 훈계(Preachy)'를 하는 설교자를 성경적이라고 생각하는 교인이 얼마나 많은지 모른다. 단지 '전통적' 설교처럼 들린다고 성경적 설교는 아니다. 성경적 설교는 '뚜렷한 울림'이 있다. 들어보면 금방 안다.[17]

그렇다. 강해설교는 결코 훈계조의 잔소리나 사람을 귀찮게 만드는 부류의 설교가 아니다. 오히려 흥미도 있고 활기차고 감동을 주는 설교다.

셋째, 강해설교는 '연속설교'를 의미한다는 생각이다.[18]

설교자들 중에는 성경을 한 권씩 처음부터 끝까지 떼는 것을 강해설교로 생각하는 이들이 적지 않다. 물론 그런 방식의 설교도 강해설교라 할 수 있지만, 주일마다 본문이 달라지거나 매주 주제별로 각기 다른 본문을 가지고 설교를 해나가는 것도 강해설교가 될 수 있음을 기억하라.

(2) 일반적 정의

위에서 강해설교가 아닌 몇 가지와 강해설교에 대한 오해에 대해 소개했으니, 이제 강해설교가 무엇인지를 제대로 살펴볼 때다. 우선 일반적으로 알려진 강해설교의 정의를 알아보기로 한다.

강해설교에 대한 정의가 많지만,[19] 그 가운데 가장 널리 알려진 것 두 가지를 소개한다. 먼저 브라이언 채플(Bryan Chapell)의 정의다.

> 강해설교를 전문적으로 정의하자면 다음과 같은 조건을 갖추어야 한다. 즉, 성경을 올바로 해석함으로써 설교의 대지와 소지를 구체적인 본문에서 이끌어내야 하고, 이 대지와 소지는 저자의 사상을 담고 있을 뿐만 아니라 본문의 전체 내용을 포함해야 하며, 청중의 삶에도 그대로 적용될 수 있어야 한다.[20]

이 정의는 본문의 메시지와 청중에 대한 적용을 포함하고 있다는 점에서는 훌륭하지만, 본문에서 설교의 대지와 소지를 이끌어내야 한다고 한 점에 대해서는 큰 결점이 있음을 지적하고 싶다. 세 대지 (Three-Points) 설교도 문제 있는 설교라 비판받고 있는 현 상황에서

'소지(Sub-Point)'까지 거론한다는 것은 효과적인 강해설교에 맞지 않기 때문이다.

다음에 볼 것은 해돈 로빈슨(Haddon Robinson) 교수의 정의다.

> 강해설교란 성경 본문을 그 자체의 정황(Context) 속에서 문법적이고 역사적이며 신학적으로 연구하여 찾아낸 성경적 개념(Biblical Concept)을 오늘의 상황에 전달하는 것으로서, 이 성경적 개념을 성령 하나님께서는 먼저 설교자의 인격과 경험 속에 적용시키시며, 그다음에 설교자를 통하여 그의 청중들에게 적용시키신다.[21]

강해설교의 정의에 대해서는 로빈슨 교수의 정의가 세계적으로 가장 많이 활용되고 있다. 강해설교에 대한 로빈슨 교수의 정의는 지엽적인 내용까지 포함시킨 채플 교수의 정의보다는 나은 것이라 할 수 있다. 로빈슨 교수의 정의대로라면 강해설교는 두 가지로 나눌 수 있다. '본문의 성경적 개념'에다 '청중에 대한 적용'까지 포함한 내용이다.

더 쉽고 간단한 정의로는 스티븐 D. 매튜슨(Steven D. Mathewson)의 것이 단연 최고다. 그는 강해설교를 '성경 본문의 의미를 제시하고 그 의미를 청중의 삶 속에 적용시키는 설교'[22]라고 정의했다. 한눈에 쏙 들어오는 간결한 개념으로 강해설교의 의미를 가장 이해하기 쉽게 정의한 것으로 평가된다.

(3) 수정된 정의

일반적으로 강해설교는 '설교의 형태나 방법'이 아니라 '설교의 철학(Philosophy)'이나 '설교의 원칙(Principle)'을 말하는 것으로 알려져 있다.[23] 다시 말해서 강해설교란 어떤 형태나 방법으로 설교하든지 간에 설교의 내용(Content)에 본문의 핵심 메시지(Central Idea)와 적용(Application)이 담겨 있는 것을 의미한다는 것이다. 간단히 말하자면, 강해설교는 설교의 내용과 적용만 취급할 뿐 설교의 형태는 상관하지 않는다는 말이다.[24]

그러나 이는 사실상 강해설교의 의미 중 '본문의 핵심 메시지'라는 내용에만 해당할 뿐, 그 메시지를 '잘 적용하고 전달하는 설교 방식'이라는 또 다른 중요한 요소는 완전히 배제한 설명이 될 수밖에 없음에 유의해야 한다.

강해설교를 '설교의 형태'나 '설교의 방법'이 배제된 '설교의 철학'이나 '설교의 원칙'으로만 본다면 더 이상 강해설교가 아니다. 왜냐하면 본문 저자의 핵심 메시지가 청중에게 효과적으로 잘 적용되기 위해선 적절한 설교의 형태와 방법이 포함되어야 하기 때문이다. 그렇다.

다시 말해서 '본문의 내용'도 중요하지만, 효과적인 '적용'을 위한 '최적의 틀(Frame)'과 '적절한 수사기법'과 '예화'도 필요함을 놓쳐선 안 된다. 강해설교는 이 모든 것을 포함하는 설교를 의미해야 함이 옳다. 강해설교는 '본문의 메시지가 충실하게 포함되어 있는 설교'라는 장점이 있으면서도 '따분한 설교'라는 약점이 늘 지적되어왔다. 이것은 강해설교 자체의 문제가 아니라 강해설교의 정의에 대

원포인트의 드라마틱한 강해설교

한 오해 때문에 빚어진 현상으로 본다. 강해설교는 절대 따분한 설교가 아니다. 그러므로 강해설교에 대한 오해를 불식시키기 위해서라도 강해설교를 '설교의 철학'이나 '설교의 원칙'으로만 보지 말고 '설교의 형태'나 '설교의 방법'까지 포함된 개념으로 이해해야 한다.

온전한 강해설교가 이뤄지기 위해서는 '충실한 본문의 내용'뿐 아니라 '효과적인 프레임'과 '적절한 수사기법' 및 '감동적인 예화'까지 활용되어야 함을 반드시 기억하자. 본문의 콘텐츠는 '설교의 수단(Tool)'이요, 청중에의 적용은 '설교의 목적(Purpose)'이다. 활과 화살과 궁수가 '수단'이라면 타깃이 그 '목적'(목표)인 것과 같은 이치다. 청중에의 효과적 전달과 적용을 위해 '적절한 프레임'과 '수사기법'과 '예화'를 활용하는 것은 지극히 지혜로운 일이라 할 수 있다.

그 때문에 기존의 강해설교에 대해 내린 정의와 차별화된 정의가 절실하다. 그래서 필자가 수정 보완한 강해설교의 정의는 다음과 같다.

> 강해설교란 적절히 잘 선정된 본문 속에서 핵심이 되는 주요 메시지(Central Theme or Main Idea)를 추출하여, 베스트의 틀(Frame)과 수사기법(Rhetoric)과 예화(Illustration)를 통해 청중에게 가장 효과적으로 적용하고 전달하는 방식의 설교이다.

'적용'이 '본문의 핵심 메시지'와 함께 '강해설교'의 개념에 포함된다면, '효과적인 적용을 위한 구체적인 방법과 전략'인 '적절한 프레임'과 '수사기법'과 '예화', 이 세 가지도 그 정의 속에 추가해야 정상이다.[25] 그렇다. 아무리 본문이 말하는 핵심 메시지가 들어 있다 해도 오늘의 청중에게 효과적으로 적용되거나 전달되지 않는다면 강해설교라 할 수 없다.

단순히 본문의 핵심 주제나 메시지만 풀어냈다고 해서 강해설교가 되지는 않는다. 본문의 핵심 메시지가 가장 효과적으로 잘 전달될 수 있는 설교의 형태나 프레임에다 양념에 해당하는 맛깔스러운 수사기법과 감동적인 예화들이 골고루 잘 발휘되어야 하나님이 의도하신 진정한 강해설교가 되는 것이다. '성경의 세계'와 '현대 시대'를 이어주는 작업이 강해설교에 필수적이라 할 수 있다.

영양 만점인 양질의 고기가 있더라도 맛이 없으면 사람들은 그것을 먹지 않는다. "구슬이 서 말이라도 꿰어야 보배"라는 속담대로, 몸에 좋은 보약이 있어도 먹어야 효과를 볼 수 있다. 그래서 식당마다 손님들의 입맛을 맞추려고 온갖 노력을 다해 식단을 차리고 준비한다. 저마다 최고의 셰프나 주방장을 모셔 와서 손님 끌기에 혈안이 되는 것을 본다. 강해설교를 만드는 일에도 이러한 노력과 전략이 필요하다.

본문 저자의 핵심 메시지를 추출하는 작업도 중요하지만, 그것을 오늘의 청중이 맛있게 잘 먹을 수 있도록 적용하고 전달하는 작업도 무시되어서는 안 된다. 한 끼 먹고 마는 음식에도 온갖 정성을 들이는데, 하물며 영혼을 살리고 살찌우는 말씀 준비에 그보다 더한 준비와 노력이 없다면 어찌 되겠는가?

자신이 강해설교를 하고 있다고 생각하는 이들이 의외로 참 많다. 그럼에도 불구하고 그들의 설교에 대한 청중의 반응은 대부분 시원치 않다. 이유가 뭘까? 그것은 설교의 콘텐츠가 되는 '본문의 핵심 내용'(강해)만을 강해설교로 착각하고 설교하기 때문이다. '청중에 대한 효과적인 적용'(설교)이 무시되는, 한쪽으로 치우친 (Unbalanced) 설교가 그 원인이란 말이다.

강해설교란 본문의 중심이 되는 핵심 메시지뿐 아니라, 그것을 청중에게 '가장 효과적으로 잘 전달하는 책임'까지 포함한 의미임을 절대 놓치지 말자.

이야기 설교와
내러티브 설교

1) 이야기 설교(Storytelling Sermon)

『이솝 우화(Aesop's Fables)』를 모르는 이가 있을까? 적어도 한두 개의 이야기는 다 기억하리라 본다. 「늑대와 양치기 소년」, 「토끼와 거북이」, 「양의 탈을 쓴 늑대」, 「황금알을 낳는 거위」 등 소개하자면 끝이 없다.

2,500년 전 이야기들이 수천 년의 긴긴 세월이 흘렀음에도 고전(Classic)으로 현대에까지 살아남은 이유가 무엇일까? 사람들은 누구나 이야기를 좋아하기 때문이다. 물론 아무 이야기나 다 오래 전해지는 것은 아니다. 사람들에게 유익한 교훈과 재미와 감동을 주는 작품들만 오래오래 살아남기 마련이다.

칩 히스(Chip Heath)와 댄 히스(Dan Heath)는 자신들의 저서 『스틱(Made to Stick)』(웅진지식하우스, 2022)에서 이야기를 '스티커 메시지(Sticker Message)'라고 표현했다. 한 번 들은 이야기가 끈끈한 스티커처럼 우리 가슴과 머리에 착 달라붙고 떨어지지 않아 오래도록 기억하게 만드는 내용을 말한다. 그리고 보면 신데렐라 이야기나 콩쥐 팥쥐 이야기는 역사상 가장 끈끈한 '스티커 스토리'라고 할 수 있다.

설교의 세계에서도 마찬가지다. 오늘날의 청중도 이야기 문화 속에 살고 있고, 성경의 많은 부분이 내러티브 장르로 구성되어 있기 때문에 본문을 이야기할 때 '명제적으로 설명하는 설교'에서 '이미지로 보여주는 설교'로 바꾸는 것이 효과적이다.[26]

랠프 루이스(Ralph Lewis) 박사는 예수님의 귀납적 설교와 회중 중심의 단순한 설교 스타일이 3~4세기부터 헬라의 수사학과 논리학, 그리고 인간의 세련된 지성에 의해 밀려났다고 주장한다. 한마디로 말해 '인본주의 사상'에 의해 묻혀버렸다는 것이다.

1960년대와 1970년대에 미국 복음주의 진영 일부에서는 성경의 많은 부분에 등장하는 '서사적 특성(Narrative Traits)'을 인정하지 않았고, 그것을 성경 속의 별도 장르로, 즉 진리를 말하고 의미를 생성하는 고유 능력을 가진 장르로 다루기를 거부했다. 이런 당혹스러운 상황이 빚어진 것은 당시 복음주의가 계몽주의적 합리주의의 영향에서 벗어나지 못하고 있었기 때문이다.[27] 이런 합리주의적 유산은 때때로 명제적 계시를 강조하는 것으로 이어졌고, '서사(이야기)'라는 장르는 무시하는 경향을 부추겼다.[28]

한스 W. 프라이(Hans W. Frei) 박사는 자신의 저서 『성경의 서사성 상실(The Eclipse of Biblical Narrative)』에서 이러한 현상을 가리켜 '성경의 서사성의 일식현상'으로 규정했다. 계몽주의적 합리주의가 성경 속에 나타난 서사성을 삼켜버렸다는 뜻이다.

이재기 목사도 이에 동의하고 있다. 합리주의적 유산으로 인해 이야기가 대부분의 강단에서 푸대접받아 실종되기 시작했고, 세 대지 설교에서처럼 본문을 쪼개고 분석해 조직화하고 과학적인 석의와 논리적 설득력[29]을 활용하게 함으로써 청중의 가슴이 아닌 머리에만 주로 영향을 끼치는 설교로 변질시키고 말았다.

이야기는 사람들의 머리가 아닌 가슴에 호소함으로써 그들의 마음에 있는 방어막을 뚫고 들어가는 힘이 있다. 밧세바와 범죄를 저지른 뒤에도 자발적으로 회개할 줄 몰랐던 철면피 다윗에게 회개의 마음을 일깨워준 나단 선지자의 설교도 '이야기 방식'이었음을 떠올려보라. 만일 그의 설교가 직설적인 세 대지의 논리적이고 명제적인 형식의 주제설교였다면 어찌 되었을까?

워렌 W. 위어스비(Warren W. Wiersbe)의 말대로 추상적 개념이 다윗의 머리에 닿았을지는 모르지만, 그의 가슴은 요지부동으로 큰 변화가 없었을 가능성이 많다.[30] 사람의 마음을 움직이고, 삶의 변화를 가져오고, 기억에 오래 남게 하는 힘은 오직 이야기만이 지닌 장점이자 특징이다.

탁월한 영성신학자 유진 피터슨(Eugene H. Peterson)은 자신의 저서 『앵글 작업(Working the Angles)』이라는 책에서 목회자들이 이야기를 무시하거나 경시하는 이유가 '무지'라고 꼬집으며 다음과 같이 도전한 바 있다.

> 이야기는 언어로 만들어질 수 있는 가장 진지한 형태(Serious Form)이며, 언어의 가장 성숙한 형태(Adult Form)이다. 성경 말씀이 신앙 공동체의 마음과 기억 속에 늘 생생하게 살아 있도록 하는 데 특별히 책임을 지닌 목회자들은 이야기의 진가에 대한 올바른 인식이 필수적이다. 사실 성경은 이야기의 형태로 우리에게 오지 않았는가.[31]

이렇게 소중한 이야기가 우리 강단에서 효력을 의심받는 천덕꾸러기가 된 것은 비극적인 일이다. 예수님의 설교 속에 뛰놀던 이야기가 우리의 설교에서 푸대접받는 이 상황에서 우리는 반드시 이야기를 살려내야 한다. 이제는 논리가 뛰놀던 자리에 이야기를 다시

원포인트의 드라마틱한 강해설교

불러와야 한다. 큰 소리로 외쳐보자.

"논리는 가고, 스토리야 놀자!"

2) 내러티브 설교(Narrative Sermon)

어릴 적 친할머니에게 옛날이야기를 즐겨 들었던 기억이 지금도 생생하다. 불교 신자이고 점을 치던 점쟁이신데, 몇 달에 한 번씩 우리 집에 오시면 신앙 좋은 어머니는 영적 싸움이 시작되어 무척 힘들어하셨다. 하지만 철없는 필자는 이야기보따리를 몇 개나 가지고 다니시던 할머니가 오셔서 얼마나 좋았는지 모른다. 그래서 몇 주 지난 뒤 떠나시려 하면 눈치도 없이 더 계시다 가라고 울며 조르곤 했다. 그럴 때면 나를 향한 어머니의 원망스러운 눈초리에 불이 붙곤 했다.

비록 신앙은 달랐지만, 할머니는 장손인 나를 몹시 아끼고 사랑하셨다. 무엇보다 호랑이 얘기, 도깨비 얘기, 귀신 얘기 등 정말 재밌는 이야기를 실감 나게 잘하는 이야기꾼이셨다. 어찌나 구수하고 재밌고 가슴 떨리고 긴장하게 만드시는지 빨려들지 않을 수 없었다. 특히 주인공이 꼼짝없이 죽을 뻔한 위기의 상황에서 전혀 예상치 못한 방향으로 반전시켜 간신히 살아나는 이야기를 듣고 나면 어김없이 내 입에선 "다른 얘기 또 해주세요!"라는 말이 터져 나오곤 했다. 지금 생각해보면 그때 할머니가 활용하신 이야기 방식이 바로 '서사구조(Narrative Structure)' 형식이었다.

이야기가 결론이 빤히 보이는 밋밋하고 재미없는 방식이 아니라 갈등, 위기, 예상 뒤엎음, 반전, 파국에 이르는 극적 방식으로 전개될 때 청중의 관심을 최고로 끌어올릴 수 있다. 이게 바로 '내러티브 전개방식'이다. 한마디로 '이야기체' 혹은 '이야기식', 즉 '드라마틱한 방식으로 이야기를 흘러가게 하는 틀(Frame)'을 말한다.

'스토리텔링(Storytelling) 설교'를 우리말로 번역하면 '이야기(Story) 설교'다. 이야기라는 내용을 그대로 전하는 설교를 말한다. 반면 '내러티브(Narrative) 설교'는 '이야기체 설교' 혹은 '이야기식 설교'라 한다. 이것은 이야기를 하자는 것이 아니라 설교를 사람들의 주의를 최대한 집중시킬 수 있는 '드라마틱한 이야기 방식'으로 전개하자는 것이다.

이 두 가지의 차이를 구체적으로 설명하기란 쉽지 않다. 수많은 책이 '스토리텔링'과 '내러티브'의 차이에 대해 언급하고 있지만, 이를 정확히 구분해서 설명한 책은 찾아보기 힘들다.

먼저 '이야기(Story)'와 '내러티브(Narrative)'의 차이부터 살펴보자. '스토리'와 '내러티브'는 종종 혼용되기도 하는 상호 연결된 개념이지만 뚜렷한 차이점이 있다. 이야기는 '특정 순서로 제시되는 일련의 사건'을 말하며, 일반적으로 시작·중간·끝이 있다. 스토리는 줄거리, 캐릭터, 사건의 전반적 구조에 초점을 맞춘다.

반면 내러티브는 '스토리가 전달되는 더 광범위한 틀을 포괄하는 개념'이다. 여기에는 스토리가 제시되는 방식, 스토리가 서술되는 관점, 그리고 사건을 전달하는 데 사용되는 기술이 포함된다. 쉽게 말해서 스토리가 인과관계 없이 일어나는 객관적 '사건

원포인트의 드라마틱한 강해설교

(Event)'[32]과 그 사건의 '내용(Content)'인 반면, 내러티브는 그것을 어떤 순서로 배치해서 청중에게 새롭게 제시하고 전개할 것인가를 선택하는 '방식(Way)'이나 '형식(Form)'을 뜻한다.[33] 따라서 내러티브는 스토리 자체보다는 '스토리의 배치 방식' 또는 '구체적인 표현 방식(Method of The Representation or Specific Manifestation of the Story)'이라 말할 수 있다.

'내러티브 설교'는 기자가 현장에서 의미 있는 사건을 자세히 들여다보고 취재한 것을 재구성하듯 '성경 본문에 감추어져 있는 내용이나 암시된 내용까지 찾아서 본문을 실감 나게 재구성해 드라마틱하게 전하는 설교'를 뜻한다. 그러기 위해서는 오늘의 설교자나 성경 해석자가 그 당시 사람들이 알아들었던 것처럼 리얼하게 성경 이야기의 배경을 재구성해 이야기체로 들려주어야 하는데, 이것을 '내러티브 설교'라고 한다.[34] 한마디로 간결하게 정리하면, 이야기가 '무엇을(What) 말하는가?'에 해당한다면 내러티브는 '이야기를 어떻게(How) 전달할 것인가?'에 속한다고 볼 수 있다.[35]

탁월한 이야기꾼은 전하려는 메시지를 처음부터 공개하지 않고 서서히 점진적으로 드러내는 방식으로 배열한다. 이야기 뒤에 숨은 진실을 '흐릿하게(Blurry)' 시작해서 결론 부분에 가서야 '선명하게(Clearly)' 드러낸다. 또 중간에 '호기심 유발'과 '예상 뒤엎음', '반전' 장치를 개입시킴으로써 신비감과 긴장감을 조성해 청중으로 하여금 이야기에서 무슨 일이 왜 일어났으며, 사건이 앞으로 어떻게 전개될 것인지를 궁금해하는 욕구를 불러일으킨다.

조엘 그린(Joel B. Green)도 이야기가 '말할 내용(What)으로서의 원재료'인 반면, '내러티브'는 '그 내용을 제시하는 방식(How)이라고 묘사했다.[36] 다시 말해 '이야기 설교(Storytelling Sermon)'는 이야기로 구성된 성경 본문을 있는 그대로의 스토리로 전달하는 것을 뜻하는 반면, '내러티브(이야기체 혹은 이야기식) 설교(Narrative Sermon)'는 이야기로 전하는 설교라기보다는 이야기의 배경을 오늘의 청중에게 효과적으로 재구성하기 위해 드라마틱한 틀을 활용해 새롭게 제시하고 전달하는(Re-Present) 설교를 말한다.[37] 필자가 이 책에서 의도하고 구상한 설교가 바로 이 '내러티브 설교'다.

제프리 아더스(Jeffrey D. Arthurs)가 사용한 '장르에 민감한 설교(Genre-sensitive Preaching)'라는 용어가 있다.[38] 이것은 성경이 '본문의 내용(Content)'과 '다양한 장르의 형식(Form)'으로 이뤄져 있어 본문에 충실한 설교를 하려면 그 내용뿐 아니라 그것을 전달하는 프레임도 본문에 맞게 다양한 틀이어야 한다는 주장이다. 그래야만 성경 본문의 핵심 메시지를 오늘의 청중이 쉽게 이해할 수 있는 형식으로 잘 전달하는 것이 가능하기 때문이다.[39]

여기서 주의할 점은, 그렇다고 성경 본문의 장르 그대로 설교문을 작성하라는 뜻은 아니라는 것이다. 본문의 장르를 '그대로 모사하라(Replicate)'는 것이 아니라, 그 장르가 가지고 있는 주요 수사학적 효과를 오늘의 현장에 맞게 '새롭게 활성화하라(Regenerate)'는 것이다.[40]

쉽게 말해서 성경 본문이 다양한 장르로 기록되었듯이, 설교 전체가 본문의 핵심 내용 하나를 가지고 현대 청중에게 가장 드라마틱하게 효과적으로 잘 전달할 수 있는 이미지, 예화, 수사기법이 내포된 구조로 다양하게 전하라는 말이다. 왜냐하면 설교자가 정한 본문의 전개 방식은 우리가 익히 잘 아는 것이기에 그대로 반복하다 보면 '또 다른 식상함과 따분함'을 줄 수 있기 때문이다.

그렇다고 각기 다양한 내용과 장르로 구성된 모든 내러티브의 본문들을 유진 로우리가 창의적으로 개발한 '로우리 고리(Lowry Loop)'와 같은 하나의 틀로만 전개하라는 것도 아니다.[41]

그래서 필자는 본문마다 조금씩 달라지는 새로운 방식의 설교구조를 창안했다. 그것이 바로 '원포인트의 드라마틱한 강해설교'의 전달 방식이다.

잠시 누가복음 10장 25~27절에 나오는 '사마리아인의 비유' 본문을 가지고 예수님이 어떤 형태로 설교하셨는지 관찰해보자.

> **〈내 이웃이 누구인가?〉**
>
> 1. 가까운 곳에 있는 사람
> 2. 도움이 필요한 사람
> 3. 내가 유독 싫어하는 사람

"누가 내 이웃인가?"라는 중요한 신학적 질문을 받으신 예수님은 이와 같은 식의 세 대지 형태로 설교하시지 않았다.[42] 예수님은 개념적이고 신학적인 분석 대신 다음과 같은 플롯을 사용해서 자신의 이야기를 들려주셨다.[43]

오늘 우리의 설교에도 이러한 틀이 필요하다. '설교의 프레임 (Frame)'말이다. 하지만 포스트모던 시대를 살아가는 현대 청중에게 어필하려면 그동안 친숙하고 익숙하게 알아온 성경 본문에 나오는 장르를 그대로 사용하는 것은 지혜롭지 못하다. 그렇다고 하나씩 딱딱 끊겨버리는 구시대의 전통적이고 케케묵은 세 대지와 같은 전개 방식만으로는 본문의 큰 메시지를 효과적으로 전달할 수 없다는 점에도 신경 써야 한다.

필자는 이 책에서 새롭고 신선하고 궁금증을 유발하고 청중의 시선을 확 끌게 해주는 새로운 형태의 '원포인트의 드라마틱한 강해설교'를 선보일 것이다. 이는 스토리텔링형 설교와는 차별화되는 설교 방식이다.

본문의 핵심 메시지를 가장 잘 드러내는 동시에 청중에게 가장 효과적으로 전달할 수 있는 프레임이라면 엔데믹 시대에 가장 어필하는 설교 형태가 될 수 있으리라 확신한다.

세 대지 설교와
원포인트 설교

1) 세 대지 설교(Three-Point Sermon)

오늘날 한국 강단을 지배하고 있는 설교 방식은 '세 대지(Three-Point) 설교'[44]다. 다른 나라 설교자들의 경우도 우리와 별반 다르지 않다. 세 대지 설교는 아리스토텔레스의 수사학 이론의 기초 위에 세워진 프레임이다.[45]

그런데 이것은 용어부터 문제가 많다. '삼대지'란 '1대지, 2대지, 3대지' 중 세 번째인 '3대지' 하나만을 가리키기 때문이다. '3대지'가 아니라 '세 (개의) 대지'라 함이 옳다. '3대지'라는 용어가 기존 설교자들의 세계에서 고정되어 있는 고유명사이기 때문에 굳이 수정해야 한다고 고집할 마음은 없으나, '세 대지'라 불러야 옳다는 사실만은 지적하고 싶다.[46]

(1) 세 대지 설교의 장점

다른 설교자들과 마찬가지로 필자도 처음 설교를 시작할 때부터 약 15년 정도까지는 세 대지 형태로 설교하던 시절이 있었다. 선배들이 세 대지로 설교했기에 후배들이 그대로 답습한 것이리라. 여기서 강력한 의문이 하나 생긴다. 그것은 '어째서 설교자들 대다수가 은퇴할 때까지 세 대지 설교만을 고수하는 것인가?'라는 생각이다. 이유가 뭘까?

첫째는 '명료성(Clarity)'이다. 세 대지 설교를 버렸다가 다시 세 대지 주창자로 돌아선 채경락의 이야기를 들어보자.

3대지 설교의 최대 강점은 <u>명료성</u>이다. 명료한 하나의 주제를 중심으로, 세 개의 명료한 대지로 구성된 3대지는 그야말로 명료한 설교다. 이보다 더 명료할 수는 없다. (…) 이런저런 비판에도 불구하고 세 대지는 매우 탁월한 설교 형식이다. 주어진 역할에 매우 충실한 형식이다.[47]

가히 세 대지 예찬론자다운 설명이다. 설교를 듣고 나서 딱 세 가지의 명료한 요점을 알려준다는 점에 세 대지의 장점이 있음을 보았다.

둘째는 '조직력(Strong Organization)'이다. '첫째, 둘째, 셋째'만큼 짜임새 있는 문장도 없을 것이다. 사람들은 논리가 약하면 듣지 않는다. 조직력이 갖춰지지 않아 전혀 말이 안 되는 설교가 적지 않다.

한번은 석사과정을 마친 한 제자 목사가 논문의 목차와 서론을 봐달라고 연구실에 왔다. 그가 쓴 논문의 서론을 읽는데 속에서 한숨이 터져 나왔다. 10분 동안 답답해하다가 한마디를 내뱉었다.

"자네, 논문 안 쓰는 게 좋을 것 같네."

그랬더니 걱정스레 내 반응만 기다리던 제자가 놀란 표정으로 왜 그러시냐고 물었다. 그가 쓴 논문의 서론 첫째 문장에서 둘째 문장으로 넘어가는 부분에 논리가 통하지 않았기 때문이다. 첫 문장과 바로 다음 문장이 자연스럽게 연결되지 않는데, 200페이지에 가까운 논문을 어떻게 완성할 수 있겠는가? 안타깝긴 했지만, 결국 논문 작성을 포기하라고 할 수밖에 없었다.

목회자들의 설교 원고를 분석, 비평할 때가 많은 필자는 띄어쓰기와 오타까지 수정해주고, 의미가 잘 통하지 않는 문장은 간결하고 매끄럽고 짜임새 있게 바꿔주는 일을 즐겨 한다. 그 과정과 경험을 통해 국어 실력이 없는 설교자들이 적지 않음을 확인했다. 논리가 통하지 않고 조직력마저 없는 설교에 청중이 어떻게 설득되겠는가?

셋째는 '완성도(Level of Perfection)'다. 왜 '둘'도 아니고 '넷'도 아닌 '셋'이어야 할까? '3'이라는 숫자는 알면 알수록 묘한 매력을 준다. 넘치지도 모자라지도 않는, 가장 적당하고 이상적인 숫자다. 올림픽 메달은 '금-은-동' 셋이다. 삼단논법은 '대전제-소전제-결론' 셋이고, 헤겔(Hegel)의 변증법 역시 '정-반-합' 셋이다. 삼위일체 하나님도 '성부-성자-성령' 세 분이시다. 자동차 정비소엔 '닦고 조이고 기름치자!'라는 구호를 적어놓았다. 하나가 빠지면 허전하고 보태면 과하다는 느낌이 든다. 그것이 바로 숫자 '3'이 지닌 위력이다.

그래서 설교에도 이 '더하지도 말고 덜하지도 말고'의 법칙이 작동돼 딱 세 가지의 대지로 30분간 설교하는 틀이 오랜 세월에 걸쳐 굳어진 것이다.

(2) 세 대지 설교의 단점

지금까지 세 대지 설교의 장점을 살펴보았는데, 세 대지 설교방식은 그동안 거센 비판을 많이 받아온 것 또한 사실이다. 왜 그랬을까? 몇 가지 이유가 있다.

첫째, 세 대지 설교는 본문에 충실하지 못한 설교가 될 가능성이 다분하기 때문이다. 주일에 설교자가 정하는 본문마다 세 개의 대지가 항상 들어 있지 않다는 점은 모두가 인정할 것이다. 솔직히 말해서 딱 세 가지 대지로 구성되어 있는 본문은 거의 발견하기 힘들다.

그런 점에서 마태복음 7장 7절은 세 대지 설교를 하는 이들에게 가장 많은 사랑을 받아온 구절 중 하나다.

> "구하라 그리하면 너희에게 주실 것이요 찾으라 그리하면 찾아낼 것이요 문을 두드리라 그리하면 너희에게 열릴 것이니"

우리가 잘 아는 성구다. 여기에는 딱 '세 개의 명령형 동사'가 나온다. '구하라(Ask)', '찾으라(Seek)', '(문을) 두드리라(Knock)'. 세 대지 설교하기에 이보다 더 적절한 맞춤형 본문을 어디서 찾겠는가. 이 본문처럼 설교자들이 고르는 본문마다 딱 세 개의 동사만 나온다면 얼마나 좋을까?

그렇다면 이제 마태복음 7장 7절 본문으로 만든 설교개요의 실례를 살펴보자. 이 본문으로 설교하는 이들은 하나같이 다음과 같은 형태의 개요로 설교문을 만든다.

〈세 가지 기도 방식〉
1. 구하라!
2. 찾으라!
3. 문을 두드리라!

하지만 이 본문이 앞의 개요처럼 '세 가지 기도 방식'에 대해 이야기하고 있는 것이 맞을까? 사실 이 본문 역시 세 대지 설교를 위해 주어진 말씀이 아니라는 점에 유의해야 한다. 왜냐하면 이 구절이 '평행법(Parallelism, 병렬법)' 형태를 띠고 있기 때문이다.[48]

기차의 두 레일이 항상 같은 간격으로 유지되지 않는다면 안전이 심각한 위협을 받을 것이다. 또한 스키 선수가 양쪽의 균형을 제대로 잡지 않으면 앞으로 잘 나갈 수 없을 것이다. 이와 마찬가지로 글이나 말에서도 자신의 생각을 표현할 때는 문장구조가 균형을 맞춰야만 논리적이고 상대가 제대로 이해할 수 있게 된다.

이처럼 평행법이란 '의미가 비슷하거나 상반된 어구(語句)가 동사나 명사나 접속사나 전치사로 연결되어 짝을 맞춘 글귀'를 말한다. 이는 서술을 장중하게 할 뿐 아니라 음악적 묘미도 더해준다.

마태복음 7장 7절에 나오는 '구하라', '찾으라', '문을 두드리라'는 세 개의 명령형 동사는 세 가지의 '기도 방식'을 말하는 것이 아니라 똑같은 의미의 글자만 다른 세 가지 '동의어(Synonym)'이다. '구하라'와 '찾으라'와 '문을 두드리라'는 의미상에서 아무런 차이가 없다. 단지 문학적인 형태상 하나만 언급하면 허전하므로 같은 의미의 다른 동사 두 개를 덧붙임으로써 하나의 동사가 가지는 어색함을 달래려 한 것이다.

하나의 실례를 더 소개한다. 에베소서 4장 11~12절의 말씀이다.

"그가 어떤 사람은 사도로, 어떤 사람은 선지자로, 어떤 사람은 복음 전하는 자로, 어떤 사람은 목사와 교사로 삼으셨으니 이는 성도를 온전하게 하며 봉사의 일을 하게 하며 그리스도의 몸을 세우려

하심이라"_(개역한글)

이 본문으로 설교개요를 작성한다면 누구나 다음과 같이 만들 수 있을 것이다.

〈직분을 주신 이유와 목적〉
1. 성도를 온전하게 하기 위하여
2. 봉사의 일을 하게 하기 위하여
3. 그리스도의 몸을 세우게 하기 위하여

딱 세 가지의 대지가 본문 속에 나오기 때문에 누구나 쉽게 이런 개요를 작성할 수 있을 것이다. 하지만 이 또한 착각과 오해임을 알아야 한다. 이 본문 내용은 100년 가까이 우리 선조들과 우리가 읽어온 개역한글의 번역이다. 이를 개역개정이 원문에 맞게 번역한 것은 다행스러운 일이다. 내용을 소개하면 다음과 같다.

"그가 어떤 사람은 사도로, 어떤 사람은 선지자로, 어떤 사람은 복음 전하는 자로, 어떤 사람은 목사와 교사로 삼으셨으니 이는 성도를 온전하게 하여 봉사의 일을 하게 하며 그리스도의 몸을 세우려 하심이라"_(개역개정)

어떤 차이가 보이는가? 두 번역을 한꺼번에 놓고 차이점을 살펴보자.

"그가 어떤 사람은 사도로, 어떤 사람은 선지자로, 어떤 사람은 복음 전하는 자로, 어떤 사람은 목사와 교사로 삼으셨으니 이는 성도를 온전하게 하며 봉사의 일을 하게 하며 그리스도의 몸을 세우려 하심이라"(개역한글)

"그가 어떤 사람은 사도로, 어떤 사람은 선지자로, 어떤 사람은 복음 전하는 자로, 어떤 사람은 목사와 교사로 삼으셨으니 이는 성도를 온전하게 하여(πρὸς, to or unto) 봉사의 일을 하게 하며(εἰς, for) 그리스도의 몸을 세우려(εἰς, for) 하심이라"(개역개정)

다른 내용에는 차이가 없는데, '며'와 '여'가 다른 것이 보이는가? 이게 겨우 한 글자 차이로 보이지만, 사실은 전체 문장의 의미를 완전히 다르게 만드는 중요한 역할을 하고 있음을 알아야 한다.

개역한글에 나오는 '성도를 온전하게 하기 위함'과 '봉사의 일을 하게 하기 위함'과 '그리스도의 몸을 세우려 하기 위함'이라는 세 가지 명사는 'and'로 연결되는 대등한 내용이다. 하지만 원어대로 살펴보면 세 개의 명사 앞에 붙은 헬라어 전치사가 다르다. '성도를 온전하게 함'(the perfecting of the saints)이라는 명사 앞에는 'πρὸς'가 붙어 있고, '봉사의 일을 하게 함'(the work of service)과 '그리스도의 몸을 세우려 하게 함'(building up of the body of the Christ)이란 명사 앞에는 'εἰς'가 붙어 있다.

그래서 개역개정에서는 개역한글처럼 처음의 단어가 '며'로 연결되지 않고 '여'로, 뒤에 나오는 두 명사 앞의 전치사와 구분해서 번역한 것이다. 그럼 개역한글에서 만든 설교 개요와 개역개정에서 만든 설교 개요의 차이도 한눈에 살펴보자.

〈직분을 주신 이유와 목적〉
(개역한글)

1. 성도를 온전하게 하기 위하여
2. 봉사의 일을 하게 하기 위하여
3. 그리스도의 몸을 세우려 하기 위하여

〈직분을 주신 이유와 목적〉
(개역개정)

성도를 온전하게 하기 위함.

〈성도가 온전하게 됨의 결과〉
1. 봉사의 일을 하게 됨.
2. 그리스도의 몸을 세우게 됨.

차이가 보이는가? 이 본문 역시 원문대로 번역하면 세 대지를 위한 본문이 아니라 '원포인트의 핵심 메시지'를 위한 본문임을 살펴보았다. 하나님께서 우리에게 직분을 주신 이유와 목적은 단 하나, '성도를 온전하게 하기 위함'이다. 그러면 뒤에 나오는 두 가지 내용은 뭘까? 그것은 성도가 온전하게 되면 '그 결과로 나타나는 두 가지 열매'라는 이야기다.

이처럼 세 대지 설교 작성에 적합하다고 생각되는 본문조차 세 개의 대지를 위한 본문이 아니라 원포인트의 설교를 위한 본문으로 구성되어 있음을 살펴보았다. 이렇게 본다면 정말 정확하게 세 개의 대지로만 구성된 본문을 찾기란 더욱더 어렵다고 말할 수 있을 것이다.

일반적으로는 두 개나 한 개의 대지만 들어 있는 본문이 지배적이다. 그래서 중세 시대 영국에서는 세 개의 대지를 뽑을 수 있는 본문만을 골라 설교하기도 했다고 한다.[49] 본문에 없는 세 대지는 활용하지 않겠다는 선한 의지로 볼 수 있다. 그런데 요즘 설교자들은 어떤 본문을 정하든 상관없이 주일만 되면 어김없이 세 대지의 설교를 강단에서 선포하고 있으니 기적 중의 기적(?)이 아닐 수 없다.

만일 본문에 대지가 딱 하나밖에 없다면 어찌 되겠는가? 30분 설교에 맞추기 위해 본문에 전혀 없는 두 개의 대지를 설교자 본인이 인위적으로 만들어내야 한다. 지금 이 책을 읽는 독자들도 수없이 경험한 일일 것이다.

가만히 생각해보면 이는 '덜 성경적인 설교(Less Biblical Sermon)'나 '비성경적인 설교(Unbiblical Sermon)'로 나아가는 지름길이라 할수 있다. 존 스토트의 말마따나 억지로 세 대지를 만드는 것은 전후 좌우 살피지 않고 꽉 끼는 재킷을 억지로 끼어 입는 것과 같은 이치다.[50] 세 대지 설교자들은 지금도 매주 본문 내용에 전혀 없는 한두 개나 두세 개의 대지를 만들어내느라 고심하고 있다. 이번 주, 다음 주, 지구의 종말이 오기까지 말이다.

세 대지 설교를 피해야 하는 둘째 이유가 있다. 설교 시마다 언제나 한결같이 전개되는 '단조롭고(Monotonous)', '획일적인(Uniform)' 세 대지 설교는 청중에게 쉽게 권태감과 피로감을 줄 수 있다.[51] 이

원포인트의 드라마틱한 강해설교

것은 다양성을 추구하고 선호하는 현대 청중에게는 어울리지 않는 방식이다.

셋째 이유도 무시할 수 없다. '한 지붕 세 가족'이기 때문이다. 세 대지라 하더라도 하나의 주제를 지지해주는 '한 지붕 세 자식'과 같이 각 대지가 통일성 있게 하나의 주제를 지지해주는 것이라면 그나마 낫다. 문제는 '한 지붕 세 가족'의 세 대지 설교다. 한 주제를 가지고 각기 다른 세 살림을 차리면 안 된다. '한 부모 밑에 한 피 받아 태어난 세 명의 친형제'라야지, 각기 다른 남의 자식 셋이 한집에 산다면 어찌 되겠는가? 그야말로 콩가루 집안이 될 것이다. 제목과 세 대지가 따로 놀고, 대지끼리도 각기 연결되지 않는 세 대지는 본문 저자의 의도를 제대로 드러내지 못할뿐더러 논리적이지도 못하다.

넷째 이유는 세 가지의 대지를 다 기억하기 어렵다는 것이다. 먼 옛날엔 66대지로 설교할 때도 있었다고 한다. 필자가 어린 시절엔 세 대지 속에 각각 세 개의 소지(Sub-Point)를 집어넣어 설교하는 분들도 꽤 있었다. 세 가지 대지도 기억에 다 담아두기 힘든 판국에 대지 세 개에 소지가 각각 세 개, 모두 합해서 열두 개의 대소지가 한데 뒤섞인 설교가 전개된다면 어떤 반응이 나올지 불을 보듯 환하다. 과연 설교자가 전한 여러 개의 대지와 소지를 구분해서 기억할 청중이 있겠는지 생각해보라.

스티븐 D. 매튜슨(Steven D. Mathewson) 목사의 이야기를 들어보자.

예배가 끝나고 한 자매가 내게 다가와서는 설교의 세 번째 대지가 무엇인지 물었다. 그녀는 설교 내용에 주의를 기울이느라 모든 대지를 기록하지 못했던 것이다. 그래서 나는 다시 가르쳐주어야 했다.

"세 번째 대지는 12절부터 17절에 근거해서 '하나님의 백성에게 찾아온 번영'입니다."

그 설교는 주해적인 내용과 역사적이고 문화적인 자료가 가득한 설교였다. 이런 딱딱한 설교를 나는 분석적이고 논리적인 형식의 틀 속에 담아서 전했던 것이다. 결국 내 설교는 구약성경의 이야기들이 목적하는 바, 하나님의 백성들로 하여금 하나님의 생생한 말씀을 대면하게 하고 그들의 삶을 하나님의 입장에서 평가하게끔 만드는 실제 삶의 생생한 드라마 속으로 데리고 들어가는 일을 제대로 하지 못했다.[52]

오늘 우리의 설교 현장은 어떨까? 세 대지 설교를 듣고 세 가지를 모두 기억하고 돌아가서 일주일 동안 그 말씀대로 사는 사람이 몇이나 될까?

수년 전, 필자의 지인인 한 출판사 대표와 어느 교회를 방문해 예배를 마친 뒤 담임목사와 식사를 같이한 적이 있었다. 대화 중에 출판사 대표가 담임목사에게 이렇게 말했다.

"목사님, 오늘 설교 참 좋았습니다. 지난주 설교는 영상으로 봤는데 더 좋았어요. 저희 출판사에서 설교집 한 권 내주시죠?"

그때 담임목사가 맞은편에서 식사하고 있던 그 교회 협동목사를 쳐다보고는 이렇게 물었다.

"목사님, 지난주 내 설교가 뭐였죠?"

대형교회 담임으로서 한 주간 동안 자신이 직접 준비한 설교를 주일예배 때 무려 다섯 번에 걸쳐 설교했는데, 한 주가 지나가니 깡그리 다 잊어버린 것이다. 한 주 전에 다섯 번 반복해서 전했던 설교의 내용을 설교자가 어째서 기억하지 못하고 다 잊어버린 것일까? 대지가 여러 개여서 기억을 못한 것이 아니겠나. 그렇다.

이처럼 하루에 다섯 번에 걸쳐 설교한 설교자조차 일주일 전에 행한 설교를 잊어버리는데, 딱 한 번 설교를 듣고 집으로 돌아간 성도들이 어떻게 그 내용을 기억해서 삶에 변화를 일으킬 수 있겠는가?

이처럼 세 대지 설교가 내용 면에서나 효과적인 전달 면에서 치명적 결함이 있다는 사실을 대부분의 설교자들은 공히 인식하고 있다.

2) 원포인트 설교(One-Point Sermon)

'원포인트 설교'는 세 대지가 판을 치는 세계 강단과 한국 강단에 비장한 의도로 던져진 무시무시한 포탄과도 같았다. 원포인트 설교는 1970년부터 세계 설교학계에서 주창한 방식이다. 세 대지 설교의 강력한 라이벌로 갑작스레 등장한 '원포인트 설교'는 갑작스럽게 등장해서 처음에는 서자(庶子) 취급을 받았다. 100년에 걸쳐 세 대지로만 설교해온 한국 강단에서 원포인트 설교가 쉽게 수용되기에는 뭔가 어색한 점이 있을 수밖에 없었다.

그러면 어떻게 원포인트 설교가 등장해서 세 대지 설교의 목을 죄는 형국이 되었는지 전반적인 내용을 살펴보기로 한다.

(1) 원포인트의 필요성

모든 성경은 저자가 의도하는 '하나의 중심 메시지'를 담고 있다. '중심사상(Central Theme)', '중심 아이디어(Central Idea)', '중심 명제(Central Proposition)', '핵심 주제(Main Theme)' 등 다양한 단어로 표현되는 용어들을 '핵심 메시지(Main Point)'라는 한마디로 정리할 수 있다. 성경이 저자의 핵심 메시지를 갖고 있다면 당연히 한 편의 설교에도 통일된 하나의 핵심 메시지를 주입시켜야 한다. 그래야 강해설교가 될 수 있다.

최고의 설교는 뚜렷하고 선명한 하나의 주제나 핵심 메시지를 시종일관 밀어붙여서 청중의 뇌리에 강하게 남기는 설교여야 한다. 설교를 듣고 나서도 남는 게 별로 없다거나, 무엇을 이야기했는지 감을 잡을 수 없다거나, 혹은 한마디로 말할 수 없을 때 그 설교는 실패작이 되고 만다. 이런 결과는 설교에 '하나의 분명한 핵심 주제나 메시지'가 없는 경우에 주로 발생한다.

우리가 대화할 때나 스피치를 진행할 때 핵심에서 벗어나 산만해지면 상대방이 화자의 의도를 알아차릴 수 없다. 설교도 마찬가지다. 따라서 설교자는 본문에서 선명한 하나의 핵심 메시지를 추출한 뒤 그것을 설교의 명제로 삼아 설교원고를 작성해야 한다.

미국 역사상 가장 위대한 연설로 꼽히는 두 개의 연설이 있다. 에이브러햄 링컨(Abraham Lincoln) 대통령의 '게티즈버그연설'과 마틴 루터 킹(Martin Luther King) 목사의 '나에게는 꿈이 있어요(I have a dream)'라는 명연설이다.

1863년 11월 19일, 링컨 대통령은 미국 펜실베이니아주 게티즈버그에서 연설했다. 이 연설은 미국 역사상 가장 위대한 연설로 기억되고 있다. 그날 게티즈버그에는 수천 명이 모여들었지만, 정작 링컨 대통령의 연설에 관심이 있는 사람들은 앞줄에 앉은 수백 명에 지나지 않았다. 링컨 대통령은 반대자들이 가득하고 자신의 정책에 불만이 많은 시끄러운 분위기에서 장황한 연설이 먹힐 리 없다는 것을 알았다. 그래서 그는 2분여의 짧은 연설을 한 뒤 다음과 같은 핵심 메시지(Key Message)로 마무리했다.

> "That government of the people, by the people, for the people, shall not perish from the earth."
> 국민의, 국민에 의한, 국민을 위한 정부는 이 세상에서 결코 사라지지 않을 것입니다.

링컨 대통령이 전한 키 메시지는 청중의 가슴은 물론 지금 필자의 가슴에도 잘 박힌 못처럼 박혀 있다. 링컨 대통령의 게티즈버그 연설의 전체 내용을 기억하는 사람은 없다. 하지만 연설 마지막에 남긴 한 문장의 핵심 메시지때문에 그의 연설은 미국 역사상 가장 위대한 연설로 남았다. 불과 266단어로 이루어진 짧은 연설문이 유명해진 것은 길이 때문이 아니라 핵심 메시지를 명쾌하고 간결하게 전해 청중을 감동시켰기 때문이다.[53]

'국민의, 국민에 의한, 국민을 위한'이니 오히려 세 대지의 위력을 강조해야 하지 않느냐고 따질 독자가 있을지 모르겠다. 그러나 '국민(People)'이라는 동일한 한(one) 글자에 전치사 3개(of, by, for)만

달라지는 아주 짧은 단어들의 조합이기 때문에 세 대지보다는 오히려 간결한 원포인트의 힘이 발휘된 것으로 보는 게 옳을 것이다.

게티즈버그연설 이후 100년이 지난 1963년 8월 28일은 링컨 대통령의 노예해방승인 100년을 기념하는 날이었다. 워싱턴 DC에서 열린 시민권 행진대회에 무려 25만 명이 운집했다. 이때 많은 유명 인사가 연설했고, 마틴 루터 킹 목사는 맨 마지막 차례였다. 연설을 듣다 지친 일부 참가자들은 이미 대열에서 벗어나 사방으로 흩어지고 있었다.

그 당시 상황을 『한 마디로 말하라』의 저자 미미 고스(Mimi Goss) 교수에게 직접 들어보자.

킹 목사의 연설에는 힘이 실려 있었지만, 고개를 숙이고 연설문을 눈으로 읽다 보니 청중과 눈을 마주칠 일도 거의 없었다. 언급하는 연설 내용도 추상적이었다. 그가 연설을 시작한 지 12분이 지났다. 이제 연설 시간은 4분밖에 남지 않았다. 바로 그때 킹 목사와 동행하며 집회마다 흑인 영가와 가스펠을 불렀던 가스펠의 디바 마할리아 잭슨(Mahalia Jackson)이 루터 킹 목사가 있는 연단으로 다가왔다. 그리고 이렇게 외쳤다.

"마틴, 당신의 꿈은 뭔가요?"

당시의 연설을 녹화한 영상을 보면 이때 루터 킹 목사는 연설 원고에서 눈을 떼고 고개를 든다. 몸을 꼿꼿이 세운 뒤 청중을 향하여 입을 열었다.

"비록 우리가 오늘과 내일의 역경을 만나게 된다고 할지라도 <u>나에게</u>

는 아직도 꿈이 있습니다. 나의 꿈은 아메리칸드림에 깊이 뿌리를 박은 그런 꿈입니다."

그리고 계속해서 "나에게는 꿈이 있습니다"라는 키 메시지를 쏟아냈다. 순간 좌중의 분위기는 순식간에 바뀌었다. 마치 전기에 감전된 듯 집으로 돌아가던 사람들은 발걸음을 멈췄다. 청중은 다시 제자리로 돌아와 킹 목사의 연설에 귀를 기울였다.[54]

그의 연설 일부를 감상해보자.

나에게는 꿈이 있어요(I have a dream). 조지아의 붉은 언덕에서 옛 노예들의 후손과 노예를 부리던 이들의 후손이 우정을 나누면서 한 식탁에서 자리를 함께할 수 있는 날이 올 것이라는 꿈이 있어요.
나에게는 꿈이 있어요. 불의와 억압의 열기로 가득 찬 미시시피주 당국이 자유와 정의의 오아시스로 바뀌고 말 것이라는 꿈이 있어요.
나에게는 꿈이 있어요. 나의 어린 네 아이들이 그들이 지닌 피부색이 아닌 그들이 품고 있는 인격으로 판단되는 그런 나라에서 사는 날이 올 것이라는 꿈이 있어요.
나에게는 꿈이 있어요. 모든 하나님의 자녀들, 흑인이건 백인이건, 유대인이건 이방인이건, 신교도건 구교도건 모두가 다 같이 손에 손을 잡고 옛날 우리 조상이 부르던 흑인 영가 '마침내 자유다! 마침내 자유다! 전능하신 하나님께 감사하자. 우리는 마침내 자유를 찾았다!'를 노래할 수 있는 그날이 반드시 올 것이라는, 그런 꿈이 내게 있어요.

미국 흑인 인권 운동가 마틴 루터 킹 목사가 1963년 8월 28일, 워싱턴의 링컨기념관 계단에서 부르짖은 그 유명한 '아이 해브 어 드림(I have a dream)' 연설의 일부다. 사전에 준비되지 않고 탄생한 그의 '즉흥 연설'은 그야말로 감동 그 자체였다. 인종차별의 종식이라는 엄청난 변혁을 일으킨 20세기 최고의 연설이라 할 만하다. 그의 연설을 듣는 순간 흑인도 울고 백인도 울었다. 미국인도 감동했고 유럽인, 아프리카인 그리고 아시아인도 복받치는 감동에 전율했다.

시민권 행진대회가 끝난 뒤 시민운동 지도자들은 킹 목사와 함께 백악관에서 존 F. 케네디 대통령을 만났고, 케네디 대통령은 킹 목사의 연설에 찬사를 보냈다. 이듬해에 미국 의회는 인종차별을 금지하는 시민권 법안을 승인했다. 1965년에는 투표권 법안이 통과되면서 모든 미국 시민의 투표권이 보장되었다. 1964년, 킹 목사는 역대 최연소 노벨평화상 수상자가 되었다. 모두가 그의 짧고 탁월한 연설 덕분에 일어난 일이다.[55]

그런데 열한 줄짜리 연설을 분석해보면 '꿈(Dream)'이라는 키워드와 그 키워드가 드러난 '나에게는 꿈이 있어요(I have a dream)'라는 핵심 메시지가 눈에 띈다. 킹 목사는 그 문장을 무려 열 번이나 반복한다. 3,000자가 넘는 연설문이 단 한마디로 요약되며, 한마디가 3,000자를 이끌어간다. 한마디가 3,000자 전체에 생명을 불어넣고, 그 생명이 인류의 영혼을 흔들어 눈시울을 젖게 했다.[56]

만일 킹 목사가 하나가 아닌 세 가지의 주제나 대지로 이루어진 연설을 했다면 어땠을까? 우리가 알고 있는 역사에 남을 명연설의 감동이 주어졌을지 의문이다.

원포인트의 드라마틱한 강해설교

'강력한 하나의 키워드', '하나의 핵심 메시지'가 스피치 전체를 감동적으로 만들고 역사에 길이 남는 명연설로 만든 것이다. 그렇다. 스피치의 성공은 '싱글 키워드', '핵심 메시지'에 달려 있다. 설교도 마찬가지다.

마틴 루터 킹의 연설에 대해 언급한 미미 고스 교수는 『한 마디로 말하라』에서 다음과 같이 조언한다.

> "한 번에 한 가지 주제에만 집중하라. 머릿속에 떠오르는 여러 말을 뱉어내다 보면 서로 엉켜서 중언부언하게 된다. 꼭 해야 할 단 한 가지만 분명하게 전달하라."[57]

오바마 전 미국 대통령도 대통령 당선 연설에서 같은 주제를 7회 이상 반복해서 전한 바 있다. "Yes, we can!"이라는 말이다. 그래서 아직도 필자의 기억에 생생히 살아남아 있는 것이다.

만일 연설이나 설교에서 키워드나 핵심 주제가 확실하지 않으면 논리성이 떨어지고 횡설수설하게 된다. 설교에 힘이 실리지 않고, 파급력이 약화되며, 설득력도 떨어져 메시지 전달에 백발백중 실패하게 된다. 하지만 키워드나 중심 메시지를 따라 설교를 전개해 나가면 본문 저자의 의도를 흐트러뜨리지 않고 한 방향으로 나아가게 해서 청중의 가슴에 꽂히게 할 수 있다.

한진환 목사도 『설교의 영광』에서 날선 검과 같은 설교는 주제가 하나여야 한다고 했다.

> 설교란 모름지기 뚜렷한 한 가지 주제를 가지고 시종일관 그것을 강
> 조함으로 청중의 뇌리에 강렬한 인상을 심어야 한다. (…) 거리 조정
> 이 잘못되어 초점이 산만하게 퍼진 볼록렌즈는 아무리 오래 들고 있
> 어도 종이에 구멍을 뚫을 수 없다. 주제가 여러 개인 설교는 초점이
> 산만하게 퍼져 있는 볼록렌즈 같다. 그래서는 결코 강퍅한 심령들을
> 날선 검과 같은 말씀으로 찔러 쪼갤 수 없다.[58]

그렇다. 한 방향으로 떨어지는 낙숫물에는 바위도 뚫리는 법이
다. 두세 개 방향으로 분산되는 대지로는 청중의 가슴을 꿰뚫을 수
없다.

도널드 G. 밀러(Donald G. Miller)도 이런 주장을 한다.

> 이상적으로 말해서 한 설교에는 하나의 중심사상이 있어야 한다. 하
> 나의 중심사상의 일부분이 아닌 두 개, 세 개, 네 개의 사상들로 설교
> 를 구성해서는 안 된다. 만약 그렇게 하면 한 자리에서 두 가지, 세
> 가지, 네 가지의 설교를 말하는 것이 된다.[59]

류엘 하우(Reuel Howe)는 청중이 설교자들에게 느끼는 첫 번째
문제는 한 편의 설교에 너무 많은 아이디어가 들어 있어서 청중
이 도저히 따라갈 수 없고 기억할 수 없다고 했다.[60] 해돈 로빈슨
(Haddon Robinson) 교수도 "설교는 '명중탄(Bullet)'이 되어야지 '산탄
(Buckshot)'이 되어서는 안 된다"고 했다.[61]

목사이자 설교자 존 헨리 조웨트(John Henry Jowett)도 이에 동의한다.

설교의 주제를 짤막하고 함축적이면서도 수정처럼 맑은 한 문장으로 표현할 수 있을 때까지, 우리는 설교할 준비는커녕 설교문을 작성할 준비조차 되지 않은 것이다. 나는 이 문장이 구름 없는 달빛처럼 선명하고도 맑게 떠오르기 전까지는 설교를 해서도 안 되고 설교문을 작성해서도 안 된다고 생각한다.[62]

모두 옳은 말이다. 예수님의 설교는 항상 간결하고 이해하기 쉬운 방식으로 전해졌다. 오늘 우리도 그 길을 따르는 것이 마땅하다. 복잡한 설교로 청중들을 혼잡하게 하지 말고, 하나의 메시지로 청중의 가슴에 착 달라붙는 설교를 준비하자.

(2) 원포인트 설교의 정의

세 대지 설교가 여전히 대세인 한국교회 설교자들에게 현재 최고의 관심사는 당연히 '원포인트 설교'[63]다. 약 20년 전만 해도 설교자들에게 가장 필요한 사안은 필자가 전공한 '수사기법(Rhetorical Technique)'이었다. 설교를 얼마나 맛깔스럽게 표현할 것인가는 모든 설교자의 고민거리이기 때문이다. 하지만 원포인트 설교가 이슈인 지금, 설교자들에게 가장 절실한 것은 '원포인트로 흘러가는 프레임'이다. 평생 설교하면서 세 개의 대지로만 설교하다가 한 주제로 30분짜리 설교를 한다는 것은 결코 쉬운 일이 아니다.

이를 잘 포착한 외국의 설교학자들이 원포인트로 설교할 수 있는 프레임을 개발해 소개했고, 우리나라에서도 몇몇 목회자가 효과적인 설교 프레임을 개발해 값비싼 회비를 받고 세미나를 개최해왔다. 하지만 필자가 파악한 바에 따르면 외국 전문가들이 만든 프레임은 다양한 본문의 콘텐츠를 담기에는 턱없이 부족하고, 국내 목회자들이 소개하는 프레임 역시 본문의 메시지를 제대로 담지 못한다는 치명적 결함이 있다.

성경신학이나 설교학을 전공한 적이 없는 비전문가들이 강사로 나서서 많은 설교자의 설교를 망쳐놓고 있다. 원포인트 설교를 제대로 가르치려면 먼저 성경 본문에 대한 통전적(Holistic) 지식과 실력을 갖춰야 하는데, 성경 실력은 둘째치고 아예 주석조차 활용하지 못하게 하다 보니 엉터리 해석이 난무하는 설교 내용이 너무 많음을 본다. 무자격·무면허 의사에게 몸을 맡기는 것 이상으로 위험한 설교 세미나가 우리 주변에 너무 많다.

수사기법 전공자인 필자는 이런 상황을 파악하고 20년 전부터 성경적인 흐름으로 흘러가는 원포인트의 드라마틱한 설교 프레임을 창안하는 일에 심혈을 기울여왔다. '원포인트 설교'는 '세 개의 대지로 이루어지는 단조롭고 획일적이고 천편일률적인 설교 방식'[64]을 배제하고, '하나의 큰 메시지를 중심으로 해서 전개해 나가는 설교'를 말한다. 세 대지 설교에 어떤 문제가 있는지에 대해서는 앞에서 언급했듯이 크게 두 가지로 말할 수 있다. '덜 성경적 (Less biblical)이거나 비성경적인(Unbiblical) 설교' 그리고 '비효과적인(Ineffective) 설교'가 될 가능성이 많다는 점 말이다.

오늘날 세 대지 설교를 하는 목회자들의 설교를 보라. 어느 성경 본문을 잡든, 심지어 본문이 한 구절이어도 주일만 되면 어김없이 세 개의 대지가 나오는 것을 본다. 그러니 세 대지 설교가 얼마나 성경 본문을 해치고 있는지를 상상해보라. 그뿐 아니라 세 대지 설교는 대지가 많다 보니 청중에게 설교 말씀을 잘 새겨주지 못한다는 점에서 치명적 결함이 있다. 설교를 한 주 내내 준비하고 설교한 사람조차 그 주가 지나면 다 잊어버리는 경우가 많은데, 한 번 설교를 들은 성도가 어떻게 세 가지를 기억해서 일주일 동안 삶에서 열매를 맺을 수 있겠는지 생각해보라.[65]

모든 설교자는 모던 시대에나 통하던 비성경적이고 비효과적인 세 대지 방식의 설교보다는 포스트모던 시대 청중에게 어필하는 연속성(Sequence)과 역동성(Dynamics)과 반전(Reversal) 프레임으로 흘러가는 원포인트 설교를 많이 해야 할 필요가 있다.[66] 구약과 신약의 4분의 3에 해당하는 본문이 내러티브 형식으로 기록되었다.[67] 그것들은 한결같이 원포인트의 핵심 메시지로 구성되어 있다. 본문마다 보조 대지가 한두 개 혹은 두세 개 들어 있는 경우가 있을 수 있지만, 어떤 본문이든 '주 대지(Main Point)'는 딱 하나다.

쉽게 설명하면, 성경의 모든 밭 속에는 산삼 한 뿌리[One Point]가 다 들어 있는데, 덜 중요한 도라지[Sub-Point]는 한두 뿌리나 두세 뿌리가 들어 있는 밭도 있고, 전혀 없는 밭도 많다. 그런데 설교자가 어떤 본문에서든 늘 세 대지로만 설교하려다 보니 정작 중요한 산삼 한 뿌리는 캐내지도 못한 채 영양결핍의 식단을 청중에게 제공하게 된다.

이처럼 영양이 결핍되거나 부실하고, 더욱이 세 개의 복잡한 대지라서 효과적으로 전달되지도 않는 식단을 매주 제공한다고 생각해보라. 이것이 지금 거의 모든 한국 강단에서 빚어지는 불행이라 생각하면 끔찍하기 짝이 없다.

성경 저자들은 모두 한결같이 핵심 메시지인 산삼 한 뿌리를 본문에 심어놓았다. 본문이 의미하는 핵심 메시지가 무엇인지를 한마디로 새겨주고자 함이다. 그래야 청중의 가슴에 오래 남길 수 있기 때문이다. 따라서 설교자가 본문에 충실한 설교를 하려면 먼저 '본문에서 하나의 핵심 메시지를 추출하는 일'에 심혈을 기울여야 한다. 그런 다음 거기서 캐낸 영양 만점의 산삼 한 뿌리를 재료로 해서 맛있게 양념을 치고 요리하는 효과적 원고작성 작업이 뒤따라야 한다.

(3) 원포인트 설교의 난점

오늘날 설교자치고 원포인트 설교를 배워서 익숙하게 전하고 싶지 않은 이는 별로 없을 것이다. 그런데 그 작업이 왜 그리 어려울까? 원포인트 설교의 중요성이 널리 인식된 지금도 어째서 원포인트로 설교하는 이들을 찾아보기 힘든가? 그것은 한 가지 주제나 메시지로 30분짜리 긴 설교문을 만들어본 경험이 없기 때문이다. 세 대지 설교는 서론과 결론을 각각 5분씩 작성하면 10분 분량의 원고를 만들 수 있고, 중간에 나오는 세 가지의 대지를 각각 7분씩 작성하면 21분 분량의 원고를 만들 수 있어서 30분 분량의 설교문이 쉽게 작성된다. 이와 같이 한 주제를 가지고 7분 이상의 긴 원고를 작성한 경험이 없다 보니 하나의 주제나 핵심 메시지로 30분 분량의 긴 원고를 작성하는 것이 불가능에 가까운 것이다.

하지만 그보다 더 근본적인 문제가 있다. 그것은 우리말 성경 자체와 주석으로 인한 문제다. 성경의 모든 저자는 장(Chapter)이나 절

(Verse)의 구분 없이 처음부터 끝까지 통으로 쭉 연결된 두루마리에다 본문 내용을 기록했다. 창세기면 창세기 1장 1절부터 50장 마지막 절까지 한달음에 썼다는 말이다.

그러다 보니 편의상 장과 절로 구분할 이유가 생겼다. 지금의 성경에서 짧은 한 장을 읽고도 저자가 전달하는 의미가 무엇인지 이해하기 쉽지 않은데, 하물며 첫 장에서부터 마지막 장까지의 길고 많은 분량의 내용을 장이나 단락, 구절의 구분 없이 읽어서 뜻을 파악한다는 것은 불가능에 가까운 일이었다.

그래서 1228년 캔터베리의 대주교 스티븐 랭턴(Stephen Langton)이 궁여지책으로 마련한 것이 '장과 절의 구분'이었다. 그때 비로소 성경의 '장'이 처음으로 나뉘었고, 16세기에 들어서 '절'도 처음 구분되었다.[68]

이렇게 장과 절로 구분된 상태로 성경이 출간되어 모두가 성경을 이해하는 데 큰 도움을 받게 된 것은 우리 모두에게 매우 유익한 일이라 할 수 있다. 하지만 그러다 보니 창세기이면 창세기, 요한복음이면 요한복음 전체를 통해 크게 흘러가는 하나의 '거대한 물줄기'를 놓치는 치명적 문제가 야기된다는 점을 언급하지 않을 수 없다.

성경은 원래 장도 절도 없이 처음부터 끝까지 하나의 큰 흐름으로 연결된 책이라는 사실을 놓쳐선 안 된다. 성경을 본문 전체의 큰 흐름으로 흘러가는 통전적 방식으로 읽지 않으면, 성경을 가르치는 자나 배우는 자 모두 저자가 본래 의도했던 큰 의미와 메시지를 놓칠 수밖에 없기 때문이다.

또 하나의 문제는 현대의 성도들이 큐티(QT)를 즐겨 하다 보니 한 장도 아니고 자기 입맛에 맞는 한 구절이나 몇 구절만 본문으로 선택해 묵상하고 적용하는 경우가 많다는 점이다. 큐티 스케줄에 따라 설교를 준비하는 이들도 꽤 있는 것으로 아는데, 그런 이들은 삼가 주의해야 한다.

성경 전체의 큰 흐름과 문맥을 간과한 묵상과 적용으로는 '작은 교훈 도출'이라는 열매 외엔 따 먹을 것이 별로 없음을 기억해야 한다. '소문난 잔치에 먹을 것 없다'는 말처럼 생명의 양식인 말씀 속에서 정작 중요한 영양 만점의 메시지가 간과될 가능성이 많다는 이야기다.

성경은 우리에게 주는 '유익한 교훈(Lesson)'들로 가득 차 있다. 그 하나하나가 우리의 삶을 새롭게 하고 구체적인 변화로 이끄는 보배들이다. 하지만 성경에는 그런 작은 보물만 존재하는 것이 아니라 전체를 꿰뚫고 도도히 흘러가는 생명 같은 '진리(Truth)의 큰 물줄기'가 있다. 산에 올라 정작 중요한 산삼은 놓친 채 덜 소중한 도라지 몇 뿌리만 캐서 먹는다면 그보다 더 안타까운 일은 없을 것이다. 따라서 짧게 정한 본문으로 매일 큐티 하는 것을 막기는 힘들다 해도 성경 전체의 문맥을 통해 도도히 흐르는 큰 물줄기를 파악하는 데 더 큰 관심을 가져야 한다.

여기에서 우리가 주의를 기울여야 할 또 하나의 주요 사안을 짚고 넘어가려 한다. 바로 '주석(Commentary)'의 문제다. 성경을 이해하는 데 주석보다 많은 유익을 주는 도구는 없을 것이다. 평신도 가운데 성경에 관심이 많은 이들이 과거 목회자들의 전유물로 여겨온

원포인트의 드라마틱한 강해설교

주석을 사서 읽는 경우를 어렵지 않게 볼 수 있다.

원래 주석은 목회자들이 설교할 때 참조하는 거의 유일한 수단이고, 성경 전문가들도 주석을 참조한다. 그처럼 주석이 성경해석에 유익한 도구이긴 하지만, 치명적 결함이 하나 있다는 사실을 알고 활용해야 한다. 주석은 역사적 배경이나 짧은 한 단어, 한 구절을 원어로 이해할 때는 도움이 될지 몰라도 성경 전체의 문맥을 파악하는 데는 해를 끼치는 면도 있다는 점이다. 주석은 역사적 배경을 비롯해 한 단어, 한 구절도 빠짐없이 설명하는 책이다. 따라서 성경 전체의 흐름을 알려주고 주입하는 데는 한계가 있을 수밖에 없다. 성경 전체와 한 장 전체의 흐름을 짧게 설명해놓기는 했지만, 각 장과 절, 단어를 꼼꼼하고 세밀하게 살피다 보면 전체의 큰 문맥을 놓칠 가능성이 크다.

이는 마치 곤충을 해부하는 과정과 흡사하다. 머리와 팔과 다리 등 온몸 마디마디마다 다 떼어내는 과정을 거치다 보면 '살아 있는 매미'가 아니라 '죽어서 다 잘린 채 해부된 매미'를 관찰하다가 끝날 가능성이 큰 것이다.

하나님의 말씀인 성경은 각 저자가 의도한 바를 이해하고 파악해야 한다. 그러기 위해선 장과 단락과 절로 쪼개놓은 성경을 원래의 두루마리 성경에서처럼 전체를 관통하는 큰 물줄기로 흘러가도록 이어주는 작업을 새롭게 할 필요가 있다. 그래야만 원포인트의 통전적 설교가 가능하다는 점을 반드시 기억하자.

성경과 설교를 가르치는 교수인 까닭에 요즘 한국 강단에서 주목할 만한 설교자를 소개해달라는 요청을 많이 받는다. 필자가 모든 한국 설교자의 설교를 다 듣고 있지는 않기에 객관적으로 평가하기가 곤란하지만, 아직은 드러내서 자랑할 만한 설교자가 보이지 않는다는 것이 솔직한 대답이다.

한국교회 설교자들의 설교를 굳이 분석해보면 둘로 나눌 수 있다. 먼저, 설교 내용은 별로 좋지 않으나 전달이 탁월한 분들이다. 이런 분들은 대형교회에서 목회하는 경우가 많다. 설교에서 '전달(Delivery)의 중요성'을 말해주는 대목이다. 다음으로, 전달은 약하나 본문 콘텐츠에 매우 충실한 분들이 소수 있다. 하지만 전달 부족으로 목회하는 교회의 규모가 그리 크지 못한 것을 본다. 교회가 작다고 목회에 실패했다고 보는 것은 아니지만, 보다 효과적으로 전달되었다면 교회가 더 부흥 성장했을 것임은 부인할 수 없을 것이다.

그런가 하면 기존의 해석을 뒤엎는 새로운 해석으로 인기를 끄는 소수의 설교자도 있다. 문제는 이들의 성경해석에 엉터리 내용이 너무 많다는 것이다. 하나님의 말씀을 잘못 전하게 되면 소중한 양떼의 영혼에 해를 끼칠 수 있음을 설교자들은 늘 주의해야 한다. 그러기 위해선 영양 만점의 식단을 잘 꾸릴 수 있는 성경 실력 배양에 모두가 큰 힘을 기울여야 할 것이다.

한국 강단의 문제 중 가장 심각한 현상은 설교자들 가운데 성경 실력을 제대로 갖춘 설교자가 드물다는 것이다. 이것은 근본적으로 신학교의 문제요, 교수들의 문제라 할 수 있다. 신학교에서 잘 가르쳤어야 한다는 말이다. 물론 설교자들 편에서는 신학교나 교수들 핑계를 대서는 안 된다. 성경 실력을 키우는 데는 본인의 노력과 의

원포인트의 드라마틱한 강해설교

지와 열정이 가장 중요하기 때문이다.

필자의 경험에 비춰보아도 개인적인 땀과 수고와 열의가 아주 절실하다고 본다. M.Div. 과정뿐 아니라 Th.M과 Ph.D 과정에서 성경을 배우는 일도 무시할 수 없지만, 스스로 성경을 읽고 도전하고 씨름하고 성령님께 묻고 도움을 요청하며 터득한 것이 몇십 배나 더 소중했음을 고백한다. 물론 어릴 때부터 성경 전체를 다독한 것이 문맥을 놓치지 않고 원포인트로 흘러가는 하나님의 놀라운 역사와 진리에 눈뜨게 해준 최고의 투자였다고 생각한다.

설교자들이여, 오늘부터 성경을 장, 절의 구분 없이 전체를 쭉 통으로 읽는 습관을 길러보라. 자신을 '다독다독'해서 성경 '다독(多讀)'에 힘쓰는 이들에게 원포인트의 성경을 보는 안목과 관점이 활짝 열리게 될 것으로 확신한다.

3) 세 대지 설교와의 차이

그럼 이제 세 대지 설교와 원포인트 설교가 어떤 차이가 있는지 같은 본문을 가지고 개요를 통해 비교해보자.

먼저 세 대지 설교에서 살펴본 마태복음 7장 7절 본문을 실례로 다시 언급해본다. 강해설교가 되려면 먼저 원포인트의 핵심 메시지가 포함되는 최소 구절까지 본문으로 선정해야 한다. 그래서 설교를 준비할 때 최우선 과제는 마태복음 7장 7~12절을 본문으로 잡는 일이다. 내용은 다음과 같다.

"구하라 그리하면 너희에게 주실 것이요 찾으라 그리하면 찾아낼 것이요 문을 두드리라 그리하면 너희에게 열릴 것이니 구하는 이마다 받을 것이요 찾는 이는 찾아낼 것이요 두드리는 이에게는 열릴 것이니라 너희 중에 누가 아들이 떡을 달라 하는데 돌을 주며 생선을 달라 하는데 뱀을 줄 사람이 있겠느냐 너희가 악한 자라도 좋은 것으로 자식에게 줄 줄 알거든 하물며 하늘에 계신 너희 아버지께서 구하는 자에게 좋은 것으로 주시지 않겠느냐 그러므로 무엇이든지 남에게 대접을 받고자 하는 대로 너희도 남을 대접하라 이것이 율법이요 선지자니라"

마태복음 7장 7~8절 두 구절에서 세 대지의 설교를 구상하는 것이 옳지 않다는 것에 대해서는 이미 살펴보았다. 이 본문을 원어에 맞게 번역해서 원포인트 메시지를 추출하면 '계속해서 구하면 주실 것이다'라는 명제를 얻을 수 있다. 기도하는 자의 의지와 열심에 따라 하나님의 응답이 결정된다는 의미다. 응답해주시는 하나님보다 기도하는 인간에게 초점이 가 있음을 볼 수 있다.

하지만 마태복음 7장 7~8절이 아니라 7장 7~12절을 본문으로 정해서 전체 문맥의 흐름에 맞게 해석하면 사람의 행위보다는 '하나님의 은혜와 선하신 의지'가 주된 역할(Primary Role)을 한다는 사실을 알 수 있다. 다시 말해서 본문에서 주도권(Initiative)을 잡고 계신 분은 '기도하는 사람'이 아니라 '응답해주시는 하나님'이시다.[69]

본문을 자세히 관찰해보면 핵심 구절이 7절이 아니라 11절임을 알 수 있다. 초점이 이 구절에 맞춰져 있음을 눈치채야 한다.

원포인트의 드라마틱한 강해설교

"너희가 악한 자라도 좋은 것으로 자식에게 줄 줄 알거든 하물며 하늘에 계신 너희 아버지께서 구하는 자에게 좋은 것으로 주시지 않겠느냐"

이 내용은 우리가 하나님께 구해야 할 이유가 무엇인지에 대해 언급하고 있기 때문이다. '하늘에 계신 우리 아버지께서는 구하는 자에게 좋은 것으로 주시는 분'이시라는 것이다. 그것이 바로 우리가 구해야 할 이유가 된다. 그래서 전체 문맥에 따라 본문을 바르게 해석한 내용을 기초로 핵심 메시지를 작성하면 다음과 같다.

"하나님께서는 구하는 자에게 좋은 것으로 주시는 분이시기 때문에 우리는 그분을 의지하여 계속 구해야 한다."

세 대지와 원포인트의 차이가 두드러지게 나타나지 않는가? 그렇다. 이 거대한 차이점을 맛본 이들은 원포인트 설교가 아닌 세 대지 설교를 더 이상 할 수도 없고 들을 수도 없는 놀라운 경험을 하게 된다.

다음으로 요한복음 2장 1~11절에 나오는 가나 혼인 잔치에 관한 내용을 살펴보자. 이 본문으로 세 대지 설교를 작성한 개요는 대부분 다음과 비슷한 형태로 나타난다.

〈문제를 해결하는 세 가지 비결〉

1. 문제의 상황을 인식해야 한다(1~3a)
2. 해결사를 찾아야 한다(3b)
3. 해결사가 시키는 대로 순종해야 한다(5~8)

누가 봐도 참 괜찮아 보이는 개요다. 본문에 충실한 데다가 짜임새도 있는 최상의 세 대지 개요로 생각된다. 하지만 이 설교 개요에 점수를 부여한다면 100점 만점에 10점을 주기도 힘들다. 왜 그럴까? 본문의 핵심 메시지가 빠져 있기 때문이다. 바로 11절이다.

> "예수께서 이 첫 표적을 갈릴리 가나에서 행하여 그의 영광을 나타내시매 제자들이 <u>그를 믿으니라</u>"

하인들이 예수님의 말씀에 순종하는 모습이 나온다. 항아리에 물을 채우고 연회장에게 변하지 않은 물을 갖다주라고 했지만, 그들은 말씀대로 순종했다. 대단한 믿음이라 할 수 있다. 하지만 그 믿음은 예수님을 구세주로 믿은 것이 아니라 '기적을 베푸시는 분(Miracle Maker)'으로 믿은 것이다. 구원과는 상관없는 믿음 말이다.

이 본문의 핵심은 11절에 나온다. 제자들은 예수님이 베푸신 첫 표적을 보고 그분을 '구세주(Savior)'로 믿었다. 이것이 바로 '구원받는 믿음(Saving Faith)'이다.

가나 혼인 잔치에서 기적을 행하신 이 사건을 '기적(Miracle)'이라 하지 않고 '표적(Sign)'이라 한다. '기적'과 구분해서 '표적'이라 번역한 것은 칭찬할 만하다. 이 때 '표적'은 헬라어로 '세메이온(σημεῖον)'이라고 하는데, 기적 자체가 아니라 '기적이 가리키는 바'가 무엇인가를 의미하는 용어다.

물이 변해 포도주가 된 사건이 가리키는 의미가 무엇이냐는 것이다. 여기서 물은 '유대교의 결례 의식 때 사용하는 물'을 말한다. 포도주는 예수님이 '장차 흘리실 보혈'을 뜻한다. 잔치에 참석하기 위해 손과 발을 정결케 하는 물로는 인간 속에 있는 영혼의 죄를 씻을 수가 없다. 하지만 예수님이 장차 흘리실 십자가 보혈은 우리 영혼의 죄까지 말끔하게 씻을 수 있는데, 예수님은 바로 그런 메시아로 오신 분이라는 의미다.

본문의 의미를 제대로 파악하려면 필수 질문 하나를 반드시 던져야 한다. 그것은 '예수님께서 왜 포도주가 떨어진 통에 물을 부으라고 하시지 않고, 생수통이 아닌 결례 통에 물을 부으라 하신 뒤 포도주로 변경시키셨는지' 그 이유를 알아야 한다. 예수님이 포도주가 떨어진 포도주 통에 물을 부으라 하신 뒤 포도주로 변경시키셨다면 '대체(Replacement)'의 의미가 살아나지 않기 때문이다. 결례 통에 물을 부으라 하신 뒤 포도주로 바꿔주셔야 대체의 의미가 살아난다.

결례 의식으로는 해결할 수 없는 우리 영혼의 죄를 대체자 되신 예수님이 오셔서 자신의 보혈로 말끔히 씻어주실 것인데, 제자들은 예수님을 그런 메시아로 믿었다는 뜻이다. 그렇다. 세 대지의 교훈적 설교 내용에는 본문의 핵심 구절인 11절 내용이 전혀 들어가 있지 않다는 게 보이는가?

이게 살아나야 만점짜리 설교가 제대로 완성된다. 세 대지 설교는 대지가 많아 기억하기도 힘들지만, 앞에서 살펴본 대로 본문의 핵심 메시지는 놓치고 지엽적인 내용만 들춰내서 세 개의 대지로 조직하는 치명적 결함이 있다. 쉽게 말해서 세 대지 설교는 요한복음 2장 1~11절이라는 밭 속에 심긴 산삼 한 뿌리는 보지 못한 채 도라지 세 뿌리만 캐내서 먹이려는 것과 같은 이치라는 것이다.

영양 만점의 식단을 준비해서 고객들에게 먹이길 원하는가, 아니면 영양이 아예 없거나 결핍된 식단만 제공하기를 원하는가? 물론 전자를 원할 것이다. 그렇다면 세 대지 설교가 아니라 원포인트의 핵심 메시지를 캐내어 먹이는 설교를 해야 함을 꼭 기억하자.

Chapter

5

원포인트의
드라마틱한
강해설교

1) 원포인트의 드라마틱한 강해설교의 정의

필자가 독창적으로 개발 창안한 '원포인트의 드라마틱한 강해설교(One-Point Narrative Expository Sermon)'는 기존의 '원포인트 설교'와는 조금 다른 방식의 설교다. 한 가지 핵심 메시지를 가지고 설교를 진행한다는 점에서는 원포인트 설교와 차이점이 없으나, '드라마틱한'이라는 용어가 더 첨가되었다는 점에서 구별된다. '드라마틱한'은 '내러티브'나 '귀납적'이란 말의 쉬운 표현이라 할 수 있다.

원래 내러티브 구조에는 두드러진 특징이 있다. 서론-갈등-갈등심화-전환점-절정-결론 등과 같은 '플롯 구조' 말이다.[70] 본문에서 추출한 하나의 핵심 메시지를 가지고 일관된 논리로 진행하되 계속적으로 더욱 깊이 발전시켜 나가는 것을 말한다. 모든 원포인트 설교는 이와 같이 '연속성'과 '점진성'과 '역동성'을 지니고 '절정'을 향해 발전시켜 나가는 형식을 띤다. 하지만 필자가 개발한 '원포인트의 드라마틱한 강해설교'는 본문과 흡사한 현실의 예화를 둘로 나누어 설교의 서론과 결론 부분에서 소개하는 방식을 취한다는 점에서 구체적으로 차이가 있음을 밝혀둔다. 지금까지 필자가 개발한 여러 가지 프레임 중 예화를 서론과 결론에 나누어 소개하는 방식보다 더 드라마틱하고 임팩트가 강한 구조는 없었다.

포스트모던 시대 사람들은 모두 '이야기 구조(Narrative)'를 좋아한다.[71] 반전이나 드라마틱한 흐름 없이 미리 정답을 제시하는 밋밋한 방식으로 흘러가는 이야기는 내러티브로 살아남지 못한다. 원포인트로 흘러가는 설교문을 작성하되, 정답이 훤히 들여다보이는 제목에 1대지, 2대지, 3대지로 끊어지는 전환을 통해 인위적으로 연결시키는 연역적 방식이 아니라[72] 궁금증을 유발하고 예상을 뒤엎고 서스펜스와 반전에 의해 드라마틱하게 흘러가는 귀납적 방식의 설교 스타일을 오늘날의 청중은 선호한다.

이 설교방식은 청중을 가만히 앉아서 설교 듣는 '객(Guest)'이 아니라 진리를 발견해 나가는 일에 설교자와 함께 '동참하는 주체(Participatant Master)'가 되게 만든다는 점에서 장점이 있다.[73] 이런 설교를 싫어하거나 꺼릴 청중은 없을 것이다.

세 대지에 익숙해 있는 신대원 학생들은 매 학기 기말고사 대용으로 설교문을 한 편씩 제출하게 되어 있다. 학생들이 필자의 강의를 한 학기만 듣고도 모두 원포인트 설교로 바꾸어서 설교문을 작성하는 모습을 보곤 한다. 이는 기적 같은 일이 아닐 수 없다. 또 일반대학원의 예배설교학 과정에서 필자에게 원포인트 설교를 배운 목회자들이 자신들의 설교가 바뀜에 따라 목회 현장에서 믿을 수 없는 변화와 부흥의 역사가 일어났음을 간증하는 모습도 자주 경험한다. 필자에게 이보다 더 큰 보람과 기쁨은 없다. 이 책을 읽는 독자들도 모두 그런 간증의 주인공이 되기를 바란다.

코로나19 상황에서 대면 예배를 드릴 수 없게 됨에 따라 온라인 예배 및 설교가 각광을 받았다. 그 이후 엔데믹 시대를 지나면서 대면 예배가 다시 재개되긴 했지만 여전히 온라인 예배를 드리는 이들도 있고, 대면 예배를 드리는 이들 중에도 온라인으로 다른 강단의 설교를 시청하는 이들이 이전보다 훨씬 많아졌다. 따라서 설교의 중요성이 코로나19 이전 시대보다 더 강조되고 있으며, 세 대지의 복잡한 설교보다 원포인트의 간결하고 드라마틱한 설교가 인기를 끌고 있음은 말할 나위가 없다.

2) 원포인트의 드라마틱한 강해설교의 장점

원포인트의 드라마틱한 강해설교는 문자 그대로 하나의 요점이나 메시지를 가지고 절정(Climax)을 향해 발전을 거듭하며 전개하는 설교다. 더 세부적으로 말하면, 본문 저자가 의도한 핵심 메시지를 추출해 청중에게 가장 효과적으로 잘 적용하고 전달해서 충실한 열매와 변화를 가져올 수 있게 만드는 최상의 설교라 할 수 있다.[74] 원포인트의 드라마틱한 강해설교의 장점이 아주 많은데, 그 유익함을 몇 가지로 정리하면 다음과 같다.

첫째, 현대인의 요구에 부응하는 쉽고 간결한 메시지(Simple Message)라는 점이다. 어느 시대나 쉬운 것이 대세다. 사람들은 복잡한 것을 싫어한다.[75] 안 그래도 생각할 것이 많고 여유가 없는 삶 속에서 설교마저 여러 개의 대지로 복잡하게 전개된다면 청중은 건성으로 설교를 들을 수밖에 없다. 복잡하지 않은 삶을 추구하는 현대인에게는 심플한 메시지만이 어필할 수 있다. 원포인트 설교의 최고 장점은 메시지가 간결하다는 것이다.

둘째, 청중의 기억에 오래 남을 수 있는 하나의 선명하고 강력한 메시지(One Clear Compelling Point)라는 점이다. 설교를 듣고 나서 무엇을 들었는지 한마디로 요약할 수 없으면 그 설교는 실패작으로 평가할 수 있다. 이는 30~40분간 전한 설교가 청중에게 거의 영향을 끼치지 못했다는 이야기다. 원포인트는 하나의 중심 메시지를 전하므로 일주일을 살아가는 청중에게 뚜렷한 한 가지를 남길 수 있다는 점에서 큰 장점이 있다.

셋째, 듣는 이로 하여금 한 가지에 몰두할 수 있는 집중력을 갖게 하는 메시지(Sermon that Concentrate on One Main Idea)라는 점이다. 현대인은 많은 것을 생각하고 산다. 세상에는 그들의 마음을 사로잡는 것들이 너무도 많다. 고급 아파트, 고급 승용차, 명품 가방, 영화, 드라마, 정치, 경제, K-팝, 스포츠 등 사람들의 생각을 지배하는 것들이 세상에 즐비하다. 이런 상황 속에 있는 이들에게 여러 개의 복잡한 대지로 설교를 전한다면 마음을 사로잡기 어렵다. 단 하나의 명료한 주제나 메시지만이 청중을 집중하게 할 수 있다.

넷째, 세 대지의 딱딱 끊어지는 획일적 설교에 식상한 청중에게 하나로 연결되어 물 흐르듯 흘러가는 신선하고 재미있는 설교라는 점이다.[76] 논리와 합리보다는 정서와 감정을 자극하고, 정적인 흐름보다는 동적인 움직임을 드러낸다는 점이 원포인트의 드라마틱한 강해설교의 또 다른 장점이다.

다섯째, 영양 만점의 식단 준비를 가능케 하는 '깊이 있는 메시지(Deep Message)'라는 점이다. 전하려는 내용이 한 가지로 정리되었다는 것은 그만큼 성경 본문에서 가장 깊이 있고 소중한 메시지가 준비되었다는 뜻이다. 그렇다. 수준 높은 말씀의 능력이 아니고는 사람을 변화시킬 수 없다. 오직 영양가 높고 깊이 있는 말씀만이 성도를 온전히 변화시키기 때문이다. 원포인트의 드라마틱한 강해설교가 그것을 가능케 해준다.

여섯째, 논리적이고 딱딱한 전달을 싫어하는 청중에게 어필하는 생기 있고 흥미로운 메시지(Lively & Exciting Message)라는 점이다.[77] 세 대지 설교는 논리적으로 전달되긴 하지만, 너무 정형화돼 있고 획일적인 인상을 주기 때문에 청중의 기대와 흥미를 차단한다는 단점이 있다. 하지만 원포인트 설교는 하나의 메시지를 가지고 다양한 형식으로 활기차고 흥미 있게 전개하기 때문에 청중이 기대하는 설교가 될 수 있다.

일곱째, 엔데믹 시대에 절실히 요구되는 설교의 변화 중 가장 강력한 것이 '전달 체계의 변화'인데, 그것이 바로 원포인트 설교방식이라는 점이다. 정인교는 코로나19 이후 시대를 살아가는 청중에게 잘 어필하는 설교로 획일적인 세 대지 방식 대신 원포인트 설교방식을 다음과 같이 제의했다.

> 엔데믹 시대의 설교적 대안 가운데 빼놓을 수 없는 것이 '전달 체계의 혁신'이다. (…) 오늘의 귀납적 시대 흐름에 맞춰 설교자는 전통적인 연역적 삼대지(Three Points Preaching) 외에 다양한 설교 형식으로 장착해야 한다. 가령 하나의 주제를 중심으로 한 원포인트 설교 (…) 방식을 적절하게 활용해야 한다.[78]

여덟째, 설교에 강력한 '추진력(Driving Force)'과 '방향성(Direction)'이 있다는 점이다. 청중의 주의를 끌어당기려면 설교가 어느 쪽으로 나아가고 있다는 강한 느낌을 주어야 한다.[79] 설교는 여행과도 같다. 청중은 여행의 동반자들이다. 그들은 여행을 시작해서 어디로 가고 있는지, 어디쯤 왔는지, 언제쯤 도착하는지를 알고 싶어 한다는 사실을 놓쳐선 안 된다. 원포인트는 한 방향, 한 지점으로 이동하는 하나의 목표가 있기 때문에 청중은 설교자를 굳게 신뢰하고 끝까지 여행에 동참할 수 있다.

아홉째, 인기 있는 소설처럼 절정을 향해 자연스럽게 전개되는 드라마틱한 메시지(Dramatic Message)라는 점이다.[80] 기존의 세 대지 설교는 주보에 실린 설교제목만 봐도 어떤 설교가 전해질지 훤히 알 수 있어 청중의 기대나 관심을 전혀 끌 수 없다는 치명적 결함이 있다. 반면 원포인트 설교는 제목부터 궁금증을 유발하는 데다 마지막 결론에 이르기까지 '긴장(Suspense)', '애태움(Tantalizing)', '예상 뒤엎음(Overturning Expectations)', '반전(Reversal)' 기법이 총동원되어 전개되므로 청중의 마음을 끝까지 온전히 끌어당길 수 있다는 장점이 있다.

3) 프레임의 필요성

건축가가 집을 지을 때 처음부터 인테리어를 하거나 가구를 들여놓는 일은 없다. 집을 지으려면 일단 기초공사를 탄탄히 한 뒤 철근에다 시멘트를 부어 뼈대를 쌓아야 한다. 그런 다음 벽돌을 채워 넣고 시멘트로 바르고 인테리어를 완성한 뒤 가구나 물건을 집 안에 들여놓는다. 한 편의 설교를 만들 때도 '뼈대 쌓기(Building Frame)'가 중요하다. 본문에서 저자가 의도한 원포인트의 핵심 메시지를 추출한 뒤 원고 작성에 들어가는데, 이때 설교 내용을 어떤 프레임으로 작성할 것인가를 결정하는 작업이 매우 중요하다. 본문의 핵심 메시지를 가지고 청중에게 가장 효과적으로 전달할 수 있는 프레임을 구상하는 것은 결코 쉬운 작업이 아니다.

007 영화를 싫어하는 사람은 별로 없을 것이다. 〈007 두 번 산다〉, 〈나를 사랑한 스파이〉 등 007 시리즈는 사람들의 기억에 오래 남는 영화로 평가된다. 007 영화는 언제나 범죄와 배신과 음모, 최신무기, 스릴과 의리와 정의와 로맨스가 뒤섞여 지울 수 없는 감동을 준다. 미국과 영국에서 제작하는 007 첩보영화의 스토리 전개는 그리 어렵지 않다. 왜냐하면 007 영화의 흐름이나 프레임이 사전에 다 짜여 있어 제임스 본드나 본드걸과 적대국만 변경될 뿐 흘러가는 줄거리는 비슷하기 때문이다. 007 영화는 주로 다음과 같이 전개된다.

- 007이 여자와 데이트하고 있다.
- 그때 본부로부터 전화가 걸려온다.
- 작전을 위해 본부에 들어가면 신무기를 개발한 삼촌이라는 할아버지로부터 무기 사용법을 배운다.
- 작전을 떠날 땐 항상 '머니 페니(Money Penny)'라는 컴퓨터 치는 사무원의 뺨에 입을 맞추고 나간다.
- 이때부터 적과의 추격전과 대결 장면이 손에 땀을 쥐게 하며 스릴 넘치게 전개된다.

- 적에게 잡혀 위험한 상황에 놓이지만, 예상치 못한 반전이 일어나 가까스로 적들을 모조리 섬멸한다.
- 적진을 파괴하고 나올 때 적의 보스가 납치해 온 여자를 구해서서 데려온다.
- 두 사람이 요트에서 옷을 벗고 사랑을 즐긴다.
- 그때 CCTV로 이를 지켜보던 본부로부터 새로운 임무를 전달하기 위한 연락이 온다.
- CCTV를 옷으로 가린 채 정사신이 이어진다.
- 주제곡이 이어지고 영화가 끝난다.

이런 프레임만 갖춰져 있다면 두 시간가량의 영화를 만드는 일은 별로 어렵지 않을 것이다. 설교도 마찬가지다. 평생 세 개의 대지로 된 설교만 해오다가 하나의 주제나 핵심 메시지를 가지고 원포인트의 강해설교를 작성하라고 하면 막막할 수밖에 없다. 경험도 노하우도 없어서 엄두를 내지 못할 때 필요한 것이 '프레임'이다. 하나의 주제나 메시지를 가지고 몇 시간이라도 작성할 수 있는 설교의 틀만 다양하게 마련되어 있다면 두려울 게 없다.

설교학계에서 전공 학자들이 이런 설교의 틀 개발에 진력해 설교자들에게 도움이 되는 작품을 많이 만들어내야 하는데, 그런 움직임은 거의 보이지 않는다. 이론적이고 학문적이고 전통적인 설교학을 가르칠 뿐 새로운 프레임으로 설교를 만들어 소개하는 경우는 여전히 찾아보기 어렵다. 설교에 변화를 주지 못하는 학문과 이론만으로는 설교자들의 절실한 필요를 채워줄 수 없다. 배움과 훈련을 통해 강단에 두드러진 변화가 나타나도록 모두가 힘써야 할 것이다.

다음 장에서는 원포인트의 드라마틱한 강해설교를 위한 준비 작업이 어떻게 이루어지는지에 대해 구체적으로 살펴보고자 한다.

원포인트의
드라마틱한
강해설교를 위한
준비 작업

1) 핵심 메시지(Big Message) 추출하기

설교를 하려면 우선 본문 저자의 의도와 의미를 파악하는 일이 최우선 과제가 될 것이다. 이 작업을 성공적으로 수행하는 일이 생각만큼 쉽지 않다는 사실을 설교자들은 대부분 잘 인식하지 못하고 있다. 1장에서 본문설교와 강해설교의 차이점을 얘기할 때 이미 언급한 바 있지만, 강해설교 요건이 갖춰지려면 맨 먼저 본문 선정에 신경을 많이 써야 한다.

본문을 1~3절 정도로 짧게 선정해서 설교를 준비하는 이들이 적지 않은데, 그렇게 하면 저자의 의도를 충분히 담아낼 수 없음에 유의해야 한다. 적어도 핵심 메시지가 포함된 범위까지 본문을 길게 잡아주는 것이 강해설교의 필수 조건과 원칙이다.

그뿐 아니라 본문이 포함된 성경 전체의 흐름에 따르는 주제나 메시지를 감안해 본문의 중심 메시지를 파악해야 한다. 세 대지 설교를 준비하는 이들은 본문에서 산삼 한 뿌리를 캐내려 하기보다는 항상 비슷한 종류의 도라지 세 뿌리를 캐내려는 의도를 갖고 본문을 파헤치기 때문에 본문 전체를 섭렵하고 아우르는 '통 큰 의미'나 '깊은 의미'는 다 놓치게 됨을 본다.[81]

'원포인트의 강해설교'를 작성하기 위한 우선적 조건은 본문 선정을 길게 해줘야 하는 동시에 '지엽적인(Minor) 의미'나 '잔가지(Small Branch) 메시지'가 아닌 '크고 깊은(Major & Deep)' 의미를 파악해야 한다는 점을 반드시 기억해야 한다. 성경 속에는 절대적으로 중요한 '주제나 메시지(Theme or Message)'가 있는가 하면 덜 중요한

'보조 주제나 보조 메시지(Sub-Theme or Sub-message)'도 들어 있다. 그것은 성경마다 다 다르다. 원포인트의 강해설교를 시작하려면 무엇보다 가장 중요한 핵심 메시지 하나를 건져 올리는 작업이 필요하다. 이것이 불가능한 사람은 원포인트 설교를 시도할 생각조차 하지 말아야 한다.

아무리 효과적인 전달을 위한 프레임을 소개한다 해도 그 내용에 본문의 핵심이 빠지고 영양이 부실하고 해가 되는 재료가 들어간다면 그것을 어떻게 영양 만점의 식단이 구비된 강해설교라 할 수 있겠는가? 그런데 설교자 중에는 주석 폐기론자도 있다. 남의 설교집을 베껴서 짜깁기 설교를 하는 설교자도 문제지만, 매번 주석을 참조하지 않고 자기 개인 해석에 따라 설교를 만들어 제공하는 설교자의 태도는 더욱 심각하다.[82]

모든 설교자는 설교 실력 이전에 성경 실력을 키워야 한다. 무엇보다 본문에서 가장 중요한 원포인트의 핵심 메시지 추출 실력이 출중해야 한다. 그래야 본문 속에서 영양 만점의 식단을 성도들에게 제공할 수 있고, 다른 강단과는 차별화되는 양식을 먹일 수 있다.

원포인트의 핵심 명제 하나를 얻기 위해서 설교자가 갖춰야 할 성경 실력이 만만치 않다. 성경에 관한 단편적 지식이나 정보도 무시할 수 없겠지만, 구약과 신약 전체와 설교자가 본문으로 정한 성경 전체를 꿰뚫고 도도히 흘러가는 한 줄기의 큰 맥락을 파악할 수 있어야 한다. 그 흐름에 맞춰 본인이 정한 본문의 핵심 메시지를 파악해야 한다.

이제 핵심 메시지를 캐내기 위한 전략을 하나씩 살펴보자.

(1) 하나님 중심적(Theocentric) 관점 + 인물 중심적(Anthropocentric) 관점

성경을 해석할 때 나무 하나하나에 집중하기보다는 먼저 숲 전체를 보는 일이 중요하다. 성경의 큰 맥과 흐름[83]을 볼 수 있어야 한다. 한마디로 성경 전체를 통해 도도히 흐르고 있는 큰 물줄기를 잡아야 한다는 말이다. 그것을 놓친 채 지엽적인 부분에 매이면 장님 코끼리 만지기 격이 되어서 원포인트의 강해설교를 할 수 없기 때문이다.

성경 전체를 관통하는 두 가지 큰 관점이 있다. 이는 성경을 어떤 관점에서 볼 것인가를 결정하는 매우 중요한 문제다. 성경을 대할 때 하나님(성부·성자·성령)을 중심으로 해서 보는 관점이 있는가 하면, 성경에 나오는 인물들을 중심으로 해서 보는 관점이 있다. 이것을 '하나님 중심적 관점'과 '인물 중심적 관점'이라 한다. 달리 말하면 하나님이 이끄시는 구속사와 언약과 계시의 측면에서 성경을 관찰·해석하는 '구속사적(Redemptive-Historical) 관점'과, 성경 속 인물들의 삶을 모범으로 해석하는 '모범적(Exemplaristic) 관점'으로 구분할 수 있다.

두 가지 중 어느 관점에서 성경을 보느냐에 따라서 성경의 맛과 영양이 천차만별로 달리 공급될 것이다. 따라서 성경을 치우침 없이 제대로 이해하고, 있는 그대로의 진수를 온전히 맛보려는 사람은 누구나 가장 먼저 이 관점의 문제를 반드시 정립해야 한다. 잘못된 안경을 끼면 만사가 뒤틀려 보이듯 성경을 보는 눈이 잘못되면 균형 잡힌 성경의 식단을 공급받을 수 없다.[84] 지금부터 우리는 성경의 진미를 맛보기 위해 어떤 색안경을 낄지 중대한 선택을 해야 한다.

원포인트의 드라마틱한 강해설교

누구나 다 색안경을 끼기 마련이다. 필자는 막내아들이 초등학교 시절 자기가 즐겨 하는 게임의 레벨(수준)에 따라 사람을 판단하고 정의 내리는 것을 보았다. 그래서 맨날 자기는 레벨이 60이고 형은 70, 누나는 75라고 떠벌렸다. 아빠 엄마는 게임을 하지는 않지만, 당시 나이가 40대 중반이었으므로 45레벨이라고 정해놓았다. 아이의 기준에서는 우리 부부가 우리 집에서 가장 낮은 레벨에 속한다. 유치하고도 아주 주관적인 관점이다.

1980년대를 대표하는 개그맨 심형래 씨는 어느 인터뷰에서 사람들에 대한 기준을 이렇게 밝힌 적이 있다.

"나는 이 세상 사람들을 〈용가리〉를 본 사람과 보지 않은 사람으로 나눕니다."

그런 점에서 볼 때 그가 만든 〈용가리〉 1, 2가 참패하지 않았다면 얼마나 좋았을까 하는 생각이 든다. 역시 비뚤어진 색안경을 끼고 있다고 판단할 수 있다.

그런가 하면 『생명의 삶으로 이끄는 QT』의 저자 이정엽 목사는 세상을 '큐티하는 사람과 하지 않는 사람'으로 나누었다. 앞에 소개한 것보다는 유익한 면이 있는 관점이다.[85] 끝으로, 시편 1편의 저자처럼 인간을 '복 있는 사람과 복 없는 사람,' 이 둘로 구분해서 보는 사람도 있다. 매우 성경적인 관점이다.

이와 같이 비뚤어진 관점도 있고 아주 괜찮은 시각 또한 존재한다. 그래서 사물을 어떤 관점으로 보느냐 하는 것이 정말 중요하고, 이는 성경에서도 마찬가지다.

이제 앞에 소개한 두 가지 관점 중 어느 관점이 성경적으로 옳은가를 따져보기 전에 우선 구속사적 관점과 모범적 관점이 무엇을 말하는지를 쉽게 정리할 필요가 있다. '구속사적 관점'은 '성경의 모든 내용을 인간을 향한 하나님의 구속사와 언약의 관점에서 이해하는 해석'을 말한다.[86] 또한 '모범적 관점'은 '성경에 나오는 많은 인물이 어떻게 살았는지 그들의 삶과 신앙을 잘 관찰해서 배울 것은 배우고 버려야 할 것은 경계로 삼고자 하는 해석'을 말한다.

역사적으로 하나님 중심의 관점과 인물 중심의 관점 혹은 구속사적 관점과 모범적 관점이 계속 부딪쳐왔다.[87] 구속사적 관점을 주장하는 사람들은 성경이 인간의 도덕과 윤리를 적은 책이 아니라 역사를 주관하시는 하나님과 예수 그리스도에 관한 책이므로 인간을 모범으로 해서 성경을 이해하려는 시도는 너무도 비성경적이라고 비판한다. 아무리 감동을 주고 괜찮은 설교라 해도 그리스도와 관련되지 않은 설교가 무슨 설교냐는 것이다.

반면 모범적 관점을 주장하는 사람들은 성경이 인간에 관해서만 기록한 책이 아닌 것은 사실이지만, 하나님의 약속과 은혜를 따라 살아온 믿음의 선진들의 삶과 신앙이 결코 무시되어서는 안 된다고 주장한다. 아무리 하나님 중심적이고 구속사적 흐름에 관한 탁월한 설교라 해도 청중을 움직이고 변화시키는 인물 중심의 적용이 빈약해서야 되겠냐는 것이다.

이 양극단의 치열한 공방 속에서 우리는 어느 쪽을 선택해야 할까? 어떤 관점이 성경적으로 옳은지를 한번 따져보자. 먼저 하나님 중심적이고 구속사적인 관점을 지지하는 대표적인 성경 구절을 찾아보자.

원포인트의 드라마틱한 강해설교

"너희가 성경에서 영생을 얻는 줄 생각하고 성경을 상고하거니와 <u>이</u> <u>성경이 곧 내</u>(예수 그리스도 자신)<u>게 대하여</u> 증거하는 것이로다"(요한복음 5:39)

"모세와 및 모든 선지자의 글로 시작하여 모든 성경에 <u>쓴 바 자기</u>(예수 그리스도 자신)<u>에 관한 것</u>을 자세히 설명하시니라"(누가복음 24:27)

"형제들아 내가 너희에게 나아가 하나님의 증거를 전할 때에 (…) 내가 너희 중에서 <u>예수 그리스도와 그의 십자가에 못 박히신 것 외에</u> <u>는 아무것도 알지 아니하기로</u> 작정하였음이라"(고린도전서 2:1~2)

예수님도 바울도 모두 다 성경이 예수 그리스도를 증거하고 있으니 그 외의 것은 가르쳐서는 안 된다고 강조하고 있음을 본다. 그렇다면 하나님과 예수 그리스도 중심의 구속사적 관점으로만 성경을 봐야 한단 말인가?

성경은 좌로나 우로나 치우쳐선 안 된다. 성경 전체(Tota Scriptura)에 나타난 모든 설명을 종합해서 이해해야 한다. 자칫 성경을 한쪽(Sola Scriptura)만 보면 기울어질 수 있으므로 삼가 조심해야 한다. 성경은 하나님 중심만 강조한 게 아니라 그 하나님의 은혜와 사랑을 받은 신앙의 선진들이 우리에게 남겨준 모범적 삶에 대해서도 절대 무시하지 않는다는 사실을 알아야 한다.

이제 모범적 관점에 해당하는 구절들을 찾아서 확인해보자.

<u>"그런 일은 우리의 거울</u>(Warnings or Examples)<u>이 되어</u> 우리로 하여금 저희가 악을 즐겨 한 것 같이 즐겨 하는 자가 되지 않게 하려 함이

니"(고린도전서 10:6)

"무엇이든지 전에 기록한 바는 우리의 교훈(Instruction)을 위하여 기록된 것이니 우리로 하여금 인내로 또는 성경의 안위로 소망을 가지게 함이니라"(로마서 15:4)

"주의 이름으로 말한 선지자들로 고난과 오래 참음의 본(Example)을 삼으라"(야고보서 5:10)

"하나님의 말씀을 너희에게 이르고 너희를 인도하던 자들을 생각하며(Remember) 저희 행실의 종말을 주의하여 보고(Consider) 저희 믿음을 본받으라(Imitate their faith)"(히브리서 13:7)

어떤가? 분명 신앙의 선진들의 삶의 자취를 때로는 모범 삼고, 때로는 거울(경계) 삼으라고 가르치지 않는가. 하나님과 예수 그리스도께서 인간을 위해 어떤 은혜와 사랑을 쏟아부어주셨는가를 보는 눈도 있어야 하지만, 그런 값없는 은혜를 받아 신앙의 삶을 잘 달려가거나 혹은 제대로 달려가지 못한 선진들의 자취와 모범과 경계를 보는 눈도 놓쳐서는 안 됨을 다 같이 언급하고 있음을 기억하면 좋겠다.[88]

어떤 회사에 자기 부서가 내놓은 아이디어가 옳다고 티격태격 싸우는 두 부서가 있었다. 어느 쪽 판단이 옳은가를 가려달라는 부탁을 수도 없이 받은 CEO가 참다못해 두 부서의 직원들을 불러 모았다. 그리고는 한 건물에 난 화재 사건 이야기를 들려주었다.

화재가 난 건물 내부에 갇힌 사람들은 생명을 보존하기 위해 안간힘

원포인트의 드라마틱한 강해설교

을 쓰고 있었다. 일부는 거리에 접해 있어 소방차가 들어오기 쉬운 건물 앞쪽으로 피해 있었고, 일부는 접근조차 하기 어려운 건물 뒤쪽에 몰려 있었다.

화재 신고를 받고 현장에 도착한 소방관들은 건물 뒤편으로 피신한 사람들을 구할 수 없다는 것을 깨달았다. 화염이 강해 그쪽으로는 도저히 접근할 수 없었기 때문이다. 건물 앞쪽에 있는 사람들은 소방관들이 위험을 무릅쓰며 자신들을 구하기 위해 노력하는 모습을 볼 수 있었다. 그러나 건물 뒤쪽에 있는 사람들이 볼 수 있는 거라곤 소방관 한두 명이 모퉁이에서 왔다 갔다 하며 뭐라고 외치는 듯하더니 다시 건물 앞쪽으로 돌아가는 모습이 고작이었다.

결국 다행히도 사상자 없이 전부 무사히 구조되었다. 불길이 다 잡히고 자신들의 목숨을 구해준 소방관들의 공적을 논의하기 위해 사람들이 한자리에 모였다. 건물 뒤쪽에 있던 사람들은 '소방관들 전부가 쓸모없었기 때문에 모두 해고되어야 한다'고 말했다. 그러자 건물 앞쪽에 있던 사람들이 깜짝 놀라며 이렇게 소리쳤다.

"지금 제정신입니까? 그들은 우리를 구하려고 목숨을 걸고 불과 싸웠어요. 그들은 영웅이에요, 영웅!"

여기까지 이야기한 뒤 CEO가 두 책임자에게 물었다.

"누가 진실을 말하고 있나? 건물 앞쪽에 있던 사람들인가, 뒤쪽에 있던 사람들인가?"

두 책임자가 대답했다.

"양쪽 다 맞습니다."

그러자 CEO가 흐뭇한 미소를 지으며 말했다.

"물론 양쪽 다 전적으로 틀리진 않았네. 자네 둘의 말도 그들처럼 완전히 틀리진 않았지. 하지만 그들은 그림의 절반밖에 보지 못하고 있네. 자네들도 그들처럼 한쪽밖에 보지 못하고 있지. 제대로 된 훌륭한 결정을 내리기 위해선 자네들이 서로 대화해야 하네. 그래야만 자네들 각자의 '다른 건물 쪽' 상황도 이해할 수 있기 때문이지."[89]

그렇다. 우리의 논지를 분명히 해주는 아주 중요한 이야기다. 건물 이편저편의 상황을 종합해서 관찰해야 전체를 제대로 봤다고 할 수 있을 것이다. 성경을 보는 눈도 마찬가지다. 성경해석학의 권위자 권성수 목사가 집필한 『성령 설교』에 나오는 다음 내용은 필자의 의도를 더욱 견고하게 뒷받침하는 결정판이다.

나는 (…) 그리스도 중심의 설교에 근본적으로 동의한다. 그러나 그런 설교는 복음의 은혜성에 편향해서 복음의 윤리성을 약화시킬 가능성이 있다. 설교자는 복음의 구심성(Centrality)과 은혜성(Gift-Character)을 살릴 뿐 아니라, 복음의 윤리성(Demand-Character)도 동시에 살려야 한다. 복음의 구심성과 절대 진리성(Absolute Truth)에 정초하여 복음의 은혜성과 윤리성을 균형 있게 이해하고 선포하는 '그리스도 중심의 설교'가 그만큼 더 복음적인 설교가 된다.[90]

지금까지 성경을 보는 두 가지 관점을 소개했다. 이것은 취사선택이나 양자택일의 문제가 아니라 양자겸비의 문제라는 사실을 다시 한번 분명히 해두자. 어느 한쪽만 강조하면 전체가 비뚤어질 수밖에 없다. 때로 한쪽 면만 봐야 하는 경우도 간혹 있지만, 대다수 본문은 동시에 두 가지 관점으로 성경 각 권, 각 장을 봐야 한다.

이제 신구약 66권이라는 거대한 관광지를 여행할 때 우선적으로 실시되어야 할 선결조건이 있음을 알았다. 관광지 전체에 걸쳐 높이 솟아 있는 두 개의 큰 산맥과 유유히 흐르는 두 개의 큰 강을 보았다. 여행의 진수를 제대로 체험하려면 맨 먼저 헬기를 타고 공중에서 두 개의 큰 산맥과 강을 파노라마식으로 내려다보는 과정이 선행돼야 한다. 그런 큰 틀과 시야를 가지고 관광지의 작은 지역들을 하나하나 탐사해 나가야만 전체라는 큰 윤곽을 놓치지 않게 되는 것이다.

그럼, 이제부터 하나님 중심적 관점과 인물 중심적 관점의 실례를 찾아 필자와 함께 직접 여행을 떠나보자. 최상의 안내자와 함께 여행함으로써 독자들이 스스로 관광할 수 있는 비책을 배우는 좋은 기회가 될 것을 믿어 의심치 않는다.

먼저 하나님 중심적 관점에서만 성경을 봐야 하는 실례부터 찾아보기로 한다.

① 하나님 중심적 관점의 실례

▶ 벧세메스로 가는 소보다 못한 인생이 되어서야 되겠는가?(사무엘상 6장)

독일 남부 작은 시골 마을의 소 한 마리가 화제를 모은 적이 있다. 평소 남달리 자신을 아끼던 주인이 죽자 우리를 박차고 나와 도로를 가로지르고 공동묘지 담을 넘어 주인의 무덤을 찾아갔다는 것이다. 이 일로 교통이 마비되고 경찰이 출동하는 등 마을에서는 한 바탕 소란이 벌어졌고, 무덤가를 떠나지 않던 소는 사람들의 손에 이끌려 겨우 집으로 돌아갔다는 것이다.

하지만 황소가 왜 무덤을 찾아갔는지에 대해서는 사람들의 의견이 다양하다. 그저 우연일 것이라는 의견과 주인을 잊지 못해 무덤까지 찾아간 '효자 소'라는 의견이 분분한 가운데, 황소의 이동 경로를 추적하던 촬영팀은 뜻밖의 사실을 발견했다. 평소 주인이 소를 가족처럼 아꼈기에 소가 죽은 주인을 잊지 못해 무덤을 찾아갔다는 결론이다.

우리나라에서도 비슷한 뉴스가 화제가 된 것을 본 적이 있다. 자신을 돌봐주던 이웃집 할머니가 세상을 떠나자 축사를 박차고 나와 할머니 산소에서 눈물을 흘렸다는 경북 상주시 사벌면의 '의로운 소' 이야기다.[91]

참으로 놀라운 일이다. 짐승이 사람보다 낫다는 생각이 든다. 그런데 성경에도 이와 비슷해 보이는 이야기가 나오는 것을 아는가?

다음은 헌신예배나 신학교 졸업식 예배 맞춤용으로 주로 설교되는 '벧세메스로 가는 소!' 또는 '소보다 못한 인생이 되지 맙시다!'라는 제목의 본문이다. 사무엘상 6장을 본문으로 설교한 설교자의 내용 중 일부를 있는 그대로 옮겨본다.

새끼가 그립고 젖이 불어 아파 울면서도 조물주의 섭리에 충실하여 벧세메스로 곧장 달려가 사명을 완수하고 생명마저 드린 소처럼 나는 그렇게 살지 못합니다. 그러기에 하나님 앞에서 나는 소만도 못하다는 고백을 할 수밖에 없습니다. 머리로 알고 입으로 말하

원포인트의 드라마틱한 강해설교

지만, 그렇게 살지 못하는 나는 정말 소보다 못한 인간입니다.

이제 다른 설교자의 설교문 중 뼈대만 발췌해서 소개해본다.

〈법궤를 메고 가는 두 마리 암소〉

(사무엘상 6:10~16)

1. 두 마리 암소는 자신에게 맡겨진 사명을 감당하기 위해 새끼를 향해 뒤돌아보지 않았습니다.
2. 사명을 위해 서로 협동하는 두 마리 암소였습니다.
3. 사명을 위하여 끝까지 달려간 두 마리 암소였습니다.
4. 사명을 다한 뒤 희생의 제물이 되었습니다.

＊맺음말: 한낱 미물에 불과한 암소들이 이렇게 자식에 대한 연민의 정을 억제하면서 사명의 길로 달려갔습니다. 그렇다면 하나님의 형상으로 지음을 받은 오늘 우리야말로 어떠한 삶을 살아야 하겠습니까? 더욱 하나님의 뜻에 순종하며 그 뜻대로 살아야 하지 않겠습니까? 푯대를 향하여 그리스도 예수 안에서 하나님이 위에서 부르신 부름의 상을 위하여 쫓아가야 하지 않겠습니까?

이 설교들을 분석, 비판하기 전에 먼저 본문의 배경과 줄거리를 살펴보자. 하나님의 법궤를 빼앗아 온 블레셋 사람들의 고민은 그 법궤를 어디에 둘 것이냐 하는 것이었다. 결국 그들이 섬기는 다곤 신당

아래에 법궤를 놓아두었다. 이것은 다곤 신이 하나님보다 더 위대하고 강하다는 것을 드러내는 한편, 하나님을 조롱하려는 의도였다. 그러나 그들에게 되돌아온 것은 재앙뿐이었다. 이를 통해 하나님은 모든 신보다 크신 신임을 스스로 블레셋에서 증명하셨고, 법궤를 빼앗긴 이스라엘 백성에게는 법궤의 소중함을 새로이 깨닫게 하셨다.

블레셋 사람들은 뜨거운 감자인 이 법궤를 어떻게 이스라엘로 돌려보낼지 고민했다. 그래서 한 번도 멍에를 메어본 적 없고 새끼를 낳은 지 얼마 안 된 암소 둘을 택해 수레에 법궤를 싣고 이스라엘 벧세메스로 가게 했다. 만일 이 두 마리 암소가 새끼들을 생각해서 정해진 길로 똑바로 가지 않고 치우치거나 돌이킨다면 그들에게 일어난 재앙이 우연의 결과일 것이나, 혹시 암소들이 좌로나 우로나 치우치지 않고 정해진 장소로 똑바로 간다면 이스라엘의 하나님 여호와에게서 온 재앙으로 받아들여야 한다는 것이었다.

이 시험에 하나님은 의도하신 바가 있어서 절대적 주권으로 응하셨다. 여호와 하나님만이 살아 계신 참된 신임을 그들에게 보여주시기 위해 암소들을 강권하시사 좌우로 치우치지 않고 벧세메스 길로 똑바로 행하게 하신 것이다.

사실 이 본문으로 행한 설교문 중 거의 대다수는 위에 소개한 내용의 모범적 설교들이 주를 이루고 있음을 볼 수 있다.[92] 하지만 벧세메스로 가는 소 사건이 우리에게 주는 유일한 진리는 '하나님의 주권적 역사하심이 어떠한가?' 하는 것이다. 벧세메스로 가는 소에게서 충성심이나 희생정신을 배우자는 가르침은 성경의 기초도 모르는 무지한 일이다. 비록 새끼를 놔두고 하나님의 절대적 주권과 역사하심에 따라 끌려가야 했던 어미 소들의 괴로웠을 마음까지야 비판할 수 없겠지만, 소들이 자발적으로 그렇게 좌우로 치우치지 않고 간 것이 결코 아니었음을 놓쳐서는 안 된다.

사무엘상 6장 12절을 보면 "암소가 벧세메스 길로 바로 행하여 대로로 가며 갈 때에 울고 좌우로 치우치지 아니하였고"라는 내용이 나온다. 여기서 '울고'라는 단어를 놓쳐선 안 된다. 당시 암소들은 하나님이 누구신지도 모를뿐더러 하나님을 위해 사명을 감당하거나 충성하고 헌신하는 데는 전혀 관심이 없이, 오직 새끼들에게만 마음이 가 있었음에 유의해야 한다.

소들은 내키지 않는 마음으로, 자기들을 이끌고 가는 알 수 없는 힘에 의해 정말 어쩔 수 없이 불평하는 마음으로 피눈물을 흘리며 끌려간 것이다. 그런 소들을 우리의 모범으로 높이면서 '소보다 못한 사람이 되어서야 되겠는가'라는 식으로 설교한다면 죽은 소들이 웃을 일 아니겠는가?

> **〈실수와 허물 속에서도 변치 않는 하나님의 사랑〉**
>
> (사무엘상 6:10~16)
>
> **핵심 메시지:** 당신의 살아 계심과 주권적 역사를 이스라엘과 만방에 보여주시기 위해 이방 민족과 짐승도 맘껏 활용하시는 하나님을 절대적으로 신뢰하고 순종하며 나아가자!

사무엘상 6장은 모범적 관점으로는 결코 해석할 수 없는 본문이다. 오직 '하나님의 절대주권'만을 강조하는 '하나님 중심적 관점'으로만 봐야 한다. 세 대지로 설교해야 할 본문도 아니다. 하나님께서 뜻이 있으셔서 이방 민족의 테스트에 응하심으로써 법궤로 인한 사건이 진정 그분의 역사임을 이방 민족에게 나타내시기 위해 소들을 강권해 좌우로 치우치지 않게 역사하셨음을 놓쳐서는 안 된다.

이 본문을 대할 때 12절과 함께 놓치지 말아야 할 구절이 바로 6장 20절이다.

> "벧세메스 사람들이 이르되 <u>이 거룩하신 하나님 여호와 앞에 누가 능히 서리요 그를 우리에게서 누구에게로 올라가시게 할까 하고</u>"

여호와 하나님의 위대하심과 능력이 블레셋 사람들과 벧세메스 사람들에게 높이 인정받으신 것이다. 이런 결과를 의도하시고 하나님이 그 테스트에 응하셨음을 놓쳐선 안 된다. 하나님은 당신의 존재를 이방인과 이스라엘 백성에게 확인시키시기 위해 어미 소 두 마리를 도구로 사용하신 것이다. 소들의 헌신이나 섬김이 아니라 오직 하나님의 절대주권과 위대하심만이 이 본문의 핵심 주제임을 확실히 기억하라.

이것은 성경을 보는 눈(관점)이 얼마나 중요한지를 보여주는 실례다. 다음에는 모범적 관점으로만 성경을 봐야 하는 실례를 살펴보자.

② **인물 중심적 관점의 실례**
▶ '가인의 제사'는 피의 제사가 아니었기 때문인가?(창세기

어느 주일학교 학생이 물었다.

"하나님께서는 왜 가인의 제사는 받지 않으시고 아벨의 제사만 받으셨나요?"

그 질문에 선생님이 이렇게 대답하는 것을 보았다.

"가인은 쭉정이를 성의 없이 대충 드렸고, 아벨은 가장 좋은 것으로 정성껏 드렸기 때문이지. 그러니까 너희도 예배를 드릴 때는 정성껏 드려야 해."

그런가 하면 대다수 목회자나 성도들은 아벨이 양으로 제사를 드린 반면, 가인은 동물이 아닌 식물(곡식)로 제사를 드렸기 때문에 받지 않으셨다고 알고 있다. 즉, 피의 제사가 아니었다는 이야기다.

과연 어떤 이유로 하나님은 아벨과 그 제물은 받으시고 가인과 그 제물은 열납하지 않으셨을까? 우선 히브리서 11장 4절을 보면 그 해답이 '믿음'의 유무임을 밝히고 있다. 여기서 아벨은 믿음의 사람인 데 반해 가인은 믿음을 소유하지 않은 사람이라는 유추가 가능할 것이다. 그렇다면 아벨의 믿음이 구체적으로 어떤 내용을 말하는지 궁금할 수밖에 없다. 그 믿음의 내용을 히브리서는 '더 나은 제사'라 말하고 있다. 히브리서 11장 4절을 원어에 맞게 필자가 다시 번역해본다.

> "믿음으로 아벨은 가인보다 더 풍성한 제물(More offering than Cain)을 하나님께 드림으로 의로운 자라 하시는 증거를 얻었으니(…)"

영어 성경 대다수는 '더 나은 희생제물(Better Sacrifice)'로 번역하고 있다. 하지만 우선 헬라어 원어 '쑤시아'(θυσία)에는 '예물'이나 '헌물'의 의미도 있어, 만일 가인의 제사가 피의 제사가 아니어서 열납되지 못한 게 아니라면 이 단어를 '희생제물(Sacrifice)'로 번역해서는 안 된다. 그리고 원어 '폴뤼스(πολύς)'는 '더 나은(Better)'이라는 뜻도 있지만, 양과 수가 '많은(Many or Much)'의 의미도 있다.

그렇다면 아벨이 가인보다 제물을 더 많이 바쳐서 의롭다 하심을 받았을까? 좀 더 살펴보자. 그간 창세기 4장에서는 제물 열납의 이유가 명확지 않다는 이유로 히브리서에서만 근거를 찾으려는 노력이 있었던 게 사실이다. 하지만 히브리서 내용 없이 창세기 4장 자체만으로도 충분히 이유와 근거를 찾을 수 있음을 알아야 한다.

히브리서는 아벨이 믿음으로 제물을 드렸다는 사실과 그 믿음의 열매가 가인보다 풍성한 제물을 드린 것임을 밝히고 있다. 이 사실을 되새기면서 창세기 4장으로 돌아가 보자. 도대체 거기에 어떤 단서가 숨어 있는 걸까? 지금까지 주로 해석되어온 '피의 제사 유무'가 원인이었을까? 결코 아니다. 피의 제사에 대해 당시엔 제정된 바가 없었으며, 레위기에서 처음으로 주어진 5대 제사 가운데 피의 제사가 아닌 곡물로 바치는 소제도 있었음을 놓쳐서는 안 된다.

모든 제사가 피의 제사는 아니다. 죄를 속하는 제사에는 반드시 피가 있어야 하지만, 창세기 4장의 제사는 '속죄제'가 아니라 '추수감사제(מנחה)'에 해당하는 것이다. 그래서 농사를 짓던 가인은 땅의 소산을 바치고, 양을 치던 아벨은 양을 하나님께 드린 것이다. 즉, 제물의 종류에 문제가 있었던 것이 결코 아님을 알아야 한다. 우리 하나님은 절대로 직업을 차별하는 분이 아니시다.

그렇다면 어떤 이유로 두 사람은 현저한 차이를 보였는가? 그것을 더 구체적으로 밝히기 위해 3절과 4절을 참조해보자.

> "세월이 지난 후에 가인은 '땅의 소산(an offering)'으로 제물을 삼아 여호와께 드렸고"(창세기 4:3)
>
> "아벨은 자기도 양의 '첫' 새끼와 '그 기름'으로 드렸더니(…)"(창세기 4:4)

이 두 구절을 자세히 대조해보면, 우리는 두 사람이 바친 제물의 차이를 창세기 저자가 분명히 밝히려 애쓴 흔적을 발견할 수 있다. 그것이 무엇일까? 가인이 바친 '땅의 소산' 앞에는 어떤 형용사도 붙어 있지 않다. 그렇게 가인은 농산물을 달랑 '하나(an offering)' 가져와서 하나님께 성의 없는 제사를 드렸다.

그런데 아벨이 바친 양의 새끼 앞에는 '첫'이라는 형용사가 첨부되어 있다. 4절에서 '첫 것'은 '최고의 것'이라는 뜻이다. 구별된 것이기 때문이다.

그뿐 아니라 우리말 번역과는 달리 영어 성경들은 모두 원어대로 복수형으로 번역하고 있다. 아벨은 "'첫 새끼들'과 '그들'의 '기름들'"을 하나님께 바쳤다. 그가 가인과는 달리 하나가 아닌 여러 마리를 하나님께 드릴 만큼 하나님을 존중하는 차별화된 믿음을 소유하고 있었음을 알 수 있다. 아벨은 양들의 '첫 새끼들'과 아울러 '그들의 기름들'까지 바쳤다. 왜 여기서 아벨이 '기름들'까지 바쳤을까? 대학부 시절 담당 목사님께 그 이유를 물었더니, "하나님은 우리의 건강까지 고려하시는 분이기 때문에 몸에 좋지 않은 기름들은 하나님 자신에게 바치라고 하셨다"고 하셨다. 그 이야기를 듣고 꽤나 감격했던 기억이 살아난다.

물론 엉터리 해석이다. 중동 지역에서 짐승을 잡을 때 최고의 부위는 '창자'라고 한다. 거기에 '마음의 좌소', 즉 '마음의 자리'가 있다고 믿기 때문이다. 그런데 기름은 창자를 감싸고 있는 모태 역할을 하므로 기름 역시 최고의 부위 중 하나다. 아울러 그 기름 또한 복수형인 그 짐승들의 '기름들'로 바쳤음을 볼 수 있다. 다시 말해 아벨은 짐승 가운데서 가장 소중한 부위만 골라서 다수로 하나님께 바쳤단 말이다.

이처럼 아벨은 자기가 치던 양 가운데 가장 우수하고 귀한 것을 다수로 드린 반면, 가인은 하나님이 주신 땅의 소산물 중 달랑 하나를 성의 없이 바쳤다. 즉, 아벨은 자신의 가축 중 '가장 풍성한', 곧 가장 '값지고 탁월한 것'을 구별해서 다수 드렸고, 가인은 그런 선별의식도 없이 형식적으로 가치 없는 농산물만 하나 가져다 바쳤다는 말이다.

이는 아벨이 믿음의 사람이었던 반면, 가인은 처음부터 악한 자사단에게 속한 자(요한1서 3:12)였기 때문이다. 제물의 차이 이전에 그것을 준비하는 자의 마음과 믿음의 차이를 보여준다. 하나는 믿음의 마음으로 바쳤고, 다른 하나는 믿음 없이 드린 것이다. 그 '내적인 믿음의 자세(Attitude of Internal Faith)'가 '겉으로 드러난 제물(External Action)'의 차이로 열매를 맺게 된 것이다.

그 결과 여호와는 아벨과 그의 제물은 받으시고 가인과 그 제물

원포인트의 드라마틱한 강해설교

은 열납하지 않으셨다. 제물보다 중요한 것은 그 제물을 선별해 여호와께 드리는 사람 그 자체다. 그 사람이 받아들여질 만하면 그가 드리는 제물은 부차적으로 열납되지만, 그 사람 자체가 열납될 수 없으면 제물도 자동적으로 수납되지 않는다.

아벨과 가인이 드린 제사의 차이는 두 사람의 믿음과 그 믿음의 내용인 두 사람의 마음 차이에서 비롯되었다. 제물은 두 사람의 내적인 믿음의 '질(Quality)'의 차이를 보여주는 열매에 불과했다.

지금까지는 이 본문이 피의 제사 유무로 해석된 예수 그리스도의 구속사와 관련된 해석으로 치중되어온 것이 사실이다. 하지만 그것이 완전히 잘못된 관점임을 확인했다. 이 본문은 구속사적 측면에서가 아니라 모범적인 관점에서만 이해해야 함을 놓치지 말라. '믿음의 사람은 어떤 삶과 자세와 행동으로 입증해야 하는가'에 대한 말씀이다. 하나님께 자신이나 제물을 바치는 자의 자세가 어떠해야 함을 보여주는 좋은 실례임을 명심하라.

무조건 예수 그리스도나 십자가와 관련시킨다고 능사는 아니다.[93] 항상 예수 그리스도라는 색안경을 끼고 모든 본문을 해석하려 하는 자세는 옳지 않다. 성경 본문이 말하고자 하는 그대로만 보면 된다. 성경보다 앞서가지도 뒤처지지도 말고, 성경을 있는 그대로만 보도록 최선을 다하자.

지금까지 구속사적으로만 봐야 하는 실례와 모범적으로만 봐야 하는 실례를 살펴보았다. 마지막으로 두 가지 관점이 복합되어 흐르고 있는 대표적 실례 몇 가지를 다음에 살펴보자. 한쪽으로 치우친 소수의 본문을 제외한 대부분의 본문은 이 두 가지 관점이 동시에 도도한 물줄기가 되어 본문 속에 흐르고 있음을 기억하라.

③ 복합적 관점의 실례

▶ 마귀의 세 가지 시험 사건이 주는 진리와 교훈은 무엇인가?(마태복음 4장)

먼저 마태복음 4장에 나오는, 예수님이 40일 금식 후 마귀에게 시험을 받으시는 사건에 대해 살펴보자. 이 본문을 자세히 관찰할 때 어떤 교훈을 얻을 수 있는지, 이 사건을 통해 얻게 되는 것을 말하라고 하면 대부분이 공통으로 이야기하는 한 가지가 있다. 그것은 '시험과 유혹이 올 때는 예수님처럼 말씀으로 물리쳐야 한다'는 것이다. 본문이 말하는 중요한 교훈이요, 우리의 신앙생활에 유익한 적용점이다.

그러나 그것이 본문이 우리에게 주고자 하는 모든 것이라고 착각하면 안 된다. 그것과는 족히 비교할 수 없는 매우 중요한 진리가 이 사건 속에 숨어 있기 때문이다. 그게 무엇일까?

마태복음 4장은 구속사적 관점에서 볼 때 아주 중요한 사건이다. 예수께서 40일 금식을 하시러 광야로 가셨다. 자발적인 의지였을까? 아니다. 다음 구절을 참조하라.

> "그때에 예수께서 성령에게 이끌리어 마귀에게 시험을 받으러 광야로 가사"(마태복음 4:1)
> "성령이 곧 예수를 광야로 몰아내신지라"(마가복음 1:12)

마가복음 1장 12절에서 우리는 성령께서 예수님을 광야로 몰아넣으셨음을 알 수 있다. 이유가 무엇일까? 하나님의 구속사를 이루는 중요한 과정 중 하나를 이루시기 위해서였다. 역사상 두 번째로, 타락한 천사가 타락하지 않은 인간에게 싸움을 걸어왔다. 재대결을 신청한 것이다. 첫째 아담이 실패한 곳에 둘째 아담이 승리하러 오셨다.

그런데 예수님이 당하신 시험은 훨씬 혹독했다. 아담은 아름다운 에덴동산에서 시험받았지만, 그리스도는 황량한 광야에서 시험받으셨다. 아담은 정상적 상태로 사탄을 대면했지만, 그리스도는 혹독한 굶주림 가운데 싸우셨다. 아담은 혼자가 아니었지만, 그리스도는 혼자셨다. 아담의 숙제는 죄 없는 세상에 홀로 죄 없이 남는 것이었지만, 그리스도의 과제는 죄로 물든 세상에 죄 없이 남아 모든 사람을 죄 없이 하는 것이었다.[94]

40일 금식 후 마귀에게 세 가지 시험을 받는 사건이 바로 그 대결 사건이다. 그 싸움에서 그리스도는 첫째 사람 아담과는 달리 유혹에 빠지지 않고 말씀으로 마귀의 시험을 이기셨다. 그래서 우리의 죄를 짊어지고 구속하실 자격을 얻으신 것이다.

이 본문이 구속사적으로 그렇게 중요한 사건이 있는 내용인데, 말씀으로 사탄에게 승리하신 면만 알고 지나간다면 어떻게 되겠는가? 말씀으로 마귀의 시험을 이기셨다는 모범적 측면도 필요하겠지만, 우리를 위해 재대결의 구도 속에 들어가신 그리스도의 더 중요한 구속사적 관점에서의 의미도 놓치지 말아야 한다. 양자의 관점에서 본문을 이해해야 함을 반드시 기억하자.

다른 예를 하나 더 소개해보자.

▶ 한나의 무자(無子)함이 주는 진리와 교훈은 무엇인가?(사무엘상 1장)

사무엘상 1장에는 기도의 여인이자 사무엘의 어머니로 유명한 한나의 이야기가 기록되어 있다. 이 본문을 대하는 사람이면 누구나 기도와 헌신의 여인 한나에게 초점을 맞춘다. 한나는 정말 우리의 모범이 되기에 부족함이 없는 기도와 헌신의 여인이었다.

또 다른 아내 브닌나에게 당하는 온갖 수모와 격동 속에서도 사라처럼 그녀에게 한을 풀거나 남편을 원망하지 않았다. 오직 자신의 원통함을 금식과 기도로 하나님께 매달려서 해결한 기도와 신앙의 여인이었다. 그뿐만 아니라 아들을 주시면 여호와의 전에 바치겠다고 서원하고 약속대로 지킨 헌신과 순종의 사람이었다.

자식을 얻으면 "한번 본때를 보여줘야지!" 하고 자신의 한을 브닌나에게 갚는 기회로 삼을 수도 있었다. 하지만 그녀는 그렇게 수준 낮은 신앙의 사람이 아니었다. 성전에서 기도하며 처음부터 하나님께서 자식을 주시면 그 소중한 자식을 하나님께 다시 드리겠다고 서원했고, 약속대로 순종했다. 요즘 어떤 이들의 새로운 해석처럼 한나가 몇 시간 기도하다가 하나님과 마음이 통해서 그분의 마음에 합한 기도로 바꾼 것이 전혀 아니다.

사무엘상 1장 10~11a절에 "한나가 마음이 괴로워서 여호와께 기도하고 통곡하며 서원하여 이르되"라고 되어 있음에 유의하라. 한나가 기도하고 통곡하자마자 곧바로 서원했지 기도하다가 마음이 바뀌어 새로운 내용으로 서원한 것이 아니다. 또 사무엘상 1

장 15b절에 "한나가 대답하여 이르되 내 주여 그렇지 아니하니이다 (⋯) 여호와 앞에 내 심정을 통한 것뿐이오니"로 번역되어 있으나, 이는 "and I pour out my soul before Yahweh"(YLT), 즉 "하나님께 나의 마음을 <u>쏟아놓았다</u>"라고 번역해야 옳다. 하나님과 마음이 통한 것이 아니라 그분께 한나 자신의 마음을 '쏟아놓았다'는 말이다.

오늘 우리가 한나의 입장이라면 금지옥엽 아들을 하나님께 수종 드는 종으로 바치기가 무척 어려웠을 것이다. 자식이 대학을 졸업하고 신학교에 가서 주의 종이 되겠다고 해도 반대하는 부모가 많은데, 눈에 넣어도 아프지 않을 자식을 젖을 갓 뗀 시점에 평생 성전에 바친다는 것은 어머니로서 결코 쉽지 않은 선택이었을 것이다.

귀하디귀한 아이를 낳아 젖을 먹일 때 서로 눈을 맞추며 얼마나 정이 들었겠는가? 뱃속에서 열 달 키우고 배 아파 낳아서 젖먹이고, 용변 갈아주고 같이 잠자던 하나밖에 없는 아들을 성전에 바치고 집으로 돌아간다는 게 어디 산모로서 할 짓인가? 엄마 향해 방실방실 웃고 옹알이하는 모습이 자꾸만 눈에 밟혀, 가던 길 돌이켜 성전으로 다시 달려가 아이를 집으로 데려가는 것이 일반적인 모정 아니겠는가? 그럼에도 한나는 젖을 떼자마자 여호와께 약속한 대로 아들을 성전에 바쳤다.

이 얼마나 대단한 신앙인가? 그뿐만이 아니다. 사무엘상 1장 17~18절의 내용을 보라.

"엘리가 대답하여 이르되 평안히 가라 이스라엘의 하나님이 네가 기도하여 구한 것을 허락하시기를 원하노라 하니 이르되 당신의 여종이 당신께 은혜 입기를 원하나이다 하고 가서 먹고 다시는 얼굴에 근심 빛이 없으니라"

주의 종이 말한 바를 확고히 믿고 다시는 그에 관해서 슬픔이나 염려나 의심을 하지 않았음을 볼 수 있다. 대단한 믿음과 평안이다. 그런 한나의 신앙과 헌신의 자세를 우리가 본받지 않을 이유가 무엇이겠는가.

그런데 그렇게만 보고 이 본문을 덮어버린다면, 스테이크 집에 들어가 정작 주메뉴인 고기는 맛보기도 전에 수프만 먹고는 "야, 참 잘 먹었다!" 하며 식당 문을 나서는 것과 같은 일이 될 것이다.

이 본문에서 한나가 오늘을 사는 우리에게 좋은 영적 모델로 제시되고 있음은 결코 무시할 수 없는 사실이다. 하지만 인물 중심적인 관점 이전에 더 중요한 하나님 중심의 관점이 선행되어 이 본문을 비추고 있음도 놓치지 말아야 한다.

본문을 푸는 핵심(Key) 구절은 5b~6절이다.

"(…) 그러나 여호와께서 그에게 임신하지 못하게 하시니 여호와께서 그에게 임신하지 못하게 하시므로 그의 적수인 브닌나가 그를 심히 격분하게 하여 괴롭게 하더라"

이 본문에서 한나로 하여금 갈등하고 번민케 만든 근본적 원인이 무엇일까? 대적 브닌나가 자식 문제로 한나를 심히 격분하게 했기 때문일까? 그렇게 생각했다면 본문을 잘못 본 것이다. 본문 내용을 살펴보면, 모든 갈등과 번민의 근본 원인이 여호와께 있음을 알 수 있다. 두 구절에 걸쳐서 '여호와께서 한나를 임신하지 못하게 하셨다'라고 했다. 그 결과 브닌나가 무자한 한나의 마음을 격분케 한 것이다.

여호와께서 한나의 태의 문을 의도적으로 닫지 않으셨다면 브닌나가 그녀를 격분케 하는 일은 없었을 것임에 유의하라. 그렇다면 여호와께서 왜 그렇게 하셨을까? 궁금하지 않은가? 그분이 그리하신 데는 분명 그분 나름의 뜻이 있었다.

왜 하나님이 한나의 태를 닫게 하셔서 그녀를 그런 수치와 격분의 환경으로 몰아넣으셨을까? 그런 난관에 봉착하기 전에는 한나가 여호와를 찾아 기도했다는 내용을 발견할 수 없다. 그런데 고통스러운 시련과 문제가 닥쳤을 때 비로소 그녀는 여호와 하나님을 찾기 시작한 것이다.

이 모든 일이 하나님의 의도였음이 이제야 보이는가? 하나님은 한나를 불가능의 코너에 몰아넣으심으로써 그녀가 당신을 찾아 기도하고 헌신하게 만드신 것이다. 모든 것이 하나님의 작전이었다. 어려운 시험 없이 만사가 다 좋으면 누가 하나님을 찾겠는가? 사람들은 난관에 부딪혔을 때 하나님을 찾기 마련이고, 한나도 마찬가지였다. 평범했던 한 여인을 그렇게 위대한 신앙의 영웅 반열에 단숨에 올려놓은 숨은 주인공이 바로 여호와 하나님이셨음을 놓치지 말라.

아울러 엘리 가문을 대체해 이스라엘을 하나님의 말씀으로 이끌 영적 지도자가 아무런 어려움 없이 쉽게 잉태되고 헌신하게 되어서는 안 된다는 점도 암시하고 있음을 놓치지 말라. 임신 불능 상태인 한나가 핍박과 서러움 가운데서도 하나님께 나아가 간절한 기도와 헌신으로 잉태한 아이라야 가치 있는 인물이 되지 않겠는가?

기도와 헌신의 여인 한나를 우리 신앙의 모범으로 삼아 배우는 일도 필요하겠지만, 그녀를 그녀 되게 하신 숨은 주역 우리 하나님의 섭리와 역사하심을 깨닫고 어떤 환경에서도 기쁨과 감사함으로 잘 살아가는 것이 더욱 중요한 일임을 놓치지 말라.

④ 복합적 관점으로 설교의 틀 만들기 맛보기

큐티 하는 이들이나 설교를 준비하는 이들을 위해 하나님과 인물 중심적 관점이 복합되어 나오는 본문을 가지고 어떻게 치우치지 않고 균형 잡힌 성경적 흐름과 틀을 만들 것인가를 보여주고자 한다. '관점의 문제'다. 관점에 따라 추출되는 말씀의 맛과 영양가는 천차만별이 될 것이다. 가능하면 치우침 없이 골고루 성경의 진미를 맛보는 것이 좋지 않겠는가?

설교자들뿐 아니라 말씀의 흐름과 메시지를 성경적으로 파악하고자 하는 모든 독자에게도 이 내용이 매우 유익하리라 생각한다.

▶ '아브라함처럼 되지 말자'인가, '신실치 못한 아들과 신실하신 아버지'인가?(창세기 12:10~20)

먼저 창세기 12장 10~20절의 사건에 대해서 살펴보자. 본문에는 아브라함이 기근 때문에 애굽에 내려가 아내를 바로에게 빼앗길 뻔한 사건이 기록되어 있다. 만일 이 본문으로 큐티를 하거나 설교문을 작성한다면 어떤 흐름과 틀이 나올까?

1987년 『구속사적 설교의 실제』를 펴내 한국교회에 성경을 보는 눈을 새롭게 해준 고신대의 고재수 교수는 본문과 관련해 다음과 같은 틀을 제시했다.

> 1. 전능하신 하나님
> 2. 약속을 지키시는 하나님
> 3. 우리에게 구원을 주시는 하나님

이처럼 고 교수는 본문을 하나님이 어떻게 행하셨나 하는 구속사적 관점에서 해석해야 함은 놓쳐버린 채 인간의 행동을 중심으로 하는 모범적 측면에서만 해석하는 일은 절대 없어야 한다고 비판했다.[95] 고 교수의 이런 주장은 오랫동안 인물 중심의 도덕적·윤리적 관점에서만 주로 성경을 보아온 당시 한국교회에 신선한 충격과 도전을 던져주었다.

하지만 앞에서도 살펴본 대로 그의 지적이 더 중요한 시각을 열어주는 데 일침을 가하는 정도에 그쳐야지, 모범적 관점이라는 귀한 도구를 완전히 포기하게 만드는 또 하나의 극단으로 오용되어서는 안 된다는 것이 필자의 생각이다. 다시 말하지만, '하나님 중심'이냐 '인물 중심'이냐는 질문은 양자택일의 문제가 아니라 양자 겸비, 더 정확히 말해서 '우선권'의 문제이기 때문이다.

우선 창세기 12장 10~20절 본문을 모범적 관점으로만 해석한다면 다음과 같은 잘못된 세 대지가 나올 수도 있을 것이다.[96]

1. 하나님의 사람은 불신앙을 행해도 무조건 복을 받는다.
2. 하나님의 사람은 거짓말해도 무조건 복을 받는다.
3. 불신자가 신자를 건드리면 자기가 잘못한 일이 아니어도 무조건 벌을 받고 손해 본다.

그래서 고재수 교수 같은 이는 하나님 중심의 관점을 놓쳐서는 안 된다고 강조한다. 이제 여기서 필자가 만든 틀을 소개하려 한다. 먼저 인물 중심적인 관점에서 만들어 본 틀이다.

〈아브라함처럼 되지 말자!〉

(인물 중심)

1. 환경(기근)보다는 그분의 약속(큰 민족 이룸)을 신뢰함으로
2. 세상(애굽) 물질보다는 그분의 말씀(복의 근원)을 신뢰함으로
3. 세상(바로) 권세보다는 그분(여호와)의 권세를 신뢰함으로

약속을 신뢰하지 못하고 여호와 앞에서 불신 행동을 하고 말았던 아브라함의 모습을 경계하는 측면에서 그는 우리의 좋지 않은 모델이 될 수 있다. 다음으로, 하나님 중심적인 관점에서 만들어본 틀을 소개한다.

원포인트의 드라마틱한 강해설교

자, 이제 두 가지 관점을 다 소개했다. 두 가지 관점 중 어느 것이 더 마음에 드는가? 아니, 어느 것이 더 성경적일까? 둘 다 한쪽 면이 부족하다는 점을 기억하라. 양 측면이 다 겸비되어야 성경을 제대로 보는 것이다.

그럼 이제 필자가 제시하는 성경적인 흐름의 모범적 틀(Model Frame)을 제시한다. 이것은 '하나님 중심 + 인물 중심'의 복합적 관점의 흐름에서 나온 다음과 같은 원포인트의 핵심 메시지가 될 것이다.

그동안 이 본문으로 큐티 할 때나 설교를 준비할 때 우리는 아브라함의 허물을 본받지 말자는 인물 중심 쪽으로만 주로 해석해온 게 사실이다. 하지만 이 본문을 푸는 핵심 구절이 12장 2~3절임을 놓치면 안 될 것이다.

> "내가 너로 큰 민족을 이루고 네게 복을 주어 네 이름을 창대하게 하
> 리니 너는 복이 될지라 너를 축복하는 자에게는 내가 복을 내리고
> 너를 저주하는 자에게는 내가 저주하리니 땅의 모든 족속이 너로 말
> 미암아 복을 얻을 것이라 하신지라"

아브라함의 입장에서 볼 때 이러한 여호와의 약속이 있었기에 그
어떤 환경(기근) 속에서도 그분의 신실하심을 믿고 결코 인간적 방
법을 강구해서는 안 되었다. 그런데 그의 신뢰 부족으로 말미암아
하나님의 구속사에서 위기가 초래되었다.

구속사적으로 볼 때 아브라함의 아내 사라가 바로의 여인이 된다
면 사라를 통한 하나님의 약속(창세기 12:2~3)이 깨어지게 되는 절박
한 상황에 처하고 말았다. 하지만 약속에 신실하신 하나님이 바로
에게 역사하셔서 당신의 약속이 깨어지지 않게 해주셨다.

결국은 인간의 허물에도 불구하고 약속 수행에 변함이 없으신 하
나님의 신실하심이 주가 되긴 하겠지만, 그 약속을 신뢰하지 못하
고 죄를 범한 인간 때문에 벌어지는 갈등과 문제도 무시할 수 없다.
하나님의 자녀가 사고를 쳤을 때 하나님도, 바로 부부(창세기 12:17)
와 신하들 및 아브라함과 사라(창세기 12:15) 같은 사람들도 한바탕
어려움을 겪게 되는 결과를 보라.

'약속에 신실하신 하나님'도 주요 포인트지만, '그 신실하신 하나
님과 그분의 약속을 신뢰하지 못하고 사고 친 아브라함의 전철을

원포인트의 드라마틱한 강해설교

밟지 말아야 한다'는 모범적이고 교훈적인 메시지도 우리 인간의 현실에서는 결코 무시할 수 없다.

한마디로 정리하면, '하나님 중심적 관점'과 '인물 중심적 관점'은 동전의 양면처럼 원인과 결과로 한데 묶여 있음을 알아야 한다는 말이다. 하나님 중심적 관점을 기초로 하지 않는 인물 중심적 관점이 존재할 수 없고, 인물 중심적 관점의 적용으로 마무리되지 않는 하나님 중심적 관점 또한 있을 수 없다.

본문을 통해 우리는 '자녀의 허물과 실수에도 변함없이 신실함을 보여주시는 하나님의 모습'을 놓쳐선 안 된다. 하지만 그와 동시에 '약속을 전적으로 신뢰하지 못한 채 인간적인 생각으로 죄를 범한 아브라함처럼 되지 말라'는 교훈도 빠뜨리지 말자. 본문에서 두 쪽을 다 볼 수 있는 눈이 절대적으로 필요함을 알자.

또 다른 예를 소개한다.

▶ '꿈쟁이 요셉'인가, '꿈꾸게 하신 아버지와 신실한 그 아들'인가?(창세기 39장)

창세기 39장에 나오는 요셉의 이야기다. 이 본문으로 말씀을 전한 설교자들이 아주 많다. 그런데 그 내용을 분석해보면 대다수의 설교나 저서가 한쪽으로 치우쳐 있음을 알 수 있다.

요셉은 자신이 꾼 꿈을 형제들에게 있는 그대로 떠벌렸다. 형제들과 부모마저 자기에게 절을 했다고 말이다. 그것을 믿음의 처사로 봐야 할지 교만과 경솔함으로 비판해야 할지는 쉽게 판단이 서지 않지만, 분명한 것은 요셉이 그 일로 형들에게 더욱 미움을 사게 되었다는 사실이다. 그러잖아도 아버지가 채색옷을 입히고 요셉만 편애해서 눈엣가시처럼 여겼는데, 그런 꿈 이야기까지 내뱉었으니 그들이 요셉을 얼마나 미워했을지 상상이 가고도 남는다.

그러던 어느 날, 요셉은 아버지 심부름으로 도시락을 가지고 형들이 양을 치던 도단으로 간다. 멀리서 요셉이 오는 것을 본 형제들이 그때 한 말이 그 유명한 '꿈꾸는 자가 오는도다!'이다. 요셉이 가까이 오는 것을 본 형제들이 입을 모았다.

"기회는 이때다. 저 교만한 꿈쟁이를 없애버릴 수 있는 절호의 찬스다!"

그러면서 형제들은 요셉을 죽이자고 마음을 모았다.

만일 이때 요셉의 형들이 요셉이 꾼 꿈이 하나님에게서 온 것임을 알았다면 그를 죽이려고까지 했겠는가? 미워하는 마음이야 어쩔 수 없더라도 감히 그를 죽이려고 꾀하지는 않았을 것이다. 그들은 요셉이 꾼 꿈이 여호와에게서 온 것인 줄을 몰랐다. 그래서 그를 미워하고 죽이려 한 것이다.

요셉이 태어나면서부터 국무총리가 되려는 야망이 있어서 그런 꿈과 비전을 가진 것이 아니잖은가? 요셉의 꿈이 자기 스스로 꾼 꿈인가? 하나님이 그에게 꾸게 하신 꿈 아닌가? 그분이 주신 꿈이요, 그분에게서 나온 비전이다.

그럼에도 인물 중심적으로 성경을 보는 사람들은 이렇게 가르친다.

"하나님은 꿈꾸는 자를 사용하시기 때문에 우리도 요셉과 같이 꿈꾸는 자가 되어야 한다."

원포인트의 드라마틱한 강해설교

"요셉을 위대하게 만든 것이 꿈이었고, 그를 강하게 만든 것도 그의 꿈이었고, 그를 다른 형제들과 다르게 만든 것도 꿈이었으니, 우리의 생애를 다른 사람들의 삶과 구별시킬 수 있는 유일한 길은 꿈이다. 우리 모두 요셉과 같은 꿈과 비전의 사람이 되자."

모두가 한결같이 '요셉의 꿈', '그의 비전'을 강조한다. 거듭 반복하는 바이지만, 요셉이 가진 꿈은 그가 꾸고 싶어 꾼 꿈이 아니다. 그가 만들어낸 꿈도 아니다. 뜻이 있어서 하나님이 주신 꿈이다. 그렇다. 하나님이 꾸게 하지 않으시면 결코 꿈을 꿀 수 없다. 비전도 하나님이 주셔야 한다.

속지 말라. "요셉이 꾼 꿈을 여러분도 꾸시길 바랍니다!"라고 선포하는 설교에 더 이상 미혹되어선 안 된다. "요셉처럼 저도 꿈의 사람이 되게 해주소서!"라고 소원하며 기도할 수 있을지는 몰라도 "요셉과 같은 꿈과 비전의 소유자가 되자!"는 식의 적용은 억지 해석에서 나온 효력 없는 적용이 될 뿐이다.

꿈이란 게 내가 꾸려고 애쓰고 소원한다고 꿀 수 있는 게 아니다. 필자는 꿈을 꾸고 싶어도 개꿈도 잘 꾸지 않는다. 아무리 기도와 말씀에 젖어 살아도 일 년에 기껏해야 두세 번밖에 꿈을 꾸지 않는다.

설교자는 요셉이 아닌 하나님께로 청중의 초점과 무게 중심을 바꿔야 한다. 요셉의 꿈과 비전과 그의 신실한 삶의 배후에는 그를 꿈꾸게 하시고, 형통케 은혜를 주시는 하나님이 계신다는 사실에 더 큰 초점을 맞추어야 한다는 말이다.

요셉은 참으로 대단한 사람이다. 우리의 신앙적 모범이 되기에 부족함 없는 신실한 인물이고, 하나님이 주신 꿈대로 되기 위해 값비싼 꿈값을 치러야만 했던 고난과 연단의 신앙인이다. 무수한 핍박과 유혹과 억울함과 죽을 위기 속에서도 그는 한 번도 실수하거나 넘어지지 않았다. 마지막으로, 형들이 자기를 노예로 팔아버린 사건까지도 하나님의 섭리 관점에서 해석해 원수를 갚기는커녕 도리어 사랑을 베푸는 장면(창세기 50:19~21)은 그의 신앙 여정 가운데 압권으로 평가할 수 있다.

물론 창세기 39장에서 요셉이 보디발 아내의 유혹을 뿌리치고 도망갔다가 잡혀서 감옥에 들어간 사건은 신앙의 가장 높은 경지라 할 수 있다. 오죽하면 요셉을 예수 그리스도의 모형으로 보는 이들까지 있겠는가? 그러다 보니 요셉을 우리 신앙의 샘플로 자랑하고 칭찬 일색으로만 성경을 보고 설교하게 된 것이다.

요셉의 탁월한 신앙의 삶과 자취를 결코 무시할 순 없지만, 요셉의 이야기에서 진정한 주인공은 요셉이 아님을 알아야 한다. 요셉에게 꿈을 주시고, 그와 함께하심으로 가는 곳마다 형통케 하신 여호와 하나님이 본문 속의 보이지 않는 참주인공임을 기억해야 한다. 요셉 스토리와 관련해서 핵심이 되는 구절들이 있는데, 성경을 제대로 보려 하는 사람이라면 이런 구절은 절대로 그냥 지나치면 안 될 것이다. 이제 하나씩 소개해본다.

"여호와께서 요셉과 함께 하시고 그에게 인자를 더하사 간수장에게 은혜를 받게 하시매 간수장이 옥중 죄수를 다 요셉의 손에 맡기므로 그 제반 사무를 요셉이 처리하고 간수장은 그의 손에 맡긴 것을 무엇이든지 돌아보지 아니하였으니 이는 여호와께서 요셉과 함께 하심이라 여호와께서 그의 범사에 형통케 하셨더라"(창세기 39:21~23)

"여호와께서 요셉과 함께 하시므로 그가 형통한 자가 되어 그의 주인 애굽 사람의 집에 있으니 그의 주인이 여호와께서 그와 함께 하심을 보며 또 여호와께서 그의 범사에 형통케 하심을 보았더라 요셉이 그의 주인에게 은혜를 입어 섬기매 그가 요셉을 가정 총무로 삼고 자기의 소유를 다 그의 손에 위탁하니 그가 요셉에게 자기의 집과 그의 모든 소유물을 주관하게 한 때부터 여호와께서 요셉을 위하여 그 애굽 사람의 집에 복을 내리시므로 여호와의 복이 그의 집과 밭에 있는 모든 소유에 미친지라"(창세기 39:2~5)

"그가 한 사람을 앞서 보내셨음이여 요셉이 종으로 팔렸도다 그의 발은 차꼬를 차고 그의 몸은 쇠사슬에 매였으니 곧 여호와의 말씀이 응할 때까지라 그의 말씀이 그를 단련하였도다"(시편 105:17~19)

요셉이 신실하고 위대한 신앙인으로서 빛나고 있지만, 그 근본 원인이 어디에서 비롯되었는지가 이제야 제대로 보이는가? 그렇다. 여호와께서 요셉과 함께하셨기 때문에 그가 형통한 자가 되었고, 그가 하는 일마다 다 형통하여 그로 말미암아 보디발의 집이 복을 받게 된 것이다. 이러한 사실을 보디발과 간수장이 다 알고 있었기 때문에 그를 가정 총무와 감옥 총무로 세웠던 것이다. 또 요셉이 어려운 상황에 빠졌을 때 하나님이 말씀을 보내셔서 그를 단련시키셨음도 놓쳐선 안 된다.

이렇게 소중한 여호와 하나님과 그분의 도우심의 손길은 보지 못한 채 요셉이라는 한 인물에만 초점을 맞춰 영웅시하는 일에 본문 설명의 관심을 모두 쏟아붓는 현상이 안타깝기 짝이 없다. 만일 요셉이 천상에서 자기를 주인공으로 한 지상의 수많은 설교를 들었다면, 아마도 발을 동동 구르며 이렇게 외치고 싶어 안달 났을 것이다.

> "그러나 내가 나 된 것은 하나님의 은혜로 된 것이니 내게 주신 그의 은혜가 헛되지 아니하여 내가 (…) 더 많이 수고하였으나 내가 한 것이 아니요 오직 나와 함께 하신 하나님의 은혜로라"(고린도전서 15:10)

요셉을 요셉 되게 평가하려면 여호와의 손에 잡힌 요셉을 봐야 한다. 더는 하나님과 요셉을 욕되게 하지 말자.

하나님을 중심에 모시고 열정으로 살았던 선진들의 삶이 우리의 모범으로 제시되는 것은 당연한 일이겠지만, 그들과 함께하신 여호와의 손길은 쏙 빼버린 채 그들의 모범적인 면만 달랑 부각시킨다면 얼마나 큰 손해가 되겠는가? 나귀 타고 예루살렘 성으로 입성하신 예수 그리스도에게는 초점을 맞추지 않고 그분이 타고 오신 나귀에게만 관심이 집중된다면 어떻게 되겠는지 상상해보라.

지금까지 설명한 것을 토대로 창세기 39장의 내용을 가지고 성경적 틀을 만들어보면 어떻게 될까? 필자가 본문에서 추출한 중심 문장을 소개해본다.

> ### 〈그 아버지에 그 아들〉
>
> (하나님 중심+인물 중심적 관점)
>
> **핵심 메시지:** 자녀와 함께하셔서 형통케 하시는 아버지 하나님과 그 하나님께 신실함으로 되갚는 자녀처럼 우리도 멋지게 살다 가자!

이처럼 먼저 여호와 하나님이 드러나게 하고, 더불어 그분의 도우심과 은혜를 받아 살아가는 참신앙인의 모습이 어떠해야 하는지를 동시에 볼 수 있다면 가장 균형 잡힌 성경적 틀과 큰 흐름이 될 수 있을 것이다.

유명세가 있다고, 인기 있다고, 베스트셀러 저자라고 속아 넘어가서는 안 된다. 항상 좌로나 우로나 치우침 없는 균형 잡힌 성경적 관점으로 하나님 말씀을 보는 시각을 가져야 함을 거듭 강조한다. 다시 말하지만, 본문 속에 나오는 인물과 사건에 대해서도 소홀함이 없어야겠지만, 무엇보다 그들의 배후에 숨어서 역사하시고 이끌어 가시는 원천이신 하나님과 예수 그리스도와 성령님도 제대로 볼 수 있는 눈을 가지고 성경을 풀어 나가야 한다. 이것이 원포인트의 드라마틱한 설교를 하기 위한 전초작업 중 하나임을 기억하라.

(2) 통전적 해석(Holistic Translation)

내러티브 본문에서 통전적 해석을 하려면 이야기 전체를 구성하는 '성경적인 사상의 단위(a unit of Biblical Thought)'를 크고 넓게 잘 끊어서 읽어야 한다. 그렇게 하지 않으면 전체 이야기를 침식해 작은 부분만을 가지고 해석함으로써 본문이 전하고자 하는 저자의 '크고 깊은 의미'를 드러내지 못하게 된다.

세 대지를 통해 주로 마련되는 영양결핍의 지엽적 사상이나 메시지가 아니라 영양 만점의 원포인트 핵심 메시지를 추출하려면 통전적 관점의 해석이 필요함을 놓치지 말라. 통전적 관점으로 해석하지 않고는 원포인트의 강해설교가 불가함을 꼭 기억하자.

성경에서 구약의 비율이 77%에 해당함에도[97] 신약보다 구약의 설교 횟수가 점점 줄어들고 있다. 그 이유가 뭘까? 가장 큰 이유는 '구약에 대한 오해' 때문이다. 구약성경에는 귀하고 값진 말씀의 보고가 아주 많이 들어 있다.[98] 그 금맥을 캐내어 가지게 해야 하는데, 오늘날 설교자들은 그 진가를 제대로 알지 못한 채 그 위에 덮인 흙만 보고는 묻어버리는 경우가 많다.

성경에서 실례를 하나 들어보자. 사무엘상 17장의 내용이다.

주일학교 때부터 수도 없이 들어왔던 '다윗과 골리앗의 싸움'은 언제 읽어도 흥미진진한 내용이다. 하지만 사무엘상 17장을 두 사람의 대결로만 보는 것으로 본문에 대한 작업을 끝냈다고 착각하는 이들이 많다. 통전적 해석을 통해서 구약이 얼마나 재미있고 가치 있고 깊이가 있는 것인지를 제대로 맛보여야 한다. 그 맛보기로 사무엘상 17장이라는 광산을 파헤치는 작업에 동참해보자.

사무엘상 17장은 우리가 너무도 잘 아는 이야기이다. '다윗과 골리앗의 대결!' 이 본문에는 으레 그런 제목이 따라붙는다. 물론 본문을 좁은 시각에서 본다면 그렇게 볼 수도 있다. 하지만 사무엘서 전체를 보다 큰 통전적 시각으로 보면 '사울왕과 다윗왕의 대결' 혹은 '사울왕과 다윗왕의 차이'로 이야기할 수 있다. 사무엘서라고 하는 성경 전체의 큰 흐름은 보지 못한 채 눈앞의 작은 나무 한 그루에만 고정한 채 본문을 다 이해한 것으로 생각한다면 큰 오산이다.

본문을 제대로 파악하려면 이전 문맥인 15장과 16장까지 참조해서 본문과 연결해 해석하는 작업이 필요하다.[99]

사울왕이 범죄해 하나님의 마음에서 벗어난 까닭에 다윗을 사울 대신 왕으로 기름 부으셨다. 사실 사울은 처음부터 하나님 마음에 합한 왕이 아니었다. 백성이 하도 왕을 달라고 조르니까 한번 맛보라고 주신 인간 왕이 사울이다. 왕으로 기름 부음을 받은 그는 처음에는 겸손히 나아가는 듯했다. 하지만 얼마 못 가서 결국 진면목을 적나라하게 드러내고 말았다. 이제 그를 대신한 하나님의 마음에 합한 왕이요, 왕중왕 예수 그리스도의 그림자가 될 진정한 왕의 출현이 다가오고 있었다.

사울왕이 버림을 받음으로써 사무엘은 하나님의 지시에 따라 그분의 마음에 합한 왕을 찾으러 이새의 집에 들어간다. 거기 여덟 명의 아들이 있는데, 그들 중 하나를 왕으로 세울 요량이었다. 그런데 여기서 중요한 것은 하나님이 이새의 아들 중 누구를 왕으로 기름 부으라고 알려주시지 않았다는 사실이다.

막내아들 다윗 외에 일곱 명의 아들이 차례로 면접 보듯 하나씩 사무엘 앞으로 지나갔다. 이새의 장남 엘리압을 보는 순간 사무엘의 가슴은 뛰기 시작했다.

"그들이 오매 사무엘이 엘리압을 보고 마음에 이르기를 여호와의 기

름 부으실 자가 과연 주님 앞에 있도다 하였더니"(사무엘상 16:6)

'그래 바로 이 청년이야! 키로 보나 인물로 보나 무엇으로 보나 이 청년이 왕의 재목이군!'

그래서 사무엘은 그에게 기름을 부으려고 했다. 그 순간 하나님이 사무엘에게 '내가 네게 알게 하는 자'에게 기름을 부으라고 분명히 말씀하셨다.

> "이새를 제사에 청하라 내가 네게 행할 일을 가르치리니 내가 네게 알게 하는 자에게 나를 위하여 기름을 부을지니라"(사무엘상 16:3)

선지자는 무엇 하는 사람인가? 하나님이 알려주시는 말씀과 지식을 전달하는 사람이다. 스스로 조화를 부리는 대단한 사람이 아니다. 하나님이 지시하고 알려주고 보여주시는 것만 전하는 사명자다. 그동안 사무엘은 선지자의 사명을 잘 수행해왔다. 자기 생각이나 지식이나 경험이 아니라 하나님이 가르쳐주신 것만을 잘 전달해왔다. 그랬던 사무엘 선지자가 오늘 하나님 앞에서 대실수를 범하는 모습을 보라.

하나님의 뜻을 잘 제시받고 그 받은 말씀을 잘 전해온 사무엘이 왜 이런 실수를 범했을까? 그만큼 이새의 장남 엘리압의 외모가 출중했기 때문이 아니겠는가. 사울의 예를 통해서 이미 교훈을 받았을 만한데, 사무엘은 이스라엘 백성과 똑같은 실수를 범하고 있다. 아무리 하나님의 선지자라 할지라도 사람이 외모에 영향을 많이 받는다는 사실을 잘 보여주는 대목이다.

사무엘이 엘리압에게 기름 부으려 할 때 하나님이 뭐라고 말씀하시는가?

"여호와께서 사무엘에게 이르시되 그의 용모와 키를 보지 말라 내가 이미 그를 버렸노라 내가 보는 것은 사람과 같지 아니하니 사람은 외모를 보거니와 나 여호와는 중심을 보느니라 하시더라"(사무엘상 16:7)

사무엘과 오늘 우리에게 주시는 영적 교훈이 무엇인가? 사람을 외모로 판단하지 말고 하나님처럼 중심을 보라는 것이다. 중심을 보는 훈련을 잘 받아야 실수가 없다.

이사야 53장 2절은 장차 이 땅에 오실 예수 그리스도의 모습, 그분의 외모에 대해 구체적으로 언급하고 있다. 우리 주님이 지상에 계실 때 어떠한 모습을 하고 계셨는지 궁금하지 않은가? 한번 찾아보자.

"그는 주 앞에서 자라나기를 연한 순 같고 마른 땅에서 나온 뿌리 같아서 고운 모양도 없고 풍채도 없은즉 우리가 보기에 흠모할 만한 아름다운 것이 없도다" [100]

외모로 볼 때 주님은 별 볼 일 없어 보이셨다는 말이다. 예수님이 왜 무기력하게 유대인들에게 십자가에 못 박힘을 당해 죽으셨을까? 외적인 조건이 좋지 않았던 이유도 있다. 뼈대 있는 가문에서 태어난 것도 아니고, 재물이 많은 것도 권력이 대단한 것도 아니고, 외모나 학벌 또한 볼품없었다. 그러니 외모와 학벌과 족보와 직분과 경력 따지기를 좋아하는 당시 유대교 지도자들에게 배척당할 수밖에 없었다.

사람은 내놓을 게 많으면 교만하고 기고만장해진다. 마땅히 내놓을 게 없어야 자신을 의지하지 않고 오직 하나님만 의지하고 신뢰하게 된다. 이것이 바로 하나님의 방식이다. 하나님은 사람의 외모가 아니라 중심과 마음을 보신다.

자, 그럼 어린 소년 다윗이 골리앗이라는 넘기 어려운 상대를 만났을 때 어떻게 그런 용기를 내어 그와 대적하러 나아갔을까? 그 이유와 비결이 무엇이었을까? 17장 34~37절에 그 비결이 나온다. 한번 살펴보자.

> "다윗이 사울에게 말하되 주의 종이 아버지의 양을 지킬 때에 사자나 곰이 와서 양 떼에서 새끼를 물어가면 내가 따라가서 그것을 치고 그 입에서 새끼를 건져내었고 그것이 일어나 나를 해하고자 하면 내가 그 수염을 잡고 그것을 쳐죽였나이다 주의 종이 사자와 곰도 쳤은즉 살아 계시는 하나님의 군대를 모욕한 이 할례 받지 않은 블레셋 사람이리이까 그가 그 짐승의 하나와 같이 되리이다 또 다윗이 이르되 여호와께서 나를 사자의 발톱과 곰의 발톱에서 건져내셨은즉 나를 이 블레셋 사람의 손에서도 건져내시리이다 사울이 다윗에게 이르되 가라 여호와께서 너와 함께 계시기를 원하노라"

다윗이 골리앗과 싸우러 나갈 수 있었던 첫 번째 이유는 자신이 과거에 경험한 하나님께서 이번에도 자신과 이스라엘을 구원해주실 것을 신뢰했기 때문이다. 과거 여러 차례 죽을 위기에서 자신을 지켜주신 하나님께서 지금도 자신과 이스라엘 백성을 골리앗의 손아귀에서 지켜주실 것을 다윗은 분명히 믿었다.

반면 사울왕은 그동안 함께해주신 하나님의 약속과 그분의 손길을 신뢰하지 못해 두려움에 떨고 있다. 분명 이 싸움은 '골리앗과 사람의 대결'이 아니라 '골리앗과 그를 밥으로 주신 하나님의 대결'이었다. 사울은 이를 보지 못했기에 골리앗과의 싸움을 시도하지 못한 것이다.

이 대목에서 탁월한 상상력과 스토리텔링의 대가 맥스 루케이도의 말을 빌려보자. 그는 이렇게 설명했다.

> "당시 세상의 모든 나침반이 블레셋의 장수 골리앗을 가리킬 때 다윗의 지남철은 한결같이 다른 방향, 즉 하나님을 지목했다. 당시 매스컴들이 날이면 날마다 한목소리로 거인에 관해 떠들어댈 때 다윗은 다른 얘기, 즉 하나님 얘기만 했다."[101]

누가 하나님의 마음에 맞는 진짜 이스라엘 왕이냐를 보여주는 대결에서 결국은 다윗이 승리했다. 이스라엘 백성이 원해서 맛보라고 주신 사울왕과 하나님이 골라 뽑으셔서 기름 부으신 다윗왕의 차이를 여실히 보여주는 본문이 바로 사무엘상 17장임을 놓치지 말라.

다윗이 골리앗과 싸우러 나간 두 번째 이유는 사울과 달리 다윗은 하나님의 약속의 말씀을 신뢰했기 때문으로 볼 수 있다. 무슨 약속인가? 본문의 전후 문맥을 살펴보면 다윗은 분명 신명기 9장 1~3절의 내용을 잘 알고 있었을 것이다.

> "이스라엘아 들으라 네가 오늘 요단을 건너 너보다 강대한 나라들로 들어가서 그것을 차지하리니 그 성읍들은 크고 성벽은 하늘에 닿았으며 크고 많은 백성은 네가 아는 아낙 자손이라 그에 대한 말을 네가 들었나니 이르기를 누가 아낙 자손을 능히 당하리요 하거니와 오늘 너는 알라 네 하나님 여호와께서 맹렬한 불과 같이 네 앞에 나아가신즉 여호와께서 그들을 멸하사 네 앞에 엎드러지게 하시리니 여호와께서 네게 말씀하신 것 같이 너는 그들을 쫓아내며 속히 멸할 것이라"

여호와께서 아낙 자손을 멸하실 것이므로 그들을 쫓아내라고 되어 있다. 이보다 더 지키기 쉬운 명령이 어디 있겠는가? 이미 그들을 이기게 해놓으신 하나님께서 자기 백성을 통해 그 일 이루시기를 즐겨 하심을 잘 알 수 있다.

다윗은 그 말씀을 신뢰하고 순종했고, 사울은 여호와의 말씀을 버렸다. 사무엘상 15장 23절에서 사무엘이 사울에게 "왕이 여호와의 말씀을 버렸으므로 여호와께서도 왕을 버려 왕이 되지 못하게 하셨나이다"라고 말하지 않았는가.

다윗은 하나님의 약속과 명령대로 이방 원수를 대적하러 순종의 발걸음을 가뿐히 옮기려 하는데, 사울은 불세출의 영웅 골리앗과

대적하지 못한 채 텐트 안에서 벌벌 떨고 있다. 백성이 달라고 요청해서 맛보라고 주신 인간 왕 사울과 하나님의 마음에 합한 왕 다윗의 근본적 차이가 바로 여기에 있음을 기억하자.

　세 번째 이유를 보면, 다윗은 전쟁이 사람의 힘과 재주에 달려 있지 않고 여호와께 달렸다는 사실을 굳게 믿었기 때문이다.[102] 다윗은 신명기 20장 3~4절에 나오는 말씀도 마음에 새기고 있었을 것으로 짐작할 수 있다.

> "이스라엘아 들으라 너희가 오늘 너희의 대적과 싸우려고 나아왔으니 마음에 겁내지 말며 두려워하지 말며 떨지 말며 그들로 말미암아 놀라지 말라 너희 하나님 여호와는 너희와 함께 행하시며 너희를 위하여 너희 적군과 싸우시고 구원하실 것이라 할 것이며"

　사무엘상 17장 45절과 47절에 나오는 위대한 '다윗의 신앙고백'이 그저 한순간에 우연히 터져 나왔을 것으로 생각하면 오산이다. 평소 마음판에 깊이 새겨놓은 말씀이 위기의 순간에 빛을 발했을 것이다.

> "다윗이 블레셋 사람에게 이르되 너는 칼과 창과 단창으로 내게 나아오거니와 나는 만군의 여호와의 이름 곧 네가 모욕하는 이스라엘 군대의 하나님의 이름으로 네게 나아가노라"(사무엘상 17:45)

> "또 여호와의 구원하심이 칼과 창에 있지 아니함을 이 무리로 알게

하리라 전쟁은 여호와께 속한 것인즉 그가 너희를 우리 손에 넘기시 리라"(사무엘상 17:47)

다윗은 과거의 경험을 통해 '전쟁은 여호와께 속했고, 칼과 창에 있지 아니하다'라는 사실을 누구보다 잘 알았다. 그래서 그는 골리앗과의 일전을 불사하고자 용감하게 나선 것이다. 사울이 하나님의 마음에 합한 왕이었다면 다윗의 등장은 필요가 없어야 한다.

김창대와 폴 보든(Paul Borden)은 사무엘상 17장이 드러내고자 하는 진짜 큰 의도가 다윗과 골리앗이 아니라 바로 '사울과 다윗'이라는 점을 제대로 파악하고 있다.[103] 스티븐 매튜슨에 따르면, 골리앗은 다윗과 사울왕 모두가 대면해야만 하는 도전이었다.[104] 하지만 사울은 골리앗과 싸우러 나가지 못한 채 두려움에 떨었다. 그 이유는 그가 처음부터 하나님의 마음에 합한 왕이 아니었기 때문이다.

사무엘상 17장에서 골리앗은 사울과 다윗의 차이를 드러내는 일에 잠깐 활용된 들러리 조연에 불과함을 놓치지 말라. 사람들의 요청에 마지못해 맛보라고 주신 왕 사울과 하나님의 마음에 합한 왕 다윗의 차이가 무엇인지를 들춰내는 것이 사무엘상 전체를 끌고 가는 통전적 맥과 흐름임을 기억하자.

설교의 대지나 틀을 만들고자 할 때 성경을 보는 관점에 따라 그것이 얼마나 달라질 수 있는지 다음 예를 통해서 한번 대조해 보라.

원포인트의 드라마틱한 강해설교

〈골리앗과 다윗의 대결〉

(영양결핍의 관점)

1. 하나님의 군대를 모욕한 골리앗
2. 하나님의 약속을 신뢰하며 순종한 다윗
3. 골리앗을 거꾸러뜨리고 이스라엘에 승리와 구원을 가져온 다윗

〈누가 하나님이 인정하시는 참왕인가?〉

(영양 만점의 통전적 관점)

핵심 메시지: 하나님의 약속을 팽개치고 순종하지 못함으로 버림받은 사울왕과 약속을 신뢰하여 순종함으로 하나님의 마음에 합한 왕으로 인정받은 다윗의 차이를 보고 우리는 어떤 사람이 되어야겠는지 고심해봐야 한다.

(3) 직설법(Indicative) + 명령법(Imperative)

무엇이든 한 방향으로 치우치는 것은 좋지 않다. 필자는 육식은 좋아하지만, 물고기 종류는 일절 입에 못 댄다. 이런 편식은 몸에도 좋지 않을뿐더러 대접하는 타인에게도 불편함을 끼칠 때가 많음을 절감한다. 영적인 식단에서도 마찬가지다. 필자는 설교학을 가르치는 교수로서 신학생과 목회자들의 설교문을 분석 비평할 때가 많다. 오랜 경험을 통해 깨달은 그들의 문제점 하나는 설교자 대부분이 '하나님의 은혜' 아니면 '인간의 행위' 둘 중 한쪽으로 치우치는 설교를 한다는 점이다. 이것은 영적인 편식에 해당하는 바, 오늘날 대다수 설교자가 청중에게 영양이 결핍된 음식을 섭취하게 한다는 의미다.

기독교의 복음은 '훈계나 책망이나 명령'으로 시작하지 않는다.

반드시 '승리와 축복과 위로와 은혜의 선포'로 시작한다. 이것이 바로 '직설법(Indicative)'이다. 그러나 그 복음은 직설법으로 끝나지 않고 반드시 명령법(Imperative)으로 적용된다. '명령법'은 하나님이 우리를 위해 이루신 일과 그분의 복된 약속을 기초로 그분의 자녀들이 해야 할 '순종과 행함'을 의미한다. 기독교의 메시지는 항상 직설법으로 출발해서 명령법을 향해 나아가야 한다. 이 가운데 어느 하나가 빠져서도 안 되고, 순서가 바뀌어도 안 된다.[105]

그런데 이 '직설법 + 명령법'의 패턴은 권위주의적인 훈계조 명령 등에 반감을 가지는 포스트모던인들에게 잘 어필될 만한 전략이다. 우리의 설교가 조건부의 율법적·인위적 설교가 아니라 은혜에 의해 믿음을 통해 이끌려가는 하나님 주권적 설교로 나아가게 해준다는 점에서 '직설법 + 명령법' 구조는 큰 장점이 있다.[106]

오늘날 설교자들의 설교 대부분이 '조건부의 율법주의적 훈계나 명령'으로 가득 차 있음을 자주 본다. 이들은 '~를 행하라, 그러면 복을 받으리라' 혹은 '~을 드리라, 그러면 복이 임하리라'라고 외친다. 또 '복을 받기 위해 순종해야 한다'고 가르친다. 항상 '만일(If)'이라는 조건부 전제를 깔고 있다.

하지만 참복음주의자는 '하나님께서 ~하도록 해놓으셨으니 믿음으로 행하라. 그러면 너희 것이 되리라!'라고 말한다. 항상 '직설법', 즉 '복된 약속과 의로운 신분(Being)'이 앞서고, 그다음에 '명령법', 즉 '순종과 행함(Doing)'이 뒤따르는 패턴으로 되어 있다.[107]

직설법은 '축복과 승리로 가득 찬 복의 원리를 제시하는 것'이며, 명령법은 '직설법에 기초하여 그에 합당한 삶과 행위와 열매를 촉

원포인트의 드라마틱한 강해설교

구하는 것'이다. 하나님이 우리를 위해 이루신 구원의 역사와 약속의 성취를 바라볼 때 사명과 책임에 대한 자발적 확신과 의지와 사명을 가질 수 있다. 직설법이 전제되지 않은 명령법의 강조는 율법적이고 반쪽짜리 복음으로 전락하고 말 것이다.

이것은 또한 오늘의 포스트모던인들에게도 부담되고 거부감을 주기에 충분한, 온전치 못한 복음이다. 하나님의 은혜에 의한 약속이나 예수 그리스도의 십자가 대속으로 말미암은 진리에 대한 확신 없이 율법적 교리나 인간의 노력과 수고만을 강조하는 권위적·명령조의 설교로는 포스트모던인들에게 다가설 수 없다.

브라이언 채플의 말처럼, 하나님의 진리와 약속의 기초가 제시되지 않은 채 도덕적이고 윤리적인 삶만을 강조하는 율법주의적이고 권위주의적인 설교는 힘이 없고, 결국은 허공을 칠 수밖에 없다.[108]

성경은 예수 그리스도의 대속으로 말미암은 구원을 우리에게 선물로 약속하셨다. 모든 종교가 인간 자신이 지키고 따르고 행하고 이루어야 하는 도덕주의와 규칙주의와 개선주의를 강조하는 반면, 기독교만이 유일하게 그리스도가 우리를 위해 이루시고 행하시고 완성하신 일을 알고 그것에 기초한 감사와 섬김과 순종의 삶을 강조하는 은혜의 종교라는 것을 차별화시킬 필요가 있다. 이처럼 권위적인 촉구나 명령이 아니라 은혜와 축복의 법칙을 우선적으로 제시하면서 그에 합당한 삶과 행위를 청중에게 전한다면 오늘의 청중에게 아주 쉽게 어필될 수 있을 것이다.[109]

그렇다. 기독교의 복음 진리는 그럴 만한 가치와 능력과 차별성과 유일성을 충분히 내포하고 있다. 하나님의 은혜와 사랑에 기초한 믿음과 신뢰와 확신으로 하나님이 준비하신 은혜와 복을 맘껏 누리며, 감사와 순종과 행함의 사명적 삶을 잘 살아가라는 설교 전략은 분명 오늘의 포스트모던인들에게 충분히 매력적으로 다가가는 대안이 될 것이다.

사실 기독교인들 사이에 포스트모던인들에 대한 잘못된 편견이나 오해가 하나 있다. 그들이 배타적 진리에 대해서 강한 거부감과 저항감이 있어 성경만이 진리라고 가르치는 것은 절대로 먹혀들지 않을 것이라는 생각이다. 물론 그들이 독선적 진리에 대해 부정적 사고를 하는 것은 사실이지만, 실제로 그들의 마음과 영혼은 자신들이 전적으로 의지하고 신뢰할 수 있는 절대적 진리에 대한 갈증이 있음을 설교자들은 놓치지 말아야 한다.[110] 이 갈증이 바로 그들에게 절실한 필요성이다.

기독교 복음 진리의 핵심이 규칙 준수나 의무나 명령조의 억압적인 내용이나 권위주의가 아니라는 사실을 제대로 증명하고 보여준다면 포스트모던인들 속에 있는 영적인 갈증과 갈망에 분명 어필할 수 있는 여지가 많은 것이 사실이다.

따라서 모든 설교자는 우리 기독교 복음이 의무나 율법적 규율이나 훈계 등에 거부감을 가진 포스트모던인들에게 충분히 호감을 줄 수 있는 차별성이 있다는 확신을 가져야 한다. 그뿐만 아니라 만연해 있는 종교다원주의 시대에 기죽거나 위축되지 말고, 기독교의 복음만이 도리어 사람들이 쉽게 따르고 좇을 수 있는 유일한 진리라는 사실에 자신감을 가지고 이전보다 더욱 담대하게 복음 선포 사역을 감당해야 할 것이다.

원포인트의 드라마틱한 강해설교

그런 점에서 필자의 또 다른 저서 『김창인 목사의 설교 세계』[111]는 광성교회 원로 김창인 목사가 은퇴한 지 20년이 지나가는 과거 목회자임에도 영적으로 균형 잡힌 말씀의 수종자였음을 잘 소개하고 있다. 몇 가지 실례를 소개해본다.

> 본문을 보면 1절에 "나의 힘이 되신 여호와여 내가 주를 사랑하나이다"라고 하였습니다. 성경이 말하는 사랑에는 두 가지가 있습니다. 하나는 '선행적 사랑'입니다. '선행적 사랑'에는 조건이 없습니다. "내가 성공을 했으니까 하나님이 나를 사랑하신다." 이것은 아닙니다. 성공했든 실패했든 하나님께서는 나 자신을 사랑한다 했을 때 조건 없는 '선행적 사랑'입니다. 하나님께서 우리에게 베풀어주시는 즉 먼저 베풀어주시는 사랑입니다. 그래서 사도 요한이 요한1서 4장 19절에서 뭐라고 합니까? "우리가 사랑함은 그가 먼저 우리를 사랑하셨음이라"라고 합니다. 우리끼리 사랑을 나누는 것도 우리가 하나님을 사랑하는 것도 하나님이 우리를 먼저 사랑했기 때문이라는 것입니다. 그래서 '선행적 사랑'이 있습니다.
> 두 번째로 '응답적 사랑'이 있습니다. 사랑을 받았으니까 나도 응답으로 사랑을 베풀어주는 것입니다. 여기에는 조건이 있습니다. '사랑을 받았으니 사랑한다'는 것입니다. 하나님이 우리의 사랑을 받았으니 우리를 사랑하는 것입니까? 아닙니다. 그런데 여기서 다윗은 뭐라고 고백합니까? "나의 힘이 되신 여호와여 내가 주를 사랑하나이다." 힘이 되어 주셨기 때문에 사랑하는 것입니다.[112]

물론 우리를 사랑하는 하나님의 사랑은 선행적 사랑입니다. 요한1서 4장 19절을 보면 "우리가 사랑함은 그가 먼저 우리를 사랑하셨음이라"고 하였습니다. 우리가 하나님을 사랑하는 것은 하나님이 우리를 먼저 사랑해주셨기 때문인 것입니다. 먼저 사랑하는 것이 선행적 사랑입니다. 우리가 하나님을 사랑하는 것은 절대로 선행적인 사랑이 아니라 먼저 하나님이 우리에게 베풀어주시는 사랑에 대하여 응답하는 응답적인 사랑입니다. 어느 사랑이 더 큰지 아십니까? 하나님께서 먼저 우리를 사랑해주시는 선행적 사랑이 더 큰 것입니까? 그 사랑을 받고 우리가 응답으로 사랑하는 것은 그것만 못한 사랑입니다. 그러나 우리 살아남아 있는 사람에게는 응답적인 사랑일지라도 귀하고 큰 것이라는 말입니다.[113]

하나님의 '선행적 사랑'(Indicative)과 '응답적 사랑'(Imperative)에 대한 두 설명은 균형 잡힌 영적 식단의 구체적 실례라 할 수 있다. 다른 실례도 살펴보자.

그러므로 성경은 '하나님의 주권'과 '인간의 책임'을 분명히 말하고 있습니다. 자칫 잘못하면 '인간의 주권'과 '하나님의 책임'이라는 오류에 빠지기 쉽습니다. '인간의 책임을 강조하다 보면 인본주의에 빠지게 되고, 하나님의 주권만 강조하다 보면 자칫 숙명론에 빠지기 쉽습니다'.
이 양자를 잘 조화시킨 사람이 세례 요한입니다. 하나님의 주권을 강조하는가 하면 자기의 책임도 강조하여 그는 흥하여야 하겠고 나는

'하나님의 주권'과 '인간의 책임' 중 한쪽으로 치우치지 않은 세례 요한의 예를 들어 양자겸비를 균형 있게 강조하는 김 목사의 성경관은 참으로 건전하고 올바르다.

이처럼 설교자들은 '하나님의 은혜'와 '인간의 반응'이 양날의 검이나 양 수레바퀴가 아니라 자전거의 앞바퀴와 뒷바퀴 순으로 같이 가야 하는 설교의 방향임을 꼭 인식하고 있어야 한다. 이런 큰 방향과 흐름을 알지 못하면 원포인트의 강해설교가 불가함을 알고 본문의 큰 흐름 속에서 균형 잡힌 성경해석 실력을 키워 성령께서 의도하신 제대로 된 원포인트 강해설교를 지속해야 한다는 것을 꼭 기억하길 바란다.

2) 베스트의 프레임 활용

『본문이 이끄는 설교』와 『장르에 민감한 설교』라는 책이 있다. 앞 책의 의도는 본문에 충실한 설교를 하자는 것이다. 그런데 여기서 말하는 '본문(Text)'의 의미가 무엇인지를 파악하는 것이 중요하다. 두 가지 포인트다.

첫째는, 본문이 지니고 있는 '저자의 핵심 메시지', 즉 '본문의 내용(Content)'에 충실한 설교를 해야 한다는 말이다. 둘째는, 본문의 핵심 메시지가 기록되고 전달된 '장르', 즉 '구조' 또한 무시할 수 없는데, 본문에 충실한 설교가 되려면 본문에서 추출한 콘텐츠를 가지고 획일화된 세 대지 설교로만 전하지 말고 가장 효과적으로 전달할 수 있는 다양한 구조로 설교를 전해야 한다는 의미다.

한마디로 '본문이 이끄는 설교'는 설교자가 설교문을 작성해 청중에게 전달하고자 할 때 '설교의 내용'은 물론 '설교의 전달 구조(Frame)'까지 어느 하나도 소홀히 다뤄서는 안 된다는 사실을 균형 있게 강조하고 있다.

본문을 어떻게 통전적으로 해석할 것인가에 대해서는 앞 장에서 언급했으니, 여기서는 그것을 전달하는 설교의 구조를 살펴보기로 한다.

(1) 다양한 장르 활용

설교를 준비할 때 설교자의 특권과 권한이라는 건 전혀 없음을 알아야 한다. 오로지 성경 본문이 모든 것을 쥐고 있을 뿐 설교자는 본문에 따라 설교를 작성해야 한다. 설교자는 우선 본문이 의미하는 핵심 키나 메시지를 추출하는 데 최선을 다해야 한다. 본문의 알맹이를 놓치고는 강해설교가 불가능하기 때문이다.

하나님의 말씀에 충실한 설교자들은 하나같이 본문에서 저자의 진의를 파악하는 일에 온갖 신경을 다 기울인다. 문제는 본문에서 저자의 핵심 메시지 파악에만 집중할 뿐 그 메시지가 어떤 장르와 형태로 각기 달리 전달되었는지에는 전혀 관심이 없다. 성경에는 시, 내러티브, 비유, 잠언, 서신, 지혜, 예언, 묵시, 비유 등의 다양한 장르가 있다.[115]

C. S. 루이스(C. S. Lewis)의 『시편 묵상』에 이런 말이 나온다.

"성경은 문학작품이기 때문에 그 안에는 감각(Sense)이 있다. 그래서 성경은 문학적으로 읽어야 하며, 각기 다른 문학적 장르를 감안해서 읽어야 한다." [116]

제프리 아더스(Jeffrey D. Arthurs) 역시 '설교 내용은 성경 본문의 진리를 전하는 것이어야 하고, 설교 형식은 성경 본문이 기록된 방식의 장르를 살리는 것이어야 한다'라고 했다.[117] 복음주의설교학회 EHS(Evangelical Homiletical Society)에 속한 학자들의 생각도 다르지 않다.[118] 따라서 설교자가 본문에서 핵심 메시지를 끄집어내고 난 뒤 본문이 전달된 다양한 장르에는 신경 쓰지도 않은 채 매번 틀에 박힌 세 대지 형식으로만 설교한다는 것은 명백히 잘못이란 말이다.

본문의 메시지뿐 아니라 그것이 전달된 각기 다른 장르도 유의해서 원고 작성에 반영해야 한다는 것이 신설교학(New Homiletics)이 끼친 유익한 영향이다.[119] '성경 본문이 무엇을 말하느냐?'(What)도 중요하지만, '성경 본문의 내용을 어떻게 전하는가?'(How)도 절대 무시할 수 없다. 성경이 '내용(Content)'과 '형식(Form)'으로 이루어져 있기 때문이다. 그렇다.

성경 속 저자들은 여러 종류의 장르와 구조로 진리를 전달하고 있다. 그리고 각기 다른 특색의 틀(Frame)들은 저자가 전달하고자 하는 의미에까지 영향을 준다. 본문의 장르와 구조는 분명 의미에도 큰 영향을 준다.[120]

쉬운 예를 들어보자. 은퇴한 사람이 현직에 있을 때 제대로 하지 못한 후회스러움에 대한 내용을 글로 쓴다고 해보자. 다음과 같이 길게 나열할 수 있을 것이다.

"자기 욕심에 빠져 일평생 거기에 몰두해서 살다 보면 정말 소중한 것을 놓치게 마련이다. 아까운 청춘의 시간을 낭비하다 보면 인생을 정리할 무렵에서야 비로소 자신의 허물을 깨닫게 되는 법이다. 하지만 그때는 후회해 봤자 소용이 없다."

그런가 하면 다음과 같은 간결한 시로 표현할 수도 있다.

내려갈 때 보았네.
올라갈 때 보지 못한
그 꽃.

내용은 동일하지만 읽는 느낌은 확연히 다르다는 것을 절감할 것이다. 이 시는 고은 시인의 노벨상 후보작으로 유명한 〈그 꽃〉이라는 작품이다. 만연체로 쓴 긴 문장이냐, 많은 의미가 함축돼 있는 간결한 시냐에 따라 의미 전달에 큰 차이가 있음을 살펴보았다.

그렇다면 왜 설교자들은 자기가 정한 본문에서 의미만 추출하고 그 의미를 전달하는 수단과 도구였던 장르와 구조에는 신경 쓰지 않는 것일까? 왜 설교자들은 본문의 의미에는 지대한 신경을 쓰면서도 정작 그 의미를 전달하는 주요 수단인 설교의 틀만큼은 항상

'천편일률적이고 획일적인 세 대지'만을 고수하고 있는 것인가?

성경 저자들이 오늘날의 세 대지 설교처럼 세 개의 대지나 세 개의 대지 속에 여러 개의 소지가 있는 식으로 진리를 전달하지 않은 이유를 아는가? 하나님이 당신의 말씀을 세 대지와 같이 고정된 형태가 아닌 여러 개의 장르를 통해 말씀하신 이유가 무엇인지 아는가? '다양성(Variety)'이 그 답이다. 한 가지 패턴으로만 전달하면 듣는 이에게 따분하고 지겨울 수 있기 때문이다. 그뿐만 아니라 본문 내용이 다양하므로 전달하는 양식도 다양해야 하기 때문이다. 그러므로 오늘의 설교자들 역시 천편일률적인 세 대지가 아니라 각기 다양한 성경 본문의 장르에 따른 다양한 유형의 설교 프레임을 활용할 필요가 있다.

물론 데이비드 앨런(David Allen)처럼 본문 장르대로만 설교 형식을 맞춰 전해야 한다고 주장하는, '텍스트 중심적 경향'을 띠는 인물도 있다. 그는 본문의 정확한 의미와 구조를 파악한 뒤 그에 맞는 설교 형식을 활용할 것을 제안했다.[121] 그렇다면 시편 본문은 시로, 잠언은 의미심장하고 간단한 말로 전하라는 말인데, 이는 적절하지 않다. 설교 형태를 본문의 정확한 장르에 맞춰 맹목적으로 모방해야 한다는 주장은 현실성이 매우 떨어지는 발상이다.

이유는 본문의 장르를 청중이 이미 익히 알고 있어서 식상하기도 하지만, 성경의 시대와 역사적·언어적·문화적·시간적으로 전혀 낯선 현대라고 하는 두 시대 사이에 우리가 서 있기 때문이다.[122] 그 때문에 아더스 역시 비록 본문에 사용된 형태와 수사적 장치와 기술을 파악하고 이해하는 데서 출발하는 것이 가장 최선이지만, 그런 것들과 똑같은 방식으로 사용하기보다는 본문의 효과를 오늘의 현실에 가장 잘 재현하는 방식으로 전달하는 것을 최상의 방법으로 보았다.[123] 토마스 롱(Thomas Long)도 본문과 같은 형태로 하는 것이 어렵고 비실용적이라고 단언했다.[124]

장르 연구가 가져온 유익은 결코 작지 않다. 그것은 설교자가 하나님께서 인간의 언어를 사용해 성경 저자로 하여금 기록하게 하신 성경 본문의 내용과 장르를 통해 어떻게 하면 오늘의 청중에게 잘 접촉하고 전달할 수 있는지를 알려주는 소중한 작업이다.[125]

물론 우리는 성경 시대의 원래 청중과는 전혀 다른 세계의 청중에게 본문 내용을 전달해야 한다. 성경 시대를 '문자로 기록한 형태의 소통(Written Biblical Communication) 시대'라 한다면 오늘날은 '구술로 된 구어체의 커뮤니케이션(Oral Preaching Communication) 시대'라 할 수 있다. 따라서 각 성경 장르의 형식과 장치를 그대로 따르는 것으로는 당시와 동일한 효과를 낼 수 없다.

아더스의 말대로 본문의 핵심 메시지를 가장 잘 드러내고 이 시대의 청중에게 가장 효과적으로 어필할 수 있는 형태로 전달하는 것이 최상이다. 이것이 본문 저자의 핵심 메시지에 충실하면서도 효과적으로 잘 전달할 수 있는 참 강해설교(Biblical & Effective Expository Sermon)임을 꼭 기억하자.

(2) 드라마틱한 방향(Dramatic Direction)

글이든 말이든 설교든 간에 전하려는 내용이 뻔한 방향으로 전개된다면 독자나 청중에게 어필할 수 없을 것이다. 청중의 시선을 끌어당기려면 새로운 전개 방향으로 나아감이 절실하다.

과거의 연역적 방식처럼 설교자가 처음부터 본문의 모든 것을 미리 알려주는 식으로 하지 않고 청중과 함께 호기심과 기대감을 품고 본문의 이야기 속으로 흥미진진하고 스릴 넘치게 여행하는 방식의 새로운 전개 방식으로 전해야 한다. 이것이 포스트모더니즘 시대를 살아가는 현대인에게 잘 파고드는 '귀납적이고 드라마틱한 방향(Inductive & Damatic Direction)'이다.[126]

이것이 바로 필자가 개발한 원포인트의 '드라마틱한' 강해설교인데, 이제부터 이 설교의 프레임을 구성하는 요소 중 중요한 네 가지 구조를 간략히 살펴보고자 한다.

① 갈등(Conflict)

이야기를 재미있게 만들려면 반드시 갈등과 클라이맥스, 대반전 등의 탄탄한 플롯, 즉 사건의 배열과 구성이 있어야 한다.[127]

우리가 손에 땀을 쥐며 즐겨 보는 액션 영화나 미국 드라마, 국내 드라마를 보라. 갈등 없이 시작되는 내용은 하나도 없다. 등장인물이 나와 시간의 흐름에 따라 마냥 밋밋하게 흘러가는 것이 아니라 반드시 그 사이에 어떤 사건이 생기고, 그 사건은 등장인물들 사이에 심각한 갈등구조를 만들어내며, 그래서 그것을 해결하기 위한 다양한 방법이 등장함으로써 이야기는 재미와 흥미와 스릴이 넘치게 진행된다.

'갈등'이나 '위기'는 우리의 일상에도 쉽게 일어날 수 있으므로 듣고 보는 이들로 하여금 공감을 얻어낼 수 있다는 점에서 큰 장점으로 작용한다. 이야기나 설교가 시작되면서 바로 해결책이나 대안이 제시돼버린다면 무슨 재미가 있겠는가? 갈등이 생겨나고, 그 갈등이 심화되며, 그러다가 절체절명의 위기 상황이 벌어짐으로써 독자나 청중의 긴장과 염려가 고조될 무렵 예상치 못한 반전이 일어나 해피 엔딩으로 스토리가 끝나게 되었을 때 비로소 모든 이가 안도의 숨을 내쉬고 행복하게 되는 그런 방식의 이야기라야 통할 수 있다.

어느 초등학교에서 1~2학년을 대상으로 한 실험을 했다고 한다. 먼저 아이들을 A, B 두 그룹으로 나누고 각각 다음 이야기를 들려주었다. 먼저 A그룹에게 들려준 이야기다.

> 옛날 어느 시골 마을에 나이 많은 할머니 한 분이 살았습니다. 산 좋고 공기 좋고 물 맑은 그곳에서 할머니는 건강하게 사셨어요. 홀로 남은 며느리도 친딸처럼 할머니를 잘 대했습니다. 효부라고 동네에서 칭찬이 자자했습니다. 아들딸 손주들과 함께 살진 못했어도 할머니의 마음은 기특한 며느리로 인해 늘 행복으로 가득 찼습니다.

다음은 B그룹에게 들려준 이야기다.

> 옛날 어느 시골에 나이 많은 할머니 한 분이 살았습니다. 할머니에겐 가족이 효부 며느리 한 사람밖에 없었어요. 아들이 결혼해서 일찍 죽었기 때문이에요. 홀로 남은 며느리가 시어머니인 할머니에게 친딸보다 더 잘했어요. 동네 사람들도 효부라고 칭찬했지요.
> 그런데 이상한 일이 벌어지기 시작했어요. 어느 날부터 할머니를 대하는 며느리의 태도가 달라졌어요. 밥을 제때 안 주는가 하면,

할머니를 쳐다보면서 눈을 흘기기도 하고, 때로는 말을 험하게 하는 일까지 벌어졌어요.

할머니는 마음이 괴로웠어요. 며느리에게 무슨 일이 일어난 것인지 알 수 없었답니다. 그러던 어느 날, 며느리가 한밤중에 자기 방문을 열고 대문 밖으로 나가는 것을 보았습니다.

아니나 다를까. A그룹 아이들은 1분도 채 되지 않아 산만한 모습을 보이며 하품을 하거나 몸을 뒤틀고 딴청을 부리기까지 하는 모습이 관찰됐다. 그들에게 들려준 이야기가 아이들의 마음을 전혀 사로잡지 못했기 때문이다.

반면 B그룹에 속한 아이들은 이야기가 진행되는 동안 꼼짝도 하지 않았고, 시간이 흐를수록 점점 더 이야기 속으로 빠져드는 것 같았다. 갑작스럽게 며느리가 변한 이유가 무엇인지 궁금해했다. 모두가 한결같이 초롱초롱한 눈으로 다음에 무슨 이야기가 나올지 잔뜩 기대하는 모습이었다.

어떻게 이런 차이가 나타났을까? A그룹에게 들려준 이야기는 너무도 평화롭고 안전한 모습의 시간이 흘러갈 뿐, 아이들의 관심을 끌어당길 만한 갈등이나 문제 등이 전혀 없었다. 그러니 그들의 마음이 딴 데로 향할 수밖에 없었던 것이다.

반면 B그룹에게 들려준 이야기는 사건의 흐름 속에 갈등이 전개되고, 며느리의 변화 이유에 대한 궁금증이 아이들의 마음속에 생겨나기 시작했기 때문에 졸거나 하품하는 아이가 한 명도 없었다. 모두가 다음 이야기를 진지한 마음으로 기다리는 모습이었다.

같은 이야기라도 어떤 구조와 흐름, 틀로 이야기를 전개하느냐에 따라 완전히 다른 반응이 나온다는 사실을 확인하게 된다.

1789년 알프스산맥에 위치한 마을 에비앙. 신장결석을 앓던 한 후작이 요양을 하기 위해 이곳을 찾아온다. 신기하게도 그 마을의 우물물을 마시면서 병이 깨끗하게 낫게 되었다. 신기하게 생각한 후작은 과학자를 불러 그 물의 성분을 분석하게 했다. 그 결과, 알프스의 눈과 비가 오랜 시간에 걸쳐 녹고 어는 과정을 통해서 그 물은 깨끗하고 미네랄이 풍부한 물로 정화가 되었다는 사실을 알게 되었다.

이 이야기는 사람들의 입을 타고 일파만파로 퍼져나간다. 그 후 프랑스 정부의 공식 승인을 받아 세계 최초로 상품화된 생수가 탄생된다.[128]

이것이 바로 우리가 자주 마시는 생수 '에비앙'에 얽힌 스토리다. 이렇게 완성된 브랜드 스토리는 이 물을 세계 제일의 생수로 만들었다.

이 이야기가 사람들의 마음을 움직인 결정적 요소는 무엇이었을까? 후작에게 신장결석이라는 문제와 갈등이 없었다면 에비앙의 신화는 결코 만들어질 수 없었을 것이다. 비록 질병을 통해 갈등을 경험하긴 했으나, 후작이 그 병을 '극복하는' 과정에서 오히려 '에비앙 신화'라는 긍정적 효과가 만들어진 것이다.

이처럼 이야기체의 프레임에서 갈등은 결코 부정적이지 않다. 오히려 갈등을 해소하는 과정을 통해 소중한 교훈과 메시지를 얻게

원포인트의 드라마틱한 강해설교

된다.

성경에 나오는 내러티브 본문들은 대부분 이런 갈등으로 시작한다. 창세기 13장을 예로 들어보자. 고향인 갈대아 우르 땅에서 하나님의 명령대로 가나안 땅을 향해 함께 가던 아브라함과 조카 롯의 하인들 사이에 문제가 생겼다. 두 사람과 가축 떼까지 함께 동거하기에는 그들이 머물고 있는 땅이 너무 좁았기 때문이다.

부모 없이 이방 땅에서 동고동락해온 조카와의 이별은 아브라함에게 크나큰 고통이었을 것이다. 자식처럼 의지하고 힘을 주었던 조카와 헤어진다고 생각하니 눈물이 앞을 가리고 가슴이 찢어졌을 것이다. 하지만 둘이 더 이상 함께할 수 없다는 것을 깨닫고 동서남북의 선택권을 조카 롯에게 양보한다.

갈등을 통해 하나님의 뜻을 깨닫고 하나님의 방식으로 조카에게 선택권을 양보할 수 있었다. 그 결과 롯이 가장 비옥한 땅과 물이 있는 동쪽을 선택해서 옮겨 간 뒤, 하나님이 나타나셔서 아브라함에게 동서남북 전체를 선물로 주셨다. 문제와 위기를 만나 마침내 하나님의 대안과 해결책을 찾아가는 아브라함의 모습이 너무도 보기 좋다. 그렇다.

사건의 갈등으로 설교를 출발하는 것이 '원포인트의 드라마틱한 강해설교'의 첫 번째 원칙이 된 이유도 바로 여기에 있다. 하나님의 뜻과 방법대로 수정하고 변화해 나가는 해결 방향을 향해 청중으로 하여금 끝까지 긴장을 멈추지 않고 가슴 졸이며 따라오게 만드는 구성으로서 갈등구조보다 더 좋은 출발점은 없기 때문이다.

② 궁금증 유발(Arousing Curiosity)

독자나 청중의 관심을 집중시키는 방법 중에 호기심을 자극하는 것보다 더 좋은 대안은 없다. 현대인은 미리 다 알고 있거나 정답이 훤히 내다보이는 일에 대해서는 신경을 꺼버린다. 그래서 필자는 드라마틱한 설교 진행을 위해 다음 두 가지를 꽤 신경 쓰고 있다.

먼저 '설교 제목'이다. 어떤 이는 설교에서 서론이 중요하다고 한다. 하지만 서론보다 중요한 것은 제목이다. 교회에서는 설교 제목과 본문을 한 주 전 주보에 제시하는 경우가 많다. 성도들은 주보에 실린 다음 주 설교의 제목과 본문을 보고 그 설교를 기대할지 말지를 결정한다.

그런 이들에게 기존의 구태의연한 설교 제목으로 접근하는 것은 현명한 자세가 아니다. 예를 들어 주보에 다음 주 설교 제목과 본문이 '아브라함의 순종'(창세기 22:1~12)이라고 적혀 있다고 해보라. 그 설교를 기대할 사람이 몇이나 되겠는가? 다 아는 본문인 데다가 '아브라함의 순종'에 대해 설교할 게 뻔한데 누가 그 설교를 기대하고 기다리겠는가? 따라서 이후에 나올 '설교 제목' 항목에서도 상세하게 밝혔듯이, 궁금증을 유발하는 설교 제목으로 청중에게 어필해야 한다.

다음으로 '설교의 예화'다. 거의 모든 설교자가 예화를 사용할 때 내용을 한꺼번에 공개해버리는 방식을 취한다. 하지만 필자는 본문과 흡사한 현실의 예화 하나를 서론과 결론 부분으로 나누어 소개하는 방식을 선호한다.

'원포인트의 드라마틱한 강해설교'의 프레임에 현실의 예화가 절실한 이유가 있다. 본문 내용을 청중이 거의 다 알고 있기 때문이다. 그러므로 이미 다 아는 본문 내용만 가지고는 아무리 신선하고 드라마틱한 설교를 이끌려 해도 쉽지 않다. 그래서 본문과 흡사하거나 대조되는 현실의 예화로 설교를 시작하는 것이 좋다.

그런데 예화를 사용할 때는 다른 방식을 활용할 수도 있겠지만, 서론에서 일부분을 소개하고 나중에 남은 뒷이야기를 설명함으로써 마무리하는 방식이 좋다. 설교의 예화를 둘로 쪼개어 소개하는 방식 말이다.

한국의 명설교가 이동원 목사의 설교를 들어보면 다른 설교도 좋지만, 예화를 서론과 결론 두 군데에 나눠 소개하는 설교를 할 때가 가장 감동적이고 은혜로운 말씀인 것을 확인할 수 있다. 필자의 경우도 마찬가지다. 예화를 처음과 나중으로 구분해서 소개할 때 가장 극적이고 감동적인 설교로 청중에게 어필하는 것을 보았다.

필자가 작성한 설교문 중 궁금증을 유발하는 신선한 제목으로 설교 제목을 정하고, 예화를 서론과 결론 부분에 나누어 전하는 방식의 구체적인 예를 다음에 소개해본다.

서론

1620년 9월 6일, 영국의 청교도들이 '메이플라워호'를 타고 미국 동부를 향해 출발했다는 사실에 대해서는 너무도 잘 아실 것입니다. 그런데 비슷한 시기에 '매스터호'라는 배를 타고 남미로 간 청교도들이 있었다는 사실은 잘 모르실 것입니다. 그들은 모두 영국의 신앙인들이었고, 교회에 열심히 출석하던 사람들이었고, 신앙의 자유가 필요한 사람들이었습니다. 그런데 남미로 떠나는 매스터호를 탄 사람들과 북미로 떠나는 메이플라워호를 탄 사람들의 차이가 하나 있었습니다. 그것은 바로 '동기의 차이'입니다.

남미로 간 사람들에게도 신앙적 동기가 없었던 것은 아니지만, 가장 큰 동기는 황금(Gold)이었습니다. 그들은 남미에서 엄청난 금이 발견됐다는 소문을 듣고 신대륙으로 가서 새로운 기회를 잡아 부자가 되겠다는 목적으로 매스터호를 탔습니다. 반면에 북미를 향해 갔던 사람들은 금과 같은 물질 때문이 아니라 오직 하나님(God)과 신앙의 자유가 유일한 동기였습니다.

결론

매스터호를 타고 남미로 간 사람들과 메이플라워호를 타고 북미로 간 사람들의 뒷이야기가 궁금하지 않습니까? 남미로 간 사람들은 황금도 찾지 못하고 신앙도 잃었습니다. 브라질, 아르헨티나, 칠레, 페루 등이 바로 그 나라들입니다. 인플레이션과 반복되는 경제 불안으로 그들은 지금 매우 어려운 처지에 놓여 있습니다. 그렇다면 신앙의 자유를 찾아 북미로 간 사람들은 어떻게 되었을까요? 그들은 하나님도 찾고 황금도 얻게 되었습니다. 정치, 경제, 사회, 문화 모든 면에서 세계 최고의 나라가 될 수 있었습니다.

사랑하는 성도 여러분, 오늘 여러분은 황금을 택하시렵니까, 아니면 하나님 그분을 택하시렵니까? 혹시 하나님에 황금까지 택하기를 원하는 분은 안 계시는지요? 양다리 걸치기는 하나님이 가장 싫어하시는 행위임을 아십니까?

'Gold냐 God이냐?' 오늘 설교의 제목입니다. 둘 중 우리는 반드시 하나만 선택해야 할 줄로 믿습니다. 언제나 Gold가 아니라 God 그 분만 선택함으로써 하나님께 영광 돌리며 승리하는 여러분의 삶 이 되시길 주님의 이름으로 축원합니다.

③ 예상 뒤엎기(Overturning Expectations)

독자나 청중의 관심을 촉발할 수 있는 또 다른 방법으로 '예상 뒤 엎기' 기법이 중요하다. 이것은 앞에서 소개한 '궁금증 유발'을 가져 오게 하는 원인으로 작용한다. 예상이 빗나가면 호기심이 생겨나기 마련이다.

아리스토텔레스는 이야기를 구성하는 필수요건에 '예상 뒤엎기' 를 첨가하고 있다. 이는 이야기를 듣거나 보는 사람들이 갖는 기대 감을 충족시키되, 그들이 전혀 예상하지 못한 설정으로 매료시킬 필요가 있다는 의미다.[129]

2007년, 댄 브라운(Dan Brown)이 집필한 『다 빈치 코드』[130]가 출간 되어 온 세상을 떠들썩하게 했다. 레오나르도 다 빈치가 예수 그리 스도와 그의 아이를 임신한 마리아에 대한 비밀을 〈최후의 만찬〉 그 림 속에 암호 코드로 숨겨놓았다는 내용의 이야기다. 이 소설은 프 랑스의 루브르박물관 관장이 살해되는 것으로 시작하는데, 남녀 주 인공이 범인을 찾아 나서면서 이야기가 흥미진진하게 전개된다.

이 소설을 읽으면서 독자 나름대로 범인을 지목해두지만, 번번이 예상이 빗나가고 뒤집히는 것을 경험하게 된다. 그러다가 범인이 드러날 때쯤에 이 소설은 끝난다. 필자는 이 책의 비판서인 『다 빈치 코드가 뭐길래?』[131]라는 책을 집필한 적이 있다. 책을 쓰면서 이 소설의 범인이 책 속에 있는 것이 아니라 책 밖에 있다는 사실을 처음으로 알게 되었다.

허구와 거짓으로 가득한 댄 브라운의 책이 어떻게 백만 불짜리 밀리언셀러가 되었을까? 바로 '궁금증 유발'과 '예상 뒤엎기' 기법이 활용됐기 때문이다. 설교에도 이런 기법을 곁들인다면 청중의 마음을 설교의 결론까지 잡아두기에 충분할 것이다. 허구(Fiction)를 가지고 사실(Fact)처럼 읽히게 만드는 세상 사람들의 재치와 지혜를 우리 설교자들이 본받았으면 좋겠다. 설교자들이 전하는 내용이 진실이고 진리 자체인데도 청중을 졸리게 만든다면 그보다 큰 아이러니는 없을 것이다.

'예상 뒤엎기' 기법이 유머처럼 발휘된 아주 짧은 글을 하나 소개한다.

〈침실에서〉

"조심해! 그 총 장전돼 있어."

그는 침실로 다시 들어서면서 말했다.

그녀는 침대 머리맡에 등을 기대고 앉아 있었다.

"이 총으로 부인을?"

"아니, 그건 너무 위험해. 청부업자를 고용해야지."

"나는 어때요?"

그는 씩 웃었다.

원포인트의 드라마틱한 강해설교

"순진하긴! 어떤 바보가 여자를 고용하겠나?"

그녀는 총구를 겨누며 입술을 적셨다.

"당신 부인…."

– 제프리 휘트모어[132]

이것은 『세상에서 가장 짧은 영어 55단어 소설』에 나오는 내용이다. 그의 부인이 그를 죽이라고 그녀를 고용했다는 것을 그 자신도 모르고 독자도 예상하지 못했을 것이다. 모든 이의 예상을 완전히 뒤엎어버리는 이런 글과 이야기와 설교에 매료되지 않을 독자와 청중은 없다.

이번엔 '예상 뒤엎기' 기법이 기가 막히게 활용된 필자의 설교를 하나 소개한다.

아브라함이 백 세에 얻은 이삭에게 푹 빠져 있습니다. 어떻게 알 수 있나요? 창세기 22장 2절에 보시면, "여호와께서 이르시되 네 아들 네 사랑하는 독자 이삭을 데리고 모리아 땅으로 가서 내가 네게 일러 준 한 산 거기서 그를 번제로 드리라"고 하세요. 청천벽력 같은 일이었을 겁니다. 여기서 '이삭'이란 단어 앞에 무려 다섯 개의 수식어가 붙어 있어요.

여기 "네 아들 네 사랑하는 독자 이삭"이라 할 때 '네'라는 단어가 둘 나오지만, 원어에는 세 가지가 나와요. "'네' 아들 '네' 사랑하는 '너의' 독자 이삭" 말예요. '네'라는 단어를 무려 세 번이나 말씀하실

만큼 아브라함이 지금 "아이고, 내 새끼!", "아이고, 내 새끼!", "아이고, 내 새끼!" 하며 이삭에게 푹 빠져 있음을 시사하신 것입니다.

아브라함이 드디어 정신을 차렸습니다. 여전히 그가 하나님의 이름을 부르고 예배를 드리고 있지만, 아들 이삭 때문에 상당 기간 하나님과 자신 사이에 틈이 생긴 것을 깨달았어요. 그래요. 하나님과 우리 사이에 막힌 담이 생겨선 안 되지요.

여러분, 오늘 여러분에게 하나님이 <u>최고가 되셔야 함을 믿으십니까</u>? '아멘!'입니까? 아멘요? 아니요. '<u>노멘!</u>'이에요.

〈예상 뒤엎기의 시작〉

하나님이 우리에게 최고가 되셔야 한다고 가르치거나 그렇게 알고 있는 거기에 우리 신앙의 맹점이 있음을 알아야 해요. 20년 전까지만 해도 저 역시 이 사실을 몰랐어요.

기아 자동차 K5의 슬로건이 하나 있어요. "우리는 최고(The Best)를 원하지 않는다. 유일한 것(The Only One)을 추구할 것이다." 그렇습니다. 하나님은 우리의 최고가 아니라 유일한 분이 되셔야 함을 기억하시길 바랍니다.

결혼한 여성분들께 질문해볼게요. 여러분의 남편이 여러분을 최고로 사랑하길 원하세요, 아니면 유일한 사랑으로 사랑하길 원하세요? '유일한 사랑'이지요? 그런데 그동안은 어땠어요? "자기, 나 사랑해?" "사랑하지!" "얼마큼?" "최고로!"

그러면 좋아들 하셨지요? 그게 무얼 뜻하는지 아세요? 여러분 말고 두 번째, 세 번째 사랑하는 여자가 있어도 좋다는 얘기예요. 그

걸 원하는 분 계신가요? 없지요? 남편들은 또 어때요? 여러분의 아내들이 여러분을 최고로 사랑하길 원하세요? 아니라고요? '유일한 사랑?' 맞아요. 그래야 정상이에요.

우리 하나님도 우리 신앙의 대상으로 최고가 아니라 유일한 분이심을 믿으시길 바랍니다. 그래서 누가복음 16장 13절은 "우리가 하나님과 세상을 겸하여 섬길 수 없다"라고 말한 겁니다.

아브라함이 오늘 그걸 깨달았어요. 여전히 하나님께 예배하고 그분의 이름을 부르고 있었지만, 이삭에게 마음이 많이 가 있어서 하나님과 자기 사이에 빈틈이 생겼다는 사실을 깨닫게 되었단 말이에요.

이 설교를 마치고 났을 때 어떤 반응이 터져나왔는지 아는가?

"하나님이 우리의 최고가 아니라 유일한 분이 되심을 오늘 처음 알게 되었어요. 새로운 사실을 알게 해주셔서 감사해요, 교수님!"

그렇다. 기존의 고정관념과 청중의 예상을 완전히 뒤집어버리는 사실을 전했을 때라야 그들의 가슴에 평생 지워지지 않고 남게 하는 설교가 될 수 있음을 꼭 기억하라.

④ 반전(Reversal)

'반전'은 이야기의 구성상 어떤 일이 발생해서 상식이나 예상과는 전혀 다르게 전개돼 결정적인 역전(逆戰)과 전환(轉換)이 이루어지는 것을 뜻한다. 이것은 이야기의 전개가 전혀 예상치 못한 방향으로 인도되거나 전개될 때 발생하는 현상이다.

에이브럼스(M. H. Abrams)는 플롯에 대해 설명하며 반전의 의미를 이렇게 설명했다.

> 많은 플롯에 있어서 대단원은 하나의 역전을 포함하는데, 이것은 비극에서처럼 '실패나 파멸'일 수도 있고, 희극에서처럼 '성공'일 수도 있다. 역전은 많은 경우 새로운 발견에 의해서 이루어지는데, 이것은 지금까지 모르고 있었던 것에 대한 새로운 인식이다.[133]

유진 로리(Eugene L. Lowry) 또한 반전 형식에 대해 이렇게 묘사하고 있다.

> 불행하게도 보통 설교의 가장 큰 약점 하나는 진단을 제대로 못 내리는 것이다. 부족한 점은 바로, 밝혀지기만 하면 사람들이 "아! 내가 왜 그것을 생각하지 못했지?" 라든가, 혹은 "그래 맞았어. 내가 알고는 있었지만 어떻게 말해야 하는지를 몰랐었지!"라고 말하게 되는 인간 상황의 다국면적인 모호함으로 파고드는 구체적인 인식의 통찰력이다.[134]

유진 로리에 따르면 반전은 단순히 상황적인 것만을 의미하는 것이 아니라 '생각의 환기, 철학·가치관의 역전'도 포함하는 것을 뜻한다. 즉, 반전은 설교를 듣는 청중에게까지 생각의 변화와 가치관의 역전을 경험하게 할 수 있음을 뜻한다.

사실 반전의 예는 우리 생활에서 얼마든지 찾아볼 수 있다. 스토리의 진행 과정에서 반전으로 사람들에게 강하게 어필하는 경우가 많

원포인트의 드라마틱한 강해설교

기 때문이다. 별문제 없이 사건이 진행되다가 결말에 이르러서는 사태가 완전히 뒤집히는 경우가 운동경기는 물론 대중매체에서 얼마나 많이 발견되는지 모른다. 운동경기 중 특히 야구 경기에서 반전, 즉 역전극이 많이 펼쳐짐을 본다. '야구는 9회말 투아웃부터!'라는 말이 있다. 9회말 투아웃까지 7:0으로 일곱 점이나 뒤지던 팀이 아웃카운트 하나를 남겨놓은 상황에서 7:8로 승부를 뒤집는 경우가 다반사다.

우리의 인생도 마찬가지다. '인생은 9회말 투아웃부터!'라 해도 틀리지 않는다. 성경에는 일평생 힘들고 고독한 삶을 살다가 말년에 활짝 꽃피운 인물들 이야기가 즐비하다. 요셉이 그러했고, 모세와 다윗도 그러했다.

이야기가 처음부터 끝까지 아무런 사건이나 반전 없이 밋밋하게 흘러가면 재미가 없다. 소설이든 영화든 드라마든 '인생역전(人生逆戰)'이라는 반전 없이 펼쳐지는 이야기에는 독자나 시청자나 관객이 몰리지 않는다.

서천석은 다음과 같이 말했다.

> 모든 이야기에서 반전은 클라이맥스다. 반전이 없는 이야기는 날지 못하는 새와 같다. 이야기에 반전이 없으면 감동도 없고 해결은 흐지부지해진다. 메시지 프레이밍(Message Framing)에서 반전은 복음이다.[135]

그렇다. 반전에 반전을 거듭해서 독자나 관객의 집중도를 한껏 끌어올리고, 예상치 못한 결과를 보고 탄성을 자아내게 하는 이야기에 모두 환호하고 감동받는다. 레오나르도 디카프리오가 주연을 맡아 화제가 되었던 〈인셉션(Inception)〉이나 지금도 반전의 대표작으로 회자되는 〈유주얼 서스펙트(Usual Suspect)〉 등이 그 실례다.

우리가 전하는 설교도 마찬가지다. 청중이 익히 잘 아는 본문 내용을 가지고 어떻게 전해야 그들의 관심을 착 달라붙게 할 수 있을까를 깊이 고민하고 연구해야 한다. 무엇보다 반전 플롯으로 전개되는 설교는 청중에게 회심과 순종을 촉구하는 강력한 도전의 기회를 쉽게 허용한다.[136] 그래서 필자가 반전 내용이 드라마틱하게 흘러가는 설교 프레임을 구상하게 된 것이다. 그것이 바로 '원포인트의 드라마틱한 강해설교의 방식'이다.

다음에 반전 드라마의 실례를 살펴본다.

어느 추운 날, 두 친구가 술집에서 만나기로 했다. 한 친구가 뒤늦게 도착해 막 가게로 들어서는데, 술집 입구에서 꽃 파는 할머니가 다가왔다.

"신사 양반, 꽃 좀 사줘요."

"이렇게 추운데 왜 꽃을 팔고 계세요?"

"우리 손녀가 아픈데, 약값이 없어서 그래요. 꽃을 팔아야만 손녀딸 약을 살 수 있다오."

할머니의 딱한 사정을 들은 그는 할머니에게서 꽃을 더 비싼 값에 사주었다. 꽃을 들고 술집에 들어서니, 친구가 꽃장수 할머니를 가리키며 물었다.

"너, 그 꽃, 저 할머니한테 샀지?"

"어떻게 알았어?"

"저 할머니 사기꾼이야. 저 할머니 저기서 항상 손녀딸 아프다면서 꽃 팔거든. 그런데 저 할머니한테는 아예 손녀딸이 없어."

그러자 속았다며 화를 낼 줄 알았던 그 친구의 표정이 환해졌다.

"정말? 진짜 손녀가 없어? 그럼 저 할머니 손녀딸 안 아픈 거네. 정말 다행이다, 친구야! 한잔하자. 건배!"[137]

이번에는 성경 속 반전 드라마의 실례를 소개해본다.

요셉이 하나님이 주신 꿈을 포기하지 않고 간직했으나 애굽에 노예로 팔리고, 끝까지 순결을 지켰으나 억울한 누명을 뒤집어쓴 채 죄수의 신분으로 감옥에 들어갑니다. 요셉의 입장에서는 억울하기 짝이 없었을 겁니다. 하나님이 함께하셔서 형통하게 하셨다면 아버지 집으로 돌아가게 하셨어야 하지 않나요?

하지만 그다음에 그에게 일어난 결과를 들어보면 이야기가 달라져요. 요셉이 애굽의 시위대장 보디발의 집에 노예로 팔리고, 그 아내로 인해 감옥에 들어간 일, 그리고 이후에 그에게 일어난 일을 보면 생각이 많이 달라질 겁니다.

만일 형들이 그를 애굽에 팔지 않았다면 어찌 되었을까요? 요셉이 애굽의 총리가 될 수 있었을까요? 만일 요셉이 보디발의 집에서 하나님이 함께하심으로 형통케 되어 마침내 자기 집으로 돌아갔다면 어찌 되었을까요? 요셉이 애굽 총리가 될 수 있었을까요? 만일 보디발의 아내가 요셉을 강간미수범으로 거짓 고발해 감옥에 가게 하지 않았다면 어찌 되었을까요? 요셉이 애굽 총리가 될 수 있었을까요? 결코 아닙니다.

그렇다면 만일 술 맡은 관원장이 요셉에게 고마움을 느껴 복직되자마자 즉시 왕에게 알려 감옥에서 석방됐다면 어찌 되었을까요? 기껏해야 무죄 석방돼 '고향 앞으로 가!' 했을 뿐 애굽 총리가 되진 못했을 겁니다. 그런데 술 맡은 관원장이 요셉을 잊어버리고 있던 때에 마침 바로 왕이 꿈을 꾸게 되고, 아무도 그 꿈을 해몽하지 못할 때 비로소 그가 요셉을 생각하게 되지요. 그래서 요셉이 바로 왕의 꿈을 해몽해서 애굽 총리가 되었던 것이고요. 만일 그가 바로 왕이 꿈꾸기 전에 풀려났다면 애굽 총리가 될 수 있었을까요? 결코 아니지요.

⑤ 유예(Suspending)

이것은 내러티브 설교 기법 중에서 가장 많이 사용되는 방법이다. 이 기법은 설교를 진행하다가 본문의 앞뒤 문맥을 살피거나 성경 외에 예화같이 다른 내용을 소개하기 위해 스토리 흐름상 해당 본문을 잠시 떠났다가 설교를 마무리하기 위해 다시 해당 본문으로 돌아오는 것을 말한다.

필자가 개발한 '원포인트의 드라마틱한 강해설교'의 플롯은 본문과 현실의 예화가 자주 왔다 갔다 하며 조금씩 소개되는 유예 방식을 많이 사용한다는 것이 또 하나의 특징이다. 다음에 구체적인 실례를 소개한다.

본문 1 – 전투 시작

드디어 출전입니다. 기드온은 300명을 이끌고 미디안 진영으로 내려갑니다. 기드온은 300명의 손에 나팔과 빈 항아리를 들게 했고, 항아리 안에 횃불을 넣어서 감추어둡니다. 그리고 100명씩 세 무리로 나누어 미디안 진영을 둘러싸게 합니다.

때마침 미디안의 파수꾼들이 교대하는 시간이었습니다. 공격하기에 가장 좋은 때라 할 수 있어요. 바로 그때 셋으로 나뉜 300명이 일제히 횃불을 들고 나팔을 불고 항아리를 깨뜨리며 이렇게 소리칩니다. "여호와와 기드온의 칼이다!"

웃기는 얘기지만, 전쟁에서 300명이 한 역할이 뭔지 아세요? 횃불 들고 나팔 불고 항아리를 깨뜨리면서 "여호와와 기드온의 칼이다!"라고 외친 것 외엔 한 일이 없어요. 이게 그들이 이 전쟁에서 한 전부라면 믿으시겠습니까?

'애개, 고작 그게 전부라고? 칼 한 번 들지 않고 그렇게 많은 적을 쳐부수다니 믿을 수 없구만!' 이런 생각이 드는 분은 없으신지요? 성경을 눈 닦고 찾아보세요. 그 일 말고 그들이 더 한 일이 또 있는지요? 전혀 없어요. 그들은 단지 횃불을 들고 나팔을 불며 소리친 것뿐이에요.

그런데 수많은 미디안 군사들이 난리가 나요. 극심한 혼란과 공포에 빠져요. 그 모습을 21절은 세 동사로 표현하고 있습니다. "(…) 그 온 진영의 군사들이 뛰고 부르짖으며 도망하였는데"

더 생생하게 표현하면 이렇습니다. 군사들이 갈팡질팡하며 뛰어다녔고, 아우성치며 부르짖었고, 허겁지겁 도망하였지요. 완전히 아수라장이 된 거예요.

이런 일로 볼 때 300명이 주위를 살피며 경계를 잘했기 때문에 그들을 골라서 뽑았다는 해석이 옳지 않다는 것을 다시 한번 확인할 수 있습니다.

알고 보니 하나님의 전략에 따르면 이 전쟁은 숫자가 많으면 인간적으로도 불리한 상황이에요. 한밤중에 조용히 움직여야 할 군사작전에 수만 명이 움직이면 소리가 나지 않겠습니까? 450 대 1의 압도적 절대 소수로 줄여야 자신들의 힘이 아니라 하나님이 하셨다고 그분께 영광 돌릴 수 있는 이유도 있지만, 전략 특성상으로 볼 때도 숫자가 많으면 어울리지 않는 싸움이었음을 알 수 있어요.

그래요. 전쟁은 숫자로 하는 게 아니에요. 하나님이 함께하시면 숫자는 아무런 의미가 없어요. 하나님은 숫자에 매이지 않으십니다. 우리는 '몇 대 몇'인지 그 차이가 얼마나 되는지 계산하고 주목하지만, 하나님은 전혀 그러시지 않습니다. 하나님은 오히려 그 숫자를 줄이시고 이길 수 없는 대결을 계획하세요. 그리고 상식을 넘어서는 일을 행하시면서 당신의 능력을 나타내시는 분이세요. 이스라엘의 승리가 오직 하나님의 능력에 있음을 분명하게 알려주시는 거지요.

본문 2 - 신(神)의 개입

그런데 여기서 의문이 하나 생겨요. 300명이 횃불을 들고, 나팔을 불고, 항아리를 들고 소리를 지른다고 해서 그 많은 군대를 쳐서 죽일 수 있었다는 것은 불가능에 가깝다는 생각 말이에요. 아무리 자다가 당한 일이라 해도 그렇지, 처음부터 칼도 들지 않은 300명

원포인트의 드라마틱한 강해설교

이 13만 5천 명이나 되는 군대를 칠 수는 없는 일이지요.

여기서부터는 하나님이 직접 하신 일로 기록됩니다. 7장 22절을 참조합니다.

"삼백 명이 나팔을 불 때에 여호와께서 그 온 진영에서 친구끼리 칼로 치게 하시므로 (⋯)"(사사기 7:22)

하나님께서 이 전쟁에 팔을 걷어붙이고 직접 나서신 것입니다. 그래서 미디안 연합군은 자기들을 죽이러 온 적이라 생각하고 같은 편끼리 서로 칼로 찔러 죽였어요. 정말 300명이 한 일은 횃불을 들고, 나팔을 불고, 항아리를 깨뜨리며 소리친 것 외엔 없는 게 맞지 않습니까? 나머지 그들을 전멸시키는 역할을 하신 이는 하나님이세요. 그래요. 알고 보면 이 전쟁은 하나님과 사람, 즉 '신인 협동'이 아니라 하나님 혼자서 다 치르신 전쟁이라 해도 과언이 아니었어요. 물론 작전을 알려주신 분이 하나님이시기에 '하나님이 다 하셨다'라고 해도 문제가 없을 일이에요.

하나님이 직접 전쟁에 나서셨다면 1억 명 대 1명이라도 싸울 만하지 않은가요? 이런 전략을 미리 구체적으로 알았다면 두려워 떨 이유가 있을까요? 절대 없었을 것입니다. 그래요. 하나님만 절대적으로 신뢰한다면 두려울 게 없어야 정상이에요.

따라서 우리에겐 하나님이 하신 말씀을 액면 그대로 믿는 근육 개발이 필요합니다. 그 근육을 키워갈 때마다 믿음이 자라가요. 그런 이들 앞엔 불가능이 없고요. 세상이 감당하지 못할 사람들로 변화됩니다. 이런 믿음의 사람을 하나님은 지금도 찾고 계세요. 오늘 여러분 모두가 그런 사명자로 선택되시길 간절히 바랍니다.

예화 – 나폴레옹 황제 이야기

나폴레옹이 패망하게 된 워털루전투에 대해 『레미제라블』의 저자 빅토르 위고(Victor Hugo)가 소중한 기록을 남긴 바 있어요. 이 기록 내용은 세상의 모든 리더가 큰 관심을 가져야 할 비밀문서라 생각합니다.

격전이 있던 날 아침, 작달막한 나폴레옹 황제는 싸움이 벌어질 벌판을 바라보며 사령관에게 그날의 작전을 설명했어요.

"여기에 보병을 배치하고 저쪽에는 기병을, 그리고 이쪽에는 포병을 배치할 것이오. 날이 저물 때쯤 영국은 프랑스에 굴복해 있을 것이며, 웰링턴은 나 나폴레옹의 포로가 될 것이오."

나폴레옹의 자신감 넘치는 야무진 말을 듣던 한 사령관이 조심스럽게 말했어요.

"각하, 계획은 사람이 세우지만, 승패는 하늘에 달렸다는 걸 잊어서는 안 될 것입니다."

그러자 나폴레옹은 작달막한 몸을 쭉 펴서 키를 늘이며 자신만만하게 말했어요.

"장군은 이 나폴레옹이 친히 계획을 세웠다는 것과 나폴레옹이 성패를 주장한다는 사실을 명심하기 바라오!"

그는 듣기 싫다는 표정을 지었습니다.

빅토르 위고는 이어서 다음과 같이 기록하고 있어요.

"그 순간부터 이미 워털루전투는 패배한 것이나 다름없었다. 하나님께서 비와 우박을 사정없이 쏟아부었으므로 나폴레옹 군대는 계획한 작전을 하나도 펼 수 없었다."

전투가 벌어진 그날 밤, 나폴레옹은 웰링턴 장군에게 포로로 잡혔고, 프랑스는 영국에 굴복하고 맙니다.

나폴레옹은 그가 고려하지 못한 하나의 변수 때문에 전쟁에 패했고, 다시 세인트헬레나(Saint Helena)섬에 유배돼 아쉽게 생을 마감했답니다.

나폴레옹이 놓친 하나의 변수란, '전쟁의 승패는 하나님께서 결정하신다는 것'이었어요

본문 3 – 기드온의 삼백 용사 이야기

그와 아주 흡사하고도 대조적인 사건이 오늘 본문에 기록되어 있습니다. 미디안과 아말렉과 동방 사람들 13만 5천 명 대 300명의 싸움 말이에요. 450 대 1의 비율이지요. 미디안 연합군이 이스라엘이 최종 300명으로 자기네와 전투하겠다는 소식을 들었을 때 얼마나 비웃고 방심했을지 상상해보세요.

그들은 틀림없이 이긴 전쟁이나 마찬가지라 확신하며 편안히 잠자리에 들었을 겁니다. 450 대 1의 전쟁이라면 누가 봐도 그렇게 생각할 수밖에 없는 확률이기 때문이지요. 하지만 나폴레옹처럼 그들이 고려하지 못한 변수가 하나 있었어요. '하나님'이란 변수 말이에요. 전혀 생각지 못한 그 변수 때문에 미디안 연합군은 대패하고 기드온과 300명의 용사는 대승을 거두게 돼요.

길을 가다가 이런 내용을 본 적이 있나요? '100-1=0.' 100에서 1을 빼면 99가 되어야 하는데, Nothing이에요. 여기서 '100'은 금수저로 태어난 사람을 말해요. 그런데 이 '100'을 가진 금수저가 '1', 즉

하나님 한 분이 없으면 그는 아무것도 아니란 말이에요.

이를 거꾸로 만들어보았어요. 바로 이거예요. '0+1=100.' 스펙이 전무한, 아무것도 가지지 않은 흙수저라 해도 하나님 한 분만 모시면 모든 것을 가진 사람이 된다는 뜻이지요.

지금 이스라엘이 그런 격입니다. 나폴레옹은 하나의 변수를 고려하지 못해 패하고 말았지만, 이스라엘은 비록 450 대 1의 절대적으로 불리한 전쟁에서 하나님이란 변수 하나를 굳게 붙잡고 순종해 승리를 거머쥘 수 있었던 거예요.

결론

이제 말씀을 정리해봅시다. 하나님의 약속은 가만히 앉아 있는 자에게는 결코 주어지지 않고, 하나님이 약속하신 대로 과거형으로 믿어버리는 자에게 주어진다는 사실을 기억하고 사시길 바랍니다. 하나님이 과거형으로 약속하실 그때에 이미 그 약속은 과거가 된 것임을 100% 믿어버리는 거예요.

모든 승리의 관건은 주어진 하나님의 약속을 그냥 믿어버리는 데 있음을 기억하고 사십시오. 비록 눈앞엔 여전히 미성취 상태라 할지라도 믿음으로 하나님이 약속하신 그대로 믿고 신뢰해버리면 반드시 그 약속은 내 것이 되고 마는 이 놀라운 믿음의 공식을 알고, 외우고, 가르치기만 할 것이 아니라 나부터 먼저 적용해 체험해야 해요.

그래서 내가 체험한 놀라운 비결을 확신 있게 전함으로써 여러분이 만나는 모든 이에게도 똑같은 기적을 경험하게 만드는 역사의 주인공으로 쓰임 받기를 간절히 바랍니다.

(3) 기존의 프레임

설교의 프레임을 생각할 때면 으레 필자가 시카고에서 유학할 당시 가끔 예배를 드렸던 윌로우 크릭 커뮤니티(Willow Creek Community) 교회의 빌 하이벨스(Bill Hybels) 목사가 떠오른다. 트리니티 칼리지(Trinity College) 출신인 그는 개척을 시작하며 늘 자신에게 질문을 던졌다. '왜 어떤 사람의 예화는 그렇게 우리를 뜨겁게 만드는가?', '왜 어떤 사람의 아우트라인은 그렇게 기억이 잘되는가?', '왜 어떤 사람의 도전은 그렇게 우리를 파고드는가?', '왜 어떤 사람의 결론은 그렇게도 적절한가?'

필자 역시 신학교에 들어가면서부터 지금까지 그런 질문을 던지고 있다. '왜 어떤 틀(Frame)로 짜낸 설교가 더 맛있는가?', '왜 어떤 사람의 그릇(Tool)에서 버무려진 음식은 냄새도 죽여주고 영양도 고단백인가?' 바로 '설교의 조직과 구조'에 대한 고민이다.

> "노스트라다무스의 예언은 어째서 400년이 지난 지금까지도 널리 읽히는가?"
>
> "『영혼을 위한 닭고기 수프』는 어째서 전 세계인을 감동시키는가?"
>
> "아무런 효과도 없는 민간요법이 어째서 아직까지 전해오는가?"
>
> "스펄전이나 조나단 에드워즈의 설교는 어째서 지금까지도 수많은 사람에게 감동을 주고 있는가?"
>
> "어떤 메시지는 오랫동안 살아남는 반면, 어째서 다른 메시지들은 흔적도 없이 사라지는가? 그 이유는 무엇일까?"

"어떻게 하면 우리의 설교를 청중의 뇌리와 가슴에 착 달라붙게
할 수 있는가?"
"어떻게 하면 우리의 메시지를 보다 창의적이고 효과적이고 오래
가도록 다듬을 수 있는가?"
"어떻게 하면 청중으로 하여금 삶의 변화와 성숙으로 열매 맺는
파워풀한 메시지를 구성할 수 있는가?"

이런 질문에 답하려면 고대 수사학의 전개 기법은 물론 현대 프
레젠테이션의 전개 기법과 수필이론의 전개 기법을 총동원해 활용
해야 한다. 필자는 여기서 고대 수사학의 논증법과 수사적 장치, 오
늘날 개발된 기존의 설교 틀과 구성 및 필자가 독창적으로 개발한
모범적 설교 틀을 소개하고자 한다.

대가가 되려면 자기 나름대로 손에 익은 연장이나 기구가 있어야
한다. 그것을 도구로 해서 자신들의 목적을 이루고자 최선을 다한
다. 아무리 좋은 생각이 있어도 적당한 연장이 없다면 괜찮은 요리
로 선보일 수 없다. 글 쓰는 사람이나 말하는 사람도 마찬가지다.

과거 솥으로 밥을 짓던 시절이 지나가고 고가의 전기밥솥으로 밥
을 하는 시대가 되었다. 집마다 전기밥솥의 모양도 성능도 다르다.
그런데 아직도 나무에 불을 붙여 매운 연기에 눈물을 흘리며 밥을
짓는다면 답답한 노릇이 아닐 수 없다. 괜찮은 전기밥솥 하나 사서
편하게 밥을 지어 맛있게 먹는 게 어떨는지!

고대에서부터 인간의 말을 어떤 그릇에 담아 전달할 것인지에 대
한 연구가 많았다. '구슬이 서 말이라도 꿰어야 보배'라 하지 않았

나. 아무리 좋은 생각이나 유익한 아이디어가 있어도 일목요연하고 설득력 있는 수사적 장치에 담아 전달해야 한다. 그런 점에서 아리스토텔레스(Aristoteles), 퀸틸리아누스(Quintilianus), 키케로(Cicero) 같은 고대 수사학자들이나 셰익스피어(William Shakespeare) 같은 천재 문학가나 탁월한 현대 수사학자들과 설교학자들에게 배울 필요가 있다. 이참에 그들을 뛰어넘으면 어떨지!

그런 일이 어찌 가능할까? 너무 교만한 말이 아닐까? 아니다. 이런 필자의 결심과 용기에 분명 박수 칠 학자가 한 명 있다. 바로 아이작 뉴턴(Isaac Newton)이다. 그는 이런 명언을 남겼다.

"내가 더 멀리 보았다면, 그것은 거인들의 어깨 위에 서 있기 때문이다."[138]

여기서 필자는 위대한 설교를 하기 위해 앞선 대가들의 어깨를 빌려보려 한다. 그뿐 아니라 그 어깨 위를 디디고 서서 감히 그들보다 더 멀리 내다볼 생각이다. '청출어람(靑出於藍)'이라 했던가. 디딤돌이 있으면 디디고 일어서야 한다. 더 멀리 나아가야 한다는 말이다.

셰익스피어의 『베니스의 상인』을 보면, 지난 수백 년 동안 사람들을 감탄시킨 유명한 재판 장면이 하나 나온다. 유대인 구두쇠 샤일록은 기한 내에 빚을 갚지 못할 경우 가슴살 한 파운드를 떼어가겠다는 차용증서를 받고 안토니오에게 돈을 꾸어준다. 그런데 안토니오가 기한을 넘기자 차용증서를 내세워 그에게 그동안 당한 분풀이를 하려 한다. 그러나 판사로 변장한 포셔가 증서에는 '살 한 파운드'라고만 쓰여 있을 뿐 피는 한 방울도 준다는 말이 없다는 것을 내세워 피를 흘리지 말고 살을 떼어내라고 샤일록을 몰아붙인다. 결국 샤일록은 재판에서 패하고 모든 재산을 잃게 된다.

하지만 만일 샤일록이 『설득의 논리학』의 저자 김용규가 언급한 '아리스토텔레스의 사다리'를 이용했다면 분명 결과는 달라졌을 것이다. 과연 어떤 일이 일어났을까? 샤일록은 분명 자신을 이렇게 변호했을 것이다.

> "살 한 파운드를 뗀다는 조건에는 피도 흘린다는 것이 이미 '생략된 전제'로 들어 있지요. 그것을 생략한 이유는 '확실한 지표'이기 때문이에요. 아리스토텔레스 이후 어느 논증에서나 확실한 지표는 생략할 수 있다는 것을 판사님도 부인하지는 못하시겠죠? 물론 그러시지는 않겠지만 혹시라도 판사님께서 그것이 확실한 지표가 아니라고 주장하신다면, 저는 판사님 스스로 피를 흘리지 않고 살을 떼어보시라고 할 수밖에 없군요. 만일 그렇게 하실 수 있다면 저도 그렇게 할 것입니다."

이것이 바로 아리스토텔레스의 '연쇄삼단논법(Sorites)'[139]에 따라 작성한 내용이다. 그다음 이야기는 어떻게 전개되었을까? 물론 우리가 아는 것과는 전혀 다르게 전개되었을 것이다. 그렇다. 논리의 틀과 전개 방식의 차이에 따라 결과는 달라진다. 이야기나 주장이나 진리를 전달하는 구조(Structure)와 틀(Frame)이 얼마나 중요한지를 알 수 있는 대목이다.

구조는 '설계도'다. 설계도 없이 집을 지을 수는 있으나 뒤죽박죽이 되고 만다. 지도 없이 낯선 땅을 찾아가거나 밑그림 없이 자수를 놓는다면 헤맬 수밖에 없는 것과 같은 이치다. 무술도 권법이 있다. 권법도 없이 동네 건달 주먹 솜씨로 싸우다간 코피 터진다. 이처럼 어설픈 틀과 구조로는 아무리 내용이 좋아도 효율적으로 전달할 수 없다.

설교자도 마찬가지다. 각자 자기가 즐겨 사용하는 비장의 무기가 있어야 한다. 그런데 그 무기란 게 다른 이가 사용하는 무기와 별 차이가 없어서 아쉬운 현실이다. 오늘 우리 설교자들이 주로 쓰는 장비는 '세 대지의 틀'이다. '삼지창' 말이다. 이 장비 하나만 가지고 우리는 설교라는 작업을 지금까지 해왔다.

하지만 세 대지는 하나의 명제를 제시한 뒤 찬성하고 동의를 얻어내는 방식으로 연역적(Deductive)이라 할 수 있다. 세 대지 설교는 본문의 핵심 메시지를 담아내지 못한다는 점에서도 그렇지만, 긴장감(Suspense)과 흥미(Interest)를 죽여버린다는 점에서도 치명적 결함이 있다.[140]

설교는 전개 방식에 따라 '연역적 방법'과 '귀납적 방법'으로 나뉜다. 쉽게 말하자면 전자는 밥을 다 지어서 청중에게 떠먹여주는 방식이고, 후자는 청중과 함께 밥을 지어가는 방식이다. 그래서 연역적 방식은 설교자의 의도와 목적을 확실히 전달한다는 점에서는 장점이 있으나, 청중들을 설교에 몰입시키지 못한다는 단점이 있다. 반면에 귀납적 방식은 설교자와 함께 메시지를 찾아가도록 청중을 설교에 참여시킨다는 점에서 큰 장점이 있다.[141]

최근 들어 한국 강단에도 대지(Point) 위주의 세 대지 방식 설교를 탈피해 '흐름(Flow)'과 '움직임(Move)' 위주의 귀납적 설교를 추구하는 변화가 일어나고 있다. 자기 설교의 향상과 발전을 위해 새로운 틀과 스타일 개발에 관심을 기울이는 것은 반가운 일이다.

하늘에서 천사가 내려준 유일무이하거나 최상의 설교 틀은 없다. 항상 귀납적 방식을 사용하는 것이 능사도 아니다. 모든 설교 스타일의 장단점을 분석 종합해서 가장 성경적이고 효과적인 설교의 틀에 맞춰 다양하게 전달하면 될 것이다.[142]

이 장에서는 설교의 프레임에 도움이 되는 여러 가지 구조와 현대 설교자들이 창안한 방법들을 소개하면서, 필자가 새롭게 개발한 '성경적이고 효과적인(Biblical & Effective)' 설교의 프레임과 그 실제를 소개하고자 한다.

먼저, 3단부터 6단까지의 구조를 간략히 소개한다. 3단은 문장의 기본에 속한다. 셋으로 맞물리는 문장은 누구나 이해하기 쉽고 기억하기도 좋은 구조다. '서론-본론-결론', '도입-전개-결어'가 대표적이다. 4단은 '기-승-전-결'과 '도입-진술-논증-결어', 5단은 '도입-방법-결과-고찰-결론'과 '주의-흥미-욕구-기억-충족', 6단은 '머리말-주제 제시-구분-설명-강조-마무리' 등으로 소개할 수 있다.[143]

이제 4단부터 5단까지의 구성법 중 설교에 유용하게 활용할 만한 것들을 하나씩 살펴보려 한다.

① 윌슨의 네 페이지 설교

1990년 중반 이후 북미의 유명한 설교학자 폴 스콧 윌슨(Paul Scott Wilson)이 창안한 것이 '네 페이지 설교(The Four Page of the Sermon)'[144]이다. 간단한 설명과 함께 이 설교의 실제를 살펴본다.

원포인트의 드라마틱한 강해설교

네 페이지 설교의 형태는 신설교학 운동의 흐름 가운데 제시된 방법의 하나로, 설교의 '움직임(Move)'과 '연속성(Sequence)'을 고려해 '성경의 세계'와 '오늘의 세계'를 적절히 잘 엮어가면서 이어가는 설교 형식을 말한다. 이 프레임은 '율법과 은혜', '문제 혹은 곤경 상황과 하나님의 은혜로우신 구원 행동'을 대극적 사고를 통해서 펼쳐가는 독특한 형식을 취한다.[145]

이는 '네 장면을 지닌 하나의 설교'라는 의미다. 하나의 장면과 페이지에는 각각의 내용이 있다. 윌슨이 말하는 '페이지'의 의미는 단순히 설교문의 '페이지' 또는 '쪽' 자체가 아니다. 윌슨은 이 페이지의 내용을 만드는 데 시각적 방법을 선호한다. 윌슨은 설교 작성에서 에세이보다 영화 만드는 방법을 선호하는데, 여기서 그는 영화라는 말보다 '장면', '페이지'라는 말을 즐겨 사용한다.

그는 영화와 페이지가 공통으로 지니는 특성을 말하는데, 그것은 바로 '은유(Metaphor)'를 사용한다는 것이다. 게다가 그는 영화와 인터넷을 연결할 수 있는 또 하나의 이미지 '웹페이지(Web Page)'에 주목했다. 네 페이지는 단순히 '네 쪽'[146]이 아니라 '네 쪽의 웹페이지' 혹은 로널드 앨런(Ronald Allen)이 소개하는 것처럼 설교에서 '네 부분'이라고 보는 것이 정확할 것이다.

윌슨의 설교 신학에는 세 가지 특성이 있다.

첫째로, '하나님을 만나는 사건'이다. 윌슨에게 설교는 청중에게 살아 계신 하나님을 만나게 하는 사건이다. 그리고 설교는 이 '사건'이라는 차원을 넘어 선포된 말씀을 구체적으로 청중의 삶 가운데 이루어가시는 하나님의 행동이다. 이 하나님의 행동이 청중을 변화시킨다.

둘째로, '은혜로 희망을 주는 설교'이다. 윌슨에게 설교는 하나님이 우리에게 주시는 희망의 메시지요 은혜의 메시지다.[147] 이 희망과 은혜의 메시지는 청중에게 가장 필요한 요소다. 오늘의 설교가 청중에게 외면당하고 있는 이유는 설교가 은혜가 아니라 율법으로 전해지고 있기 때문이다. 이를 교정하기 위한 것이 윌슨의 설교 방식이다.

셋째로, '그려지는 언어를 사용하는 설교'다. 윌슨은 이미지 언어 사용의 중요성을 주장한다. 즉, 설교자는 청중이 설교를 들으면 구체적 이미지를 떠올리고 그릴 수 있게 하는 언어를 사용해야 한다는 것이다. 이 그림 언어를 통해 청중은 마음에 그림을 그리고, 마음 안에 그려진 이미지를 통해 행동하시는 하나님을 경험할 수 있다.

윌슨의 네 페이지 설교의 구성법은 다음과 같다.

1) Page One: Trouble in the Bible(성경 속에서의 문제)
2) Page Two: Trouble in the World(세상 속에서의 문제)
3) Page Three: God's Action in the Bible(성경 속에서의 하나님 행동)
4) Page Four: God's Action in the World(세상 속에서의 하나님 행동)

위에서 소개한 네 페이지 설교 구성법에 맞춰 요한복음 4장을 본문으로 설교문을 작성하면 어떻게 될까? 필자의 샘플 요약을 다음

원포인트의 드라마틱한 강해설교

에 소개한다.

<서론>

가난이나 질병, 저학력이나 외모 등으로 인해 괴로워하는 사람이 많습니다. 하지만 사랑하는 사람에게 당한 배신으로 인한 아픔과 상처보다 더 큰 괴로움은 없을 겁니다.

1) Page One: Trouble in the Bible(성경 속에서의 문제)

오늘 그와 흡사한 사람을 본문에서 발견할 수 있습니다. 그는 다섯 남자에게 버림받고 상처를 입은 사마리아에 사는 한 여인입니다.

2) Page Two: Trouble in the World(세상 속에서의 문제)

지금도 권력으로부터 연인으로부터 친구로부터, 심지어 부모로부터 버림받고 상처 입은 사람들이 우리 주변에 참 많습니다.

3) Page Three: God's Action in the Bible(성경 속에서의 하나님 행동)

그 상처를 입고 갈증에 있는 여인을 주님이 찾아오셔서 시원하게 해결해주셨습니다.

4) Page Four: God's Action in the World(세상 속에서의 하나님 행동)

주님은 오늘도 문제와 갈등 속에 힘들어하는 수많은 사람의 상처와 갈등과 아픔을 해결해주시기 위해 우리를 찾아오십니다.

<결론>

그 주님을 신뢰하고 의지하며 살아보지 않으시렵니까?

네 페이지 설교에는 몇 가지 장점이 있다.

첫째로, 하나의 주제가 중심이 되는 까닭에 설교 전체의 흐름이 통일성 있는 적용에 도움이 된다는 점이다.

둘째로, 도덕적인 강요가 아닌 하나님의 은혜를 강조한다는 점이다.

셋째로, 율법적이고 윤리적인 설교를 벗어나게 한다는 점이다.

넷째로, '수직적 문제(Transcendent or Vertical Trouble)'와 '수평적 문제(Immanent or Horizontal Trouble)'가 한데 어우러져 나온다는 점이다.[148] 즉, '하나님의 심정(God's Mind)'과 '인간의 마음(Man's Mind)'을 잘 들추어낸다는 점이다.

다섯째로, 청중의 필요(Felt-need)에 무관심하지 않고 성경 본문과 현실 세계의 관련성을 이어줌으로써 소망적 적용을 던져준다는 점이다.

그런가 하면 단점도 지적된다.

첫째로, 모든 상황을 하나님 은혜의 입장에서 해석해 나가려 하면 본문의 의도를 왜곡시킬 수 있다는 점이다.

둘째로, 성경의 모든 본문을 문제와 해결의 구도로 풀어갈 수는 없다는 점이다.[149]

셋째로, 설교의 형태가 너무 정형화돼 있어 경직되게 느낄 수 있다는 점이다.[150]

넷째로, 에세이 형식으로 설교를 작성하는 데 익숙한 설교자들에게는 설교를 영화 각본처럼 재구성하는 일이 현실적으로 쉬운 작업이 아니라는 점이다.

다섯째로, '세상 속에서의 문제'나 '세상 속에서의 하나님 행동'이 아니라 '성경 속에서의 문제'나 '성경 속에서의 하나님 행동'이 먼저 나오는 연역적 방식을 사용하고 있다는 점이다.

이런 단점에도 불구하고 이 구성법은 본문에 충실하고, 그림을 보여주듯 청중에게 효과적으로 잘 전달할 수 있는 틀이라는 점에서 설교자들이 참조할 만하다.

② 오레오(OREO) 공식

이것은 하버드대학교 학생들에게 150년 동안 전수된 단 하나의 글쓰기 비법이다. 하버드대학교는 학생들에게 가장 필요한 무기가 '논리적으로 생각하는 능력'이라고 보았고, 이를 위해서는 글쓰기라는 도구가 반드시 필요하다고 판단했다. 이러한 인식 토대 아래 하버드대학교에서는 150년 동안 논리적으로 생각하기를 돕는 글쓰기 교육에 매진해왔으며, 이를 '오레오(OREO) 공식'이라 한다.

> 의견 주장하기(**O**pinion) − 이유(**R**eason) − 사례 들기(**E**xample) −
> 의견 강조, 제안하기(**O**ffer)[151]

이 오레오 공식을 활용하면 핵심을 빠르게 전달해서 원하는 반응을 빠르게 끌어내는 메시지를 디자인할 수 있고, 이렇게 만든 메시지를 글로 풀어내고 말로 전달한다면 화자(Speaker)가 원하는 방향으로 독자나 청자를 행동하게 만드는 일이 가능하다.

예를 들어보자.

Opinion(의견 주장하기)	도시보다 시골에 사는 것이 유익해요.
Reason(이유와 근거 제시)	왜냐하면 공기 좋고 물 맑고 조용하기 때문이에요.
Example(사례 들기)	유명한 연예인 예술가 중 시골에 사는 이들이 많아요.
Offer(의견 강조, 제안하기)	시골이 좋다 생각하면 가까운 시골로 이사하세요.

오레오와 같은 뼈대만 있다면 짧은 글을 쓰는 데는 큰 어려움이 없을 것이다. 물론 한 편의 설교처럼 긴 글이라 해도 이 공식에 맞춰서 작성한다면 아무런 힌트도 없이 원고를 작성하는 것보다는 훨씬 수월할 것으로 생각한다.

③ 4A 기법

먼저, 4단 구조 가운데 글쓰기나 연설에 유용하게 쓰이는 '4A 기법'에 대해 살펴보고자 한다. 글쓰기 코치로 유명한 송숙희의 저서 『당신의 글에 투자하라』를 보면, 그녀만의 '논리적 글쓰기 도구'인 '4A 기법'이 잘 소개돼 있다. 그것은 '주장하고 싶은 내용은 주장하고(Appoint) - 근거를 설명하며(reAson) - 근거를 예시로써 증명하고(Argument) - 다시 주장하는(Appoint) 과정'을 말한다. 다음과 같이 정리할 수 있다.

A1 메시지를 주장하고   Appoint
A2 근거를 설명하며   reAson
A3 근거를 예시로써 증명하고   Argument
A4 다시 한 번 메시지를 주장하는 Appoint [152]

남캘리포니아대학교의 스파크스(J. E. Sparks) 교수는 대단한 작업

원포인트의 드라마틱한 강해설교

을 한 바 있다. 그는 현대 작가에 이르기까지 위대한 고전이 총망라된 책에서 저자들이 쓴 작품의 구성 패턴을 연구했고, 그 결과로 나온 책이 1982년 출간된 『라이트 포 파워(Write for Power)』다. 스파크스 교수는 이 책에서 위대한 고전 저자들의 글은 대부분 다음과 같은 방식으로 구성된다고 소개하고 있다.

> 주제나 주장 – 근거(설명 / 이유) – 증명(자료 / 의견 / 사실 / 사례) – 주장

시카고대학교에서 글쓰기 센터를 운영하며 글쓰기 연구에 매진해 온 조셉 윌리엄스(Joseph Williams) 교수도 효과적인 글의 형식으로 다음 구조를 제시했다.

> **A**ppoint: 문제 해법의 주장
> re**A**son, **A**rgument: 이유＋근거
> **A**ppoint: 문제＋해법 / 주장의 재진술[153]

두 가지 모두 4A 기법과 크게 다르지 않다. 송숙희는 "잘 팔리는 글을 쓰려면 홈쇼핑처럼만 쓰라"고 강조한다.[154] 무슨 소리인고 하니, 홈쇼핑은 물건 잘 팔기로 소문난 곳 아닌가. 온갖 수단과 방법을 동원해서 물건을 팔지 않으면 쫄딱 망한다. 그런데 놀랍게도 홈쇼핑 방송에서 사용하는 전형적 기법이 바로 4A 기법이다. 예를 들어본다.

Appoint: 이 색조 화장품을 사세요.

reAson: 왜냐하면 ○○○가 1만 명의 메이크업을 해준 경험을 바탕으로 가장 편하게 가장 빠르게, 그러면서도 그녀에게 메이크업을 받은 연예인 못잖게 예쁜 얼굴을 연출할 수 있으니까요.

Argument: 지금까지 220억 원어치나 팔았습니다. 이렇게 많은 사람이 ○○○ 화장품을 샀습니다. 연예인들을 비롯해 지금껏 수많은 사람이 샀어요.

Appoint: 그러니 지금 빨리 사세요. 지금 바로 전화하세요.[155]

어떤가? 탁월하지 않은가? 시청자들을 호소력 있고 설득력 있게 끌어당기기에 가장 간단하고 괜찮은 구조로 되어 있음을 알 수 있다. 물론 여기에 A를 하나 덧붙이면 더 나은 형식의 구조가 만들어진다.

④ 5A 기법

A가 하나 더 첨가된 '5A 기법'은 다음과 같다.

1) Attention(주의 끌기): 독자의 주의를 집중시킨 다음
2) Appoint(주장하기): 메시지를 주장하고
3) reAson(이유 설명): 근거를 설명하며
4) Argument(예화 제시): 근거를 예시로 증명하고
5) Appoint(재주장하기): 다시 한번 메시지를 주장

송숙희가 전남 해남군청에서 했던 마케팅 글쓰기 특강 사례를 다

원포인트의 드라마틱한 강해설교

음에 살펴보자.

1) Attention(주의 끌기)

생활 주변에 널린 마케팅 글쓰기 장면을 보여주며,

2) Appoint(주장하기)

마케팅 글쓰기를 해야 합니다.

3) reAson(이유 설명)

왜냐하면 간단하게 글 한 줄 써 붙이는 것만으로도 매출이 크게 늘기 때문입니다.

4) Argument(예화 제시)

예를 들어, 주유소에서 써 붙인 이 글을 보십시오. "마지막 주유소, 보길도에 주유소 없습니다." 보길도 가는 배를 타기 위해 선착장으로 향하던 운전자들이 이 글을 보면 무조건 주유소에 들러 기름을 넣을 것입니다. 이것이 마케팅 글쓰기의 위력입니다.

5) Appoint(재주장하기)

그러니 마케팅 글쓰기를 합시다.[156]

다음은 필자가 이를 설교로 바꾸어서 정리한 구성법이다.

1) Attention(주의 끌기)

눈앞의 편안함과 우선적인 안전함만 추구하다가 하나님을 놓쳐버린 채 괴로운 인생길을 가는 분들이 주변에 참 많지요? 누군지 한 번 떠올려보세요.

2) Appoint(주장하기)

힘겨운 상황에서도 하나님의 약속만을 신뢰하며 순종하는 믿음이 절대적으로 필요합니다.

3) reAson(이유 설명)

왜냐하면 그렇게 하지 않으면 하나님의 약속을 받을 수 없기 때문입니다.

4) Argument(예화 제시)

예를 들어, 히브리서 3~4장을 보면 하나님이 불순종한 사람들을 모두 멸하시어 약속의 땅에 들어가지 못하게 하시고, 순종한 여호수아와 갈렙 두 사람만 들어가게 하셨습니다.

5) Appoint(재주장하기)

그러니 하나님의 약속을 믿고 순종하는 일은 매우 중요합니다.

글이나 말의 구성 형식과 틀의 중요성과 위력을 다시 한번 절감하게 해주는 좋은 실례들이다.

⑤ AIDMA 법칙

다음으로, 'AIDMA 법칙'에 대해 살펴보자. 'AIDMA'는 소비자가 상품을 구입하기까지의 행동이 Attention(주의를 끌고)~Interest(흥미를 안기고)~Desire(욕구를 갖게 하고)~Memory(기억하게 하고)~Action(구매를 부추긴다) 순서로 움직인다고 해서 머리글자를 따서 붙인 명칭이다.

각 단계에 따라서 판매하는 포인트와 광고효과가 달라진다.
실례를 하나 들어보자.

Attention(주의 끌기)

'골라, 골라!' 여기 좀 보세요. 놀랄 만한 뉴스가 있습니다.

Interest(흥미 유발)

여러분 중에 기침, 감기, 소화불량, 어지럼증, 고혈압, 당뇨 앓고 계시는 분 있으시죠? 그놈의 병 때문에 얼마나 고생이 많으십니까? 의술이 이렇게 발달했는데, 내 병 고쳐줄 만병통치약이나 특효약 좀 개발 안 되나 하시는 분들 계시죠?

Desire(욕구 유발)

여기 그런 질병을 한꺼번에 다 치료해줄 특효약이 나왔습니다. 이 약 사서 한번 잡숴봐요. 무슨 병이든 이틀 안에 딱 나을 테니!

Memory(기억하게 하기)

〈전원일기〉에 나오는 일용엄니 김수미 씨 다들 알지요? 얼마 전에 세상을 떠났지요? 그 사람도 생전에 이거 먹고 아프던 병 다 나아 버렸어. 정말이에요. 〈수사반장〉 최불암 씨 알지요? 그 양반도 이거 먹고 위장병 끝나버렸어요.

Action(행동 실천)

그렇게 유명한 사람들도 다 사서 먹고 효과 봤던 약이랍니다. 오늘은 기분 좋은 날, 30% 싼 가격에 드립니다. 원하는 분 말씀하세요.

어릴 때부터 자주 들어오던 광고의 틀 그대로여서 신기할 정도다. 그런데 이 광고 기법과 아주 흡사한 광고 구성법이 있다. 전철 안에서 자주 만나게 되는 물건 파는 사람들의 호소법과 유사한 형태로 되어 있다. 예를 들어보자.

친애하는 승객 여러분, 지금 들으시는 곡의 제목이 무엇인지 아시는 분 계신가요?

여러분 가운데는 영어를 배우려는 젊은이들이 많을 겁니다. 물론 나이 드신 분 중에는 흘러간 추억의 팝송을 듣고 싶으신 분들도 계시겠지요.

여기 그 두 마리 토끼를 한꺼번에 해결할 수 있는 특별 팝송 CD가 나와서 소개해요. 옛 추억을 떠올리게 하는 옛날 팝송 CD 넉 장과, 가사가 원문으로 해설되어 있는 영어공부용 팸플릿이 함께 들어 있어요.

유명한 국민가수 이미자 씨도 팝송 듣고 영어공부도 하기 위해 몇 장 사 갔어요. 한국이 낳은 세계적 피겨스케이팅 선수 김연아도 영어공부와 스트레스 해소용으로 여러 장 사 갔고요.

사 가신 분들이 너무 좋다고 칭찬을 해주셨어요. 영어공부도 하고

원포인트의 드라마틱한 강해설교

팝송도 듣고 이런 CD가 또 어디 있겠어요? 하나씩 사세요. 원하시는 분 손 들어주세요.

이것을 구성법에 맞춰 정리하면 다음과 같다.

1) 주의를 끄는 단계

친애하는 승객 여러분, 지금 들으시는 곡의 제목이 무엇인지 아시는 분 계신가요?

2) 필요를 보이는 단계(문제의 제시)

여러분 가운데는 영어를 배우려는 젊은이들이 많을 겁니다. 물론 나이 드신 분 중에는 흘러간 추억의 팝송을 듣고 싶으신 분들도 계시겠지요.

3) 필요를 만족시키는 단계(문제의 해결법)

여기 그 두 마리 토끼를 한꺼번에 해결할 수 있는 특별 팝송 CD가 나와서 소개해요. 옛 추억을 떠올리게 하는 옛날 팝송 CD 넉 장과, 가사가 원문으로 해설되어 있는 영어공부용 팸플릿이 함께 들어 있어요.

4) 구체화의 단계

유명한 국민가수 이미자 씨도 팝송 듣고 영어공부도 하기 위해 몇 장 사 갔어요. 한국이 낳은 세계적 피겨 스케이팅 선수 김연아도 영어공부와 스트레스 해소용으로 여러 장 사 갔고요.

5) 행동으로 이끄는 단계

사 가신 분들이 너무 좋다고 칭찬을 해주셨어요. 영어공부도 하고 팝송도 듣고 이런 CD가 또 어디 있겠어요? 하나씩 사세요. 원하시는 분 손 들어주세요.

⑥ 먼로의 5단계 구성법

놀랍게도 'AIDMA' 법칙은 유명한 현대 수사학자 앨런 H. 먼로 (Alan H. Monroe) 교수가 창안한 '5단계 구성법'[157]에 딱 맞아떨어진다. 이 프레임은 청중의 심리를 목적지까지 안전하고 확실하게 이끄는 가장 효과적인 구성법으로 오늘날 널리 사용되고 있다.

1) 주의를 끄는 단계

대담하고 기발한 표현이나 유머, 위트, 놀라운 사실 등 청중의 반응을 유도하기 위한 수사적 질문

2) 필요를 보이는 단계(문제의 제시)

연설자가 그 문제에 대해 흥미를 가지는 이유, 그 문제를 말할 수 있는 연설자의 입장, 사실이나 사건 공개 제목의 중요성 또는 필요성 제시

3) 필요를 만족시키는 단계(문제의 해결법)

중심적 의견의 분명하고 솔직한 표현. 중요한 사건 또는 이야기의 인용, 원인과 결과의 설명

4) 구체화의 단계

이유와 증거, 사실, 통계, 조사, 보고, 극적이면서도 감동적인 예화, 확증할 수 있는 사건, 명확한 사실의 제시

5) 행동으로 이끄는 단계

요약에 의한 단적인 해결, 청중을 감동시키는 결론

박영재 교수가 쓴 『설교자가 꼭 명심할 9가지 설득의 법칙』은 빌리 그레이엄(Billy Graham) 목사의 실제 설교가 이 구성법에 꼭 맞아 떨어짐을 그의 설교문을 통해 보여준다. 다음 내용을 살펴보자.

1) 주의를 끄는 단계(20분)

월터 루터(Walter Reuther) 이야기를 한다.

장로교회를 칭찬한다.

장로교단으로 넘어간 침례교 목회자에 대해 이야기한다.

하버드대학교의 정신 나간 사람에 대해 말한다.

하와이에서부터 말씀을 듣기 위해 60명을 끌고 온 유대인에 대해 말한다.

기독교인이 된 의사에 대해 말한다.

본문을 읽고 설명한다.

2) 필요를 보이는 단계(문제의 제시)(11분)

세상 속에서 얽힌 문제를 지적한다.

진짜 문제에 대해 언급한다.

① 모든 사람이 이 문제에 봉착해 있음을 언급한다.

② 이 문제는 모든 문화에서도 나타난다.

③ 이 문제는 하나님에 대한 '죄'라고 불린다. 그것은 병이고, 어떤 형태로든 해결되어야 한다.

3) 필요를 만족시키는 단계(문제의 해결법)(10분)

그리스도가 모든 죄 문제의 열쇠다.

① 주를 영접할 때 죄 문제가 해결된다.

② 그리스도는 모든 사람이 죄 문제를 해결받기를 원하신다.

　교회는 그리스도의 복음을 지키는 곳이다.

③ 그리스도와 함께 살 때 세상 문제가 해결될 것이다.

④ 그리스도와 함께 살 때 공동체 문제도 해결될 것이다.

4) 구체화의 단계(그림을 그려주는 단계)(5분)

① 초대교회는 평신도에 의해서 지탱되었다.

② 초대교회의 120명이 전 로마를 뒤흔들었다.

③ 여기에 모인 3,500여 명은 미 전역에 충격을 줄 수 있는 잠재력을 가지고 있다.

④ 여기에 모인 3,500여 명이 그리스도만이 해결자이심을 믿고 각자 그분께 삶을 드린다면 복음화는 가능하다.

5) 행동으로 이끄는 단계(결단 단계)(8분)

미 전역을 흔들 수 있는 평신도란 무엇인가?

① 그리스도를 개인적으로 만난 경험이 있는 사람이어야 한다.

② 매일 경건의 시간을 가지는 사람이다.

③ 그리스도와 함께 사는 사람이다.

④ 교회에 충성하는 사람이다.

⑤ 그리스도를 전파하는 사람이다.

평신도가 이 일을 하도록 권면한다.[158]

세계적인 복음 전도자 빌리 그레이엄 목사의 설교를 통해 먼로의 '5단계 구성법'이 설교에서 아주 유용한 프레임으로 활용될 수 있음을 보았다. 즉, 청중의 주의를 환기하고, 그들의 필요성을 자극한 뒤 그에 대한 대안을 제시하고, 선명한 감동을 받을 수 있는 예화를 활용한 뒤 마지막 결단을 내리는 방식이다. 이는 청중을 설득하고 감동시키기에 더할 나위 없이 효과적인 구성법으로 판단된다.

이제 이 구성법을 프레임으로 해서 만든 필자의 설교를 간략히 소개하고자 한다. 다음의 실례를 참조하라.

〈진정한 사랑〉

(요한복음 4:4~26)

1) 주의를 끄는 단계

얼마 전 한 살인자가 수십 명의 여성을 자신의 차로 납치해 성폭행한 뒤 무참하게 살인한 사건이 벌어졌습니다. 범인은 보험금을 타내기 위해 자기 집에 불을 지르고 아내가 타죽도록 방치한 혐의도 받고 있습니다.

자, 이런 일이 오늘 여러분 가정에서 일어났다고 한번 상상해보세요. 그 남자가 여러분의 아들이나 남편이라고 생각해보세요. 어떨까요? 상상하기도 싫은 일 아닙니까?

2) 필요를 보이는 단계(문제의 제시)

그런데 이런 일들이 오늘 가정 안에서 적잖이 일어나고 있는 것이 우리의 현실입니다. 남편이 돈 때문에 아내를 무참히 살해합니다.

아내가 바람이 나서 남편을 청부 살인합니다. 부모가 돈 때문에 자식을 창녀촌에 팔아먹고 아들의 손가락을 자르는 무서운 시대가 되고 말았습니다.

가정이 무너져 내리는 소리를 우리는 계속 듣고 있습니다. 부부간의 갈등과 이혼이 점점 많아집니다. 부모, 자식 간에 대화가 단절되고 있습니다. 모두가 한결같이 진정한 사랑에 굶주려 병들어가고 있습니다.

3) 필요를 만족시키는 단계(문제의 해결법)

이럴 때 필요한 것이 무엇일까요? 가정의 문제, 사회의 문제, 국가의 문제를 한꺼번에 해결할 대안이 무엇입니까? '참사랑'입니다. 지금 우리 시대는 참사랑을 갈구하고 있습니다. 남편도 아내도 부모도 자식도 참사랑을 경험하지 못해 비극인 세상이란 말이지요.

오늘 본문에도 참사랑에 목말라 있는 한 여인의 모습을 볼 수 있습니다. 다섯 명의 남편과 살아봤지만, 모두가 자신을 헌신짝같이 버리고 말았습니다. 지금은 또 다른 남자와 동거하고 있지만 진정한 사랑을 경험하지 못합니다. 사랑에 목말라하고 있어요.

오늘 그녀가 우물가에 물을 길어 오려고 나온 게 사실이지만, 그녀가 진정 바라는 물은 한순간 목이나 축일 그런 물이 아닙니다. 진정 오래도록 갈하지 않고 실망하거나 낙심하거나 배신당하지 않을 그런 물을 길어 오려고 나온 것입니다.

마침내 그녀는 그 물을 찾았습니다. 영원히 갈하지 않는 생명수 되시는 주님을 그 우물가에서 만났습니다. 그분은 길이요 진리요 생명 되시는 분이십니다. 어제나 오늘이나 영원토록 변함없으신 분이십니다. 그 어떤 인간의 허물과 실수와 추함에도 싫증 내시지 않으십니다. 자기 목숨을 버리실 만큼 영원한 사랑으로 충만한 분이십니다.

다섯 명의 남자에게 버림당한 이 불쌍한 여인이 드디어 진정한 남편을 만난 것이지요. 영원토록 변하거나 배신하지 않을 참사랑을 만났단 말입니다. 그렇습니다. 예수 그리스도는 우리가 만나고 함께해야 할 유일한 사랑, 하나밖에 없는 우리의 신랑이 되십니다. 그분께 나아와 그분을 믿고 순종하는 자에게는 영원한 사랑이 선물로 주어질 것입니다.

4) 구체화의 단계(그림을 그려주는 단계)

성경에는 진정한 사랑 예수 그리스도를 만난 사람들이 참 많습니다. 예수님의 열두 제자와 막달라 마리아와 바울과 삭개오를 보세요. 어부, 창녀, 기독교 파괴자, 세리 등 모두가 한결같이 문제 많은 사람들이었습니다. 그런 그들이 예수 그리스도를 만난 뒤 그분의 제자가 되고 말았습니다.

어거스틴, 존 뉴턴, 길선주 목사, 김대두를 보세요. 시대의 방탕아, 노예매매꾼, 거짓말쟁이, 희대의 살인마 아닙니까? 그런 이들이 예수 그리스도를 만난 뒤 완전히 새로운 인생이 되었습니다.

모두가 가능성이 없다고 포기한 사람들입니다. 그러나 주님을 만난 뒤 완전히 달라졌습니다. 그렇습니다. 주님을 만난 사람은 새롭게 변할 수 있습니다. 놀라운 사람으로 거듭나게 될 것입니다. 위대한 하나님의 도구로 쓰임 받을 수 있어요.

5) 행동으로 이끄는 단계(결단 단계)

사랑하는 성도 여러분, 오늘 여러분 중에는 절망에 빠진 분이 없습니까? 진정한 사랑에 굶주린 분이 계시지 않나요? 주위 사람들에게, 심지어 가족들에게 사람 구실 제대로 할 수 없는 인간이라고 조소 받는 분이 계십니까? 소망 없이 절망과 한숨 속에 살아가는 분이 계십니까?

오늘 본문에 나오는 사마리아 여인이 만났고, 조금 전 소개한 성경 속의 인물과 성경 밖의 인물들이 만나고 변화 받은 그 주님을 여러분도 만나고 돌아가기를 원합니다.

"주 예수를 믿으라 그리하면 너와 네 집이 구원을 얻으리라"(사도행전 16:31)고 말씀하셨습니다. "수고하고 무거운 짐 진 자들아 다 내게로 오라 내가 너희를 쉬게 하리라"(마태복음 11:28)고 말씀하셨습니다. 구원을 주시고 안식을 주시는 영원한 사랑의 주님을 체험하고 돌아가는 여러분 모두가 되시길 바랍니다.

⑦ 세스 고딘의 6단계 구성법

필자는 먼로의 '5단계 구성법'보다 더 효과적인 구성법을 세스 고딘(Seth Godin)의 『보랏빛 소가 온다(Purple Cow)』라는 책에서 발견했다. 서점에 진열되자마자 불티나게 팔리는 책들은 그 나름의 이유가 있다. 독자들을 끌어당길 만한 탁월한 글 구성과 흐름이 압권이다. 아무 책이나 독자들의 시선을 끌 수는 없다. 이런 베스트셀러를 참조하면 설교 구성법에 좋은 아이디어를 얻을 수 있다.

세스 고딘의 실례를 보자.

TV-산업 복합체는 반세기라는 오랜 세월 동안 유지됐다. 그런데 너무 오래되다 보니 과거에 그토록 효과적인 광고와 전략을 고안했던 사람들마저 모두 가버렸다. 필립 모리스(Philip Morris)나 제너럴 푸드(General Foods)에는 이제 TV 광고가 자기들 같은 관료주의 거대 기업을 만들어내기 전의 시절이 어떠했는지를 기억하는 사람은 한 사람도 없다.

그리고 바로 이게 문제다(**문제점 제시**). TV-산업 복합체는 피를 철철 흘리면서 죽어가고 있는데, 대부분의 마케터는 여기에 어떻게 대처해야 하는지 해결의 실마리조차 찾지 못하고 있다. 기업들은 매일매일 TV-산업 복합체의 영광을 되살리기 위해 수백만 달러를 쏟아붓고 있다. 그리고 매일매일 이러한 노력은 실패로 끝난다.

과거의 법칙은 이랬다(**문제점 요약**).

> 안전하고 평범한 제품을 만들고
> 이를 위대한 마케팅과 결합하라

새로운 법칙은 이렇다(**대안 제시**).

> 리마커블한 제품을 창조하고
> 그런 제품을 열망하는 소수를 공략하라

이 법칙을 간단한 그림으로 설명할 수 있다(**대안을 그림화로 설명**).

이전과 이후(**비교분석**)

TV-산업시대(TV-Industrial Age)	텔레비전 이후 시대(Post-TV Age)
평범한 제품	리마커블한 제품
모든 이를 대상으로 광고	얼리 어답터에 집중적으로 광고
실패에 대한 두려움	두려움에 대한 두려움
긴 주기	짧은 주기
사소한 변화	획기적 변화

비틀을 생각해보라(**구체적 실례 제시**).

> 폭스바겐(VW)의 오리지널 비틀(Beetle)은 당신의 기억에 남을
> 만큼 그렇게 참신한 차는 아니었다. 탁월한 TV 광고와 인쇄 광
> 고를 발판으로 오리지널 비틀은 이후 50년 동안 미국에서 많
> 은 돈을 벌어들였다. 그리고 뉴 비틀은 디자인과 주행감 덕분
> 에 성공했다.[159]

이 실례를 정리하면 다음과 같다.

- 문제점 제시
- 문제점 요약
- 대안 제시
- 대안을 그림화로 쉽게 설명
- (이전과 이후) 비교분석
- 구체적 실례 제시

이는 아주 선명한 대조와 구체적인 실례 제시로 청중의 기억에
오래 남을 수 있는 구성법으로 평가된다.

⑧ 신 교수의 6단계 구성법

앞에서 소개한 먼로의 '5단계 구성법'과 세스 고딘의 책에 나온 틀을 기초로 필자는 좀 더 효과적인 구성법을 창안해보았다. 다음을 참조하라.

1) 주의를 끄는 단계

대담하고 기발한 표현이나 유머, 위트, 놀라운 사실 등 청중의 반응을 유도하기 위한 수사적 질문

2) 문제의 제시

연설자가 그 문제에 대해 흥미를 갖는 이유, 그 문제를 말할 수 있는 연설자의 입장, 사실이나 사건 공개, 제목의 중요성 또는 필요성을 제시

3) 문제의 해결법

중심적 의견의 분명하고 솔직한 표현, 중요한 사건 또는 이야기의 인용, 원인과 결과의 설명

4) 선명한 대조

증거, 사실, 통계, 조사, 보고 등 아주 선명하고도 대조적인 예화 제시

5) 구체적인 실례

극적이면서도 감동적인 예화, 확증할 수 있는 사건, 명확한 사실의 제시

6) 행동으로 이끄는 단계

요약에 의한 단적인 해결, 청중을 감동시키는 결론

이 구성법을 활용해 요한복음 4장 4~26절을 본문으로 새로운 설교(요약)를 만들어보면 다음과 같다.

〈진정한 사랑〉

(요한복음 4:4~26)

1) 주의를 끄는 단계

얼마 전 한 살인자가 수십 명의 여성을 자신의 차로 납치해 성폭행한 뒤 무참하게 살인한 사건이 벌어졌습니다. 범인은 보험금을 타내기 위해 자기 집에 불을 지르고 아내가 타죽도록 방치한 혐의도 받고 있습니다.

자, 이런 일이 오늘 여러분 가정에서 일어났다고 한번 상상해보세요. 그 남자가 여러분의 아들이나 남편이라고 생각해보세요. 어떨까요? 상상하기도 싫은 일 아닙니까?

2) 문제의 제시

그런데 이런 일들이 오늘 가정 안에서 적잖이 일어나고 있는 것이 우리의 현실입니다. 남편이 돈 때문에 아내를 무참히 살해합니다. 아내가 바람이 나서 남편 청부 살인을 합니다. 부모가 돈 때문에 자식을 창녀촌에 팔아먹고 아들의 손가락을 자르는 무서운 시대가 되고 말았습니다.

가정이 무너져 내리는 소리를 우리는 계속 듣고 있습니다. 부부간의 갈등과 이혼이 점점 많아집니다. 부모, 자식 간에 대화가 단절되고 있습니다. 모두가 한결같이 진정한 사랑에 굶주려 병들어가고 있습니다.

3) 필요를 만족시키는 단계 (문제의 해결법)

이럴 때 필요한 것이 무엇일까요? 가정의 문제, 사회의 문제, 국가의 문제를 한꺼번에 해결할 대안이 무엇입니까? '참사랑'입니다. 지금 우리 시대는 참사랑을 갈구하고 있습니다. 남편도 아내도 부모도 자식도 참사랑을 경험하지 못해 비극인 세상이란 말이지요.

오늘 본문에도 참사랑에 목말라 있는 한 여인의 모습을 볼 수 있습니다. 다섯 명의 남편과 살아봤지만, 모두가 자신을 헌신짝같이 버리고 말았습니다. 지금은 또 다른 남자와 동거하고 있지만 진정한 사랑을 경험하지 못합니다. 사랑에 목말라하고 있어요.

오늘 그녀가 우물가에 물을 길어 오려고 나온 게 사실이지만, 그녀가 진정 바라는 물은 한순간 목이나 축일 그런 물이 아닙니다. 진정 오래도록 갈하지 않고 실망하거나 낙심하거나 배신당하지 않을 그런 물을 길어 오려고 나온 것입니다.

마침내 그녀는 그 물을 찾았습니다. 영원히 갈하지 않는 생명수 되시는 주님을 그 우물가에서 만났습니다. 그분은 길이요 진리요 생명 되시는 분이십니다. 어제나 오늘이나 영원토록 변함없으신 분이십니다. 그 어떤 인간의 허물과 실수와 못남에도 싫증 내시지 않으십니다. 자기 목숨을 버리실 만큼 영원한 사랑으로 충만한 분이십니다.

다섯 명의 남자에게 버림당한 이 불쌍한 여인이 드디어 진정한 남편을 만난 것이지요. 영원토록 변하거나 배신하지 않을 참사랑을 만났단 말입니다. 그렇습니다. 예수 그리스도는 우리가 만나고 함께해야 할 유일한 사랑, 하나밖에 없는 우리의 신랑이 되십니다. 그분께 나아와 그분을 믿고 순종하는 자에게는 영원한 사랑이 선물로 주어질 것입니다.

4) 선명한 대조

성경에는 진정한 사랑 예수 그리스도를 만난 사람들이 참 많습니다. 예수님의 열두 제자와 막달라 마리아와 바울과 삭개오를 보세요. 어부, 창녀, 기독교 파괴자, 세리 등 모두가 한결같이 문제 많은 사람이었습니다. 그런 그들이 예수 그리스도를 만난 뒤 그분의 제자가 되고 말았습니다.

어거스틴, 존 뉴턴, 길선주 목사, 김대두를 보세요. 시대의 방탕아, 노예매매꾼, 거짓말쟁이, 희대의 살인마 아닙니까? 그런 이들이 예수 그리스도를 만난 뒤 완전히 새로운 인생이 되었습니다.

모두가 가능성이 없다고 포기한 사람들입니다. 그러나 주님을 만난 뒤 완전히 달라졌습니다. 그렇습니다. 주님을 만난 사람은 새롭게 변할 수 있습니다. 놀라운 사람으로 거듭나게 될 것입니다. 위대한 하나님의 도구로 쓰임 받을 수 있어요.

5) 구체적인 실례

오늘 본문에서 주님을 만난 사마리아 여인에게 어떤 변화가 나타났는지를 찾아보는 것은 아주 중요한 일이 될 것입니다. 그 여인이 어떻게 달라졌나요? 우물가에 오기 전과 후에 어떤 구체적 변화가 주어졌을까요? 성경을 찾아 살펴보겠습니다.

두 가지로 나타나 있습니다. 우선 28절을 봅시다.

"여자가 물동이를 버려두고 동네로 들어가서 사람들에게 이르되 내가 행한 모든 일을 내게 말한 사람을 와서 보라 이는 그리스도가 아니냐 하니"

먼저, '물동이를 버려두고' 떠났습니다. 물동이가 뭡니까? 물동이는 그녀에게 육신의 갈증을 채워주고 음식을 만드는 데 아주 중요한 도구였습니다. 하지만 주님을 만난 그녀는 그 소중한 것을 내팽개친 채 즉시 떠났습니다. 그보다 더 소중한 것을 만났단 말이지요.

그런데 이 여인이 무엇 하러 물동이를 버려두고 떠났을까요? 그리스도를 마을 사람들에게 전하기 위해서였습니다. 39절도 같이 보세요.

"여자의 말이 내가 행한 모든 것을 그가 내게 말하였다 증언하므로 그 동네 중에 많은 사마리아인이 예수를 믿는지라"

이렇게 그리스도를 증언했습니다.

원래는 갈증 속에 있던 이 여인이 아무 기대도 없이 당장에 필요한 물을 긷기 위해 이 우물가로 왔습니다. 그 이상의 것을 그녀는 전혀 기대하지 못했습니다. 그저 "물을 길으러"(7절) 왔던 자인데, 영원한 생수 되신 주님을 길어 벌컥벌컥 마시게 되었습니다. 먹고 보니 너무도 좋았습니다. 그래서 자기가 마신 그분을 다른 이들에게도 전하러 떠난 것입니다.

그렇습니다. 사랑의 갈증에 허덕이며 손가락질당하던 여인이 보다 깊은 사랑의 샘을 만난 뒤 복음전도에 앞장서고 있습니다. 놀라운 변화입니다. 이보다 더 선명하고 대조적인 변화가 또 있을까요?

6) 행동으로 이끄는 단계

사랑하는 성도 여러분, 오늘 여러분 중에는 절망에 빠진 분이 없습니까? 진정한 사랑에 굶주린 분이 계시지 않나요? 주위 사람들에게, 심지어 가족들에게 사람 구실 제대로 할 수 없는 인간이라고 조소 받는 분이 계십니까? 소망 없이 절망과 한숨 속에 살아가는 분이 계십니까?

오늘 본문에 나오는 사마리아 여인이 만났고, 조금 전 소개한 성경 속의 인물과 성경 밖의 인물들이 만나고 변화 받은 그 주님을 여러분도 만나고 돌아가기를 원합니다.

"주 예수를 믿으라 그리하면 너와 네 집이 구원을 얻으리라"(사도행전 16:31)고 말씀하셨습니다. "수고하고 무거운 짐 진 자들아 다 내게로 오라 내가 너희를 쉬게 하리라"(마태복음 11:28)고 말씀하셨습니다. 구원을 주시고 안식을 주시는 영원한 사랑의 주님을 체험하고 돌아가는 여러분 모두가 되시길 바랍니다.

먼로의 5단계 구성법보다 훨씬 더 선명하게 청중에게 각인될 수 있는 프레임임을 잘 알 수 있다.

세 대지 설교는 논리적이기는 하나 내용에 흐름과 긴장이 없다. 마치 정답과 정보만을 기계적으로 전달하는 뉴스와도 같다. 설교란 한 편의 영화처럼 서로 연결되어 하나의 주제로 흘러가는 맛이 있어야 한다.[160] 중간중간에 긴장이 조성되고 반전 효과가 나타나 충격을 주기도 하고, 감동을 주기도 하는 기복(Up & Down)이 있어야 한다. 효과적인 기승전결의 흐름과 움직임을 가지는 설교가 영상시대를 살아가는 오늘의 청중에게 쉽게 어필한다.

세 대지 설교의 약점을 알면서도 그것 말고는 작성할 수 있는 설

원포인트의 드라마틱한 강해설교

교의 틀을 알지 못한다는 데 오늘 설교자들의 고민이 있다. 전혀 배운 적도 없고 설교에 대한 책에도 언급이 별로 없기 때문이다. 그래서 앞에 소개한 글쓰기 기법이나 광고 기법이나 수사학적 구성법들을 보고 배울 필요가 있다.

좋은 틀이 있으면 가져다 쓰라. 그것을 참조해서 자신에게 맞는 프레임으로 수정, 보완해 활용할 수도 있다. 거듭거듭 배우려는 자에게 놀라운 설교의 변화가 선물로 주어질 것이다.

⑨ 맥스 루케이도의 8단계 구성법

다음은 맥스 루케이도(Max Lucado)에게서 배울 수 있는 구성법 중 한 가지만 소개하고자 한다. 유명한 스토리텔러이자 베스트셀러 저자인 그는 설교의 대가로도 칭송받고 있다. 그의 설교집을 읽노라면 과연 이게 사람이 만든 설교일까 하는 의구심이 들 정도로 탁월하다. 그의 설교집을 읽으면 자기도 모르게 감탄사가 절로 나오는 경험을 하게 될 것이다.

그의 설교 중 가장 돋보이는 구성법 하나만 살펴보자. 필자가 분석해서 얻어낸 틀에 설교 내용을 요약해서 올려본다.

1) Someone
〈미녀와 야수〉에 나오는 야수에게도 멋진 궁전에서 잘생긴 얼굴로 살던 시절이 있었다. 하지만 저주를 받아 남을 해치려 드는 흉측한 얼굴이 되고 말았다.

2) I

내게도 야수 같은 모습이 있었음이 떠오른다. 운전하다가 나를 골탕 먹인 여성 운전자에게 보복해준 일 말이다. 나의 내면에도 야수가 숨겨져 있음을 알았다.

3) He 1

나만이 아니라, 사도 바울도 내면의 야수와 씨름한 사람이다.

He 2, 3, 4, 5, 6

바울뿐 아니라 성경의 모든 장이 이런 야수와의 싸움 이야기로 가득 차 있다.

- 단창을 들고 젊은 다윗을 쫓아다니는 사울 왕
- 디나를 강간한 세겜
- 세겜과 그 친구들을 살해하는 디나의 오빠들
- 소돔에 야합했다가 나중에 겨우 빠져나오는 롯
- 베들레헴의 어린아이들을 죽이는 헤롯

4) We

우리 모두는 태어날 때부터 야수다.

〈Solution - 해결의 방법 강구〉

야수 같은 우리의 더러움을 어떻게 할 것인가?

〈Solution - 해결의 방법〉

5) Jesus

해결의 대안은 예수 그리스도이시다. 그분은 우리의 더러움을 십자가로 가지고 가셨다. 십자가를 지심으로써 우리의 더러운 죄를 사하시고자 하셨다.

〈Why? - 해결의 이유〉

6) Jesus

예수님은 왜 십자가를 지셨을까? 그 이유는 야수 안에 있는 미녀를 보셨기 때문이다.

7) Someone

미녀의 순수한 사랑으로 말미암아 마법이 풀리고 야수는 원래의 왕자로 되돌아간다.

〈How? - 해결의 결과〉

8) Jesus

하지만 성경에서 미녀가 하는 일은 그 정도가 아니다. 야수를 미녀되게 하려고 그분은 친히 야수가 되신다. 예수님이 우리와 자리를 바꾸신 것이다. 미녀가 오지 않았다면 어떻게 되었을까? 그런데 미녀는 왔다. 그리고 우리에게 관심을 가졌다[161]

이를 쉽게 분석해서 설명하자면 다음과 같다.

1) Someone

해결책 되신 예수 그리스도와 비교하고 대조할 대상을 한 사람 소개한다.

2) I

그 대상과 흡사한 설교자 자신의 모습을 먼저 드러낸다.

3) He 1

설교자뿐 아니라 성경의 인물들과 기타 여러 사람의 실례를 소개한다.

4) We

설교자를 포함해 모든 사람에게 적용시킨다.

〈Solution-해결의 방법 강구〉

문제 해결의 방법을 강구한다.

〈Solution-해결의 방법〉

5) Jesus

해결 방안으로 예수님이나 하나님을 제시한다.

〈Why?-해결의 이유〉

6) Jesus

예수님이 왜 그렇게 하셨는지의 이유를 밝힌다.

7) Someone

처음 소개한 한 사람을 다시 언급하면서 예수님과 비교 대조시킨다.

〈How?-해결의 결과〉

8) Jesus

처음 소개한 한 사람과는 비교가 안 되는 예수님의 모습을 드러낸다.

⑩ 신 교수의 수정 8단계 구성법

다음은 루케이도의 구성법을 필자가 수정한 샘플이다.

1) Someone

2) I

3) He or She

원포인트의 드라마틱한 강해설교

4) We

5) Jesus

6) Someone

7) Jesus

8) We

　마지막 적용이 빠진 아쉬움이 있는데, 이 부분만 보완하면 좋은 설교 프레임이 될 수 있다고 생각한다. 그래서 필자의 수정본에 마지막 단계로 'We'를 첨가한 것이다. 내러티브 설교의 진수를 필자에게 눈뜨게 해준 맥스 루케이도의 설교에는 이 밖에도 유익하고 다양한 설교 틀이 제시되어 있으므로 꼭 참조하기를 권한다.

　이처럼 쉽고 재미있고 감동적인 설교를 매주 할 수 있다면 얼마나 좋을까? 하나님의 말씀을 하나의 감동적인 드라마나 영화처럼 보여줄 수 있다면 얼마나 좋을까?

3) 귀납적 방향(Deductive Direction)

　프레드 크래독(Fred Craddock)은 '귀납적 설교(Inductive Sermon)'가 효과적인 설교에 통일성도 제공하고 청중의 관심도 유발하는 최적의 방식이라고 보았다. 청중을 설교 안에 동참시켜 설교자와 청중이 함께 말씀을 호흡하고 체험하기에 유익하다는 것이다. 이에 반해 '연역적인 설교(Deductive Sermon)'는 하나의 흐름으로 통일되지 않아 원포인트 설교를 하기에는 결함이 많다.

연역적 설교는 '세 개의 설교 부스러기'를 간신히 아교로 붙여놓은 것 같은 느낌을 준다. 그러나 귀납적 설교는 설교 전체를 하나로 묶을 뿐 아니라 설교자와 청중을 하나로 묶을 수 있게 해준다는 점에서 차이가 있다.[162]

크래독에 따르면 예수님의 성육신은 결론을 미리 내려놓고 청중에게 그렇게 살도록 권면하는 연역적 설교가 아니었다. 오히려 청중이 그분의 모범적 삶의 모습을 보고 들은 뒤 '나도 저렇게 살아야겠다!'고 자발적으로 결론을 내리게 하는 귀납적 설교의 근거가 된다는 것이다.

데이비드 버트릭(David Buttrick)은 세 대지 설교가 '대지(요점, Point)'를 잡고 그것을 논리적으로 전달하는 반면, 원포인트 설교는 '흐름' 혹은 '움직임'을 통해 절정(Climax)을 향해 간다고 강조한다.[163]

유진 로리에 따르면 원포인트 설교는 어떤 플롯을 가지고 꾸준히 결말을 향해 연결돼 움직여가는 것이라 본다. 설교가 1대지, 2대지, 3대지로 끊어지는 방식이 아니라 대지와 소지 없이 한 주제와 메시지로 쭉 연결되어 흘러가는 방식이다.[164] 따라서 원포인트 설교를 하기 위해선 우선 귀납적 방향으로 가는 것이 필수적이라 할 수 있다.

내러티브 설교에서 전제조건인 귀납적 방향으로의 전개는 오직 하나님 말씀의 진리를 효과적으로 드러내기 위한 유익한 방편으로 사용된다. 그것은 설교자가 그 중심의 아이디어를 하나님의 말씀에서 놓치지 말아야 하기 때문이다. 정장복은 한국 강단의 설교 위기를 진단하며 그 대안으로서의 구성적 진행으로 귀납적 방법을 다음과 같이 제시한다.

> 연역법적 설교의 전개에서는 설교를 시작할 때 이미 그 설교가 추구하는 주제와 방향이 뚜렷하게 부상된다. 그래서 그 결론도 예상을 하게 된다. 그러나 귀납법적 전개에서는 주제와 방향을 밝히지 않고 출발을 한다. 설교의 주제나 명제나 중심개념들이 회중에게 상세하게 열거되지 않고 진행되다 설교의 결론 부분에 가서야 앞에서 보이지 않던 메시지의 핵심이 밝히 보이게 되는 형태이다. 이 형태는 결론을 향하여 가는 과정에 회중이 함께하고, 함께 생각하게 하고, 함께 메시지를 발견하게 한다는 데 그 일차적인 의미를 두고 있다.[165]

그렇다. 설교의 끝을 처음부터 보여주느냐 나중에 가서 밝혀주느냐에 연역법과 귀납법의 차이가 있다.

그럼 설교가 귀납적으로 흘러가게 하기 위해 필요한 작업은 뭘까? 다음에 필자가 정리한 세 가지 요소를 하나씩 구체적으로 소개해본다.

가장 먼저 설교 제목에 대해 언급할 것이다.

(1) 설교 제목

바야흐로 21세기를 달려가는 우리는 수많은 책과 정보의 홍수시대에 살고 있다. 인터넷에 들어가면 수없이 많은 제목의 정보가 네티즌들의 클릭을 고대하고 있다. 시간은 별로 없는데 어떤 내용을 읽어볼 것인지 고민할 때 중요한 역할을 하는 것이 '제목(Title or Headline)'이다.

먼저 건강한 가정을 위한 '하이패밀리' 대표인 송길원 목사의 이야기를 들어보자. 그가 결혼 15주년에 이어 20주년을 기념하는 앙코르 웨딩을 올렸다고 한다. 마침 〈월간조선〉 인터넷 전문가 코너에 고정칼럼을 연재하던 중이라 그 일을 소재 삼아 제목을 '나의 앙코르 웨딩'으로 해서 글을 올렸다. 그런데 너무 평범하고 재미없는 것 같아서 고민 끝에 제목을 바꿔 올렸더니 순식간에 접속자 수가 만 명이 훌쩍 넘어버렸다.

바꿔서 올린 제목이 뭐였기에 그런 결과가 나왔을까 궁금했다. 새로 올린 제목은 '내가 세 번씩이나 결혼한 이유'였다고 한다.[166] 세 번이나 결혼한 분이 아님을 잘 아는 사람이나 모르는 사람 모두에게 궁금증을 야기시키는 충격적인 제목이 아닐 수 없었다. 제목 하나의 중요성이 얼마나 큰가를 잘 보여주고도 남는 이야기다.

2009년 7월 18일 토요일 오전 10시 54분에 인터넷 야후 사이트에 들어가본 적이 있다. 그때 눈에 띄는 다음 제목들이 필자의 시선을 사로잡았다.

- 한나라, 한때 의장석 점거 … '막판 고심'
- 천성관 추천한 건 비선 아닌 …
- 순간온수기 켜고 목욕 … 자매 질식사
- 끈끈한 야구로 탈바꿈한 롯데, 왜?

원포인트의 드라마틱한 강해설교

- 정동영 울린 '견공'의 충심
- 야구단장 백지영 논란 '시끌'
- 김형오 의장 "5년 후 '참 할 일 없는 국회…'"
- 주인 바뀌어도 20년 이상 점유하면 내 땅

이렇게 많은 헤드라인 가운데 당신이라면 어떤 것을 클릭했을 것 같은가? 시간이 별로 걸리지 않았다. 당연히 "정동영 울린 '견공'의 충심"이라는 제목을 클릭했다. '혹시'나 했는데, 다행히 이번만큼은 '역시나'가 아니었다. 별난 뉴스 하나를 낚아 올린 것이다. 감동도 받고 괜찮은 예화도 하나 건졌다는 말이다.

4월 재보선으로 원내 재입성한 무소속 정동영 의원이 주인 잃은 한 충견(忠犬)의 사연에 코끝이 찡해지는 경험을 했다. 정 의원이 최근 용산 철거민 참사 유가족들을 위로하러 갔다가 우연히 들은 이야기다. '방실이'란 이름을 가진 요크셔테리어 종의 이 애완견은 용산참사로 희생된 고 양회성 씨가 애지중지하던 개였다. 개도 '영물'인지 주인이 어떻게 목숨을 잃었는지 알기나 하는 듯 서울 용산 순천향병원 장례식장의 분향소를 줄곧 지켜왔다. 유족들에 따르면, 방실이는 주인의 영정 사진만 물끄러미 바라보며 좀처럼 먹으려 하지 않았고 시름시름 기력을 잃어갔다. 보다 못한 유족들이 가여운 생각에 어미 개가 있는 친척집으로 보냈지만 달라지지 않았고, 동물병원에까지 입원시켜봤지만 증상은 마찬가지였다. 결국 다시 분향소로 데려온 어느 날 밤, 고인의 미망인 김영덕 씨

옆에서 잠을 자던 방실이는 새벽 2시쯤 갑자기 일어나 영정이 모셔진 제단으로 향했다. 그러고는 마치 옛 주인에게 작별인사라도 하듯 그 앞에서 세 바퀴를 빙빙 돌더니 다시 잠이 들었고 그 후로는 영영 일어나지 못했다. 주인이 세상을 뜬 지 24일 만이다. 유족들은 직접 목격하고도 믿기 힘든 충견의 애틋한 죽음에 또 한 번 눈물을 적셔야 했고, 고인과 함께 묻어주기로 결정했다. 고인의 아들은 "방실이를 아버지와 함께 묻어주기 위해 동물병원 냉동실에 보관 중"이라며 "하루빨리 편히 쉴 수 있길 바란다"고 말했다.[167]

'개보다 못한 인간들이 많다'더니, 정말 감동적인 사연이다. 그런데 여기서 여러 제목 가운데 필자가 왜 하필이면 이 제목을 클릭했는지에 대해 잠시 생각해보자. 그전에 카피라이터로 유명한 최병광이 제시한 '헤드라인 잘 만드는 비결'을 다음에 소개한다.

1) 주목을 끌어야 한다.
2) 읽는 이들에게 어떤 전망을 주는 말이나 의미 있는 힌트를 주어야 한다.
3) 가능한 한 읽는 이의 욕구에 맞는 약속과 근거가 나타나야 한다.
4) 단어를 신중하게 골라야 하며, 효과적인가를 고려해야 한다.
5) 한눈에 알아볼 수 있는 쉬운 것이어야 한다.
6) 촌철살인의 맛이 있어야 한다.
7) 평범한 것이거나 일반적인 것이어서는 안 된다(별나야 한다).[168]

원포인트의 드라마틱한 강해설교

이 비결을 기초로 분석해보자. "정동영 울린 '견공'의 충심"은 우선 다른 어떤 제목보다 네티즌의 주목을 끌었다. 정동영이라는 차갑고 냉철한 인상의 정치가를 울렸다는 점이 일단 필자의 시선을 끌기에 충분했다. 그리고 그것은 별난 뉴스거리이기도 했다. 다음으로는 '견공의 충심'이란 표현이다. '견공'도 그렇지만 '충심'이란 단어가 뭔가 사람의 감정을 자극한다. 무슨 충심이길래 얼음 사나이 정동영을 울렸을까? 궁금하기 짝이 없었다. 그리고 간결하고 한눈에 알아볼 수 있는 쉬운 내용이었다. 감동적인 스토리에 감격하고, 그런 예화를 찾던 필자의 필요에도 딱 들어맞았다. 의미심장한 힌트도 충분히 깔려 있었다.

앞에 제시된 비결을 토대로 분석해본 결과, 필자가 그 제목을 택한 이유는 최병광이 제시한 일곱 가지 비결 모두에 해당한다는 것을 알 수 있었다. 설교자들은 그의 '제목 붙이는 비결'을 깊이 새겨두기를 바란다.

신문 편집기자들 역시 핵심적이고 매력적인 제목을 뽑아내는 데는 선수들이다. 벤처가 광풍처럼 몰아닥치던 1999년 말, 어느 시사주간지의 커버(Cover)에는 주먹만 한 글씨의 제목이 실렸다. '벤처불패'였다. 2002년 여름, 노사갈등이 정점에 이르렀을 때 노동운동에 대한 노무현 대통령의 부정적 반응을 한 신문은 이렇게 표현했다. "勞 NO? 盧 NO!"[169]

한국인 골프선수 미셸 위가 한창 인기를 구가하며 세계의 주목을 받을 때 신문의 헤드라인은 그녀의 활약을 이렇게 묘사했다. "魏풍당당, 女풍당당!" 굳이 설명하지 않아도 무슨 의미인지 잘 알 수 있을 것이다.

당시 인터넷 신문에 필자의 눈에 띄는 제목이 하나 더 있었다. "이청용 '軍소리' 없어 몸값 껑충!"[170] 일찌감치 군면제를 받은 축구 국가대표선수 이청용의 몸값이 천정부지로 뛰었다는 내용이었다. 기발한 착안과 발상이다. 이런 제목 하나 만들어 올리려고 얼마나 머리를 쥐어뜯었을지!

움베르토 에코(Umberto Echo)는 『논문 잘 쓰는 방법』에서 훌륭한 제목은 이미 그 자체로서 훌륭한 계획이라고 했다. 필자는 그의 이 말을 수없이 경험하고 산다. 앞에서 인터넷상에 나오는 헤드라인 얘기를 했는데, 책도 마찬가지다. 다 죽어가던 책이 어느 날 갑자기 베스트셀러로 공전의 히트를 친다. 왜 그럴까? 제목의 위력이다.

대표적인 예를 들어보자. 2002년 21세기북스 출판사가 『유 엑셀런트(You Excellent)』라는 책을 출간한 적이 있다. 2만 부가 팔렸다. 그리고 6개월 뒤 출판사에서 전략적으로 제목을 바꿔 새로 내놓았다. 이번엔 100만 부 이상이 나갔다. 어떤 제목으로 바꾸었을까? 바로 『칭찬은 고래도 춤추게 한다』다. 책 내용은 전혀 달라진 게 없는데, 제목 하나 바꿔서 새로 펴냈더니 50배 이상이 팔린 것이다.

그렇다. 제목 하나가 책이나 드라마나 영화를 살리기도 하고 죽이기도 한다. 그런데 설교도 마찬가지임을 아는 이는 많지 않다.[171]

북 프로듀서이자 출판 콘텐츠 프로덕션 '아이디어바이러스' 대표인 송숙희는 "글이 천 냥이면 제목이 천 냥이다"[172]라고 했다. 무

원포인트의 드라마틱한 강해설교

슨 말인가? 제목 하나의 가치가 글 내용 전체의 값어치와 맞먹는다는 이야기다. 어찌 보면 제목이 내용보다 더 고가품일 수도 있다. 내용이 아무리 좋고 값진 것이어도 포장지가 싸구려처럼 보이면 사지 않는 법이다. 물론 내용물이 좋아야 하지만, 그것을 값나가게 하는 겉모습 또한 반드시 신경 써야만 한다.

서점에 가면 베스트셀러 코너의 수많은 책이 독자들을 유혹한다. 모든 책을 다 살펴볼 여가가 없는 독자들로서는 우선 한 가지를 보고 책을 손에 들 수밖에 없다. 바로 제목이다. 독자를 강하게 유혹하고 끌어당기는 제목의 책만 살아남는 살벌한 세상이다.

매일 우리가 스쳐 지나가는 가게나 식당의 간판도 마찬가지다. 손님들의 시선을 사로잡지 않고는 배겨낼 재간이 없다. 그래서 짜낸 아이디어들의 결정판이 이런 간판들이다.

'JanBeer', 'BeerBar', 'WaBar', '술來잡기'는 뭐 하는 곳일까? 술집이다. '버르장머리', '끄댕이', '한가위', '까끌래뽀끌래'는? 미장원 이름이다. '닭쳐', '파다닭', '후다닭', '맛있는 까닭'은 어디일까? 통닭집이다. KT 114 안내전화가 뽑은 가장 황당한 가게 이름이 신문에 소개된 적이 있다. 3위는 '돌아버린 탕수육', 2위는 '태풍은 불어도 철가방은 간다', 그리고 대망의 1위는 '미쳐버린 파닭'이었다.

필자는 이대 앞 골목에 있는 신천교회에서 1년간 협동목사로 사역한 적이 있다. 이대 정문 근처 골목에서 오른쪽 언덕길로 돌아서는 코너에 재미있는 가게가 하나 있었다. '그놈이라면'이다. 무슨 집인지 단박에 알 수 있었다. 라면을 끓여서 파는 식당인데, 거기 메뉴판을 보면 기가 찬다. 라면 종류를 이렇게 적어놨다. 떼놈, 잡놈, 개놈, 미친놈.

들어가보면 희한한 광경이 벌어진다. 얌전한 아가씨가 들어와서 메뉴판을 보다가 갑자기 "개놈 주세요!"라고 소리친다. 그러면 주인도 다른 손님도 다 까르르 웃는다. 잠시 뒤 부엌 쪽에서 또 소리가 들린다. "미친놈 나왔어요!" 다른 손님이 먼저 주문한 라면이 나온 것이다. 처음 만나는 사람들이지만 주인과 주방에서 일하는 사람, 손님까지 모두 웃으면서 하나가 되는 기막힌 경험을 한다.

이렇게 머리를 쓰지 않으면 손님을 끌 수 없고 결국 망하는 시대에 살고 있다. 세상에서 물건이나 음식을 팔기 위해서도 이렇게 머리 써서 기발한 아이디어를 창안하느라 정신이 없는데, 설교자들은 시대에 너무 뒤처져 있다. '지존의 자존자', '인간의 존재론적 의미', '삼위일체적 경륜신앙' 등 마치 논문 제목처럼 어렵고 딱딱한 설교 제목이 있는가 하면, '돌아온 탕자', '아브라함의 순종', '다윗의 용기' 등 성경 본문을 기초로 만든 정답을 다 알려주는 구식 제목이 주를 이루고 있다.

주일날 교회에 가면 성도들이 맨 처음 하는 일이 기도이고, 다음 일이 주보에서 설교 본문과 제목을 살피는 것이다. 이번 주 설교만큼은 '혹시나!' 좀 달라지기를 바라는 간절한 마음으로 교회에 와서 주보에 실린 설교 제목을 보고는 '역시나!' 실망하고 만다. 누가복음 19장 1~11절 본문에다가 제목은 '삭개오의 열심'이었기 때문이다. 주일학교 시절부터 수없이 들어온 본문과 설교 아닌가. '아, 오늘도 뻔한 얘기만 잔뜩 늘어놓겠구나!' 그 순간부터 설교에

원포인트의 드라마틱한 강해설교

대한 기대를 접은 채 마음을 닫아버리는 것이 오늘 성도들의 현실이다.

우리의 설교가 독자들 손에 잡히지 않고 사장되는 수많은 책과는 달리 청중의 귀에 들리기는 한다는 점에서 한 가닥 위로를 받을 수는 있을 것이다. 그럼에도 청중의 외면 속에서 무시될 수도 있다는 점에서 경각심을 가져야 한다.

설교 제목은 고민에 고민을 거듭해 인상적인 것으로 설정할 필요가 있다. 우리의 설교는 청중의 호기심을 자극할 만한 제목으로 시작해야 한다. 효과적인 설교 제목을 정하는 것이 그리 쉬운 일은 아니지만, 처음 듣는 순간부터 솔깃하게 흥미를 유발시키고 부푼 기대감을 안고 경청하도록 자극하는 제목을 창작해야 한다.

설교 제목은 설교 전체의 얼굴이다. 설교의 서론을 중요시하지만, 사실 서론보다 훨씬 더 이른 시간에 청중에게 설교 전체를 평가하게 하는 것이 설교 제목이다. 따라서 매력적인 첫인상에 호감을 갖게 만들어야 한다.[173]

필자가 10년간의 유학을 마치고 돌아와 첫 설교를 할 때의 일이다. 어떤 설교를 할 것인가 망설이다가 과거 목사 안수를 받고 했던 첫 설교를 꺼내어 살펴보았다. 1993년 8월호 〈그말씀〉의 설교 응모에서 우수작 중 하나로 뽑힌 설교문이었다. 사도행전 3장 내용인데, 본문 분석은 그런대로 흡족했으나 설교의 틀과 제목이 영 마음에 들지 않았다. 그래서 설교를 전면 수정했다. 원래의 설교 제목은 '내게 있는 것', 새롭게 바꾼 제목은 '껍데기는 가라!'였다. 설교를 한 결과 과거의 반응과는 비교가 안 될 만큼 좋았다. 특히 설교 내용에

다 제목이 너무 마음에 들어 기억에 오래 남을 것이라는 평가를 받기도 했다.

설교를 준비할 때 제목 선정이 아주 중요하다는 필자의 강의를 듣고 실천에 옮긴 제자들의 체험담도 적잖이 듣는다. 제목 하나 바꿨는데 교회 분위기가 새로워졌다는 것이다. 어떤 설교자는 '짜장면이냐, 짬뽕이냐?'라는 제목으로 설교해 히트를 쳤다는 얘기를 해줬다. 좀 천박한 제목이긴 하지만 늘 틀에 박힌 제목만 보다가 처음으로 신선한 설교 제목을 본 까닭이리라. 설교 제목 하나 바꾼다고 무슨 큰 변화가 있겠느냐고 반박할 수도 있다. 그러나 신기한 것은 일단 설교 제목 하나를 바꿔보면 설교 내용 전체에도 적잖은 변화가 일어남을 설교자 자신이 경험한다는 것이다.

현대는 차별화의 시대다. 남과 구별되고 기존의 것들보다 색다른 아이디어만이 살아남는 시대다. 이것은 설교의 세계에서도 필요한 개념이다. 남들과 별 차이 없이 비슷비슷해서는 눈에 띄지도 않고 기억에 남기지도 못한 채 결국 배척당할 가능성이 크다. 설교의 내용이나 예화나 제목이 지금까지 해오던 바와는 달라져야 하며, 다른 설교자들의 그것과도 차별성이 있어야 먹히는 시대가 되었다. 그러기에 더욱 남들과 뭔가 달리 보이고, 달리 느껴지고, 달리 인식되고, 달리 기억되도록 힘써야 한다.

이제 이 차별화의 원리를 설교에 적용해보자. 특별히 설교 제목을 만드는 데 활용하면 좋은 힌트를 얻을 수 있다. 다음은 필자가 즐겨 사용하는 제목 샘플이다.

원포인트의 드라마틱한 강해설교

IM4U (요한1서 2:1)
예수 그리스도께서 누구를 위해 오셨고, 사시다 죽으셨는가의 의미

HUMI (로마서 1:1)
그리스도인의 신분(정체성)이 무엇이냐는 의미

AWANA (디모데후서 2:15)
'Approved Workmen Are Not Ashamed!'의 의미

CH__CH (에베소서 2:20~22)
'교회의 중심은 UR(You are) 성도 여러분 각자'라는 의미

껍데기는 가라! (사도행전 3:1~10)
형식적인 신앙을 버리라는 의미

믿을 사람 없어! (시편 146:3~5)
하나님 한 분만이 우리가 의지할 대상이라는 의미

니들이 성경을 알아? (디모데후서 3:15~17)
성경이 어떤 역할을 하는지의 의미

정직이 밥 먹여주나? (잠언 2:9/이사야 59:14)
그래도 정직이 밥 먹여준다는 의미

똑부, 똑게, 멍부, 멍게 (로마서 10:1~3)
네 가지 유형의 사람을 의미

순간의 선택이 영원을 좌우한다! (사도행전 3:1~10)
매사에 선택을 잘해야 한다는 의미

　다음으로 필자가 설교 제목을 정할 때 참조하는 목록을 소개하려 한다. 각 출판사에는 제목만 전문적으로 만드는 전문가들이 있다.[174] 이들은 자사에서 출간하는 책이 베스트셀러가 되도록 제목 선정에 심혈을 기울인다. 아무리 내용이 좋아도 제목이 독자들의

시선을 끌지 못하면 소용없기 때문이다.

　서점의 베스트셀러 코너에 가면 독자들의 손을 기다리는 책들이 많다. 필자는 한 달에 한 번 정도는 대형서점에 나가서 설교 제목 만들기에 도움이 되는 신간 제목을 적어 와서 입력해놓는다. 그중 필자의 마음을 사로잡은 대표적인 제목을 다음에 소개해본다.

　　30대, 당신의 로드맵을 그려라

　　익숙한 것과의 결별

　　절묘하게 꾸며본 나의 이야기

　　당신의 소중한 꿈을 이루는 보물지도

　　3040, 희망에 배팅하라

　　이런 간부는 사표를 써라

　　목표, 그 성취의 기술

　　도대체 당신은 누구뇨?

　　첫인상 5초의 법칙

　　나의 꿈, 10억 만들기

　　바보들은 항상 결심만 한다

　　꾸물거림을 버리면 미래가 달라진다

　　나의 꿈 나의 청춘

　　길을 묻는 그대에게

　　젊은 날의 노력과 헌신 없이 지금의 내가 있었을까?

　　나의 꿈 나의 열정

　　사명에 생명을 걸고

아이디어를 디자인으로 바꾸는 56가지 원리

스치듯 지나가는 아이디어를 창조적으로 표현하라

세계는 지금 어디로 가고 있나?

모든 사는 것에는 터닝 포인트가 있다

수렁에 빠진 내 인생

인재, 브랜드 파워

브랜드가 모든 것을 결정한다

클릭, 대중문화가 보여요

광고, 묘약인가 마약인가?

당신이 소중하게 생각하는 대부분은 쓰레기다

1%만 바꿔도 달라지는 내 인생

칭찬은 고래도 춤추게 한다

행복을 파는 14k 목걸이 가게

브라질에 비가 내리면 스타벅스 주식을 사라

숫자를 알면 경영이 쉬워진다

삶을 바꾸는 내 안의 힘

미루는 습관, 지금 안 바꾸면 평생 똑같다

내 안에 잠든 거인을 깨워라

새우를 꿰어 고래를 잡아라

고품격 인간

실패를 기회로 바꾸는 성공습관 95

나를 미치게 하는 예술

행복의 문을 여는 193가지 이야기

고정관념은 깨도 아프지 않다

세상에서 가장 특별한 사랑 이야기

행복 비타민

다음은 이 잘나가는 베스트셀러 제목을 기초로 해서 필자가 만들어본 설교 제목이다.

'중보기도', 묘약인가 마약인가?

순종의식이 없으면 열매도 없다

친절은 살인마도 웃게 한다

구원을 파는 모퉁이 교회

진리를 알면 신앙생활이 쉬워진다

삶을 변화시키는 내 안의 그 무엇

내 안에 잠든 그분을 깨워라!

순종을 꿰어 열매를 낚아라!

고품격 크리스찬

나를 미치게 하는 복음

클릭, 천국이 보인다

그리고 다음과 같이 수정 없이 원제목 그대로 사용해도 좋은 제목도 있다.

나의 터닝 포인트는?

원포인트의 드라마틱한 강해설교

'게으름', 지금 안 바꾸면 평생 똑같다

행복의 문을 여는 세 가지 이야기

세상에서 가장 특별한 사랑 이야기

실패를 기회로 바꾸는 성공습관

행복 비타민

이제 필자가 가장 아끼는 '설교 제목'들을 몇 개 소개해본다.

은혜도 리필되나요? (요한복음 21:21~22)

감사의 근육을 자주 사용하자! (역대상 23:30)

□ 제는 내 사랑 (야고보서 1:2)

'붕어빵'이냐, '호두과자'냐? (로마서 10:1~3)

IMPOSSIBLE → I'MPOSSIBLE (사사기 6장)

들福날福 (신명기 28장)

Give & Take냐, Take & Give냐? (사무엘상 1:21~28)

我窮則神通 (출애굽기 15:22~27)

The Best is yet to come! (출애굽기 15:22~27)

1250℃ 최고의 나를 발견하라! (마태복음 25:14~30)

Qum Qera!(꿈 깨라!) (요나 1장)

'곱하기 0', '더하기 ∞' (로마서 6장)

Go, Stop! (출애굽기 13장)

요즘은 성경 각 권을 처음부터 끝까지 연속으로 강해하는 방식보다 시리즈 설교가 인기를 끄는 추세다. 미국의 릭 워렌이나 빌 하이벨스 목사 같은 분들은 물론, 우리나라의 이동원 목사 같은 설교 대가들은 주로 시리즈 설교를 한다. 성경 한 권을 가지고 수십 번이나 몇 달씩 설교하면 청중이 질려버릴 수 있기 때문이다.

그래서 큰 주제를 하나 정하고 주일마다 변경된 다양한 본문과 소주제를 가지고 설교하는 경향이 늘어나고 있다. 다음에 이동원 목사의 시리즈 설교 샘플을 소개한다.

예수님의 거룩한 습관(1) – 전도 (마가복음 1:36~39 / 누가복음 19:10)
예수님의 거룩한 습관(2) – 기도 (누가복음 11:1, 22:39~46)
예수님의 거룩한 습관(3) – 섬김 (요한복음 13:4~10, 14~15)
예수님의 거룩한 습관(4) – 예배 (누가복음 2:46~49 / 마태복음 18:19~20)
예수님의 거룩한 습관(5) – 순종 (누가복음 2:50~52 / 히브리서 5:7~10)
예수님의 거룩한 습관(6) – 가족 돌봄 (요한복음 19:25~27 / 디모데전서 5:8)
예수님의 거룩한 습관(7) – 제자 삼기 (마태복음 9:35~10:1, 28:19~20)
예수님의 거룩한 습관(8) – 터치 (마태복음 8:14~17, 17:6~8)
예수님의 거룩한 습관(9) – 가정 모임 (마태복음 26:17~20, 26~29)
예수님의 거룩한 습관(10) – 감사 (마태복음 26:26~28 / 요한복음 11:40~42)
예수님의 거룩한 습관(11) – 함께하심 (누가복음 24:13~17, 30~35)
예수님의 거룩한 습관(12) – 침묵 (마태복음 27:12~14 / 이사야 53:7)

이동원 목사의 설교가 '예수님의 VIP', '약속의 땅을 향한 로드맵', '영원을 향한 내비게이션', '하나님 나라를 향한 비전 매핑'과 같은 큰 주제에 본문과 소주제를 각기 달리해서 설교하는 시리즈 설교 스타일로 흘러가는 것을 볼 수 있다. 참고해볼 만한 유익한

원포인트의 드라마틱한 강해설교

패턴으로 평가한다.

마지막으로, 필자가 생각하는 설교 제목 선정 기준 몇 가지를 소개하고 다음으로 넘어가자.

1. 특별하고
2. 신선하고
3. 참신하고
4. 기발하고
5. 명료하고
6. 재미있고
7. 의미심장하고
8. 시선을 끌 만해야 한다.

(2) 예증 및 예화

예전에 비해서 꽤 달라지긴 했지만, 아직도 예화를 설교에 활용해서는 안 된다고 보는 견해가 있다. 설교자들 가운데 종종 예화 사용을 반대하는 사람들이 있다는 말이다. 신학자 제프리 브로밀리(Geoffrey Bromiley)는 이렇게 말했다.

> "나는 예화를 좋아하지 않는다. 왜냐하면 사람들이 설교의 핵심을 놓쳐버리고 예화만을 기억하는 경우를 많이 보기 때문이다." [175]

하지만 그것은 예화의 문제성이 아니라 예화 사용 방법의 문제임을 알아야 한다. 예화를 허용하는 학자들이 점차 늘어나는 추세다. 그런데도 예화가 진리를 가려서는 안 되느니, 예화와 설교가 주객이 전도되어서는 안 되느니 하는 지적이 적지 않다. 영적 진리가 기억나지 않을 만큼 너무 튀는 예화를 사용해서는 안 된다는 비평도 있다.

그렇다면 예수님의 설교를 보라. 주님은 "예화(비유)가 아니면 (결코) 말씀하지 아니하셨다"(마가복음 4:34)라고 분명히 말한다. '신적인 진리(Divine Truth)'를 인간의 언어와 사상으로 표현하는 것이 예화다. 예화는 신적인 명제에 인간적인 삶과 체험의 옷을 입히는 것이다. 구체적 삶의 이야기, 자기 체험 등 예화는 진리를 하늘에서부터 땅으로 끌어내려 사람들에게 보여주고 체험케 하는 소중한 도구다.

그래서 예수님은 설교하실 때 예증적 이야기나 비유, 알레고리, 이미지, 상담 등을 진리를 설명하는 도구로 자주 활용하셨다. 그분의 설교는 75% 이상이 예화로 가득 차 있다.[176] 누가복음 15장에 나오는 예수님의 '잃은 양의 비유'를 보라. 그 이야기가 주는 영적 메시지를 우리는 너무도 잘 알고 있다. 어떻게 해서 그 예화는 고전처럼 우리에게 지금도 감동을 주는 설교로 기억되는 것일까?

탁월한 예화 한 편의 위력이다. 푸른 초장에서 길 잃고 울부짖는 양과 위험을 무릅쓰고 들판을 찾아 헤매는 목자의 모습이 눈에 선명히 그려지기 때문이다. 위대한 예화가 있었기에 주님이 가르쳐주신 영적 메시지는 오랜 세월 우리의 가슴속에 감동으로 남아 있는 것이다. 데이비드 캘훈(David Calhoun)에 따르면, 신약의 위대한 신학자 바울 역시 설교할 때마다 청중의 각기 다른 문화적 배경 때문에 그와 관련된 예화를 자주 사용했다고 한다.[177]

예화의 중요성을 잘 입증해주는 실례들이다. 이처럼 예화와 설교를 구분해서는 안 된다. 예화는 본문의 보조수단이나 설교의 들러리가 결코 아니다. 예화 없이는 영적 진리와 교훈도 없다. 예화가 본문이나 설교 자체다. 예화 자체가 진리요 설교임을 놓치지 말아야 한다.[178]

그래서 신설교학파의 선두 주자 크래독은 다음과 같이 말한 것이다.

> "좋은 설교에서 예화는 설교의 요점이나 중심사상을 예증하고 설명해주는 이야기나 일화가 아니라 그것 자체가 요점을 전달한다." [179]

예화 자체가 본문이요 진리의 말씀이란 의미이다. 예화를 결코 무시하지 말라. 만일 예화 사용을 금지해야 한다면 우리는 성경의 진리와 예수 그리스도의 설교도 거부해야 할 것이다. 성경은 진리를 계시함에 있어 구체적 사건이나 스토리, 예증, 상징, 은유적 표현을 수없이 동원하고 있다.

크리소스톰, 어거스틴, 암브로시우스, 스펄전, 휫필드와 같이 기독교 역사에 찬란하게 빛나는 위대한 설교자들을 떠올려보라. 모두가 한결같이 예화 사용의 대가들이 아닌가! 빌리 그레이엄, 스티브 브라운, 찰스 스탠리, 척 콜슨, R. C. 스프롤, 존 맥아더, 제임스 케네디, 존 스토트, 척 스윈돌 등 기라성 같은 설교 대가들은 모두 예화를 사용해 청중의 마음을 감동시키는 방법을 잘 알았던 설교자들이다.[180] 말씀이신 주님과 세계적으로 탁월한 설교자들이 예화를 자주 활용했다면 우리같이 무능한 설교자들이 왜 예화를 사용하지 말아야 하겠는가?

미국 커버넌트신학교(Covenant Theological Seminary)의 설교학 교수 브라이언 채플(Bryan Chapell)은 한때 예화가 교인들에게 흥미를 주는 것 외에는 달리 유익이 없다고 생각한 적이 있었다. 그러나 목회를 하면서 그의 생각에 변화가 찾아왔다. 예화가 단순히 강해를 돕는 지적 보조물이 아니라는 사실을 뒤늦게 깨달은 것이다.[181] 물론 예화를 잘못 사용하는 경우도 있음을 안다. 그렇다고 예화의 오용 때문에 예화 자체를 무시하거나 부정하는 일이 있어서는 안 될 것이다.

특별한 예화 하나가 설교를 완전히 살려준다. 그 생생한 예를 들어보자. 수년 전, 필자가 협동목사로 사역하던 서울 양문교회 주일 오후예배 때 일어난 상황이다. 헌신예배 강사로 필자가 잘 아는 교수가 와서 설교를 했다.

사도행전의 내용으로 기억하는데, 처음부터 본문 얘기만 잔뜩 하다 보니 청중 가운데 몸을 꼬고 심지어 수군대는 사람까지 생겨났다. 언제쯤 설교가 끝날까 생각하고 있는데, 갑자기 설교자가 군대 얘기를 하겠다고 말했다. 너무 당황스러웠다. 그러잖아도 30분이 넘어가는데, 하필이면 우리나라 여자들이 가장 싫어하는 군대 얘기란다. 한마디로 정신 나간 짓이라 생각했다.

결과는 어땠을까? 그날 그분이 군대 얘기를 안 했으면 설교를 완전히 망쳤을 것이다. 이유는? 그 군대 이야기가 보통 얘기가 아니었기 때문이다. 전방에서 근무한 그분이 졸병 때 간첩 둘을 잡은 이야기였다. 총알이 머리 위로 지나가고, 수류탄이 몇 발 터지고, 작전이 종료되어 부대에 와서 정신을 차려보니 군복 옆구리에 총알이 뚫고 지나간 자국이 있고 등등….

간첩 잡은 얘기를 하는데 그동안 지겨워서 짜증 내던 필자를 포함한 청중 모두가 매료되었다. 그리고 마지막 대목에서 내뱉은 그분의 한마디는 지금도 필자의 가슴에 깊이 남아 있다.

"간첩 잡은 공로로 표창도 받고 진급도 했지만, 동족을 제 손으로 죽였다는 양심의 가책을 느껴 신학교에 들어가 목사가 되고 교수가 되었습니다!"

물론 딱딱했던 본문의 주된 메시지까지도 기억하고 있지만 말이다. 차별화된 감동적 예화 하나가 듣기 힘들었던 본문 내용과 설교 전체를 완전히 살린 것이다.

특별한 예화를 몇 가지 더 소개해본다.

〈좁은 문〉

『세상에서 가장 짧은 영어 55단어 소설』이란 책에 이런 내용의 아주 짧은 소설이 있습니다.

매표소에서 일어난 승객과의 대화 내용입니다.

"지옥까지 버스표 한 장 부탁합니다."

"죄송하지만 북쪽행 차량은 매진입니다."

"오늘 밤 출발하는 차는 없나요?"

"반대 방향으로 가는 버스가 한 대 있긴 합니다."

"좌석이 있나요?"

"아주 많아요."

"오래 걸리나요?"

"아니요. 꼭 그렇진 않습니다만, 읽을 책을 가져가는 게 좋을 겁니다."

"왜요?"

"듣기로는 대단히 외로운 여행이라 그러더군요."[182]

▶ **교훈 및 적용**

지어낸 소설이긴 하지만 오늘 우리의 현실을 그대로 보여주는 아주 성경적인 내용입니다. 마태복음 7장 13~14절을 보면 "좁은 문으로 들어가라 멸망으로 인도하는 문은 크고 그 길이 넓어 그리로 들어가는 자가 많고 생명으로 인도하는 문은 좁고 길이 협착하여 찾는 자가 적음이라"는 말씀이 있습니다.

사람들은 편한 길을 추구하기 마련입니다. "우리가 하나님 나라에 들어가려면 많은 환란을 받아야 할 것이라"(사도행전 14:22)라고 성경은 말씀하고 있어요. 예수 믿는다고 모든 환란과 시험에서 면제되는 게 아니라는 사실이지요. 힘들고 어려운 길이긴 해도 그 길을 좇아야만 영원한 생명의 길이 보장된다고 성경은 말씀하고 있습니다. 참 그리스도의 사람이라면 좁은 길로 가기를 즐겨 하는 삶이 필수적임을 언제나 기억하고 사시길 바랍니다.

필자가 총신신대원 도서관에서 읽은 작은 책인데, 이 속에도 성경의 가르침과 직결되는 기막힌 예화가 있었다. '부뚜막의 소금도 집어넣어야 짜다'라는 말이 있듯이 아무리 좋은 자료가 있어도 활용해야 가치가 있는 법이다. 설교자는 설교를 위해서라면 눈에 불을 켜고 무엇이든지 찾아 다녀야 한다. '개똥도 약에 쓰려면 없다'라는 속담도 있듯이, 정작 설교 시에 요긴한 예화가 없어서 궁색 떨지 말고 평소에 부지런히 보배를 찾아다녀야 한다. 그러면 눈에 번쩍 띄는 값진 진주를 발견하게 될 것이다.

특별한 예화에는 대조적 내용도 효과적이다. 청중의 머리에 선명히 새기는 효과가 있기 때문이다. 두 가지 예를 들어보자.

〈대조(한마디의 중요성)〉

어느 시골 작은 천주교회의 주일 미사, 신부를 돕던 소년이 그만 실수로 성찬용 포도주 그릇을 떨어뜨렸습니다. 그러자 신부가 어찌할 바를 몰라 쩔쩔매는 소년의 뺨을 때리며 버럭 소리쳤습니다.
"다시는 재단 앞에 나타나지 마라."
소년은 그 일 이후 다시는 천주교에 발을 디디지 않았습니다. 이 소년이 바로 공산주의 지도자인 유고의 티토 대통령입니다.
어느 큰 도시의 주일 미사, 신부를 돕던 소년이 역시 실수로 성찬용 포도주 그릇을 떨어뜨리고 말았습니다. 신부는 놀라 떨며 금방 울 것 같은 소년을 사랑스러운 눈길로 쳐다보며 가만히 속삭였습니다.
"괜찮다. 일부러 그런 게 아니잖니. 나도 어릴 때 실수가 많았단다. 너도 신부가 되겠구나."
이 소년이 그 유명한 미국의 가톨릭 대주교 풀턴 신입니다.

▶ 적용 및 교훈

이와 같이 말은 사람의 인생 방향을 바꿔놓을 수 있는 엄청난 위력이 있습니다. 말 하나에 따라 사람의 미래가 달라질 수 있습니다. 우리의 입에서 나오는 말이 어떤 말이 되어야 할지를 생각하게 해주는 좋은 실례라 할 수 있습니다.

〈대조적인 인생〉

1889년, 역사를 바꾼 두 아이가 태어났습니다. 한 아이는 서로 사촌간인 오스트리아인 부부 사이에서 태어났는데, 아버지를 일찍 여읜 그 소년은 알코올중독자인 숙모 밑에서 성장했습니다. 16세 때 학교를 중퇴하고 극렬 분자가 된 그는 바로 아돌프 히틀러입니다.

또 다른 아이는 같은 해 미국 텍사스에서 태어났습니다. 아이는 부모의 '사랑'과 '관심'을 받으며 자라나 웨스트포인트 사관학교에 입학했습니다. 그는 바로 아이젠하워입니다.

두 사람은 제2차 세계대전에서 지도자로 만났는데, 한 사람은 독기와 분노를 발산했고 다른 한 사람은 평화를 외쳤습니다. 히틀러가 56세 때 대피소에서 자살했을 때는 수많은 사람이 이를 기뻐했고, 반면 아이젠하워가 80세에 눈을 감았을 때는 전 세계가 애도의 눈물을 보였습니다.[183]

▶ 적용 및 교훈

어떻게 이런 대조적인 예가 있을까요? 칼라일은 이렇게 말했습니다. "어떤 환경, 어떤 생활 속에서도 인간이 찾아야 할 의무와 이상이

원포인트의 드라마틱한 강해설교

있다. 당신이 처해 있는 그 환경이 매우 불행하고 보잘것없는 것일지라도 그 속에는 당신이 찾아야 할 이상이 있다. 특히 좋지 않은 환경에서도 자기 자신을 훌륭히 키워 올리는 것이 우리가 자유를 얻는 길이다."

그렇습니다. 사람은 환경의 지배를 받게 되어 있습니다. 그래서 가능하면 좋은 환경을 선택하는 것이 필요합니다. 하지만 부모나 가정처럼 자신의 의지로 선택할 수 없이 주어지는 환경도 존재하기 마련입니다. 그래서 중요한 것은 그 어떤 환경에서도 선과 의를 위한 자신의 꿈과 의지를 상실하지 않는 자세가 중요합니다.

여호수아와 갈렙처럼, 다윗처럼 눈앞의 환경과 상관없이 항상 긍정적인 자세로 매일 매 순간 주어진 일에 최선을 다해 승리하는 삶을 사시길 바랍니다.

대조되는 예화의 중요성을 절감했으리라 본다. 여기서 주의할 점은 좋은 예화를 발견한 뒤 앞에 나오는 실례들에서처럼 '적용 및 교훈' 부분을 성경 본문과 연결시켜 반드시 정리해두어야 한다는 것이다. 많은 경우 예화에만 신경을 쓰는데, 설교할 때 새로운 작업 없이 그대로 활용할 수 있도록 본문과의 연결고리를 만들어두어야 예화 캐기 작업이 완성된다는 점을 꼭 기억해두라.

특별한 예화를 위해서 자신이나 타인의 경험담을 소개하는 것도 도움이 된다. 예를 들어보자.

〈용서받은 대로 남을 용서하라〉

돈멀루의 『붐비는 우회로』라는 책을 보면, 부정한 방법으로 회사 자금 수천 달러를 몰래 빼돌린 한 젊은 회사원 이야기가 나옵니다. 그 행위는 적발되었고, 젊은이는 사장실에 가서 경위를 보고해야 했습니다. 그는 사장실로 향하는 계단을 올라가면서 마음이 무척 무거웠습니다. 그는 틀림없이 회사에서 쫓겨날 것이라고 생각했습니다. 그에게 내려질 법적 조치도 두려웠습니다. 하늘이 무너져 내리는 것 같았습니다.

사장실에서 그는 이 사건에 대한 조사를 받았습니다. 그의 진술이 모두 사실이냐는 질문에 그는 그렇다고 답변합니다. 그러자 사장은 깜짝 놀랄 만한 질문을 던집니다.

"내가 자네를 지금 그대로 일하게 해준다면 앞으로 자네를 믿을 수 있겠는가?"

환한 얼굴로 젊은이가 대답했습니다.

"예, 사장님! 여부가 있겠습니까? 저도 이 일로 깨달은 바가 있습니다."

사장이 말했습니다.

"나는 자네에게 책임을 묻지 않겠네. 가서 일을 계속하게."

이 젊은이와 대화를 끝내면서 사장은 마지막으로 이런 말을 들려주었습니다.

"하지만 자네가 알아야 할 게 한 가지 있네. 이 회사에서 유혹에 넘어갔다가 관용을 받은 사람이 자네가 처음이 아니라 두 번째란 말일세. 그 첫 번째 사람은 날세. 나도 과거에 자네와 같은 짓을 한 적이 있지. 물론 자네가 지금 받는 자비도 받은 바 있고 말일세."[184]

▶적용 및 교훈

참으로 감동적인 교훈입니다. 마태복음 18장에 나오는 탕감 받은 자의 비유가 생각나는 내용입니다. 용서를 받아본 자만이 남을 용서할 수 있는 일이지요. 남으로부터 용서받은 자는 다른 사람을 용서해야 할 책임이 있습니다. 이 예화의 사장과는 달리 자신은 용서받음의 큰 특권을 누리고 있음에도 남의 사소한 허물은 용서하지 못하는 사람들이 주변에 적지 않은 것 같습니다.

마태복음 18장의 내용이 바로 그런 문제를 지적하고 있는 본문이지요.

"악한 종아 네가 빌기에 내가 네 빚을 전부 탕감하여 주었거늘 내가 너를 불쌍히 여김과 같이 너도 네 동료를 불쌍히 여김이 마땅하지 아니하냐?"(마태복음 18:32~33)

자신과 상관없는 본문이라고요? 용서받은 적이 없다고요? 주님이 용서해주시지 않았습니까? 값비싼 십자가의 수난과 죽음이란 대가를 지불하고서 말입니다. 앞에 소개한 그 사장의 모습에서 큰 도전을 받고 돌아가시길 바랍니다. 엄청난 은혜와 용서를 받은 자답게 모두 이웃을 용서하며 사는 삶이 되시기를 바랍니다.

필자가 '적용 및 교훈'에서 밝혔듯이, 마태복음 18장을 설교할 때 이 예화보다 더 효과적인 내용을 발견하기는 쉽지 않다. 이런 특별한 예화 하나가 본문을 완전히 새롭게 살리는 역할을 한다. 대가들의 설교에는 평범하거나 누구나 다 사용하는 예화가 거의 없음을 본다. 설교자들이여, 지금부터 자신만의 비장한 특별 예화 찾기에 몸을 사리지 말지어다.

그러기 위한 '특단의 비책'을 하나 소개하자면, '인문고전 독서'[185]에 공을 많이 들이라는 것이다. 인문고전은 성경 다음으로 설교자들에게 풍성한 자료를 제공할 것이다. 설교의 다양한 형태는 물론, 남들이 활용하지 않은 새롭고 신선한 예화의 보고가 그 속에 들어 있음을 경험하게 될 것이다. 예수님처럼 하늘의 진리를 땅의 언어로 전달함에 인문고전보다 나은 무기가 없음을 반드시 기억하라.

(3) 설교 서론

'연역적'이냐 '귀납적'이냐 하는 용어는 사람들이 사고하는 아이디어를 제시하는 방식을 묘사한다. 설교학에서 말하자면, '설교가 어떤 방향으로 나아가는가?' 하는 움직임에 관한 작업이 될 것이다.

우선 연역법은 일반원리에서 특수하고도 구체적인 상황으로 적용하는 방법이다. 예를 들어보자.

> ① 모든 남자는 늑대다(일반원리)
> ② 최수종은 늑대다
> ③ 최민수도 늑대다
> ④ 최불암도 늑대다(구체적 적용)

이렇게 일반적인 원리에서부터 시작해 특수한 사례로 나아가는

원포인트의 드라마틱한 강해설교

것을 '연역적'이라고 한다. 연역적인 설교는 설교 초반부에 설교의 중심사상이나 명제적 진리를 제시하고, 본론에서 3~4개의 대지로서 그 중심사상이나 명제를 설명과 증명, 그리고 적용하는 방법인데, 전통적인 세 대지 설교가 이에 해당한다.

연역적 설교는 아리스토텔레스로부터 시작된 연역적 논증법에 기초한다. 이것은 아이디어나 사상의 조직이 설교의 근간을 이룬다. 대지를 중심으로 사상을 논리적 순서에 따라 풀어가는 방식으로 설교를 진행한다. 이것은 전체를 먼저 보여준 뒤 부분으로 들어가는 방식이다.

연역법의 가장 큰 장점은 논리 전개에서의 '선명성'과 '명확성 (Clarity)'이다. 연역적인 설교에서 청중은 설교의 핵심과 요점과 의도가 무엇인지를 명확히 알 수 있다. 왜냐하면 처음부터 메시지가 매우 조직적이고 논리적이며, 그리고 질서 있게 전개됨으로써 청중은 설교가 어디로 가고 있는지 혼동하지 않는다. 연역적인 설교는 대부분의 강해설교, 교리설교와 교육적인 설교에 매우 효과적이다.

그러나 연역적인 설교에는 몇 가지 단점이 있다. 첫째가 명제를 먼저 선포하는 것이 권위적으로 전개되므로 청중에게 부담을 줄 수 있다는 점이다.[186] 설교자가 자신이 내린 결론을 청중의 삶과 믿음에 적용할 수 있는 권리나 권위를 가졌기 때문에 청중은 그것을 단순히 받아들여야 하는 극히 수동적 위치에 처해야 할 것이다.

그리고 이것은 이미 결론과 중심사상이 먼저 주어졌기 때문에 설교 내내 따분함과 지루함을 조장할 수 있다는 단점도 있다. 설교자는 대지를 말할 때 해답을 이미 밝힌 셈이다. 나머지 설명은 자신이 선언한 대지가 옳다는 것을 증명하는 데 불과하다. 따라서 설교자의 논리 전개가 산뜻하지 못하면 청중은 빨리 다음 대지가 나오기만을 기다린다. 연역적 설교는 설교의 아이디어가 어떤 긴장감(Suspense)을 유발시키지 않아 청중이 설교에 관심을 기울이지 않을 가능성이 매우 크다.

이와 같이 현대사회에서의 다양한 복잡성(Complexity)과 모호성(Ambiguity) 등을 고려하지 않고 계속 연역적으로 설교한다면 설교를 향한 청중의 귀는 점점 닫힐 수밖에 없다는 사실을 알아야 한다.

다음으로, 귀납법은 특수한 개개의 상황이나 구체적인 사례로부터 시작해서 일반적인 원리(문장)나 결론을 이끌어내는 방법이다.

예를 들어보자.

> ① 최수종은 늑대다
> ② 최민수도 늑대다
> ③ 최불암도 늑대다(구체적 적용)
> ④ 그러므로 모든 남자는 늑대다(일반원리)

귀납적인 설교에서 설교자는 청중에게 아주 익숙하게 들리는 특수하고 구체적인 상황에 대한 관찰, 질문, 실례, 인간 생활 및 경험들로부터 출발한다. 그런 다음 어떤 일반적 결론이나 전체, 즉 본문의 성경적 원리에 도달하는 논리 방법이다.[187]

좀 더 구체적으로 얘기하자면, '귀납적 설교 방법'이란 구체적인 사실이나 경험, 즉 듣는 이들이 실감하고 관심을 가질 수 있는 구체

원포인트의 드라마틱한 강해설교

적인 주변 이야기나 사건에서 시작해 일반적인 진리로 움직임을 갖는 설교를 말한다. 삶의 경험이나 사건이나 내용은 설교자가 보다 흥미 있고 효과적인 방식으로 본문을 드러내는 중요한 접촉점 역할을 제공하므로 구체적인 경험이나 사례들로 설교를 시작하는 것이 필수적이다.[188]

하지만 귀납적 방법은 설교의 서론을 어떻게 시작하느냐에 대해 말하는 것에만 그치지 않는다. 귀납적 방법을 의미하는 두 번째는 결말에 이르기 전까지는 핵심 주제와 사상을 결코 노출하거나 부각하지 않는다는 것이다. 설교가 귀납적으로 정교하게 진행되지 않으면 듣는 청중이 설교자가 지금 논리를 어디로 끌고 가는지를 잘 알 수 없다. 그래서 설교의 논지를 따라가기가 결코 쉽지 않다. 반면에 효과적으로 진행되면 귀납법은 설교자의 논리를 예리하게 만들어준다. 그뿐만 아니라 귀납적으로 배열된 설교를 통해 청중은 긴장감을 느끼는 것은 물론, 마지막 단계에서는 뭔가 자신이 스스로 새로운 사실을 발견하는 일에 동참했다는 뿌듯한 느낌을 가지게 된다.

귀납적 방법을 의미하는 세 번째는 설교의 중심사상이나 결론을 처음부터 드러내는 것이 아니라 마지막에 청중 스스로 간파해서 삶에 적용, 결단하도록 자유롭게 이끌어줘야 한다는 점이다. 이것을 '결론을 열어놓는 대화법(Open-Ended Dialogue)'이라 한다.

다시 정리하면, '일반적인 원칙으로부터 특수한 예를 나열하는 것'이 연역법이라면, 귀납법은 '개별적인 사건을 나열하고 일반적 원리를 나중에 제시하는 전개 형식'이다. 연역적 설교는 설교자가 홀로 진리 탐구를 향해 떠나는 외로운 여행과도 같다. 하지만 귀납적 설교는 설교자와 청중이 함께 설교의 중심사상과 결론을 탐색하게 된다. 자연적으로 청중은 설교 전개에 호기심을 가지게 된다. 그리고 청중이 설교의 흐름에 동참하고 결론에 함께 공감하게 된다.

예수님의 설교도 귀납적 설교였다. 예수님은 잃어버린 영혼에 대한 하나님의 마음을 설명하실 때 어떤 어려운 신학적 설명을 하지 않으셨다. 목축에 대해 잘 아는 팔레스타인 회중에게 잃은 양의 비유를 통해 이야기를 전개하셨다. 그래서 회중은 잃은 양을 찾아 헤매는 목자의 심정을 온 가슴으로 느끼며 말씀을 이해할 수 있었다. 이처럼 귀납적 전개는 삶의 자리(Sitz im Leben)에서부터 출발한다는 점에서 청중의 몰입(Involvement)과 참여(Participation)를 가능하게 해준다.[189]

한국교회에서 강해설교의 대가로 불리는 이동원 목사는 귀납적인 설교 접근을 주장하며 이렇게 말했다.

> 필자가 설교 초기에 강해설교를 하면서 강조한 것은, 사람들의 필요를 따라가지 말고 하나님의 원리를 제시하라는 것이었다. 그러나 지금은 필자의 생각이 바뀌었다. 설교 시에 하나님의 궁극적인 원리를 제시해야 한다는 궁극적인 생각에는 변함이 없지만, 그 원리를 가르치고 그곳에 도달하기 위해서는 먼저 사람들의 필요에 민감하며 그들과 고민을 함께 나누고, 같이 동참하면서 설교를 시작해야 한다는 것이다. 필자는 청중들의 삶의 현장에서 먼저 시작하는 것이 훨씬 더 효율적이라는 사실을 목회 현장에서 거듭 발견하여왔다. 따라서 이러한 귀납적인 설교가 청중들의 필요를 더 채워주고, 그 효과 면에서

원포인트의 드라마틱한 강해설교

도 청중들의 민감한 반응을 유도해낼 수 있다고 생각하게 되었다.[190]

귀납적 설교는 몹시도 기다려지는 목적지를 향해 설교자와 청중이 함께 탐색하고 모험하며 여행하는 것이다. 그러나 연역적인 설교는 설교자가 그의 권위를 가지고 목적지를 일방적으로 결정하고, 설교자 혼자서 나 홀로 여행을 떠나는 것에 비유할 수 있다. 연역적 설교에서는 설교자 홀로 성경의 원리와 설교의 명제와 중심사상을 정하고 적용함으로써 회중의 참여가 제외된다. 한마디로 연역적 설교는 설교자 자신의 입장에서 출발한다.[191]

그러나 귀납적인 설교에서는 삶의 현장으로부터 설교자와 청중이 설교의 중심사상, 명제를 함께 탐색하고, 발견을 경험하며 설교에 적극적으로 참여할 수 있게 된다. 귀납적 설교는 청중의 입장을 세심하게 고려하는 설교 방식이다.

그럼 이제 실례를 들어서 연역적 방법과 귀납적 방법의 차이를 살펴보자. 다음 문장을 비교해보라.

인간은 다 죽습니다. 그 어떤 위대한 사람도 다 죽는 게 인간입니다.(**일반원리**)
예를 들어볼까요? 그렇게 돈이 많다던 삼성의 이병철 회장도 죽었습니다. 나는 새도 떨어뜨린다던 박정희 대통령도 죽었습니다. 레슬링 세계 헤비급 챔피언이었던 김일 선수도 죽었습니다.(**구체적 사례**)

***

지난 한 주간은 우리 모두에게 슬픔의 연속이었습니다. 이웃집 아저씨 같은 인상으로 국민들에게 친숙한 인상을 남겨줬던 최규하 대통령이 세상을 떠났습니다. 그리고 하루 뒤에 어릴 적 가난하던 시절, 박치기 하나로 희망을 북돋아주었던 레슬링 세계 헤비급 챔피언이었던 김일 선수도 세상을 떠났습니다.(**구체적 사례**)

그렇게 위대한 분들이 세상을 떠나 사라지는 것을 보니 과연 인간은 누구나 다 죽는가 봅니다. 그 어떤 굉장한 사람도 다 죽는 게 인간인가 봅니다.(**일반원리**)

어느 쪽 문장에 더 끌리는가? 어느 문장이 훨씬 설득력 있게 사람을 잡아끈다고 보는가? 둘째 문장이다. 왜일까? 문장의 순서가 처음 문장보다 훨씬 더 독자나 청중을 끌어당기는 방식으로 되어 있기 때문이다. 처음부터 추상적이거나 뜬구름 잡는 식의 원리나 논리적 진술은 사람들의 마음을 사로잡을 수 없는 법이다. 사람들의 관심을 집중시키고 뭔가 구체적인 사례를 보여줄 때 청중의 마음은 움직인다.

전자는 연역적 방식으로 나열했고, 후자는 귀납적 방식으로 되어 있다. 귀납적 방식의 차별성을 엿볼 수 있는 좋은 실례다.

다음에 예로 든 두 설교의 내용을 서로 비교해보라.

성경에 보면 자식을 위해 저주를 아끼지 않은 어머니가 있습니다. 그녀는 다름 아닌 그 유명한 야곱의 어머니 리브가입니다. 창세기 27장 13절에, 그녀가 그 어떤 것을 위해 자신의 저주받음을 전혀

원포인트의 드라마틱한 강해설교

두려워하지 않는 충격적 모습이 나옵니다. "어머니가 (…) 이르되 (…) 저주는 내게로 돌리리니 내 말만 따르고 가서 가져오라" 남을 위해 자신이 저주를 달게 받겠다는 것입니다.(**본문의 사건**)

오늘 이와 아주 흡사한 또 다른 한 어머니의 모습을 발견할 수 있습니다. 수년 전 개봉되었던 영화 〈포레스트 검프(Forest Gump)〉의 어머니 말입니다.

초반부에 아주 충격적인 장면이 나옵니다. 어느 날 주인공 포레스트의 엄마는 그린버그 카운티 센트럴 학교의 교장 선생님 헨콕 씨의 집을 방문합니다. 거기서 검프 부인은 교장 선생님에게 뭔가를 간곡히 호소했습니다. 교장 선생님은 주 당국의 규정을 들이대며 그녀의 요청을 거절합니다. 그녀는 자신의 뜻을 이루기 위해서 결국 교장 선생님에게 자신의 몸을 바치고 맙니다.(**현실의 사건**)

쇼킹한 사건 아닙니까? 도대체 어떤 다급한 일이 있길래 그녀가 그런 수치스러운 행위까지 감내해야만 했을까요? 무슨 이유로 그녀가 소중한 몸을 희생시키면서까지 자신의 뜻을 관철시키려 한 것일까요?

***

수년 전 개봉되었던 영화 〈포레스트 검프(Forest Gump)〉의 초반부에 아주 충격적인 장면이 나옵니다. 어느 날 주인공 포레스트의 엄마는 그린버그 카운티 센트럴 학교의 교장 선생님 헨콕 씨의 집을 방문합니다. 거기서 검프 부인은 교장 선생님에게 뭔가를 간곡히 호소했습니다. 교장 선생님은 주 당국의 규정을 들이대며 그녀의 요청을 거절합니다. 그녀는 자신의 뜻을 이루기 위해서 결국 교

장 선생님에게 자신의 몸을 바치고 맙니다.(**현실의 사건**)

쇼킹한 사건 아닙니까? 도대체 어떤 다급한 일이 있었기에 그녀가 그런 수치스런 행위도 감내해야만 했을까요? 무슨 이유 때문에 그녀가 소중한 몸까지 희생시키면서까지 자신의 뜻을 관철시키려 한 것일까요?

이와 아주 흡사한 또 다른 한 어머니의 모습을 오늘 본문에서 발견할 수 있습니다. 그녀는 다름 아닌 그 유명한 야곱의 어머니 리브가입니다. 창세기 27장 13절에 그녀가 그 어떤 것을 위해 자신의 저주받음을 전혀 두려워하지 않는 충격적 모습이 나옵니다. "어머니가 (…) 이르되 (…) 저주는 내게로 돌리리니 내 말만 따르고 가서 가져오라" 남을 위해 자신이 저주를 달게 받겠다는 것입니다.(**본문의 사건**)

대단한 어머니들이지요. 도대체 무엇 때문에 이 어머니들은 자기 몸을 바쳐서라도, 자신의 저주를 불사하면서까지 그들의 뜻을 관철시키려 한 것일까요? 그 이유가 궁금하지 않습니까?

위의 두 가지 예에서 어느 설교가 더 시선을 잡아끄는가? 본문의 사건을 먼저 소개한 경우인가, 아니면 현실의 사건을 먼저 소개한 경우인가? 사람마다 차이가 있을 수 있겠지만, 대다수는 현실 속의 문제를 먼저 제시한 두 번째 설교에 더 끌리게 될 것이다.

하나만 더 소개해보자.

원포인트의 드라마틱한 강해설교

〈서론〉

우리가 즐겨 애송하는 윌리엄 워즈워스(William Wordsworth)의 〈무지개〉란 시가 있는데, 거기에 유명한 한 문장이 나옵니다. "The Child is father of the Man(어린이는 어른의 아버지)"입니다. 오늘 설교의 제목입니다. 어린이들에게서 어른들이 배우고 그들의 특성 한 가지를 늘 기억하고 살라는 것이지요.

〈본문〉

오늘 본문에서 주님도 비슷한 말씀을 하셨습니다. 마태복음 18장 3절, 5절 말씀입니다. "(⋯) 너희가 돌이켜 어린 아이들과 같이 되지 아니하면 결단코 천국에 들어가지 못하리라 (⋯) 또 누구든지 내 이름으로 이런 어린 아이 하나를 영접하면 곧 나를 영접함이니"

이 설교는 수년 전 필자가 어린이 주일에 본 교회의 주일 대예배 때 전했던 설교의 서론이다. 이 설교를 마치고 나오는데 영문학 교수이신 장로님이 내 손을 꽉 잡고 이렇게 격려해주셨다.

"목사님, 윌리엄 워즈워스의 〈무지개〉는 제가 가장 애송하는 시인데, 본문과 관련해서 그렇게 사용될 수 있는지는 오늘 처음 알았습니다. 은혜 많이 받았습니다. 감사합니다!"

즉각 이런 반응이 나왔다.

앞에서도 언급한 바 있지만, 청중에게 더 어필하는 설교를 하려면 훤히 잘 아는 본문 내용보다는 새로운 내용이나 그들의 관심거리나 삶의 자리에서부터 설교를 시작하는 것이 훨씬 더 효과적이다. 이렇게 청중의 흥미를 끄는 설교라야 설교라는 황홀한 여행에 그들을 동참시킬 수가 있다. 이것이 바로 '귀납적 방법'이다.

그러므로 되도록 귀납적 전개방식을 많이 활용하라. 청중의 가슴에 불을 지르고, 위대한 결단과 헌신을 유발할 수 있는 좋은 방식이 귀납적 접근에서 훨씬 더 많이 나온다는 사실을 꼭 기억하자.

필자가 개발한 '원포인트의 드라마틱한 강해설교'를 작성하려면 앞에서 소개한 세 가지 구체적인 '귀납적 방향'이 필수적으로 발휘되어야 함을 다시 한번 강조한다.

Chapter 7

원포인트의
드라마틱한
강해설교의 실제

지금부터 '원포인트의 드라마틱한 강해설교'를 작성하는 과정을 더 구체적으로 소개하고자 한다. 원포인트로 흘러가는 한 편의 드라마틱한 강해설교문을 작성하기 위한 사전 준비작업이 하나 있다. 그것은 '석의 작업'이다. 아무리 효과적이고 감동적인 설교문을 작성했다 해도 본문의 핵심이 담겨 있지 않다면 성경적이지도 않고 강해설교라고 할 수도 없다.

먼저 '7단계 석의 작성법'을 간략히 소개한 뒤 그 실례를 공개하고, 그런 다음 묵상과 관찰로 이루어진 보다 간단한 석의 샘플을 소개하고자 한다. 이제 하나씩 살펴보자.

1) 7단계 석의 작성법

석의는 '주석(Exegesis or Commentary)'이나 '주해(Exposition)'와는 뜻이 다르다. '주석' 또는 '주해'는 성경 각 장뿐 아니라 각 구절과 각 단어 하나하나까지 다 상세히 설명하는 것이다. 반면에 '석의(釋義, Central Exposition)'는 본문 전체에서 가장 중요한 핵심 메시지가 무엇인지를 탐구하는 것을 말한다.

필자의 석의 작성법은 다음과 같이 7단계로 구성된다.

> (1) 1단계: 본문 선정과 개인 번역
> (2) 2단계: 문맥 연구 – 문학적 & 역사적 연구
> (3) 3단계: 중요 단어 연구

　이 석의 작성법을 일일이 설명하기보다는 다음과 같이 마가복음 5장 21~43절을 본문으로 해서 그 실례를 소개하는 것이 이해에 더 도움이 될 것으로 판단한다.

2) 7단계 석의 작성법 샘플

〈회당장 야이로와 혈루증 여인〉

(마가복음 5:21~43)

(1) 본문 선정과 개인 번역

▶ 본문 선정

　회당장 야이로의 이야기와 혈루증 여인의 사건은 별개 내용으로 볼 수 있으므로 두 사건을 따로 분리해서 설교 본문으로 잡을 수 있다. 하지만 문맥 전체를 살펴보면 두 사건이 전혀 별개의 것이 아니라 아주 밀접하게 연결돼 있음을 알 수 있으므로, 본문을 두 사건 모두를 포함해서 결론을 맺는 마가복음 5장 21~43절까지로 잡았다.

(2) 문맥 연구 - 문학적 & 역사적 연구

▶ 문맥적 고찰

• 4:35~5:20(이전 문맥)

예수님의 사역은 가르치심과 이적을 통해 하나님 나라를 능력으로 계시하신 사역이었다. 그중에 특별히 예수님의 이적 사역(4~5장)은 죽음을 상징하는 난폭한 풍랑을 잠잠케 하시고, 거라사의 '군대' 귀신 들린 난폭한 광인을 말씀으로 온전하게 고쳐주심으로써 자신의 신분을 입증하셨다.

• 5:21~43(본문)

그 뒤 이어지는 이적기사(異蹟記事)는 고질병인 혈루증 여인을 고치시고 회당장 야이로의 딸을 죽음에서 구원하심으로써 바닷가에서 전하신 비유 이후에 주어진 예수님의 이적 사역이 절정에 이르게 된다.

• 6:1~6(이후 문맥)

"거기를 떠나사"(6:1)라는 표현을 통해 이 단락이 이전 단락인 본문과 연결되고 있음을 알 수 있다. 5장 40절에서 예수님은 불신앙적 태도를 보였던 자들을 강력하게 내쫓으셨는데, 이와 같은 불신앙적 태도가 고향인 나사렛 사람들에게서 반복적으로 나타남을 이 단락은 거듭 보여준다.

▶ 문화 역사적 고찰

8~9장에 나타난 기적 이야기와 제자도의 내용은 메시아로서 예수의 권위를 행동적으로 증거한다. 하지만 예수의 메시아

적 사명의 예상치 못한 성격은 무리를 계속 놀라게 만들고, 종교 당국자들의 적대감을 자극한다. 본문에 나오는 기적 사건에서 예수님은 자신이 종교적 또는 사회적 엘리트들의 입맛을 달래기 위해서 오신 것이 아니라 천대받는 자들을 치유하기 위해서 오셨음을 보여준다.

(3) 중요 단어 연구

- **회당장**(Synagogue Ruler)(22절): '회당장'은 헬라어로 '아르키쉬나고고스($\alpha\rho\chi\iota\sigma\upsilon\nu\alpha\gamma\omega\gamma o\varsigma$)'인데, 당시 유대 사회에서 가장 영향력 있고 존경받는 유대 공동체의 지도자로서 회당에서 종교적인 일과 의식법을 준수하는 데 특별한 책임을 지닌 사회 권력층 신분이었다.

- **혈루증**(血漏症)(25절): 종교적으로 불결한 병(레위기 15:19~33, 20:18 참조)이었기 때문에 이 여인은 부정한 사람으로 취급되었고, 사회적으로 단절돼 사람과의 접촉이 금지되었다.

- **옷 가**(27절): '옷 가'에 해당하는 말은 '히마티온($i\mu\acute{\alpha}\tau\iota o\nu$)'으로 '외투'를 가리킨다. 즉, 이 여인은 예수님이 걸치신 옷자락 끝에 있는 술에 손을 댄 것이다. 혈루병자가 다른 사람의 옷을 만지지 못한다는 금지 사항을 깨고 담대히 예수님의 옷가지를 만진 것은 그녀의 놀라운 믿음을 증거한다(Cf. 누가복음 8:44).

- **딸**(23절): 여기서 '딸'이란 헬라어로 '쉬가트리온($\theta\upsilon\gamma\acute{\alpha}\tau\rho\iota o\nu$)'이란 말로 '친딸'을 의미한다. 하나님과 예수님의 친가족 일원이 되는 축복을 누린 것으로 해석할 수 있다.

- 에워싸 밀더라(24절): '쉰쓰리보(συνθλίβω)'라는 헬라어는 '완전히 질식시키다'라는 뜻이다. 그러므로 사람들이 얼마나 많이 몰려들었던지 그들이 둘러싸서 예수님을 거의 질식시킬 정도였다는 것이다. 즉, 사람들은 예수님의 기적을 보고자 혈안이 되어 예수님께서 거의 숨도 못 쉴 만큼 몰려들어 압박했다.
- 믿기만 하라(36절): '모논 피스튜에(μόνον πίστευε)'라는 헬라어는 현재 명령형으로 사용되어 "흔들리지 말고 5장 23절에서 처음 가졌던 믿음을 지금 이 순간에도 지속적으로 유지하라"는 의미다.

(4) 본문의 구조 파악 – 언어적 접근

```
22    회당장 중의 하나인 야이로라 하는 이가
      와서
      엎드리어
23    구하여 이르되
          내 어린 딸이 죽게 되었사오니
          오셔서 그 위에 손을 얹으사
          그로 구원을 받아 살게 하기 위해서(히나[ἵνα], 목적,
          that … may)
27    소문을 듣고
      손을 대니
28    이는 내가 구원을 받으리라 생각함일러라(가르[γὰρ],
      이유, for)
              그의 옷에만 손을 대어도(에안[ἐὰν], 조건절, if)
41    그 아이의 손을 잡고
          이르시되 달리다굼 하시니
42    일어나서
      걸으니
```

원포인트의 드라마틱한 강해설교

나이가 열두 살이라(가르[γὰρ], 이유, for)
43   경계하시고
        아무도 알지 못하게 하라고(히나[ἵνα], that …
        should)

(5) 본문의 구성 파악 – 문학적 접근

▶ 샌드위치 기법

▶ 〈Chiasmus〉

A. 바닷가에 오신 예수님과 [제자들과] 모인 큰 무리(5:1)
    B. 예수님과 회당장 야이로: 딸의 구원을 간청하는 야이로 –
    "내 딸이 죽게 되었다"(22~23)
    C. 집을 향해 함께 나아가는 예수님(24)
        D. 가는 도중 혈루증 여인의 치유(25~34): "딸아 네 믿음이
        너를 구원하였다"
    C'. 집을 향해 가는 도중에서의 비보(35): "당신의 딸이 죽었다"
    B'. 예수님과 회당장 야이로(36): 권면하시는 예수님 –"두려워
    말고 믿기만 하라"
A'. 집에 오셔서 딸을 고쳐주신 예수님과 [제자들과] 놀란 무리

하나의 스토리가 또 다른 스토리 가운데 위치한 형태로 마치
샌드위치 같다고 하여 '샌드위치 기법'이라고 부르는데, 이 문학
적 기법은 각 스토리가 다른 스토리의 특징과 밀접하게 관련돼
함께 문학적 통일성을 이루는 것으로 이해된다. 마가복음에는
이러한 기법이 자주 사용되었다.

여기서 중요한 질문 한 가지를 던져보는 것이 좋다. 본문의 적용을 위해 이만한 질문은 없다. 평소엔 자신을 드러내기를 꺼리시던 예수께서 왜 여기서는 여인에게 대중 앞에서 공개적으로 간증하라고 하셨나?

첫째, 그녀의 간증은 그녀 자신을 위한 일이었다. 자신의 행동이 탄로 날까 봐 두려워 떨고 있었을 그녀에게 공개적으로 자신이 한 일을 밝히라고 하는 일이 아주 난처한 일임을 예수께서 모르셨단 말인가? 하지만 그런 간증과 고백의 사건이 없었다면 예수님과의 개인적 만남과 보증과 위로의 말씀은 듣지 못했을 것이다. 병 고침 받은 기적만이 중요한 것이 아니다. 더 중요한 것은 예수님과의 인격적 만남과 교제, 그리고 그분으로부터의 직접적 위로와 천국 백성이 되었다는 축복의 선포를 듣는 것이다.

둘째, 그녀의 간증은 곧 딸이 죽었다는 소식을 듣게 될 운명에 처한 야이로를 위한 일이었다. 주님은 그녀의 간증을 통해 절망과 좌절의 순간이 다가올 때 어떤 믿음으로 나아가야 하는지를 야이로에게 보여주는 생생한 시청각교재가 되기를 원하셨다.

셋째, 그녀의 간증은 예수를 둘러싸고 가까이에 있던 무리를 향한 일이었다. 예수께서 돌아오실 때 수많은 무리가 예수를 기다렸다가 환영하고 둘러쌌다. 그런데 그들이 그렇게 가까이서 접하고 눈앞에서 만날 수 있었던 예수지만, 그분에게 도움을 요청하거나 스스로 믿음을 통해 그분에게서 병 고침의 기적을 얻어내거나 어떤 문제를 해결 받은 사람이 과연 몇이었는가? 이 여인 한 사람밖에 없다. 기독공동체 안에서 예수님 가까이서 개인적인 접촉이나 교제 없이 구성원으로만 평생 머무르는 것과 믿음으로써 예수님과의 개인적 터치와 교제를 경험하며 친밀한 가족의 일원으로 살아가는 것은 매우 다르다.

넷째, 그녀의 간증은 제자들을 향한 것이었다. 예수님의 제자로서 늘 그분 곁에서 제자 훈련을 받고 말씀을 가장 가까이서 듣고 전도하며 따라다니던 제자들은 영적으로 무지했고, 예수님을 제대로 누리지 못했다. 그들에게도 혈루증 환자의 치유 사건은 예수님에 대한 확고한 믿음과 누림이 참으로 중요하다는 사실을 깨우치는 시청각교재가 되었을 것이다.

(6) 본문의 내용 파악 - 주제적 접근

▶ Paraphrase

예수께서 바닷가에 계실 때 많은 사람이 몰려오고 뜻밖에 회당장 야이로란 사람도 와서 "오셔서 죽어가는 딸을 안수해서 살려달라"고 예수께 무릎 꿇고 간청했다. 이에 예수께서 그와 함께 가실 때 혈루병을 앓던 한 여인이 치유에 대한 믿음을 가지고 예수님의 옷 가에 손을 댐으로써 병 고침 받는 사건이 일어났다. 이를 아신 예수께서 누가 자기 옷 가에 손을 댔는지 고하라 하셨고, 두려움에 떨던 여인은 마침내 자신이 했노라 고백했다. 이에 예수께서 그녀를 하나님의 가족 일원이 되었다는 표식인 '딸'로 호칭하시면서 병을 고친 것은 그녀의 믿음이었으므로 평안히 가서 하나님의 가족답게 잘 살라고 말씀하신다. 이 사건으로 지체되면서 결국은 회당장의 딸이 죽고 말았다는 소식을 전해 듣지만, 예수께서는 의심과 염려를 떨치고 지속적인 믿음만 가진다면 기적을 볼 수 있다고 말씀하신다. 마침내 예수님은 슬픔과 절망에 잠겨 있는 회당장의 집에 가셔서 죽은 딸을 살려주심으로써 사람들이 크게 놀라게 된다. 예수님 자신이 어떤 분이신지 아직 공개적으로는 아니나 믿음이 있는 일부 사람들에게는 보여주는 사건이다.

(7) 본문의 핵심 메시지 작성

▶ 핵심 메시지

예수님을 향한 강하고 지속적인 믿음이 여인의 질병과 회당장 야이로의 딸의 죽음 문제를 해결할 수 있는 필수적 대안이었다.

3) 베스트 석의 샘플

다음에 제시하는 것은 필자가 설교문을 만들기 직전 작성해본, 각 구절을 중심으로 묵상 관찰하며 추출한 석의 샘플들이다. 각기 조금씩 다른 다양한 형태로 작성한 내용을 하나씩 소개해본다.

(1) 하나님을 신뢰하고 순종하는 자에게 따르는 보상(출애굽기 2:1~10)

1 레위 가족 중 한 사람이 가서 레위 여자에게 장가들어
2 그 여자가 임신하여 아들을 낳으니 그가 <u>잘생긴</u>(ךוﬨ, valuable-소

중한) 아이임을 보고 석 달 동안 그를 숨겼으나

: 믿음으로 모세가 났을 때에 그 부모가 '아름다운(כֹוב, wonderfully beautiful - 놀라울 정도로 빼어난·특출한)' 아이임을 보고 석 달 동안 숨겨 왕의 명령을 무서워하지 아니하였으며(히브리서 11:23)

: 위기의 상황에서 선택할 때 그 기준은 '오직 믿음으로'여야 한다. 정확히 말하면 '오직 하나님을 신뢰함으로'여야 한다. 왕의 명령이라도 하나님을 신뢰함(신뢰의 안목)으로 아이가 하나님의 은혜를 입은 특별한 사명자임을 잘 판단하여 생명을 담보하는 담대한 선택을 해야 한다.

본문 2절을 보면 모세를 석 달간 숨겨서 키웠다고 했다. 모세의 부모에게 이 3개월은 참으로 고난과 위험과 말로 다할 수 없는 어려움의 기간이었을 것이다. 당시 바로 왕은 이스라엘 민족에게 사내아이를 낳으면 모두 죽이라는 명령을 내렸다.

※ 출애굽기 1장 15~17절 참조

15 애굽 왕이 히브리 산파 십브라라 하는 사람과 부아라 하는 사람에게 말하여
16 이르되 너희는 히브리 여인을 위하여 해산을 도울 때에 그 자리를 살펴서 아들이거든 그를 죽이고 딸이거든 살려두라
17 그러나 산파들이 하나님을 두려워하여 애굽 왕의 명령을 어기고 남자 아기들을 살린지라

왕을 두려워하기보다 하나님을 두려워하는 히브리 산파들의 믿

음도 대단하다.

▶ **적용**

1) 선택의 기준 - 믿음으로

2) 선택의 자세 - 생명 걸고

 ex) 최재형 감사원장이 대통령과 여당의 압박과 위협에도 진실과 국익을 위해 타협하지 않음.

3 더 숨길 수 없게 되매 그를 위하여 갈대 상자(תבה, 배)를 가져다가 역청과 나무 진을 칠하고 아기를 거기 담아 나일 강 가 갈대 사이에 두고

※ 창세기 7장 1절, 7절 참조

1 여호와께서 노아에게 이르시되 너와 네 온 집은 방주(תבה,배)로 들어가라 이 세대에서 네가 내 앞에 의로움을 내가 보았음이니라
7 노아는 아들들과 아내와 며느리들과 함께 홍수를 피하여 방주에 들어갔고

• תבה, 배는 '여호와'와 '구원'을 의미함.

: 전적으로 하나님을 신뢰함으로 아이를 키워봤지만 인간의 능력으로는 한계상황이 오는데, 그때는 하나님을 의지하고 도움을 요청해야 한다.

원포인트의 드라마틱한 강해설교

▶ 적용

한계상황에서는 인간적 수단과 방법을 사용하지 말고 하나님을 신뢰하고 그분을 절대적으로 의존해야 한다.

4 그의 누이가 어떻게 되는지를 알려고 멀리 섰더니

: 하나님이 어떻게 도우시고 구원하시는지 신뢰함으로 관찰해야 한다. 신뢰함이 없었다면 대성통곡으로 마지막 작별 인사를 나누었을 것이다. 하지만 미리암은 자신들이 불가능했던 일을 여호와께서는 어떻게 가능케 하실지를 지켜본 믿음과 신뢰의 사람이었다.

ex) IMPOSSIBLE → I'MPOSSIBLE

5 바로의 딸이 목욕하러 나일 강으로 내려오고 시녀들은 나일 강가를 거닐 때에 그가 갈대 사이의 상자를 보고 시녀를 보내어 가져다가

: 바로 왕의 궁전에 공주의 방이 있을 테고 공주의 방에 화려한 목욕탕 시설이 있었을 텐데, 위험하고 사방이 노출된 나일강에서 공주가 목욕한다는 것은 있을 수 없는 일이다. 이때 시녀들의 반대와 권고가 얼마나 컸을지를 상상해보라. 하지만 하나님의 역사하심과 감동케 하심은 누구도 말리거나 거부할 수 없다. 그래서 애굽 공주의 신분으로서는 전혀 불가능한 나들이가 시작된 것이다. 그것도 갈대 사이에 숨겨놓은 테바를 다른 이도 아닌 공주가 보게 하신 것도 여호와의 역사임을 놓치지 말라. 하나님

이 역사하기 시작하시면 우리 인간에겐 뭐든지 기적이 된다.

▶ **적용**

하나님을 신뢰하기만 하면 예기치 못한 놀라운 기적을 보게 된다.

6 열고 그 아기를 보니 아기가 우는지라 그가 그를 불쌍히 여겨
  이르되 이는 히브리 사람의 아기로다

  : 아이가 울어선 안 될 때 울지 않고 울어야 할 적절한 때에 울
  게 하신 것도 하나님의 손길이셨다. 공주가 오기 전에 아이가
  울었다면 사람들에게 발견되어 죽임을 당할 수 있었겠지만,
  하필이면 공주가 테바를 열 때 아이를 울게 하신 이도 하나님
  이셨다. 바로의 딸이라 해도 왕의 명을 어길 수는 없었을 텐데,
  그녀의 마음에 강한 동정심과 모성애를 발동케 하신 이도 하
  나님이셨다.
  그렇게 본다면 모세를 애굽의 왕자로 세우시기 위해서 바로
  의 딸로 하여금 자식이 없도록 임신하지 못하게 하신 이도 하
  나님이셨음을 볼 수 있어야 한다. 공주에게 왕자가 있었다면
  히브리 아이를, 그것도 부왕의 명을 어기고 양자로 삼을 수
  있었을까?

7 그의 누이가 바로의 딸에게 이르되 내가 가서 당신을 위하여
  히브리 여인 중에서 유모를 불러다가 이 아기에게 젖을 먹이
  게 하리이까

8 바로의 딸이 그에게 이르되 가라 하매 그 소녀가 가서 그 아기
의 어머니를 불러오니

9 바로의 딸이 그에게 이르되 이 아기를 데려다가 나를 위하여
젖을 먹이라 내가 그 삯을 주리라 여인이 아기를 데려다가 젖
을 먹이더니
: 하나님이 역사하시니 아들도 잃지 않고 제 자식에게 젖을 먹
이고 그 삯(양육비)까지 받고 민족혼과 신앙심까지 불어넣을
수 있게 해주셨다. 이제는 숨길 필요도 없이 마음 놓고 떳떳하
게 어미가 자기 자식에게 젖을 먹여 키울 수 있게 되었다. 하나
님의 은혜와 축복을 경험하는 사람은 언제나 떳떳하고 당당하
다. 왕궁에서 양육비까지 받게 되었으니 말이다.

10 그 아기가 자라매 바로의 딸에게로 데려가니 그가 그의 아들
이 되니라 그가 그의 이름을 모세라 하여 이르되 이는 내가 그
를 물에서 건져내었음이라 하였더라
: 애굽의 막강한 왕자의 신분까지도 얻게 되었으니 이 얼마나
감사한 일인가? 금상첨화가 아닐 수 없다.

▶ 핵심 메시지
하나님을 향한 절대적 신뢰와 그에 따르는 순종과 행함에는 상
상할 수 없는 보상이 따른다.

(2) 가서 너도 이와 같이 하라(누가복음 10:25~37)

25 어떤 율법사가 일어나 예수를 시험하여 이르되 선생님 내가
　무엇을 하여야 영생을 얻으리이까

　: 그는 자신의 율법 지식과 그 완벽한 실천에 대해 자신이 넘
쳤으며, 모르고 있는 것을 알려는 것이 아니라 자기가 알고
있는 바를 예수님의 입을 통해 떠보고 확인하고자 했던 것으
로 보인다.

　탁월한 종교적 신임장을 가진 한 사람이 군중 속에서 일어났
다. 그는 사람들이 하나님의 율법을 어떻게 지킬 수 있는지 알게
하고자 끊임없이 연구하고 해석해왔다. 자신도 율법을 지키기
위해 최선을 다해왔음은 물론이다. 그는 유대교 체제 안에서 법
을 집행하는 것을 돕는 직업에 종사해왔다. 사람들은 그의 전문
지식과 삶을 존경했을 것이다. 그는 예수님께 질문할 것이 있었
다. 그는 그 질문이 예수님의 가르침이 지닌 약점과 거짓됨을 드
러내고, 예수에게서 사람들을 떠나게 해 검증된 종교지도자들인
바리새인들과 율법사들에게로 돌아오게 할 것이라 생각했다.

26 예수께서 이르시되 율법에 무엇이라 기록되었으며 네가 어떻
　게 읽느냐

27 대답하여 이르되 네 마음을 다하며 목숨을 다하며 힘을 다하
　며 뜻을 다하여 주 너의 하나님을 사랑하고 또한 네 이웃을 네

자신 같이 사랑하라 하였나이다

28 예수께서 이르시되 네 대답이 옳도다 이를 행하라 그러면 살
리라 하시니

: '행하라($\pi o\iota\acute{\epsilon}\omega$)'라는 헬라어는 신약에 572번이나 나온다.

29 그 사람이 자기를 옳게 보이려고(to justify, 의롭다 인정받으려고)
예수께 여짜오되 그러면 내 이웃이 누구니이까

: 당시 보통 유대인들에게 '이웃'은 하나님의 백성인 동족 곧
혈통적으로 유대인을 의미했다. 그러나 그 동족 가운데도 보
통 유대인으로 대우받지 못하는 사람들이 있기 마련이다. 이
를테면 동족의 반역자인 세리나 공동체를 해치는 창녀가 참
유대인인 '이웃'의 범위에 들어갈 수 있는지는 불분명하다. 통
상적으로 그들은 유대인의 범주, 곧 이웃의 범주에 들어가지
못했다.

율법사의 질문은 그 자체로도 까다롭지만, 거기에는 날카로
운 칼이 숨겨져 있다. 그 질문을 받기 전 누가의 예수는 이방인
(4:23~30), 세리(5:27~32), 죄인인 한 여인(창녀? 7:36~50) 등 통
념으로는 '이웃'이 아닌 이들과 어울렸고, 당시 유대 지도층은
유대인의 사회적 경계를 허무는 예수의 행동에 매우 분노했다.
보통 이방 제국에 시달리는 피식민지인이나 한 사회 내에서 박
해받는 주변부 모임은 우리와 너희를 구분하는 사회적 경계를
높이 세우고 자신들의 정체성을 강화하기 마련인데, 예수는 바

리새파나 사두개파가 높이 쌓아 올린 그런 인간적 경계에 아랑곳하지 않았기 때문이다.

이런 누가의 이야기 흐름을 감안하면 그 율법사의 질문은 이렇게도 들린다.

"오호, 당신도 하나님을 사랑하고 이웃을 사랑하라는 말이 옳다고 생각한다 이거요? 그러면 대답해보시오. 나 곧 유대인인 나의 이웃은 누구요? 보아하니 당신은 이방인과 세리, 죄인인 여인들과 함께 잔치를 벌이면서 죄인인 그들을 부르러 왔다고 하던데, 당신의 이웃은 참 유대인이 아닌가 보오? 그건 당신이 유대인을 위한 사람이 아님을 반증하는 것 아니오? 당신의 이웃이 유대인이 아닌 걸 보아하니 당신도 참 유대인은 아닌 듯하오. 자, 나의 이웃, 곧 유대인으로서 내가 도와야 할 이웃이 누구요?"

유대교의 고대 지혜서인 시락서 12장 1~4절에서는 죄인을 돕지 말라고 명령한다. 그러므로 이 율법사의 질문은 어떤 사람들은 이웃인 반면에 다른 어떤 사람들은 이웃이 아니라고 주장하면서 한 사람의 책임은 오직 하나님의 사람들만을 사랑하는 것임을 뚜렷이 구별해서 이야기하려는 것이었다.

예수님은 이 스토리의 하이라이트로서 사마리아인을 사용하시는데, 이런 사람은 이 율법사의 시각에 따르면 '이웃이 아닌 사람'이기 때문이다. 예수의 스토리가 그 당시에 지녔던 힘을 지금은 갖고 있지 못한데, 그건 이 스토리를 충격적 스토리로 만들었던 문화적 전제나 가정이 오늘날에는 없기 때문이다. 이 설명에서 기대되는 바는 제사장이나 레위인은 상처 입은 여행자를 도와줄 것으로 예상되는 훌륭한 사람들이라는 점이다. 반면 혼혈인이며 배교자인 사마리아인은 긍휼을 베풀 것으로 예상되는 맨 마지막 사람이었다.

또 다른 문화적 사항도 중요하다. 예수님은 이 사건이 일어난 장소로 여리고에서 예루살렘으로 내려가는 루트를 설정하신다. 약 17마일 정도인 이 여행로는 매우 위험한 루트로 잘 알려져 있었다. 오늘날 비슷한 상황을 설정해본다면, 아마 자정쯤에 할렘가를 통과하는 것과 비슷하다고 할 수 있을 것이다.

그는 평소 자신이 이웃이라 생각하는 이들을 많이 도와준 사람임을 암시한다. 여기서 당시 유대인이 생각했던 이웃의 개념을 알 필요가 있다. 그들은 실제로 자신의 이웃이 될 수 있는 사람과 이웃이 될 수 없는 사람을 구분했다. 그래서 이웃 사랑을 모든 사람에게 실천하는 것이 아니라 자신들이 지켜야 할 사랑의 한계, 최소한의 경계를 만들었다. 그래서 그 선을 넘어간 사람은 사랑하지 않아도 된다고 생각했다. 율법을 어떻게 읽은 것인가? 그냥 자기가 원하는 대로, 편한 대로 읽은 것이다. 원래 율법이 주어진 목적과는 다르게 읽은 것이다.

그들은 자신을 기준으로 울타리를 만들었다. 그래서 자신이 사랑할 만한 사람은 울타리 안에 두었다. 그들에게는 울타리 안에 있는 사람은 이웃이고 울타리 밖에 있는 사람은 이웃이 아니었다. 사랑하지 않아도 된다. 울타리 밖의 사람은 하나님의 대적과 원수로 생각했다. 결국 사랑할 만한 사람만을 사랑하는 것이 그들이 생각하는 이웃 사랑이었던 셈이다.

울타리 안에 있는 사람은 누구였을까? 기본적으로 유대인들, 유대교로 개종한 사람들이 안에 있는 자들이었다. 하지만 이방인들, 세리들, 죄인들, 불구자들, 창녀, 사마리아인들은 울타리 밖에 있는 자들이었다.

30 예수께서 대답하여 이르시되 어떤 사람이 예루살렘에서 여리고로 내려가다가 강도를 만나매 강도들이 그 옷을 벗기고 때려 거의 죽은 것을 버리고 갔더라

: 예루살렘은 해발 2,600피트의 높이에 위치한 도시이고, 여리고는 예루살렘에서 동쪽으로 17마일 떨어진 도시로서 해면보다 825피트 낮은 곳에 위치하고 있다. 따라서 3,425피트(1,000미터 이상)의 높낮이 차이 때문에 예루살렘에서부터 여리고로 가는 길은 비탈지고 구불구불하다. 그 길은 광야와 바위가 많은 지역을 통과하는 위험한 길이었으며, 사방에 동굴이 많아서 예수님 당시 이전부터 이후까지 오랫동안 강도들이 은신해 있다가 지나가는 사람들을 덮치기로 소문난 곳이었다.

그러므로 5세기에 성 히에로니무스는 그 길이 '붉은 길' 혹은 '피의 길'로 불렸다고 전해준다. 예수님 당시는 말할 것도 없고 최근까지도 이 길에서 강도를 만난 사람들이 많았다고 한다. 적어도 예수께서 이 비유를 했을 때는 예루살렘에서 여리고로 통하는 노상에서 빈번히 있었던 사건을 두고 말씀하신 것이다.

31 마침 한 제사장이 그 길로 내려가다가(καταβαίνω, came down[내려오다가]) 그를 보고 피하여 지나가고

: 그가 왜 피해서 지나갔을까?

첫째는 율법 준수 정신 때문이다. 만약 그 사람이 피를 많이 흘려 죽었다면 어떻게 되는 것인가? 제사장은 '제사장은 죽은 자로 인하여 스스로 더럽히지 말라'(레위기 21:1~3)는 율법을 생각했다. 그 제사장은 시체를 만져 자기를 더럽혀서는 안 된다는 율법 준수 정신 때문에 피하여 간 것이다. 유대교에서 부정한 것의 대명사는 시체였기 때문이다.

전승에 따르면 시체의 6피트(2미터) 안으로 들어가면 부정한 것으로 취급되었다. 심지어 유대인들은 시체가 들어 있는 무덤 역시 부정하므로 밤에 지나치다가 부정해지지 않도록 무덤가에 야광 물질인 회칠을 해놓았다. 이러한 정결법의 영적 진리는 순결한 여호와 신앙의 보존이 참 목적이었다.

둘째는 인과응보 교리 때문이다. 유대교는 인과응보 교리가 핵심이다. 유대교는 세월이 점점 지나면서 인간이 당한 모든 가난, 불행, 질병, 고난 등은 인과응보의 결과라고 해석했다. 유대교의 인과응보 사상은 예수님 당시 유대인들의 보편적 사상이었다. 가난한 자들뿐 아니라 각종 병든 자, 소경, 중풍, 나병 환자와 같은 불치병에 걸린 자들은 그들의 조상이나 자신이 하나님께 죄를 많이 지었기 때문에 하나님께 벌을 받은 것이라 생각했다.(요한복음 9:3)

유대교의 서기관과 바리새인들이 가르치길 '죄인들은 하나

님에게 버림받은 자들이므로 자기들도 그들을 버려야 한다'고 했다. 그러므로 유대교는 죄인 대량생산 체제인 가진 자의 종교이다. 이러한 인과응보 교리는 사람을 살리는 법이 아니라 죽이는 법이다. 주님은 유대교가 얼마나 잘못되어 있는가에 초점을 맞추고 있는 것이다.

형식과 문자에 매여 있는 유대교의 치명적 약점과 문제성이 잘 지적되고 있다.

32 또 이와 같이 한 레위인도 그곳에 이르러(ἔρχομαι, came) 그를 보고 피하여 지나가되

: 레위인들은 예루살렘 성전에서 제사장들과 예배 섬기는 일을 했다. 제사장들과 레위인들은 가나안 땅을 분배받을 때 땅을 기업으로 받지 못했다. 왜냐하면 하나님께서 그들로 하여금 그 백성을 섬기는 사명을 주셨기 때문이다. 그리고 백성들이 바치는 십일조로 생활하도록 명령했다.(민수기 18:21~24) 그러므로 이들은 백성을 섬겨야 할 사람들이다. 하물며 강도를 만나 죽어가는 사람을 살리는 일은 만사를 제쳐놓고 먼저 해야 할 일이었다. 그럼에도 그들은 목숨이 위태로울 것 같아 피해버렸다.

33 어떤 사마리아 사람은 여행하는 중 거기 이르러(ἔρχομαι, came) 그를 보고 불쌍히 여겨

: 불쌍히 여겨 - σπλαγχνίζομαι, feel sympathy with

원포인트의 드라마틱한 강해설교

34 가까이 가서(προσέρχομαι, approached) 기름과 포도주를 그 상처에 붓고 싸매고 자기 짐승에 태워 주막으로 데리고 가서 돌보아 주니라

: 평소 번제단에 기름과 포도주 붓는 의식은 잘 행했던 제사장과 레위인이 정작 삶 속에서 그것을 필요로 하는 이들에게는 활용하지 못했다. 하지만 예루살렘 성전에 올라 번제단에 기름과 포도주를 부을 수 없었던 사마리아인은 그것을 절실히 필요로 하는 이에게 너무나 효과적으로 잘 활용했다.

35 그 이튿날 그가 주막 주인에게 데나리온 둘을 내어 주며 이르되 이 사람을 돌보아 주라 비용이 더 들면 내가 돌아올 때에 갚으리라 하였으니

: 사마리아인은 동전 몇 푼을 던져주고 지나가는 선에서 멈추지 않는다. 그는 다친 사람의 모든 필요를 채워준다. 당장 필요한 치료를 해주고 회복할 공간을 제공한다. 사마리아인은 자신이 그런 상태였다면 스스로에게 적용할 만한 방식으로 그 사람을 보살핀다. "네 이웃 사랑하기를 네 자신과 같이 사랑하라"라고 하신 레위기 19장 18절을 성취한다.

사마리아인은 그 낯선 사람을 돕기 위해 상당한 위험을 무릅쓴다. 그 사람에게 무슨 일이 벌어졌는지 보려고 몸을 굽히는 순간 잠복해 있던 노상강도들이 공격할지도 모르는 일이었다. 여관 주인이 그를 속일 위험도 있었다. 만신창이가 된 사람을 돌보는 것은 비용뿐 아니라 정서적 부담 면에서도 위험한 일이다. 그러나 사마리아인은 마치 자신의 목숨이 경각에 달린

것처럼 이 모든 위험을 감수한다. 이것은 '이웃을 자기 자신처럼 사랑하는' 이웃을 보여주는 최고의 사례일 것이다.

※ 렘브란트의 작품 〈선한 사마리아인〉

렘브란트 반 레인(Rembrant van Rijn, 1606~1669)은 17세기 네덜란드 황금시대의 대표 화가다. 렘브란트는 유화, 동판화, 소묘 작품을 남겼는데 특히 자화상을 많이 그렸다. 신앙심이 두터웠는지 성경 속 사건을 자주 조명해 많은 걸작을 남겼다.

• 판화 1 - 사마리아인이나 '개', 특별히 변 보는 개가 유대인들에게 정결한 존재일 리 없다. 둘 다 더러운 존재들이다. 그러나 둘 다 그 고상한 유대인의 사회적 정체성이나 경계 혹은 체면을 모른다. 유대인은 유대인의 경계와 정체성, 체면을 넘어서지 않는다. 그런데 그 결과는 어떠했는가? 유대인 됨을 대표하는 제사장이나 레위인은 강도당한 이에게 인간적 동정심과 측은지심을 충분히 느끼지 못한다. 느낀다 해도 그들은 행동하지 못한다. 그들은 바보처럼 강도당한 이가 누구인지 모르고, 냉혈한처럼 누구인지 모르는 그에게 어떤 행동도 하지 않는다.

렘브란트의 동판화, 〈선한 사마리아인〉

원포인트의 드라마틱한 강해설교

사마리아인은 그렇지 않다. 그는 강도당한 사람이 누구인지 알았다. 강도당한 사람은 불쌍한 사람이다. 자신도 여행 중에 그런 일을 당할지도 모르는, 언젠가의 나일 수 있는 사람이다. 사마리아인은 경계 안에 살지 않았기에 강도당한 이에게 자연스레 생기는 불쌍히 여기는 마음을 그대로 느끼고 과감히 행동할 수 있었다. 사마리아인의 마음에는 걸림이 없다. 마치 자기가 변을 보고 싶으면 때와 장소를 가리지 않고 누구 앞에서든 상관없이 변을 보는 개처럼 말이다.

그런가 하면 변을 보는 개와 사마리아인에 비하면 경계 안에 사는 유대인은 변비에 걸려 끙끙대지만 자기가 아는 정해진 장소에서만 변을 보는 이상하게 생겨 먹은 개와 같다. 렘브란트는 아무 곳에서나 시원하게 변을 보는 개와 가련한 사람에게 동정심이 일 때 장소와 상대를 불문하고 앞뒤 안 가리고 돕는 사마리아인을 겹쳐 그렸을 것이다. 자신에게 자연스러운 일을 거리낌 없이 하는 개와 사마리아 사람의 모습이 하나의 선상에 있다. '개'는 유대인이 가장 혐오하던 동물 중 하나다. 개가 편안하게 변을 보는 모습은 '유대인의 위선'과 그들이 '개'처럼 여긴 사마리아인의 선행을 대조시킨 기막힌 메시지다.

36 네 생각에는 이 세 사람 중에 누가 강도 만난 자의 이웃이 되겠느냐
  : 선한 사마리아인의 비유는 자신의 물질적 성공을 다른 이의 유익을 위해 사용하는 사람의 이야기로 해석할 수 있다. 비유

속의 주인공은 그래야 할 직접적 의무가 전혀 없지만, 낯선 사람을 위해 자신의 돈을 쓴다. 그들은 혈연이나 종교로 이어져 있지 않았다. 오히려 사마리아인과 유대인은 서로에게 적대적이었다. 예수님이 보실 때 하나님을 사랑하는 것은 도움이 필요한 모든 사람을 우리의 '이웃'으로 삼는 것이다.

예수님은 율법사의 원래 질문 요지를 뒤집어 이 점을 강조하신다. 율법사는 이렇게 물었다. "내 이웃이 누구니이까?" 자신을 출발점으로 삼아 자신이 누구를 도와야 하는지 묻는 질문이다. 예수님은 이 질문을 뒤집어 "이 세 사람 중에 누가 강도 만난 자의 이웃이 되었느냐?"라고 물으신다. 어려움에 처한 사람을 중심에 두고 누가 그를 도와야 하는지 물으신 것이다. 예수님은 우리가 도움이 필요한 모든 이를 돕는 이웃임 말씀하신다. 도움이 필요한 자라면 가릴 것 없이 모두 우리가 도와야 할 이웃임을 지적하신 것이다.

물론 그렇다고 우리가 세상에서 도움이 필요한 모든 이의 필요를 다 채우도록 부름받은 것은 아니다. 그것은 우리 능력을 벗어나는 일이다. 사마리아인은 하던 일을 그만두고 로마제국의 모든 다친 여행자를 찾아 나서지는 않았으나 현실적으로 도움이 필요한 사람을 길에서 마주쳤을 때 그는 곧바로 행동에 나섰다.

여기서 예수님은 율법사의 잘못된 질문을 바꾸신다. 율법사는 '내(가 도와줘야 할 대상으로서의) 이웃이 누구인가?'라고 질문했지만, 그것은 중요하지 않다. 정말 중요한 것은 '내가 누구의

원포인트의 드라마틱한 강해설교

<u>(누구를 도와준 주체로서의)</u> 이웃인가?'이다. 내 이웃이 누구인지 구분하며 내가 사랑할 만한 자를 따지는 것이 아니라, 내가 다른 사람에게 도움을 주는 이웃이 되라는 것이다.

율법사는 사람들을 '이웃'과 '이웃 아닌 사람'으로 구분하며 율법을 제한시켜왔고, 그것으로 자신의 의를 내세우려 했다. 하지만 예수님은 모든 사람이 이웃이라고, 율법의 원래 의미를 말씀하셨다. '도움이 필요한 이들에게 사랑을 베풀어주는 이웃'이라고 말이다. 그리고 그에게 다시 말씀하신다. "너도 이와 같이 하라." 예수님은 분명하게 율법의 높은 기준을 제시하셨다.

이 율법사가 끝까지 사마리아 사람이라는 말을 입에 올리기 싫어한다는 데 주목하라. 그의 아킬레스건은 사마리아 사람이었다. 예수님은 그것을 건드리신 것이다. 그는 그저 '자비를 베푼 자'라고 대답했다. 그러자 예수님은 "가서 너도 이와 같이 하라"고 말씀하셨다. 다시 말하지만, 율법사의 관심은 '누가 나의 이웃인가'를 규정하는 것에 있었는 데 반해 예수님의 관심은 '내가 도움이 필요한 자에게 어떤 이웃이 되어줄 것인가'에 있었다.

관점이 전혀 다르다. 전자가 '자기가 중심이 된 관점'이라면 후자는 '강도당한 사람이 중심이 되는 관점'이다.

* 강도 만난 자를 도움을 필요로 하는 사마리아인으로 설정하지 않고, 오히려 강도 만난 자를 도와준 사람으로 설정하신 이유가 뭘까?

첫째로, 예수께서 강도 만난 자를 사마리아인으로 설정하신 뒤 '누가 네가 도와줘야 할 이웃이냐?'라고 물으셨다면, 틀림없이 율법사가 '사마리아 사람입니다'나 혹은 '강도당한 사람입니다'라고 답했을 가능성이 없었기 때문이다. 다시 말해서, 도와줘야 할 대상으로서의 이웃은 사마리아인 한 사람밖에 설정할 수 없기 때문이다. 율법사가 아는 상식선에서 볼 때 그는 결코 도와줄 대상이 아닌 것이 상식이다.

둘째로, 유대 지도자들도 피해버린 강도 만난 동족에게 한 사람만은 자비를 베풀었다고 한다면, 비록 그가 그토록 미워하는 사마리아인이었다 해도 그야말로 강도 만난 자를 도와준 참 이웃이라는 사실을 부정할 수 없었을 것이기 때문이다.

셋째로, 강도 만난 자를 사마리아인으로 설정한 비유를 이야기했다면 유대주의자들(제사장, 레위인, 회당장, 바리새인, 서기관, 율법사 등)과 그들의 아킬레스건인 사마리아인을 차별화하는 스토리를 만들어 그들의 문제성을 지적하는 일이 가능하지 않았을 것이기 때문이다. 다시 말해, 비유를 강도 만난 자를 도와준 주체로서의 이웃으로 엮어가면 차별화되는 몇 사람을 설정할 수 있기 때문이다.

유대주의자들은 도와줘야 할 대상을 차별화하길 즐겼지만, 예수님은 그들이 정죄하는 이들(죄인, 병자, 창녀, 세리, 이방인, 사마리아인)을 도와주지 않은 자들(제사장, 레위인)과 도와준 자(사마리아인)를 차별화해서 소개하심으로써 그들에게 깨우침 주시길 원하셨음에 유의하라.

하지만 예수께서 "유대인 강도 만난 사람을 도와준 이웃이 누구냐?"라고 물으셨을 때는 상황이 같지 않았다. 이 상황에선 율법사가 답을 안 할 수 없기 때문이다. 물론 끝까지 '사마리아인입니다'라고 답하지는 않았지만 '자비를 베푼 자'라고는 답했기 때문이다.

어째서인가? 이유가 뭔가? 도와줄 대상으로서는 사마리아인을 결코 염두에 두지 않았지만, 제사장과 레위인도 지나쳐버린 동족을 도와준 유일한 사람이었기에 그것까지 외면하기는 불가능했을 것이기 때문이다.

결국 이 비유에서 예수님은 우선 내가 도와줘야 할 이웃의 범주에 들어가는 사람과 들어가지 않는 사람을 구분해서는 안 된다는 사실, 아울러 자기 앞에 현실적으로 도움이 필요한 이들에겐 무조건 자비를 베푸는 이웃이 되어야 한다는 사실을 전하려 하셨다는 점을 반드시 기억해야 할 것이다.

도움이 필요한 이들에게 전후좌우 계산하지 않고 무조건 최선을 다해 자비를 베푸는 것이야말로 천국 백성으로서 합당한 자세임을 보여주신다. 그리스도인이여, "계산적이지 않는 사람이 되자!(Be uncalculating man!)"

37 이르되 자비를 베푼 자니이다 예수께서 이르시되 가서 너도 이와 같이 하라 하시니라

: 예수님의 비유에는 청중을 깜짝 놀라게 만드는 요소가 하나 더 있다. 주인공이 사마리아인이라는 점이다. 예수님의 민족

인 유대인들은 사마리아인들이 민족적으로나 종교적으로 열등하다고 여겼다. 하지만 비유 속의 사마리아인은 오던 길로 돌아간 유대교 종교 지도자들보다 더 모세의 율법에 합당하게 행한다. 사마리아인의 존재는 유대인들이 미워하고 피해야 할 골칫거리가 아니라 반겨야 할 '구원의 은총'이다.

우리는 일터에서 직장 동료, 고객, 타민족과 타 문화권 사람의 이웃이 될 기회를 많이 얻는다. 직장에서 선한 사마리아인이 된다는 것은 타인의 필요를 구체적으로 의식한다는 뜻이다. 당신의 직장에 어떤 식으로든 강도를 만난 사람이 있는가? 소수민족에 속한 사람이 인정받지 못하거나 승진에서 제외되는 경우가 종종 있다. 양심적인 그리스도인이라면 "우리가 이 사람을 공정하게 대우합니까?"라고 목소리를 내야 할 것이다.

유대인과 사마리아인 사이에 적대감이 컸던 것처럼 고용자와 노동자들은 자주 자신들을 별개의 종족으로 생각했다. 그러나 꼭 그럴 필요는 없다. 상황을 그렇게 보지 않은 회사가 있다.

슈퍼마켓 체인 마켓바스켓(Market Basket)의 대표이사 아서 디물러스(Arthur DeMoulas)는 직원을 특별히 잘 대우하는 것을 원칙으로 삼았다. 그는 직원들에게 최저임금보다 훨씬 높은 임금을 지불했고, 경기가 침체돼 회사가 손해를 볼 때도 수익공유계획을 폐기하지 않았다. 그는 직원들과 직접 인간관계를 맺었고, 직원의 이름을 최대한 많이 익혔다. 2만 5천 명이나 되는 직원을 둔 회사에서 이것은 대단한 일이었다.

그런데 2014년 마켓바스켓 이사회가 직원을 지나치게 후하게 대우한 것을 문제 삼아 디물러스를 해고했다. 그러자 슈퍼마켓 체인점 직원들이 파업에 들어갔다. 직원들은 아서 디물러스가 회사의 경영권을 되찾을 때까지 상품 진열을 거부했다. 이것은 대기업 노동자들이 풀뿌리 조직화를 이루어 자신들의 대표 이사를 선택한 첫 번째 사례일 것이고, 여기에는 아서 디물러스의 자기희생적 관대함이 큰 역할을 했다.

아서 디물러스의 경우에는 자신이 선한 사마리아인이 된 것이 회사에서 성공하는 데도 도움이 됐다. 어쩌면 "가서 너도 이와 같이 하라" 하신 예수님의 말씀은 훌륭한 영적 조언일 뿐 아니라 훌륭한 사업적 조언일지도 모르겠다.

『영적 훈련과 성장』에서 저자 리처드 포스터(Richard Foster)가 이것을 이렇게 말한다.

> "자기 의의 섬김은 누구를 섬길지 그 대상을 선택한다. 때로는 높은 지위에 있고 권세를 가진 사람만 섬긴다. 그렇게 할 때 이득이 보장되기 때문이다. 때로는 낮은 사람이나 어려운 사람을 섬기기도 한다. 그렇게 할 때 자신의 겸손을 내세울 수 있기 때문이다. 그러나 진정한 섬김은 차별을 두지 않는다. 진정한 섬김은 '모든 사람을 섬기는 자가 되어야 하리라'(마가복음 9:35)는 예수님의 명령을 청종한다."[192]

▶ 핵심 메시지

아무리 성경을 많이 알아도 그 의미를 제대로 파악하는 동시에
성경이 가르치는 바대로 행해야 참 그리스도인이라 할 수 있다.

(3) The Cost of My Faith (다니엘 1:1~21)

세상 역사에서 갈그미스(Carchemish) 전투는 매우 중요하다.
그런데 사실 성경에도 1차 갈그미스 전투(역대하 35:20)와 2차 갈
그미스 전투(예레미야 46:2)가 등장한다. 다니엘은 2차 갈그미스
전투 후 바벨론의 느부갓네살에 의해 바벨론에 포로로 잡혀갔던
인물이다. 그때 그의 나이는 14세쯤이었다.

그런데 다니엘은 그 어린 나이에 자신의 운명을 바꿀 위대한
결단을 하게 된다. 그의 결단은 대체 무엇이었는가? 그리고 그
것으로 인하여 그가 받게 된 축복은 무엇이었는가? 느부갓네살
과 다니엘의 첫 대면에서 일어난 놀라운 사건을 들여다보자.

1 유다 왕 여호야김이 다스린 지 삼 년이 되는 해에 바벨론 왕 느
부갓네살이 예루살렘에 이르러 성을 에워쌌더니

2 주께서 유다 왕 여호야김과 하나님의 전 그릇 얼마를 그의 손
에 넘기시매(נתן, gave) 그가 그것을 가지고 시날 땅 자기 신들
의 신전에 가져다가 그 신들의 보물 창고에 두었더라

3 왕이 환관장 아스부나스에게 말하여 이스라엘 자손 중에서 왕

족과 귀족 몇 사람

4 곧 흠이 없고 용모가 아름다우며 모든 지혜를 통찰하며 지식
에 통달하며 학문에 익숙하여 왕궁에 설 만한 소년을 데려오
게 하였고 그들에게 갈대아 사람의 학문과 언어를 가르치게
하였고
: 피정복국의 인재들에게 자기 왕궁의 제반 교육을 실시해 등용
하려 했으나, 하나님은 모세처럼 당신의 뜻을 이루시기 위해 이
들에게 왕립교육을 받도록 배후에서 역사하셨다.

5 또 왕이 지정하여 그들에게 왕의 음식과 그가 마시는 포도주에
서 날마다 쓸 것을 주어 삼 년을 기르게 하였으니 그 후에 그들
은 왕 앞에 서게 될 것이더라

6 그들 가운데는 유다 자손 곧 다니엘과 하나냐와 미사엘과 아사
랴가 있었더니

7 환관장이 그들의 이름을 고쳐 다니엘은 벨드사살이라 하고 하
나냐는 사드락이라 하고 미사엘은 메삭이라 하고 아사랴는 아
벳느고라 하였더라
: 왕의 음식은 거부했음에도 '하나님' 이름이 들어간 히브리식
이름을 이방신의 이름이 들어간 바벨론식 이름으로 개명한 것
은 왜 거부하지 않았을까?

먼저 다니엘과 세 친구 스스로가 원해서 지어준 이름이 아니라 환관장이 그들의 신앙과 민족혼을 말살시키기 위해 각기 붙여준 이름이었다는 점에 유의하라. 물론 그럼에도 불구하고 개명된 이름을 완전히 무시하지는 않고 활용하게 허용한 것은 하나님에 대한 충실함과 신실성에서 결핍과 부족함이 있는 것으로 봐야 하지 않느냐고 부정적으로 보는 이들이 있다. 하지만 이 대목에서 개명 얘기가 언급된 주된 의도는 그들의 신실성 결여를 지적하고자 함이 아니라, 그만큼 포로가 된 이들의 상황이 최악까지 다다른 심각하고 위태로운 상황이었음을 드러내기 위함이었음을 기억해야 한다.

다니엘과 세 친구는 일반 동족과는 달리 남의 나라에 포로로 잡혀 와서 출셋길이 완전히 보장돼 있었기 때문에 왕과 환관장의 지시를 따라 적당히 타협하며 쉽게 갈 수 있었다. 그러나 바로 다음에 나타난 그들의 놀라운 반응을 보라.

8 다니엘은 뜻을 정하여(שׂים, set, resolved, purposed, 마음속으로 굳게 결심하여) 왕의 음식과 그가 마시는 포도주로 자기를 더럽히지 아니하리라 하고 자기를 더럽히지 아니하도록 환관장에게 구하니

* 다니엘과 세 친구는 느부갓네살 왕의 음식을 왜 회피했나?

율법에 위배되는 음식(돼지고기), 율법에 위배되는 요리 방식(소고기 등의 피를 다 빼지 않음), 음식을 먹기 이전에 이방신에게 바

쳐진 제물들.

▶ **뜻을 정함**

1) 의미: '마음속으로 굳게 결심하다'라는 뜻이다.

2) 유혹

'결심했다'고 하면 그만큼 쉽지 않은 유혹과 위험이 존재했다는 사실을 전제하거나 시사한다. "로마에 가면 로마 사람처럼 행세하라"라는 말이 있는데, 포로로 잡혀 와서까지 모세의 율법에 기록된 대로 지킬 필요가 있나 하고 적당히 살 수도 있었을 것이다. 세상 사람들과의 대인관계와 교제와 공적 생활을 위해서 적당히 타협하며 살게 하려는 현실적 유혹이 우리 앞에 너무도 많다. 특히 젊은이들은 더욱 그러하다.

3) 대표적 실례

(1) 롯: "이 의인이 저희 중에 거하여 날마다 저 불법한 행실을 보고 들음으로 그 의로운 심령을 상하니라"(베드로후서 2:8)

롯은 아주 우유부단한 사람이었다. 원래 롯은 소돔성에 나그네로 들어갔지 영원히 머물려고 하지 않았는데 우물쭈물하다 소돔성 시민이 되어버리고, 그 못된 죄악을 보고 듣고 죄악 된 생활을 하다가 불로 멸망 당할 때 간신히 빠져나온 사람이다. 그는 지체하기를 좋아하고 우물쭈물하고 결심이 없고 결단력이 없었다.

(2) 데마: "데마는 이 세상을 사랑하여 나를 버리고 데살로니가로 갔고"(디모데후서 4:10a)

데마는 데살로니가 출신으로 바울의 전도로 예수님을 영접했다. 그는 예수를 믿은 뒤 바울과 동행하면서 그를 도왔다. 바울이 로마 감옥에 갇혀 있을 때도 바울 곁을 떠나지 않고 같이 있었다. 빌레몬서 1장 23~24절 말씀을 보면, 바울은 데마를 장래가 촉망되는 하나님의 사역자요, 자기와 평생토록 신뢰하고 같이 동역할 사람으로 확신하고 있었다. 그러나 아쉽게도 그는 세상을 사랑해 바울과 끝까지 함께하지 못했다.

4) 인용문

유명한 알렉산더 대왕에게 "당신은 어떻게 이 세계를 정복하게 되었습니까?" 하고 물으니 그가 한마디로 대답하기를 "망설이지 않고 결심한 대로 행동한 것 때문이었다"라고 했다고 한다. 망설이지 않는 것, 우유부단하지 않고 어떤 결심과 결단력을 가진 것 때문에 알렉산더는 대제국의 대왕이 되었다는 것이다. 세상일도 그러하거늘 하나님의 일을 하면서 그분이 원하시는 결단을 하지 못한 채 머뭇거린다면 어찌 사명자로 살아갈 수 있겠는가?

내가 할 것과 안 할 것, 가져야 할 것과 갖지 말아야 할 것, 포기해야 할 것과 포기하지 말아야 할 것 등에 대하여 결단을 내리고 결심이 있는 성도라야 이 세상에서도 성공할 수 있고, 신앙생활도 잘할 수 있고, 사명도 잘 감당할 수가 있다.

5) 모범적 실례

성경 속에는 하나님이 원하시는 결단을 잘 행한 모범 인물들이 있다.

(1) 솔로몬: "솔로몬이 여호와의 이름을 위하여 성전을 건축하고 자기 왕위를 위하여 궁궐 건축하기를 결심하니라"(역대하 2:1)

(2) 에스라: "에스라가 여호와의 율법을 연구하여 준행하며 율례와 규례를 이스라엘에게 가르치기로 결심하였었더라"(에스라 7:10)

(3) 에스더: "당신은 가서 수산에 있는 유다인을 다 모으고 나를 위하여 금식하되 밤낮 삼 일을 먹지도 말고 마시지도 마소서 나도 나의 시녀와 더불어 이렇게 금식한 후에 규례를 어기고 왕에게 나아가리니 죽으면 죽으리이다 하니라"(에스더 4:16)

6) 참고 성구

• "(…) 너희가 섬길 자를 오늘날 택하라 오직 나와 내 집은 여호와를 섬기겠노라 하니"(여호수아 24:15)

• "(…) 너희가 어느 때까지 둘 사이에서 머뭇머뭇 하려느냐 여호와가 만일 하나님이면 그를 따르고 바알이 만일 하나님이면 그를 따를지니라 (…)"(열왕기상 18:21)

7) 결론

선택과 결심은 그리스도인의 생활에서 없어서는 안 될 아주 소중한 것이다. 선택을 잘해야 한다.

9 하나님이 다니엘로 하여금 환관장에게 은혜(자비)와 긍휼(사랑)을 얻게 하신지라(וַיִּתֵּן, gave)

: 환관장이 네 명의 요청을 들어주는 것이 불가능에 가까웠음을 이해해야 한다. 느부갓네살 왕이 엄청 잔인한 왕이었기 때문이다. 그는 유다의 마지막 왕인 시드기야의 아들들을 죽이고 그의 눈을 빼고 불태워 죽일 정도로 악한 왕이었다.

다니엘과 세 친구가 신앙의 절개(정결)를 사수하고자 결단하

않았다면 하나님의 은혜와 긍휼과 깨닫게 하심과 지혜가 주어
질 수 없었을 것이다. 이것은 하나님을 절대적으로 신뢰하지 않
고는 있을 수 없는 결단이다.

10 환관장이 다니엘에게 이르되 내가 내 주 왕을 두려워하노라
그가 너희 먹을 것과 너희 마실 것을 지정하셨거늘 너희의 얼
굴이 초췌하여(קָנֵא, haggard, vexed, wretched, 형편없이 보여) 같
은 또래의 소년들만 못한 것을 그가 보게 할 것이 무엇이냐
그렇게 되면 너희 때문에 내 머리가 왕 앞에서 위태롭게 되리
라 하니라

11 환관장이 다니엘과 하나냐와 미사엘과 아사랴를 감독하게 한
자에게 다니엘이 말하되

12 <u>청하오니 당신의 종들을 열흘 동안 시험하여 채식을 주어 먹</u>
<u>게 하고 물을 주어 마시게 한 후에</u>

13 <u>당신 앞에서 우리의 얼굴과 왕의 음식을 먹는 소년들의 얼굴을</u>
<u>비교하여 보아서 당신이 보는 대로 종들에게 행하소서 하매</u>
: 이런 행동은 다니엘이 얼마나 지혜가 충만한 소년이었는가를
잘 보여준다. 환관장에게 자기 생명을 건 모험을 하라는 것이
무리한 부탁임을 알고 10일간 시험해보고 나서 결정하면 어떻
겠냐고 지혜롭게 대처했음을 눈여겨보라. 불가능한 일도 가능

원포인트의 드라마틱한 강해설교

하게 만드는 능력이 있었음을 알 수 있다.

이 시험을 통해 바벨론의 환관장과 감독관에게 다니엘이 섬기는 하나님이 어떤 분이신지를 알릴 수 있는 좋은 기회가 되기도 함을 놓치지 말라.

잡혀 온 소년들 중 네 명만 이렇게 요청했다는 점으로 미루어 볼 때 다른 소년들은 하나님에 대한 신앙과 신뢰가 없었음을 알 수 있다. 항상 하나님의 위대한 사역을 행하는 이들은 창조적 소수임을 기억하고, 이 소수 쪽에 서도록 최선을 다해야 한다.

다니엘의 시험 제의는 하나님에 대한 신뢰가 없이는 이루어질 수 없는 것이었다.

"그런즉 너희는 먼저 그의 나라와 그의 의를 구하라 그리하면 이 모든 것을 너희에게 더하시리라"(마태복음 6:33)

* 신뢰의 비결은 무엇일까? '기도'와 '감사'

"다니엘이 이 조서에 왕의 도장이 찍힌 것을 알고도 자기 집에 돌아가서는 윗방에 올라가 예루살렘으로 향한 창문을 열고 전에 하던 대로 하루 세 번씩 무릎을 꿇고 기도하며 그의 하나님께 감사하였더라"(다니엘 6:10)

다니엘이 전에 하던 대로 하루 세 번씩 기도와 감사를 습관화한 사람임을 알 수 있다. 비결이 바로 여기에 있었다.

14 그가 그들의 말을 따라 열흘 동안 시험하더니

15 열흘 후에 그들의 얼굴이 더욱 (특출나게) 아름답고 살이 더욱 윤택하여(후덕하여) 왕의 음식을 먹는 다른 소년들보다 더 좋아 보인지라

: 채식 다이어트 요법의 근거를 보여주는 구절인가? 결코 아니다. 유대인의 미남·미녀 기준은 오늘 우리의 기준과 달랐다. 가난해서 제대로 먹지 못해 마른 사람이 많았던 그 시절엔 살찌고 후덕한 모습이 복인 경우가 많았다.

16 그리하여 감독하는 자가 그들에게 지정된 음식과 마실 포도주를 제하고 채식을 주니라

17 하나님이 이 네 소년에게 학문(지식)을 주시고(נתן, gave) 모든 서적을 깨닫게 하시고 지혜를 주셨으니 다니엘은 또 모든 환상과 꿈을 깨달아 알더라

"왕이여 왕이 침상에서 장래 일을 생각하실 때에 은밀한 것을 나타내시는 이가 장래 일을 왕에게 알게 하셨사오며 내게 이 은밀한 것을 나타내심은 내 지혜가 모든 사람보다 낫기 때문이 아니라 오직 그 해석을 왕에게 알려서 왕이 마음으로 생각하던 것을 왕에게 알려 주려 하심이니이다"(다니엘 2:29~30)

▶ **신실한 소년들에게 내리신 하나님의 상(보너스)**

1) 그들을 담당하는 관리들의 마음을 움직여 다니엘과 세 친구의 청원대로 하도록 허락해주었다. 결국 이들은 3년 동안 부

원포인트의 드라마틱한 강해설교

정한 음식과 우상의 제물을 먹지 않으며 교육생의 과정을 마칠 수 있었다.

2) 하나님께서 이들에게 3가지 보너스의 은혜를 추가로 주셨다. 즉, 다니엘과 세 친구에게 '지식'과 '총명(분별력)'과 '지혜'의 은사를 더해주셨다.(다니엘 1:17) 이들은 사실 우수한 소년들이었는데, 하나님께서는 여기에 추가로 학문의 은사를 더해주신 것이다.

3) 다니엘에게는 2가지 축복을 더 주셨으니, 하나는 환상과 꿈을 해석하는 능력을 더해주셨다.(다니엘 1:17) 또 하나는 오랫동안 관직에 머물 수 있도록 해주셨다.(다니엘 1:21, 6:28) 그래서 다니엘은 바벨론의 제2대 왕이었던 느부갓네살로부터 시작해 바벨론을 물리친 메대 나라에서도 국무총리 일을 보았으며, 이어진 바사(페르시아) 제국에서도 높은 관리로 왕의 쓰임을 받을 수 있었다. 그러므로 만약 다니엘이 14세에 바벨론으로 포로로 잡혀 갔고(B.C. 606), 그때부터 바사왕 고레스 원년(B.C. 539)까지 관직에 있었다면 그때 그의 나이는 약 81세가 되었을 것이다. 그런데 성경은 적어도 그가 바사왕 고레스 3년까지 생존해 있었다고 증언하고 있으니, 그는 거의 70년 이상을 고위공직자로서 쓰임 받을 수 있었던 것이다.

18 왕이 말한 대로 그들을 불러들일 기한이 찼으므로 환관장이 그들을 느부갓네살 앞으로 데리고 가니

19 왕이 그들과 말하여 보매 무리 중에 다니엘과 하나냐와 미사
  엘과 아사랴와 같은 자가 없으므로 그들을 왕 앞에 서게 하고

20 왕이 그들에게 모든 일을 묻는 중에 그 지혜와 총명이 온 나
  라 박수와 술객보다 십 배나 나은 줄을 아니라

* 네 명의 외모가 남달리 두드러지지 않았다면 왕 앞에 설 수 없
  었을 것이고, 그랬다면 테스트를 받지도 못했을 것이며, 그랬
  다면 왕에게 도장 찍힐 기회가 없었을 것이다.
  "왕이 이에 다니엘을 높여 귀한 선물을 많이 주며 그를 세워 바벨
  론 온 지방을 다스리게 하며 또 바벨론 모든 지혜자의 어른을 삼았
  으며 왕이 또 다니엘의 요구대로 사드락과 메삭과 아벳느고를 세
  워 바벨론 지방의 일을 다스리게 하였고 다니엘은 왕궁에 있었더
  라"(다니엘 2:48~49)
* 하나님의 뜻과 명령대로 마음을 정해 그분을 존중히 여기면 그
  분도 존중히 여겨주신다.
  "(…) 나를 존중히 여기는 자는 내가 존중히 여기고 나를 멸시하
  는 자를 내가 경멸히 여기리라"(사무엘상 2:30)

21 다니엘은 고레스 왕 원년까지 있으니라

▶ 핵심 메시지
  건강과 지성과 지혜와 영성과 영적 능력의 원천은 하나님인

원포인트의 드라마틱한 강해설교

데, 그것은 그분을 위해 자신을 정결케 하기로 결단하는 이에게 주어진다.

(4) 성도의 안전한 구원과 순종의 사명(히브리서 6:4~12)

4 한 번 빛을 받고 하늘의 은사를 맛보고 성령에 참여한 바 되고

5 하나님의 선한 말씀과 내세의 능력을 맛보고도

6 타락한 자들은 다시 새롭게 하여 회개하게 할 수 없나니 이는 그들이 하나님의 아들을 다시 십자가에 못 박아 드러내 놓고 욕되게 함이라

7 땅이 그 위에 자주 내리는 비를 흡수하여 밭 가는 자들이 쓰기에 합당한 채소를 내면 하나님께 복을 받고

8 만일 가시와 엉겅퀴를 내면 버림을 당하고 저주함에 가까워 그 마지막은 불사름이 되리라

9 사랑하는 자들아 우리가 이같이 말하나 너희에게는 이보다 더 좋은 것 곧 구원에 속한 것이 있음을 확신하노라

10 하나님은 불의하지 아니하사 너희 행위와 그의 이름을 위하여 나타낸 사랑으로 이미 성도를 섬긴 것과 이제도 섬기고 있는 것을 잊어버리지 아니하시느니라

11 우리가 간절히 원하는 것은 너희 각 사람이 동일한 부지런함을 나타내어 끝까지 소망의 풍성함에 이르러

12 게으르지 아니하고 믿음과 오래 참음으로 말미암아 약속들을 기업으로 받는 자들을 본받는 자 되게 하려는 것이니라

〈중요한 질문 던지기〉

1. '한 번 빛을 받고 하늘의 은사를 맛보고 성령에 참여한 바 되고 (4절) 하나님의 선한 말씀과 내세의 능력을 맛보고도 떨어진 자들(5절)'은 누구를 가리키는가? 중생한 자인가 아니면 중생하지 않은 가짜 신앙인들인가?

* 중생하지 않은 자(처음부터 가짜와 진짜가 구분됨)

1) 판별의 기준은 믿느냐(순종하느냐), 믿지 않느냐(불순종하느냐)에 달려 있었다.

• "또 하나님이 누구에게 맹세하사 그의 안식에 들어오지 못하리라 하셨느냐 곧 순종하지 아니하던 자들에게가 아니냐 이로 보건대 그들이 믿지 아니하므로 능히 들어가지 못한 것이라"(히브리서 3:18~19)

• "그러므로 우리는 두려워할지니 그의 안식에 들어갈 약속이 남아 있을지라도 너희 중에는 혹 이르지 못할 자가 있을까 함이라 그들과 같이 우리도 복음 전함을 받은 자이나 들은 바 그 말씀이 그들에게 유익하지 못한 것은 듣는 자가 믿음과 결부시키지 아니함이라 이미 믿는 우리들은 저 안식에 들어가는도다"(히브리서 4:1~3a)

• "그러면 거기에 들어갈 자들이 남아 있거니와 복음 전함을 먼저 받은 자들은 순종하지 아니함으로 말미암아 들어가지 못하였으므로"(히브리서 4:6)

• "그러므로 우리가 저 안식에 들어가기를 힘쓸지니 이는 누

구든지 저 순종하지 아니하는 본에 빠지지 않게 하려 함이라"(히브리서 4:11)

- "땅이 그 위에 자주 내리는 비를 흡수하여 밭 가는 자들이 (믿고 순종함으로) 쓰기에 합당한 채소를 내면 하나님께 복을 받고 만일 (믿지 않고 불순종함으로) 가시와 엉겅퀴를 내면 버림을 당하고 저주함에 가까워 그 마지막은 불사름이 되리라"(히브리서 6:7~8)

2) 판별의 기준은 가짜('그들')냐 진짜('너희', '우리')냐에 달려 있었다. 출애굽 해서 광야길을 걷던 이스라엘 백성 중 처음부터 진짜와 가짜가 섞여 있음을 보여준다.

- "또 하나님이 누구에게 맹세하사 그의 안식에 들어오지 못하리라 하셨느냐 곧 순종하지 아니하던 자들에게가 아니냐 이로 보건대 그들이 믿지 아니하므로 능히 들어가지 못한 것이라"(히브리서 3:18~19)

- "그러므로 우리는 두려워할지니 그의 안식에 들어갈 약속이 남아 있을지라도 너희 중에는 혹 이르지 못할 자가 있을까 함이라 그들과 같이 우리도 복음 전함을 받은 자이나 들은 바 그 말씀이 그들에게 유익하지 못한 것은 듣는 자가 믿음과 결부시키지 아니함이라 이미 믿는 우리들은 저 안식에 들어가는도다"(히브리서 4:1~3a)

- "또다시 거기에 그들이 내 안식에 들어오지 못하리라 하였으니 그러면 거기에 들어갈 자들이 남아 있거니와 복음 전함을 먼저 받은 자들은 순종하지 아니함으로 말미암아 들어가지 못하였으므로"(히브리서 4:5~6)

• "그러므로 우리가 저 안식에 들어가기를 힘쓸지니 이는 누구든지 저 순종하지 아니하는 본에 빠지지 않게 하려 함이라"(히브리서 4:11)

• "사랑하는 자들아 우리가 이같이 말하나 너희에게는 이보다 더 좋은 것 곧 구원에 속한 것이 있음을 확신하노라"(히브리서 6:9)

2. '한 번 빛을 받고 하늘의 은사를 맛보고 성령에 참여한 바 되고(4절) 하나님의 선한 말씀과 내세의 능력을 맛보고도 떨어진 자들(5절)'은 구체적으로 어떤 이들을 가리키는가?

구름기둥 불기둥을 경험하고 홍해를 건너오고 하늘의 만나와 메추라기를 맛보고 여러 가지 기적과 이사를 경험했던 자들을 가리킨다. 똑같은 일들을 경험하고 맛보았지만, 그중에 진짜 하나님의 백성이 있는가 하면 가룟 유다와 같은 가짜 백성도 존재했다.

3. 처음부터 가짜인데 어째서 '떨어짐(배교)'이란 용어를 쓴 것일까?

당시 표면적으로(Historically or Physically)는 아브라함의 후손이었고 유대교인이었던 사람이 예수 그리스도나 영생과는 무관하게 기독교에 왔다가 어려움을 당하자 환난을 피하려고 유대교로 되돌아갔기에 배교라는 표현을 했을 뿐, 이들은 처음부터 그리스도와는 상관없는 가짜 기독교인이었다. 따라서 처음엔 참믿음의 사람으로 천국 백성이었다가 결국은 떨어져 지옥 백성이 된 것이 아님에 유의하라.

4. 오늘 저자가 말하는 대상인 본문의 수신자들은 구체적으로 어떤 사람들인가?

저자가 혹 믿지 아니하는 악한 마음을 품고 하나님에게서 떨어져서 안식에 이르지 못할 자가 있을지 몰라 염려스러운 나머지 이런 경고성 메시지를 전하고 있긴 하지만, 본문의 수신자들은 염려하지 않아도 될 정도의 선한 섬김으로 구원받은 천국 백성에 가까운 사람들임을 언급하고 있다.

5. 그렇다면 처음부터 진짜 하나님의 백성으로 부름받은 자들은 떨어져 지옥 갈 염려가 없는 이들인데 어째서 이런 경고성의 메시지가 주어졌는가?

• "형제들아 너희는 삼가 혹 너희 중에 누가 믿지 아니하는 악한 마음을 품고 살아 계신 하나님에게서 떨어질까 조심할 것이요 오직 오늘이라 일컫는 동안에 매일 피차 권면하여 너희 중에 누구든지 죄의 유혹으로 완고하게 되지 않도록 하라"(히브리서 3:12~12)

• "그러므로 우리는 두려워할지니 그의 안식에 들어갈 약속이 남아 있을지라도 너희 중에는 혹 이르지 못할 자가 있을까 함이라"(히브리서 4:1)

• "그러므로 우리가 저 안식에 들어가기를 힘쓸지니 이는 누구든지 저 순종하지 아니하는 본에 빠지지 않게 하려 함이라"(히브리서 4:11)

아무리 하나님이 천국 백성으로 택한 자들이라 할지라도 가만히 내버려두시면 지옥에 갈 수밖에 없을 것이다. 따라서 하나님은 한 번 택하신 자들을 버려두시지 않고 끝까지 천국으로 이끄시지만(요한복음 6:39~40, 10:27~30 / 로마서 8:28~39), 성령의 도우심과 함께 경고와 책망과 권면의 말씀을 통해서 그들이 불신과 불순종이라는 범죄의 자리로 나아가지 않도록 이끄시기 때문이다.

자녀들이 실망스러운 모습을 보였을 때 우리가 어떤 말을 내뱉었는지 생각해보자.

"네가 내 자식 맞아? 네가 내 아들이 맞는다면 어떻게 이런 짓을 할 수 있어? 내 자식이 이런 짓을 하다니 정말 실망스럽구나! 부모 자식 관계를 끊고 싶은 심정이다, 이놈아!"

이게 정말 부모 자식 관계를 끊고자 한 말인가? 부모로서 부끄럽고 참담하기에 호적에서 이름을 파겠다는 의미인가? 너무 실망한 나머지 내뱉은 말이요, 다신 그런 짓 하지 말란 뜻에서 한 말이 아니겠는가?

하지만 우리 하나님은 그런 참혹한 말씀도 하지 않으신다. 어떤 죄를 짓더라도 우리를 향하신 하나님의 사랑에는 변함이 없다. 단지 그분이 우리를 슬퍼하시고 마음 아파하실 뿐이다. 그 때문에 그런 자녀가 되지 않도록 하시기 위해 이런 경고성, 책망성, 권면성의 말씀을 사용하시는 것이다.

6. 히브리서 6장 1~3절과 4~12절은 한 묶음(One Package)으로 연결된 본문인가? 아니라면 이유가 무엇인가?

원포인트의 드라마틱한 강해설교

5장

11 멜기세덱에 관하여는 우리가 할 말이 많으나 너희가 듣는 것이 둔하므로 설명하기 어려우니라

12 때가 오래 되었으므로 너희가 마땅히 선생이 되었을 터인데 너희가 다시 하나님의 말씀의 초보에 대하여 누구에게서 가르침을 받아야 할 처지이니 단단한 음식은 못 먹고 젖이나 먹어야 할 자가 되었도다

13 이는 젖을 먹는 자마다 어린 아이니 의의 말씀을 경험하지 못한 자요

14 단단한 음식은 장성한 자의 것이니 그들은 지각을 사용함으로 연단을 받아 선악을 분별하는 자들이니라

6장

1 그러므로 우리가 그리스도의 도의 초보를 버리고 죽은 행실을 회개함과 하나님께 대한 신앙과

2 세례들과 안수와 죽은 자의 부활과 영원한 심판에 관한 교훈의 터를 다시 닦지 말고 완전한 데로 나아갈지니라

3 하나님께서 허락하시면 우리가 이것을 하리라

히브리서 6장 1~3절은 '멜기세덱에 관한 말씀'과 관련해서 나온 내용이지 5절 이후에 나온 '한 번 비췸을 얻고 (…)'와 관련된 내용이 아님에 유의하라. 멜기세덱에 관한 지식에는 초보가 있는가 하면 온전히 아는 이가 있음을 1~3절이 말씀하고 있는 반면, 가짜 신앙인과 진짜 신앙인이 있음을 6~12절이 이야기하고 있다.

7. 본문이 우리에게 주는 경고와 권면은 무엇인가?

▶ 경고

1) 그리스도의 초보에 머물지 말라. (히브리서 6:1)

2) 믿지 아니하는 악한 마음을 품어서 하나님에게서 떨어질까 조심하라. (히브리서 3:12)

2) 죄의 유혹에 빠져 하나님의 음성을 들었음에도 거역하는 완고한 자가 되지 말라. (히브리서 4:7~8, 4:13)

3) 믿지 않고 순종하지 않고 범죄해서 하나님을 격노케 함으로 가나안 입성을 거절당하는 자가 되지 말라. (히브리서 3:16~19)

▶ 권면

1) 처음 확신한 것을 끝까지 견고히 잡으라. (히브리서 4:14)

2) 매일 피차 권면하라. (히브리서 3:13)

3) 완전한 데로 나아가라. (히브리서 6:2)

＊ 핵심 구절

• "그러므로 우리가 저 안식에 들어가기를 힘쓸지니 이는 누구든지 저 순종하지 아니하는 본에 빠지지 않게 하려 함이라"(히브리서 4:11)

• "우리가 간절히 원하는 것은 너희 각 사람이 동일한 부지런함을 나타내어 끝까지 소망의 풍성함에 이르러 게으르지 아니하고 믿음과 오래 참음으로 말미암아 약속들을 기업으로 받는 자들을 본받는 자 되게 하려는 것이니라"(히브리서 6:11~12)

▶핵심 메시지

하나님과 그분의 약속의 말씀을 굳게 신뢰하고 순종함으로 그분이 예비하신 기업을 아낌없이 받아 누리는 자 되자.

4) 원포인트의 드라마틱한 강해설교 베스트 샘플

한 편의 '원포인트의 드라마틱한 강해설교'는 어떻게 만들어지는 가? 매우 궁금하리라 본다. 말이 필요 없다. 놀라운 작품이 나오기까지의 과정을 구체적으로 소개하는 것보다 유익한 과정은 없으리라.

지금부터 필자가 수년에 걸쳐 창안한 성경적이고 효과적인 설교에 관한 전략을 여러 단계에 걸쳐서 소개한다.

첫 번째로 다룰 본문은 마리아와 마르다에 관한 내러티브(누가복음 10:38~42)이다. 이 자매에 관한 이야기는 기독교인이면 모르는 이가 없을 만큼 널리 알려진 본문이다. 하지만 이 본문이 말하는 의미를 제대로 알고 설교하는 이가 몇이나 될까 싶을 정도로 두 여인의 이야기는 어려운 내용으로 이루어져 있다.

그럼 이제 각 단계를 거치면서 한마디로 본문이 뭘 말하고 있는지, 그리고 그것을 어떻게 한 편의 드라마같이 기막힌 흐름의 원고로 꾸며 나가는지를 함께 신나게 여행해보자.

(1) 샘플1(누가복음 10:38~42, 개역한글)

먼저 필자가 오래전에 개발한 '베스트 프레임 설교 샘플1'을 소개하려 한다. 이 구성법을 창안하기까지는 수년의 세월이 흘렀다. 어떻게 하면 가장 성경적이면서 효과적인 프레임으로 설교할 수 있을까에 최대한 신경을 집중했다. 그래서 나온 첫 번째 작품이 이 프레임이다.

이제 이 프레임에 맞춰 작성한 필자의 설교 원고 전체를 살펴볼 텐데, 그전에 누가복음 10장 38~42절에 나오는 '마리아와 마르다' 이야기를 본문으로 해서 필자가 창안한 '베스트 프레임 1'이라는 형태의 설교문을 작성하기 위한 실제 준비작업 과정을 먼저 소개하고자 한다.

* * *

〈'베스트 프레임1' 작성을 위한 준비 작업〉

(누가복음 10:38~42, 개역한글)

1. 성경사본 확인

1) 수정용

38 저희가 길 갈 때에 예수께서 한 촌에 들어가시매 마르다라 이름하는 한 여자가 자기 집으로 영접하더라

39 그에게 마리아라 하는 동생이 있어 주의 발아래 앉아 그의 말씀을 듣더니

40 그러나 마르다는 (준비하는 일이 많아 마음이 분주한지라) 접대하는 일이 많아 마음이 분산된지라 예수께 나아가 가로되 주여 내 동생이 나 혼자 일하게 두는 것을 생각지 아니하시나이까 저를 명하사 나를 도와주라 하소서

41 주께서 대답하여 가라사대 마르다야 마르다야 네가 많은 일로 염려하고 (근심하나) 혼란스러우나

42 (그러나 몇 가지만 하든지 혹 한 가지만이라도 족하니라 마리아는 이 좋은 편을 택하였으니 빼앗기지 아니하리라 하시니라) 그러나 필요한 일은 <u>하나뿐이니라</u>(ἑνὸς δέ ἐστιν χρεία, Only one thing is necessary) 마리아는 빼앗기지 않을 이 좋은 편을 택하였느니라

2) 완성용

38. 저희가 길 갈 때에 예수께서 한 촌에 들어가시매 마르다라 이름하는 한 여자가 자기 집으로 영접하더라

39. 그에게 마리아라 하는 동생이 있어 주의 발아래 앉아 그의 말씀을 듣더니

40. 그러나 마르다는 접대하는 일이 많아 마음이 분산된지라 예수께 나아가 가로되 주여 내 동생이 나 혼자 일하게 두는 것을 생각지 아니하시나이까 저를 명하사 나를 도와주라 하소서

41. 주께서 대답하여 가라사대 마르다야 마르다야 네가 많은 일로 염려하고 혼란스러우나

42. 그러나 필요한 일은 하나뿐이니라(ἑνὸς δέ ἐστιν χρεία, Only one thing is necessary) 마리아는 빼앗기지 않을 이 좋은 편을 택하였느니라

3) 성경 사본과의 비교상 번역문의 문제점 해설

(1) 40절에서 '그러나(δέ)'가 빠져 있음을 기억해야 한다. 이것은 마리아와 마리아 사이의 대조적인 행동을 암시하는 중요한 설명이 된다.

(2) '분주하고'(40절), '근심하는'(41절)보다는 '마음이 분산되고', '혼란스러움'으로 번역하는 편이 더 낫다. 마르다의 마음이 한 곳에, 특별히 꼭 필요한 한 곳에 집중되어 있지 못함을 보여주는 단서가 되기 때문이다. 마리아가 좋은 편인 주님과 말씀에 마음이 집중된 것과는 대조적인 표현임을 엿볼 수 있어야 한다.

(3) 42절에서 번역상 가장 치명적인 결함이 발견된다. "몇 가지만 하든지 혹 한 가지만이라도 족하니라"라는 번역이다. 이것은 원문과 사뭇 다르다. 믿을 만한 사본에는 "그러나 필요한 일은 하나뿐이니라(But only one thing is necessary)"로 되어 있음을 놓치면 완전히 엉뚱한 해석이 나오게 된다.

2. Key 단어나 구절 찾기

42절의 "그러나 필요한 일은 하나뿐이니라(But only one thing is necessary)"라는 구절이 예수님의 비유를 이해하는 가장 중요한 핵심 구절이다. 그뿐만 아니라 42절 끝에 나오는 "마리아는 이 좋은 편을 택하였다(for Mary has chosen the good part)"는 구절도 중요하다.

마리아도 선택을 했다는 점에 주목하라. 처음부터 마르다처럼 주님께 봉사하는 일에는 전혀 관심 없이 방에 틀어박혀 말씀만 들은 것이 아니다. 그녀도 고민을 했다는 말이다. 사랑하는 주님께서 모처럼 방문하셨는데, 시장하실 수도 갈증이 나실 수도 발 씻을 물이 필요하실 수도 있다. 하지만 주님을 위

원포인트의 드라마틱한 강해설교

해서 뭔가를 해드리는 일도 중요하겠지만, 주님으로부터 그녀가 듣고 받고 먹고 깨닫고 힘을 얻고 변화 받는 일이 더욱 중요했다. 그래서 깊은 생각 끝에 좋은 편을 의지적 결단으로 선택한 것이다. 본문의 충실한 해석을 위해서는 이런 소중한 부분을 결코 놓쳐선 안 됨을 반드시 기억하라.

3. 필수 연결 구절

본 설교의 주인공 중 한 사람인 마리아를 '일 중심의 사람'이 아니라 '인간 혹은 관계 중심의 사람'으로 보는 견해가 지배적이다. 이것은 누가복음 10장 본문과 요한복음 11장만을 참조했을 때의 생각이다. 그녀가 어떤 유형의 사람인가를 치우치지 않고 균형 있게 보여주려면 요한복음 12장 1~8절, 특히 2~3절이 필수적이다. 마리아는 두 가지 성향을 모두 가지고 있으되, 때에 따라서 적절히 한 유형만을 선택했다. 요한복음 12장에 놀랍게도 마리아의 위대한 헌신과 섬김과 봉사의 모습이 나오고 있음이 발견된다. 뜻밖의 일이다. 결론은, 누가복음 10장을 설교할 때는 요한복음 12장 내용이 반드시 곁들여 참고해야 할 필수 구절임을 놓쳐서는 안 될 것이다.

4. 주의 사항

우리말 본문으로 본다면 예수께서 마르다의 봉사와 섬김과 헌신 자체를 나무란 것이 아니라 많은 것을 한꺼번에 하고자 함으로 마음이 분산되고 염려로 가득 차고, 그 결과 좋은 편을 택한 마리아에게까지도 불평과 원망을 토로하게 된 문제성을 지적하신 셈이 된다. 하지만 42절의 "그러나 필요한 일은 하나뿐이니라(But only one thing is necessary)"라는 구절이 정확하다면 예수님은 섬김보다는 영성 쪽을 선택한 마리아의 손을 들어주신 것이 됨에 주의해야 한다.

5. 줄거리

예수께서 마리아와 마르다의 집에 오셨을 때 마르다는 접대하느라 분주했고, 마리아는 예수의 발아래 앉아 말씀에 열중했다. 예수를 접대하는 일에 마음을 빼앗겼던 마르다가 예수를 찾아와 마리아가 자기를 돕도록 명할 것을 요청한다. 이에 예수께서 마리아가 좋은 편을 택했으므로 누구도 간섭할 수 없다고 설명한다.

6. 중심사상

본문의 문제는 '섬김이냐 말씀이냐'의 문제를 다루는 것이 아니라 때와 우선권의 문제에 대해 깨우치고 있다. 우리의 신앙생활에서 '섬김과 말씀'은 어느 것 하나 소홀히 할 수 없는 중요한 문제이다. 그것은 '양자택일(either A or B)'의 문제나 '양자우열(A is better than B)'의 문제가 아니라 '양자겸비(both A and B)'의 문제다.

하지만 우선권을 따지자면, 무게는 항상 말씀 쪽에 기울어져 있음을 명심하라. 주님으로부터 채워짐 없는 헌신과 봉사는 온전할 수 없다. 말씀과 하나님에 대한 지식이 없는 섬김은 문제를 야기할 수 있다. 어느 것에 더 큰 관심과 정성을 집중했느냐가 중요한 것이다. 이런 점에서 마리아는 한 가지 일, 즉 가장 소중한 일을 선택했다. 제한된 짧은 시간에, 그것도 다시는 찾아오지 않을 가능성이 많은, 그래서 그 길밖에는 없다고 생각되는 그때에 자신이 필수적으로 해야 하는 유일한 일을 선택한 것이다. 주님으로부터 직접 말씀을 듣는 일이 또다시 주어질지 알 수 없는 매우 소중한 상황임을 놓치지 말라.

"예루살렘의 딸들아, 나를 위하여 울지 말고 너희와 너희 자녀를 위하여 울라!"(누가복음 23:28)는 주님의 말씀이 들리는가. 주님을 위하여 우는 것이 왜 욕먹을 일이겠는가. 하지만 자신과 자녀들의 죄와 영생의 문제에 더 큰 관심을 가지고 울고 회개하고 돌이키는 일이 더욱 중요함을 말씀하신 것이다. 마리아 역시 마찬가지다. 주님을 대접하는 일도 필요한 일이겠지만, 먼저 자신이 말씀을 듣고 은혜를 받고 죄사함의 진리를 깨달아 천국 백성으로, 주님의 신부로 그분이 기대하는 삶을 잘 살아가는 것이 가장 중요하다.

지금까지 우리는 마리아를 '일 중심'보다는 '사람 중심', '관계 중심'의 여인이라고 생각해왔다. 그러나 요한복음 12장을 참조해보면 새로운 사실 하나를 발견할 수 있다. 그것이 무엇인가? 헌신이나 봉사나 섬김으로 치면 지금까지 마르다를 떠올려왔다. 그런데 주님은 그런 일로 치더라도 마리아를 능가할 모범이 없음을 우리에게 보여주고 계신다는 사실을 놓치지 말아야 한다. 마리아의 뒷이야기를 결코 놓쳐선 안 될 것이다.

한마디로 마리아는 모든 것을 겸비한 균형 잡힌 신앙의 사람이었다. 사람이나 관계 중심이 되어야 할 때는 거기에 집중했고, 일 중심이 되어야 할 때는 또 그때를 알아 최선을 다한 균형 갖춘 모범적 신앙인이었다.

'자신을 위해서(for Herself)' 주님으로부터 받아야 할 때를 알았고, 또 '주님을 위해(for Jesus)' 자신이 해야 할 때를 잘 분별했다. 그 시간에 맞춰 선택하고 행동으로 옮겼다.

여기서 놓치지 말아야 할 것은, 무엇보다 주님과의 교제와 말씀에 먼저 집중하라는 것이다. 위로부터 내가 채워지지도 않은 채 주님을 위해, 교회를 위해, 남을 위해 뭔가를 열심히 하려고 하는 경우가 많다. 일하기 전에 먼저 말씀으로 채워지고 하나님을 아는 지식으로 충만해야 한다. 마리아에게 그토록 뛰어나고 위대한 헌신과 섬김이 나오게 된 동인이 무엇인가? 그동안 그녀가 집중했던 주님과의 교제와 말씀의 채움이다. 그것이 제대로 채워졌을 때 그 누구도 따라올 수 없는 헌신과 섬김과 순종이 결실된다는 사실을 놓치지 말라.

오늘 마리아의 선택이 주님께 좋은 편으로 인정과 평가를 받았음에 주목하라. 결국 이 본문은 '양자우열'이나 '양자겸비'의 문제가 아니라 '양자택일'의 문제로 밝혀진다. 이와 반대로 마르다는 자신의 문제성을 알기보다는 도리어 올바르게 선택해서 행동한 마리아와 이를 방치한 예수께 불평을 토로하고 있음을 본다. 그뿐만 아니라 그 좋은 자리에서 벗어나 자기처럼 미련한 일을 하게끔 주님께 마리아를 꾸짖어달라고까지 요청하고 있다. 이 얼마나 어리석은 일인가.

7. 설교의 목적과 방향

마르다의 문제성 지적 내용과 마리아가 칭찬받은 내용을 하나씩 들추어냄으로써 청중의 신앙생활에서 우선권이 어디에 있는가를 보여주는 일에 목적과 방향이 있다.

8. 설교의 틀

'원포인트의 강해설교의 틀'을 활용함이 적절하다.

9. 설교 제목

'양자택일', '양자겸비', '양자우열', '올바른 선택', '오직 한 가지만', '이 좋은 편', '마리아: 인간 중심, 관계 중심의 사람인가?'

이제 필자가 '베스트 프레임1'에 맞춰 작성한 설교의 실제를 소개한다.

* * *

〈균형 잡힌 신앙의 모델〉

(누가복음 10:38~42, 개역한글)

1. Opening(도입 연결 예화)

어떤 유명한 사람이 사람의 종류를 넷으로 나눈 것을 보았습니다. '똑부, 똑게, 멍부, 멍게'입니다. 이게 뭔지 아십니까? '똑부'는 '똑똑하면서 부지런한 사람'이요, '똑게'는 '똑똑하면서 게으른 사람', '멍부'는 '멍청하면서 부지런한 사람', '멍게'는 '멍청하면서 게으른 사람'을 말합니다.

수년 전, 우리나라 국무총리를 몇 분 모셨던 비서관 한 사람이 쓴 책을 한 권 보았습니다. 그 책에는 역대 국무총리에 대한 평가가 기록되어 있었는데, 그들을 방금 소개한 이 네 종류로 나누어 재미있게 소개하고 있었습니다. 여러분이 잘 아시는 정원식 국무총리는 어디에 해당되었을까요? '똑부형' 총리로 되어 있었습니다. 이홍구 총리는요? 역시 '똑부형'의 최고 총리로 평가되어 있었습니다. 오늘 여러분은 똑부, 똑게, 멍부, 멍게 중 어디에 속한다고 생각하십니까?

이렇게 사람을 넷으로 나누기도 하고, 또 둘로 나누기도 합니다. 어떤 유형으로 나눌까요? '일 중심 유형(Task-Oriented Type)'과 '사람 중심', 다시 말해서 '관계 중심 유형(Human-Oriented Type)'으로 나누기도 합니다.

이 중에서 어떤 유형이 더 좋은 사람일까요? 어느 쪽이 더 괜찮은 스타일의 사람일까요? 사람마다 각기 다를 수 있습니다만, 일 중심 유형보다는 사람이나 관계 중심 유형이 훨씬 더 유익한 것으로 평가되고 있습니다.

그런데 이와 아주 흡사하다고 이야기되는 대조적인 유형의 두 사람이 성경 속에도 나타나 있음을 아십니까? 아주 유사한 모습인 것 같습니다. 한번 보실까요?

2. Trouble in the Bible(본문의 문제)

어느 마을에 마리아와 마르다 자매가 살고 있었는데, 어느 날

원포인트의 드라마틱한 강해설교

예수께서 자기 마을에 오셨다는 말을 듣고 얼른 가서 그를 영접해서 자기 집으로 오시게 했습니다. 예수님과는 아주 밀접한 관계일 만큼 서로 사랑하고 아끼는 사이였습니다. 그래서 마르다는 모처럼 자기 가정에 오신 예수님을 대접하느라 정신이 없을 정도로 분주했습니다. 그런데 가만히 보니 동생 마리아는 언니를 거들기는커녕 예수님 발아래 앉아서 그분의 말씀을 듣고 있는 것이었습니다.

자, 여러분, 이런 경우 사람들은 어떻게 반응할까요? 누구 편을 들겠습니까? 마르다와 마리아 두 사람 중 누구 편을 들겠습니까?

3. Listener's [Expected] Reaction(청중의 [예상되는] 반응)

만일 여러분이 부엌에서 예수님을 대접하느라 정신이 없었던 마르다였다면 여러분은 과연 어떻게 반응했을까요? 저부터 말씀드리겠습니다.

만일 제가 본문의 이야기를 미리 정확히 파악하지 못했다면 마리아의 행동이 전적으로 잘못되었다고 비난하기는 힘들어도, 최소한 마르다가 마리아를 원망한 대목에 대해서는 일리 있는 이야기로 받아들였을 것 같습니다.

여러분은 어땠을 것 같습니까? 그래도 '일 중심'인 마르다보다는 '사람이나 관계 중심'의 마리아 편을 들겠다고요? 그것은 이 본문의 이야기를 수도 없이 듣고 결론을 미리 알고 있음에서 비롯된 편견의 결과일 겁니다. 이 이야기를 처음 들은 사람들에게 마르다의 원망에 문제가 있는지 한번 물어보세요. 대다수는 마리아보다 마르다의 손을 들어줄 것입니다. 여러분도 그렇게 생각하지 않습니까? 그렇지요?

4. Reaction in the Bible(본문에서의 반응)

이제 본문에 나타난 마르다의 반응이 어떠했을지 궁금하지 않습니까? 한 번 보시겠습니다. 40절입니다.

"주여 내 동생이 나 혼자 일하게 두는 것을 생각지 아니하시나이까 저를 명하사 나를 도와주라 하소서"

화가 치밀 대로 치민 마르다가 견디다 못해 예수님을 찾아가서 동생을 꾸짖어 자기를 돕게 명하라고 요청합니다. 이것은 요청이라기보다는 으름장에 가까웠습니다.

5. The Reason of the Reaction(반응의 이유)

사실 이런 행동은 그녀가 존경하고 사랑해온 주님 앞에서 무례하고 실례되는 행동일 수 있습니다. 그럼에도 불구하고 마르다가 그럴 수밖에 없었던 이유가 무엇이겠습니까?

여러분, 여러분은 이 마리아의 요청에 대해 어떻게 생각하세요? 우리는 결론을 다 알고 있으니 마리아 편을 들 때가 많겠지만, 인간적으로 솔직히 말해보자면 어떻습니까? 마리아의 행동이 얄밉지 않습니까? 무조건 마르다의 행동을 비판하고 부정적으로 몰아붙이는 것은 옳지 않습니다.

오늘 마르다의 입장에서 본문을 한 번 보시길 바랍니다. 마리아가 누구 덕분에 예수님을 만났는지 아십니까? 성경을 자세히 관찰해보면 예수님께서 오늘 자발적으로 이 가정을 직접 방문하신 게 아님을 알 수 있어요. 38절에 "저희가 길 갈 때에 예수께서 한 촌에 들어가시매 마르다라 이름하는 한 여자가 자기 집으로 영접하더라"고 되어 있습니다. 마르다가 예수님이 베다니에 오셨다는 소문을 듣고 뛰어가 자기 집에 모신 것입니다. 그래서 실컷 모셔놓고 예수님을 대접하느라 부엌에서 정신이 없는데, 마리아는 가만히 집에 앉아 있다가 예수님과 한방에서 맘껏 독대하면서 자기 혼자 말씀을 받아먹고 있어요.

누가 봐도 얄미운 짓입니다. 살다 보면 요런 얌체들이 세상에 참 많습니다. 이런 사람들을 세상에서는 '얌체족' 혹은 '등쳐먹는 인간'이라 하지 않습니까? '하이에나족'이라고도 하지요. 남이 애써 잡아놓은 먹이를 수고도 하지 않고 먹어 치우는 자 말이에요.

오늘 마리아의 행동이 그와 흡사합니다. 적어도 예수님 대접을 위해 혼자 이리 뛰고 저리 뛰는 마르다를 도와 조금이라도 부엌에서 수고할 필요는 있었습니다. 마르다는 너무도 귀하고 사랑하는 분이 오셨기에 혹 갈증이 나실까, 시장하지나 않으실까, 피곤에 지쳐 더러워진 발 씻을 물이 필요하지나 않으실까…. 여러모로 노심초사하다 보니 당연히 그렇게 대접 때문에 여러 가지 일로 마음이 분주해진 것입니다. 그럴 때 한 사람이라도 옆에서 도와준다면 얼마나 일이 능률적으로 빨리 진행되겠습니까?

마르다는 마리아가 괘씸했습니다. 언니가 그토록 마음이 분산될 정도로 할 일이 많아 고생하고 있는데, 코빼기도 안 보이고 방에 틀어박혀서 주님과 교제하는 특권을 혼자만 누리고 있는 것이 너무도 속상했던 것입니다. 그런 꼴을 보고도 나가서 돕다가 오라고 한마디 하시지 않는 주님도 무척 원망스러웠을 겁니다. 참다못해 마르다가 방으로 가서 주님께 원망을 토로합니다.

"주여 내 동생이 나 혼자 일하게 두는 것을 생각지 아니하시나이까 저를 명하사 나를 도와주라 하소서"

이것은 주님을 향한 직접적인 불평이요 도전입니다. 왜 그렇게 볼 수 있습니까? 마리아가 미웠다면 마르다는 마리아에게 소리치고 야단쳐야 하지 않습니까? 마리아가 아닌 주님께 마르다가 그렇게 말했다는 것은 주님에 대한 섭섭함과 서운함도 적지 않았음을 보여주는 것입니다.

'존경하는 선생님께서 동생을 꾸짖어 언니를 도와주라고 언제까지 말씀하지 않으신단 말인가?' 이런 불만이 마르다에게 가득 차서 폭발했단 말입니다. 그래서 방으로 간 것 아닙니까? 큰 문제가 없어 보입니다.

6. God's Action(하나님의 반응)

본문의 주인공 중 한 사람인 마르다는 그 나름대로 문제를 갖고 마리아에게 도움을 요청하며 그녀를 원망했습니다. 여러 가지로 살펴봤지만, 그렇게 반응할 만한 마르다 나름의 이유와 논리와 명분이 충분히 있었습니다. 그런데 문제가 있습니다. 그녀의 반응이 틀리지 않고 옳고 정당하다면 모르겠으나, 만일 그것이 잘못된 반응이었다면 어떻게 되겠는가 하는 것입니다. 특별히 그것이 우리가 믿고 따르는 주님의 뜻에 어긋난 생각이라면 어떻게 되겠느냐 하는 것이지요.

오늘 마르다에 대해서 주님이 내리신 반응과 평가가 궁금하지 않습니까? 무엇일까요? "예수라면 어떻게 하실까?" 바로 그것입니다.

어떤 일을 할 때 그것이 옳은지 그른지 제대로 분석한 뒤 매사를 결정하고 선택할 필요가 있습니다. 그 결정과 선택에 실수가 없도록 하려면 어떻게 하라고 했습니까? 항상 이 물음을 꼭 물으시길 바랍니다. 따라 하십시다. "예수라면 어떻게 하실까?"

자, 이제 오늘 성경 속에 나타난 주님의 반응이 어떠했는지를 본문을 통해 한번 살펴보도록 하십시다. 11~12절에 그것이 명확히 기록되어 있습니다. 다 함께 읽어보십시다.

"주께서 대답하여 가라사대 마르다야 마르다야 네가 많은 일로 염려하고 근심하나 그러나 몇 가지만 하든지 혹 한 가지만이라도 족하니라 마리아는 이 좋은 편을 택하였으니 빼앗기지 아니하리라 하시니라"

이것이 오늘 주님의 반응과 결론입니다. 누구 편을 들어주신 것입니까? 마르다입니까, 마리아입니까? 아니면 마르다도 나쁘진 않았지만, 마리아의 행동이 더 좋고 옳았다 쪽입니까?

구체적으로 질문을 드려보겠습니다. '양자택일(either A or B)'의 문제냐, '양자우열(A is better than B)'의 문제냐, '양자겸비(both

A and B)'의 문제냐의 질문입니다. 이 셋 중에 하나를 선택해보세요. 더 쉽게 설명합니다. '마리아가 옳습니까, 마르다가 옳습니까?', '마르다도 나쁘진 않았지만 마리아가 더 낫다는 쪽입니까?', '마르다와 마르다 둘 다 괜찮습니까?'

'양자택일'이라 생각하시는 분 손들어 보세요. '양자우열'이라는 분? 그러면 '양자겸비'의 문제라고 생각하시는 분 손들어 보세요.

많은 경우 '양자택일'이나 '양자우열'로 보고 있습니다. 그러나 42절의 내용을 참조해보면 이것은 '양자택일'의 문제나 '양자우열'의 문제가 아니라 '양자겸비'의 문제임을 알 수 있습니다. '마리아의 말씀 공부'나 '마르다의 섬김'이 둘 다 필요하단 말이지요. 어떻게 그렇게 단정 지을 수 있단 말입니까? 그 말이 맞는지 확인해보십시다.

42절의 "몇 가지만 하든지 혹 한 가지만이라도 족하니라"는 대목이 이를 입증하고 있습니다. 마르다가 틀렸다는 이야기가 아닙니다. 마리아가 잘못됐다는 마르다의 원망에 대해 마리아도 나름대로 좋은 편을 선택했음을 변호해주고 있습니다.

일반 상식으로 보더라도 이것은 '양자우열'의 문제가 될 수 없습니다. 섬김도 중요하고 말씀도 중요하고, 말씀도 중요하고 섬김도 중요합니다. 이것은 양자택일의 문제가 결코 아닙니다. 사실 섬기는 일이나 말씀 듣는 일에 관심을 가지는 일이나 둘 다 우리 신앙생활이나 교회 공동체를 위해서 요긴한 요소들입니다. 무조건 말씀이 옳고 섬김은 등한시하는 것은 잘못입니다.

원포인트의 드라마틱한 강해설교

교회에서 모두가 설교하고 성경을 가르친다면 부엌에서 밥 짓고, 청소하고, 교회차 운전하는 일은 누가 하겠습니까? 다 마이크를 잡고 가르치거나 기도와 말씀 연구에만 전념한 채 힘들고 땀흘리는 일은 무시한다면 교회가 어떻게 돌아가겠습니까?

예수께서는 마르다의 봉사와 섬김과 헌신 자체를 나무란 것이 아니라, 많은 것을 한꺼번에 하고자 함으로 마음이 분산되고 염려로 가득 차고, 그 결과 좋은 편을 택한 마리아에게까지 불평과 원망을 토로하게 된 문제성을 지적하신 것입니다. 많은 설교자가 이 본문을 설교할 때 봉사와 섬김과 헌신을 부정적으로 논하고 있음을 봅니다. 이는 본문을 잘못 이해한 결과입니다.

그런 점에서 이 문제를 '양자우열'의 문제로 볼 수도 있습니다. 섬기는 일보다는 말씀 사역이 더 중요하다고 볼 수 있지요. 하지만 우열을 정할 때는 항상 나머지 하나가 무시될 위험성이 있음에 유의해야 합니다.

자, 이제 오늘 성경 본문에서 말씀하신 주님의 진정한 결론을 말씀드리겠습니다. 잘 들으시길 바랍니다. 오늘 본문은 '양자우열'의 문제도 '양자겸비'의 문제도 아닌 '양자택일'의 문제를 다루고 있습니다. 제 결론이 바뀌었습니다. 어찌 된 일일까요? 여러분에게 잠시 혼돈을 드려서 죄송합니다. 제가 일부러 잘못 번역된 우리말 본문에 맞춰서 해석을 한 것입니다.

42절에서 번역상 아주 치명적인 결함이 하나 발견됩니다. "몇 가지만 하든지 혹 한 가지만이라도 족하니라"라는 대목입니다. 이것은 다른 사본과는 사뭇 다른 내용입니다. 사본에는 정확히 이렇게 되어 있습니다. "그러나 필요한 일은 하나뿐이니라(But only one thing is necessary)" 대부분의 영어 성경은 이 번역을 선호합니다. 이것을 제대로 알지 못하면 완전히 엉뚱한 해석이 나올 수밖에 없습니다.

필요한 것은 '몇 가지'나 '여러 가지'가 아니라 '한 가지뿐'이라고 주님이 말씀하셨습니다. 주님의 결론을 좌지우지할 이 구절이 어떻게 이처럼 잘못 번역되어 있는지 기가 막힐 노릇 아닙니까?

7. The Reason of the Action(그 반응의 이유)

그러면 여기서, 어떻게 주님이 그렇게 말씀하셨는지가 궁금하지 않습니까? 그 이유가 뭔지 한번 살펴보겠습니다.

사실상 본문의 문제는 '섬김이냐 말씀이냐'의 문제를 다루는 것이 아니라 때와 우선권의 문제를 깨우치고 있습니다. 좀 전에도 말씀드렸지만, 우리의 신앙생활에서 '섬김'과 '말씀'은 모두가 소홀히 할 수 없는 중요한 문제입니다. 그것은 일반적인 경우에 '양자택일'의 문제나 '양자우열'의 문제가 아니라 '양자겸비'의 문제입니다.

하지만 오늘 본문에서 주님은 시와 때의 문제를 다루고 있습니다. 일반적인 때가 아니라 특별한 상황임을 알아야 합니다. 지금 이 상황에서는 어느 것이 더 중요하고 어느 것이 덜 중요한가를 따질 수 있는 때가 아니라는 말입니다. 오직 하나의 선택이 필요한 때였어요.

항상 그런 것은 아니지만, 살다 보면 양자택일의 순간이 주어질 때가 있습니다. 그럴 땐 양다리 걸쳐서는 안 됩니다. 아쉽지만 하나는 포기하고 하나만 선택해야 합니다. 오늘이 바로 그때입니다. 주님이 다시는 방문하실 수 없는 마지막 대면의 순간일 가능성이 큽니다. 이럴 때는 한 가지만 결단해야 합니다. 주님을 위해 뭘 해드리는 일도 중요하지만, 그 일에 매진하다가 정작 주님과 교제하고 그분에게서 영적으로 소중한 것을 받는 일을 놓쳐버린다면 어떻게 되겠습니까?

앞부분에서 언급한 바 있지만, 지금까지 우리는 마리아를 '일 중심'보다는 '사람 중심', '관계 중심'의 여인이라고 생각해왔습니다. 그러나 새로운 사실을 하나 보여드리겠습니다. 뭘까요? 헌신이나 봉사나 섬김으로 치면 지금까지 마르다를 떠올리지 않았습니까? 그런데 주님은 그런 일로 치더라도 마리아를 능가할 모범이 없음을 우리에게 보여주고 계신다는 사실입니다.

지금까지 마리아는 마르다처럼 이리저리 뛰어다니며 일에 분주하기보다는 집에 가만히 앉아서 말씀을 묵상하거나 말씀을 듣는 모습으로 우리에게 비쳐온 게 사실입니다. 누가복음 10장 39절을 보면 "저희가 길 갈 때에 예수께서 한 촌에 들어가시매 마르다라 이름하는 한 여자가 자기 집으로 영접하더라 그에게 마리아라 하는 동생이 있어 주의 발아래 앉아 그의 말씀을 듣더니"라고 되어 있고, 요한복음 11장 20절을 보면 "마르다는 예수 오신다는 말을 듣고 곧 나가 맞되 마리아는 집에 앉았더라"라고 되어 있습니다. 마르다는 항상 밖에서 분주하게 뛰어다니는 반면,

마리아는 항상 집에 앉아 있습니다. 마리아는 나면서부터 앉은 뱅이인가 싶을 정도로 늘 앉아 있는 모습을 보여주잖아요.

하지만 요한복음 12장에 나타난 마리아의 모습은 완전히 딴판입니다. 우리의 예상을 완벽하게 뒤집어버립니다. 요한복음 12장 2절을 한번 보실까요?

"거기서 예수를 위하여 잔치할새 마르다는 <u>일을 보고</u> 나사로는 예수와 앉은 자 중에 있더라"

이때도 마르다는 역시 '일을 보고' 있군요. 그녀가 일 중심의 사람인 것은 틀림없는 것 같습니다.

이번엔 마리아의 모습을 한 번 볼까요? 12장 3절입니다.

"마리아는 지극히 비싼 향유 곧 순전한 나드 한 근을 가져다가 <u>예수의 발에 붓고 자기 머리털로 그의 발을 씻으니</u> 향유 냄새가 집에 가득하더라"

마리아는 이 현장에서까지 "주님, 오늘도 제게 말씀을 가르쳐 주옵소서. 제가 듣고 배우고 받겠습니다. 제게 말씀하시옵소서!"라고 요청하지 않았습니다. 여기서 그녀는 뜻밖의 행동을 하고 있습니다. 주님 앞에 무릎을 꿇은 채 값비싼 향유를 그분의 발에 쏟아붓고 머리털로 그 발을 씻겨 드리고 있습니다. 놀라운 사실입니다. 지금까지와는 완전히 다른 모습입니다. 마리아도 일을 하고 있네요 마리아도 주님을 위해 봉사와 섬김과 헌신을 드리고 있다 이 말입니다. 그것도 최대한의 정성을 다해서 말입니다.

오늘 그녀가 주님 발에 쏟아부은 향유의 값이 얼마인지 아십니까? 노동자가 300일 동안 일해야 받을 수 있을 만큼 엄청나게 값이 나가는 것이었습니다. 아마도 그녀가 지니고 있던 최고의 보물이었을 것입니다. 어쩌면 그녀가 지닌 전 재산이었는지도 모릅니다. 그걸 지금 주님 앞에 몽땅 깨서 쏟아부었습니다. 세상에 이런 값비싼 헌신과 섬김을 보았습니까? 그것도 자기 머리털로 냄새나는 주님의 발을 씻겼습니다. 인간이 드릴 수 있는 최고의, 최대의, 최선의 섬김과 헌신입니다.

그동안 주님을 위해 일해온 마르다의 헌신과 섬김이 이보다 더 깊고 진한 것이었을까요? 결코 아니지요.

여러분, 그동안 마리아를 한쪽으로 치우친 사람으로만 평가하셨지요? 그것이 깊은 오해라는 사실이 드디어 밝혀졌습니다. 그것은 흑백논리에 의한 지난날 우리의 잘못된 편견 때문이었음을 알게 되었습니다. 놀랍게도 마리아는 양자를 겸비한 균형 잡힌 신앙의 사람이었습니다. 사람이나 관계 중심이 되어야 할 때는 거기에 집중하고, 일 중심이 되어야 할 때는 또 그때를 알아 최선을 다한, 제대로 균형을 갖춘 모범적 신앙인이었습니다.

'자신을 위해서' 주님께 받아야 할 때를 알았고, 또 '주님을 위해' 자신이 해야 할 때를 잘 분별했습니다. 그 시간에 맞춰 선택하고 행동에 옮겼습니다. 다른 사람의 시선이나 손가락질 같은 건 신경 쓰지 않고 소신껏 잘 살아왔는데, 마리아의 겸비된 모범적 신앙의 절정을 요한복음 12장에서 우리가 지금 보고 있는 것입니다.

요한복음 12장 2절을 다시 봅니다.

"거기서 예수를 위하여 잔치할새 마르다는 일을 보고 나사로는 예수와 앉은 자 중에 있더라"

자, 여기에 '예수를 위하여'라는 글자가 보이십니까? 그렇습니다. 이때야말로 '주님을 위하는' 때입니다. 인간의 몸을 입고 이 땅에 오셔서 행하실 일을 다 이루시고 마지막 십자가에서 죽으심만 남겨놓고 있을 때입니다.

마가복음 14장을 보실까요? 7절을 참조해봅시다. 같이 읽습니다. 시작!

"가난한 자들은 항상 너희와 함께 있으니 아무 때라도 원하는 대로 도울 수 있거니와 나는 너희와 항상 함께 있지 아니하리라"

무슨 말입니까? 주님을 향한 헌신이나 섬김에도 다 때가 있음을 보여주고 있습니다. 이때가 아니면 더는 주님을 섬길 기회가 없어요. 마리아는 이 주님을 위하는 때를 잘 분별해서 단 한 번의 섬김에 최대, 최선, 최고의 섬김을 바쳤습니다. 얼마나 그녀의 섬김이 훌륭했으면 주님께서 "저가 내게 좋은 일을 하였느니라 (…) 온 천하에 어디서든지 복음이 전파되는 곳에는 이 여자의 행한 일도 말하여 저를 기념하리라"(마가복음 14:6b~9b)고 칭찬하셨을까요?

여러분, 우리가 신앙생활을 하면서 이 '때'를 잘 알아야 합니다. 주님은 이 땅에 오셔서 하나님이 정해놓으신 때에 따라 말씀을 가르치고 행동하셨습니다. '하나님의 때' 곧 '카이로스($\kappa\alpha\iota\rho\acute{o}\varsigma$)'가 중요하단 말이지요. 사람은 누구나가 다 때가 있어서 목욕탕이나 찜질방에 가야 합니다. 이처럼 우리에게는 다 때가 있습니다. 그 '더러운' 때가 아니라 '하나님의' 때 말입니다. 이때를 놓

원포인트의 드라마틱한 강해설교

치면 다시는 기회가 없습니다.

마리아는 그때를 잘 분별해서 본문 누가복음 10장에서는 부엌일보다는 자신이 경험할 수 있는 마지막 기회를 그분의 발 앞에 앉아 자신을 위해 말씀 듣고 교제하는 시간으로 활용했습니다. 얼마나 지혜롭고 위대한 선택입니까? 주님의 말씀대로 그녀는 '좋은 선택'을 한 것입니다.

신앙생활을 하다 보면 '자기 자신을 위해(for himself or herself)' 주님에게 말씀을 받아야 할 때가 있습니다. 그런가 하면 우리가 '주님을 위해서(for Jesus)' 섬기고 봉사해야 할 때도 있습니다. 그 각각의 때에 맞게 잘 선택해서 그대로 행하면 되는 것입니다.

여기서 놓치지 말아야 할 것은, 무엇보다 주님과의 교제와 말씀에 먼저 집중하라는 것입니다. 위로부터 내가 채워지지도 않은 채 주님을 위해, 교회를 위해, 남을 위해 뭔가를 열심히 하려고 하는 경우가 많습니다. 일하기 전에 먼저 말씀으로 채워지고 하나님을 아는 지식으로 충만하시길 바랍니다. 마리아에게서 그토록 뛰어나고 위대한 헌신과 섬김이 나오게 된 동인이 뭔지 아십니까? 그동안 그녀가 집중했던 주님과의 교제와 말씀의 채움입니다. 그것이 제대로 이뤄졌을 때 그 누구도 따라올 수 없는 헌신과 섬김과 순종이 결실된다는 사실을 결코 놓치지 마시길 바랍니다.

그렇습니다. 교회 안에서 몸으로 때우는 일에는 늘 앞장서면서도 기도하고, 말씀 듣고, 성경공부 하는 일에는 별 관심이 없는 사람들을 봅니다. "나는 체질상 기도회나 성경공부 같은 일은 맞지 않아. 몸으로 때우는 일은 자신이 있으니까 그런 일 좀 맡겨 주세요!" 그러면서 도무지 영적인 일에는 시간 투자를 하지 않습니다.

그것은 아주 잘못된 생각입니다. 이게 바로 마르다형 신앙입니다. 마르다를 한번 보세요. 예수님 영접하고 대접하는 일에는 마음이 혼란스러울 정도로 관심이 많습니다. '예수님 영접 위원장'입니다. 이런 유형의 사람한테 그런 자리를 맡기면 아주 잘할 겁니다. 교회 안에서 이런 여성들을 '슈퍼우먼'이라고 합니다. 그런데 이 '슈퍼우먼' 유형의 사람들은 '성경공부 대장'이나 '기도 대장' 같은 자리에는 별 관심이 없을 가능성이 아주 큽니다. 실제로 그런 모습을 지금까지 저는 많이 봐왔습니다. 설교 중에 '아, 저거 내 얘기로구나!'라고 생각되는 분 계시죠? 있다니깐요. 웃고 계시는 분들, 다 수상합니다. 특별히 자신이 마르다와 흡사하다고 생각되는 분들은 제 설교를 더 귀담아들으시길 바랍니다.

꼭 기억해야 할 것은, 위로부터 주님으로부터 채움 받지 않은 헌신과 봉사는 결코 온전할 수 없다는 사실입니다. 말씀과 하나님에 관한 지식과 분별력 없는 섬김은 교회 안에 문제를 야기할 수 있어요. 그런 사람, 저는 아주 많이 봤습니다. 주님을 위해 봉사하고 말씀을 가르치는 영적 지도자들과 교회를 위해 땀 흘리고 수고하는 봉사자들의 섬김이 합쳐져서 교회가 제대로 세워지는 것이지요. 그러나 더 중요한 영적인 일에는 별 관심 없이 일만 하게 될 때 사탄이 그런 유형의 사람들을 활용해 교회를 시험들게 만든다는 사실을 결코 놓치지 마시길 바랍니다.

원포인트의 드라마틱한 강해설교

말씀이 제대로 들어가 있지 않은 분이 교회 안에서 지도자가 되어선 안 됩니다. 영적인 분별력이 없으므로 세상적 관점으로 판단하고 일할 가능성이 높기 때문입니다. 거기서 교회나 공동체에 문제가 생겨나는 것입니다. 위로부터 주님에게서 먼저 채워져야 하는 일이 급선무인 상황에서, 주님이나 지도자나 교회에 봉사하는 일로 우리의 마음과 시간을 다 뺏겨 버리면 안 된다는 본문의 교훈을 항상 마음판에 새겨두시길 축원합니다.

이런 점에서 본문에 나오는 마리아는 참으로 지혜로운 여인이었어요. 그녀는 오직 한 가지 일, 즉 가장 소중한 일에 집중했습니다. 제한된 짧은 시간에, 그것도 다시는 찾아오지 않을 가능성이 많은, 그래서 그 길밖에는 다른 길이 없다고 생각되는 그때에 그녀는 자신이 필수적으로 해야 하는, 말씀을 듣는 일을 선택했습니다. 주께서 이를 칭찬하셨습니다. 좋은 편을 선택했다고 말입니다. '더 좋은 편(better one)'이라고 말씀하지 않았습니다. '유일하게 좋은 편(the only good one)'이라고 언급하셨음에 유의하시길 바랍니다.

성도 여러분, 지금 이때가 주님으로부터 직접 말씀을 듣는 일이 또다시 주어질는지 알 수 없는 매우 소중한 상황임을 놓치지 마세요. "예루살렘의 딸들아 나를 위하여 울지 말고 너희와 너희 자녀를 위하여 울라"(누가복음 23:28)라는 주님의 말씀이 들리십니까? 주님을 위하여 우는 것이 왜 욕먹을 일이겠습니까? 하지만 자신과 자녀들의 죄와 영생의 문제는 제쳐둔 채 주님을 위한 동정과 연민의 눈물만 흘리는 일은 합당치 않다는 말씀이지요.

여러분, 마리아가 얌체족이라는 비난에 대해서 어떻게 생각하십니까? 과연 그녀는 얌체형의 여인이었을까요? 본문을 자세히 관찰해보면 그것이 오해임을 알 수 있습니다. 42절 끝에 중요한 구절이 하나 나옵니다. "마리아는 이 좋은 편을 택하였다(for Mary has chosen the good part)"는 내용입니다.

여기서 우리가 주목해야 할 대목은 마리아가 나름대로 "선택을 했다"는 점입니다. 마리아는 처음부터 주님을 섬기는 일이나 언니를 돕는 일에 전혀 관심 없던 양심불량 얌체족이 아니었습니다. 그녀에게 아무런 고민도 없었다고 생각하면 오해입니다. 그녀도 고민을 했습니다. 사랑하는 주님께서 모처럼 방문하셨는데 시장하실 수도, 갈증이 나실 수도, 발 씻을 물이 필요하실 수도 있습니다. 부엌에서 여러모로 수고하는 언니를 돕고 싶은 마음도 있었을 것입니다. 그런데 자신이 주님을 위해서 뭔가를 해드리는 일도 필요했겠지만, 주님으로부터 말씀을 듣고 먹고 깨닫고 힘을 얻고 변화 받는 일이 그녀에겐 더욱 시급하고 중요했습니다.

아니, 그것은 그녀가 할 수 있는 유일한 선택이었습니다. '양자택일'의 문제였다는 말입니다. 다시는 그런 기회가 오지 못할 가능성이 높은 상황에서 그것이 그녀에게 남은 유일한 선택이 되어야 함을 그녀는 아주 잘 알았습니다. 그래서 깊은 생각과 고민 끝에 어리석은 편이 아닌 좋은 편을 의지적 결단으로 과감하게 선택한 것입니다. 이것을 주님이 칭찬하신 일이고요.

그렇습니다. 마리아에게도 주님을 대접하는 일은 매우 중요한

원포인트의 드라마틱한 강해설교

일이었습니다. 하지만 그녀는 먼저 자신이 말씀을 듣고, 은혜를 받고, 죄사함의 진리를 깨달아 천국 백성으로 주님의 신부로서 그분이 기대하는 삶을 잘 살아가는 것이 가장 중요함을 알았습니다.

마리아는 그동안 자신을 위한 때에 주님이 베풀어주시는 말씀을 받는 쪽으로 모든 관심을 집중했습니다. '자신을 위해서(for herself)'는 또다시 주어질 수 없는 그때에 그녀는 주님으로부터 말씀을 받는 일에 최선을 다하다가, 이제 그때가 다 되었을 때인 요한복음 12장에서는 그동안 자신을 용서하고 사랑하며 말씀으로 키워주셨던 '주님을 위해(for Jesus)' 자신의 모든 것을 아낌없이 바침으로써 가장 위대하고 모범적인 헌신과 섬김과 봉사를 보여드렸습니다.

사랑하는 성도 여러분, 이것이 진정한 그리스도인의 모습임을 믿으십니까? 이것이 균형 잡히고 성숙한 참 하나님 나라 백성들이 걸어가야 할 자세임을 기억하시길 바랍니다.

이런 이유로 주님이 마리아의 선택을 인정하셨다는 사실을 놓치지 마십시오. 결국 이 본문은 '양자우열'이나 '양자겸비'의 문제가 아니라 '양자택일'의 문제로 드러났습니다.

이와 반대로 마르다의 모습을 한번 보세요. 그녀는 자신의 문제성을 알기보다는 도리어 올바르게 선택해 행동한 마리아와 이를 방치한 예수님께 불만을 토로하고 있습니다. 그뿐만 아니라 마리아에게 그 좋은 자리에서 벗어나 자기같이 미련한 일을 하게끔 꾸짖어달라고까지 주님께 요청하고 있습니다. 이 얼마나 어리석은 일입니까?

마르다가 마리아를 보고 배워야지, 그녀를 비판하고 원망하는 것은 어리석은 생각입니다. 자기 판단력에 심각한 문제가 있음에도 불구하고 자신의 문제성은 전혀 깨닫지 못한 채 잘하고 있는 마리아를 꾸짖어달라고 요청하는 마르다의 모습이 저와 여러분의 모습일 때가 얼마나 많습니까? 우리 속에 마르다의 마음이 도사릴 때가 참 많지 않습니까? 괜히 잘 살고 있는 사람 시샘해서 헐뜯고, 정죄하고, 깎아내리려고 하는 사악한 마음이 우리 속에 아직도 존재하고 있어요. 이걸 깨뜨려야 합니다. 도려내야 합니다. 물리쳐야 해요.

어떻게 그렇게 할 수 있을까요? 지식이 있어야 합니다. 무식하면 어떻게 된다고요? '용감하다'고요? 그냥 용감하면 좋죠. 용감하게 사고 쳐서 문제지요. 내가 뭘 제대로 알아야 잘못된 것을 고칠 수 있고 바꿀 수 있는 거예요. 하나님의 뜻이 무엇인지, 그분의 때가 언제인지, 그분이 지금 내게 무엇을 원하는지 이것을 제대로 알아야 실수하지 않고 공동체를 망치지 않을 수 있단 말이에요. 그러기 위해선 어떻게 해야 합니까? 말씀을 알아야 합니다. 말씀에 더 깊이 관심을 가지고 거기에 여러분의 우선권을 두고 한번 살아보세요. 여러분의 마음과 삶과 행동이 달라질 줄 믿습니다.

주님이 왜 마르다와 마리아 두 사람의 손을 다 들어주지 않고 마리아의 손만 들어주셨는지 이제 아시겠습니까?

8. Closing(청중의 해결책)

그렇다면 오늘 이 본문이 우리에게 주는 진리와 교훈은 무엇이겠습니까?

오늘 우리는 본문 속에 나타난 두 여인의 상반된 모습을 보았습니다. 여러분은 이 둘 중 누구에 해당하십니까? 마리아와 마르다, 이 두 가지 유형 가운데 여러분은 어느 쪽에 더 가깝다고 생각하십니까? 마리아입니까, 마르다입니까?

더도 말고 지난 한 해 동안 여러분이 어떤 유형의 삶을 살아오셨는지 한번 되돌아보시기를 바랍니다.

오늘 주님께서 이 시간, 이 자리에 저와 여러분을 찾아오셨다고 가정해보십시다. 우리가 그분 앞에서 가장 먼저 해야 할 일은 무엇이라고 생각하십니까? 지난 우리의 과거처럼 "주님, 제가 주님을 위해 무엇을 해드리기를 원하십니까? 주님을 위해 무엇을 해드리면 좋겠습니까?"라며 애를 쓰시겠습니까? 아니면 마리아처럼 "주님, 그리웠습니다. 주님이 제게 필요합니다. 주님과 교제하기를 원합니다. 말씀 주시길 바랍니다. 저를 주님의 은총과 사랑으로 채워주옵소서!"라고 애원하시겠습니까?

주님을 위해 뭔가를 해드리는 일도 중요하겠지만, 무엇보다 먼저 주님이 부족한 자신을 위해 채워주시기를 고대하는 불타는 열정과 바람으로 남은 생을 사시는 여러분 모두가 되시길 바랍니다.

다음에서는 '베스트 프레임1'에 대한 자세한 분석을 시도해보기로 한다. 내용은 다음과 같다.

* * *

〈'베스트 프레임1'의 분석〉

1. Opening(도입연결 예화)

본 설교의 문을 열면서 먼저 본문의 문제(위기, 갈등)와 흡사한 예를 든다. 윌슨의 네 페이지 설교는 본문의 문제에서부터 출발하므로 연역적이라 할 수 있다. 그보다는 본문의 문제와 흡사하거나 아주 대조적인 현실의 예화로 출발하는 것이 훨씬 더 효과가 있다. 설교의 시작부터 본문 이야기로 출발하면 청중이 지겨워하고 설교에 대한 기대감을 포기해버리는 경우가 많기 때문이다.

단, 주의 사항은 여기서 소개하는 예화는 그 문제점만 밝히고 나머지 과정이나 결과는 절대 언급해서는 안 된다는 점이다. 예화도 처음부터 끝까지 다 밝히는 시대는 갔다. 문제점만 밝히고 보류해둠으로써 청중에게 궁금증과 기대감을 불러일으키는 긴장을 조성할 수 있고, 더불어 어떻게 되었을지 예상하게 만듦으로써 청중을 설교에 동참시키는 장점이 있다.

2. Trouble in the Bible(본문의 문제)

본문에 나타난 실제 문제(위기, 갈등)를 설명한다. 여기서도 문제점만 밝히고 나머지는 보류해둔다는 점을 놓쳐서는 안 된다.

3. Listener's [Expected] Reaction(청중의 [예상되는] 반응)

청중의 반응을 물어보고 그 결과를 드디어 공개한다. 그런 문제가 청중에게 발생했다면 청중은 어떻게 반응했겠느냐는 질문이 필요하다. 이 역시 청중으로 하여금 설교에 동참해 큰 역할을 하게 만드는 효과를 가져다준다. 또한 청중에게 예화에 나오는 인물의 심정이 되어보게 하는 심리적 동일시의 묘미도 지니고 있다.

여기서 주의할 점은 청중에게 먼저 질문하지 말고, 설교자 자신의 대답을 먼저 소개해야 한다는 것이다. 이것은 자신에게 먼저 적용함으로 청중에게 신뢰와 존경심을 갖게 하는 효과가 있기 때문이다('자기 동일시[Identification]' 기법).

4. Reaction in the Bible(본문에서의 반응)

본문에 나타난 인간 주인공의 반응을 설명한다. 예화에서 소개한 인물과 비슷한 상황에 놓여 있는 본문 주인공의 반응도 보여준다. 우리와 같은 상황을 만났을 때 본문의 인물은 어떻게 반응했는가를 살펴보는 것은 아주 재미있고 유익한 내용이다.

여기서도 반응만 밝히고 그 이유는 보류해둬야 함을 주의해야 한다.

5. Reason of the Reaction(반응의 이유)

본문에 나타난 인간 주인공의 반응 이유를 설명한다. 본문의 주인공이 왜 그런 반응(실수나 훌륭한 일)을 보였는지 본문을 기초로 (때로는 상상력을 발동해서) 있는 그대로 들추어낸다. 본문에 나오는 주인공의 심정이 되어보는 일도 아주 중요한 사안이다.

6. God's Action(하나님의 반응)

본문에 나타난 (또는 암시된) 하나님(주님, 성령님)의 결론을 보여준다. 사람의 행동을 보여주는 동시에 그에 대한 하나님의 반응과 판결하심이 드러나야 한다. 인간과 하나님, 하나님과 인간, 인간이 해야 할 도리와 하나님의 은혜, 하나님의 은혜와 인간의 도리는 설교 속에 거듭 반복해서 강조해야 하는 사이클 (Cycle)이다.

이 부분은 '하나님이라면 어떻게 하실 것인가?', '예수님이라면 어떻게 하실 것인가?'를 보여주는 매우 중요한 대목이다. 아무리 본문 속 주인공의 입장이 이해가 되고 동정이 간다 해도 중요한 것은 하나님의 뜻과 판단이다. 이것을 이 부분에서 잘 터치해줘야 진정한 성경적 설교가 될 수 있다.

물론 여기서도 하나님의 반응만 밝히고 그 이유는 보류해둬야 함을 명심하자.

7. The Reason of the Action(그 반응의 이유)

이 부분은 하나님(주님, 성령님)이 그렇게 반응을 보인 이유를 설명하는 지점이다. '본문 속의 진짜 주인공이신 하나님은 왜 그런 반응을 보이셨는가?', '왜 그분이 그렇게 말씀하시고 명령하셨는가?', '왜 그분이 그렇게 책망하시고 벌주셨는가?' 그 이유를 드러내어 청중에게 알려주는 것 또한 설교에서 아주 중요한 내용이다.

8. Closing(청중의 해결책)

마지막으로, 청중이 깨우쳐야 할 진리와 교훈 및 헌신과 결단을 제시한다. 하나님이 본문 속 주인공에게 하신 말씀으로 볼 때 어떤 점이 우리가 배우고 또 깨우쳐야 할 점인지를 구체적으로 설명한 뒤, 오늘의 우리에게 적용해야 하는 부분이다.

다음에는 '베스트 프레임 샘플1'의 장점과 특색에 대해 살펴보자.

* * *

〈'베스트 프레임1'의 장점과 특색〉

1. 장점

1) 본문 내용을 충실히 반영하게 해준다.

2) 설교 원고작성을 쉽게 해준다.

3) 설교 원고작성을 빠르게 해준다.

4) 원고 없이 설교를 전달하게 해준다.

2. 특색

1) 강해적(Expository)이다.

2) 귀납적(Inductive)이다.

3) 하나의 주제(One Point)로 흘러가는 움직임(Flowing Movement)
이 있다.

4) 재미있게(Interesting) 전개된다.

5) 긴장감(Suspense)이 있다.

6) 하나님의 마음과 인간의 심정(Theocentric & Anthropocentric)을
다 드러낸다.

7) 은혜의 복음(Gospel of Grace)으로 소망(Hope)을 주고 도전받게
한다.

다음은 앞에 소개한 베스트 설교 프레임을 위한 준비작업으
로서의 '석의 작업 샘플'을 정리한 것이다. 설교를 준비할 때 이
대로 사용하면 도움이 될 것이다.

〈'베스트 프레임 1'을 위한 준비작업 샘플〉

(본문)

1. 성경 원문 확인

1) 수정용

2) 완성용

3) 성경 원문과의 비교상 번역문의 문제점 해설

①

②

③

---

2. Key 단어나 구절 찾기

3. 필수 연결 구절

4. 주의 사항

5. 줄거리

6. 중심사상

7. 설교의 목적과 방향

8. 설교의 틀

9. 설교의 제목

다음에는 '베스트 프레임1'의 개요 샘플을 소개한다. 전체의 틀로서 설교 때마다 이 틀에 맞춰 설교하면 되고, 다음 단계로 넘어갈 때의 연결고리가 되는 문장도 크게 수정 없이 이대로 사용하면 되는 편리함이 있다.

* * *

〈베스트 프레임1 개요 샘플〉

1. Opening(도입 연결 예화)

본 설교의 문을 열면서 먼저 본문의 문제(위기, 갈등)와 흡사한 예를 든다. (아주 대조적인 예를 들어도 좋다. 아니면 대조적인 예를 먼저 들고, 두 번째로 유사한 예를 드는 것은 더욱 효과가 좋다.)

어떤 (……)에 (……)가 (……) 있었습니다.

그런데 이와 아주 흡사한 대조적인 유형의 두 사람이 성경 속에도 나타나 있음을 아십니까? 아주 유사한 모습입니다. 한번 보실까요?

2. Trouble in the Bible(본문의 문제)

본문에 나타난 실제의 문제(위기, 갈등)를 설명한다.

어떤 (……)에 (……)가 (……) 있었습니다.

자, 여러분. 이런 경우에 사람들은 어떻게 반응할까요? (일반 사람들의 대부분의 반응을 먼저 제시하고 그 결과를 보여준다.) 저부터 말씀드려보겠습니다.

3. Listener's [Expected] Reaction(청중의 [예상되는] 반응)

청중의 반응을 물어보고 그 결과를 보여준다.

그러면 이제 본문에 나타난 OOO의 반응이 어떠했을지 궁금하지 않습니까? 한번 보시겠습니다. O절입니다.

4. Reaction in the Bible(본문에서의 반응)

본문에 나타난 인간 주인공의 반응을 설명한다.

그러면 이제 본문에 나타난 OOO의 반응 이유가 무엇인지 궁

원포인트의 드라마틱한 강해설교

금하지 않습니까? 그가 왜 그런 행동을 했을 것이라고 생각하십니까? 거기에 타당한 이유가 있을까요? 있다면 그게 무엇일까요? 그럴 수밖에 없었던 이유가 무엇이겠습니까? OOO의 입장에서 그 문제에 관해서 한번 깊이 생각해보십시다.

5. Reason of the Reaction(반응의 이유)

본문에 나타난 인간 주인공의 반응 이유를 설명한다.

본문의 주인공 OOO는 그 나름의 문제를 갖고 (⋯⋯)게 반응했습니다. 여러 가지로 살펴본 바 있지만, 그렇게 반응할 만한 그 나름의 이유와 논리와 명분이 그에게 충분히 있었습니다. 그런데 문제가 있습니다. 그의 반응이 틀리지 않고 옳고 정당하다면 모르겠으나, 만일의 경우 그것이 잘못된 반응이었다면 어떻게 되겠는가 하는 것입니다. 특별히 그것이 우리가 믿고 따르는 주님의 뜻에 어긋난 생각이라면 어떻게 되겠느냐 하는 것이지요. 그렇다면 큰일이 아니겠습니까?

오늘 OOO에 대해서 주님이 내리신 반응과 평가가 궁금하지 않습니까? 무엇일까요? "예수님이라면 어떻게 하실까?" 바로 그것입니다.

어떤 일을 할 때는 그것이 옳은지 그른지 제대로 분석한 뒤 매사를 결정하고 선택하는 것이 필요합니다. 그 결정과 선택에 실수가 없도록 하기 위해 어떻게 하라고 했습니까? 항상 이 물음을 꼭 물으시길 바랍니다. 따라하십시다. "예수님이라면 어떻게 하실까?"

6. God's Action(하나님의 반응)

본문에 나타난 (또는 암시된) 하나님(주님, 성령님)의 결론을 보여
준다.

자, 이제 오늘 성경 속에 나타난 주님의 반응 이유가 무엇인지
본문을 통해 한번 살펴보도록 하십시다.

7. The Reason of the Action(그 반응의 이유)

하나님(주님, 성령님)이 그렇게 반응을 보인 이유에 대해 설명
한다.

이제 오늘 이 본문과 하나님이 우리에게 주시는 진리와 교훈
은 무엇인지 찾아보겠습니다.

8. Closing(청중의 해결책)

청중이 깨우쳐야 할 교훈과 진리 및 헌신과 결단을 제시한다.

(2) 샘플2(누가복음 19:1~10)

이제 두 번째로 가장 최근에 개발한 새로운 베스트 프레임의
샘플이다. 본문은 누가복음 19장 1~10절이다.

그럼 석의 과정에서부터 한 편의 설교가 나오기까지의 준비

작업과 실제 설교의 샘플을 차례로 소개한다.

① 본문 선정과 원문에 충실한 번역

먼저 선행되어야 할 작업이 있다면 그것은 설교할 본문을 정하는 일이다. 강해설교가 되려면 기본적으로 본문의 핵심 메시지가 포함될 수 있을 만큼 본문 길이를 최대한 길게 잡아야 한다.[193] 아무리 본문을 성경 원문에 맞게 잘 번역한다 해도 본문을 중심 메시지가 있는 구절까지 길게 잡지 않고 너무 짧게 잡는다면 이미 강해설교는 실패로 돌아가고 만다. 따라서 본문을 제대로 선정하는 일은 강해설교가 되기 위한 기초 쌓기 중 가장 중요한 작업이 될 것이다.

▶ 본문 선정

오늘 본문은 예수님과 삭개오가 주인공이 되어 소개되는 하나의 자연스러운 내러티브로 되어 있으므로[194] 본문 선정 작업이 그리 어렵지 않다. 어느 누가 삭개오의 이야기로 설교 본문을 정하더라도 누가복음 19장 1~10절보다 더 짧게 또는 길게 정하지는 않을 것이기 때문이다.

이 작업이 끝나면 본문을 저자의 의도에 충실하게 있는 그대로 번역할 준비를 해야 한다. 왜냐하면 성경 원문과 우리가 가진 개역한글개정의 내용에 차이가 많기 때문이다. 그래서 설교자는 다양한 역본을 참조해야 하며, 가능하면 헬라어 원문을 직접 번역하는 것이 가장 좋다.

▶ 수정되어야 할 번역

본문에서 원문 내용을 참조해서 확인해야 할 구절이 있다면 8절이다. 우리말 본문 8절의 번역이 다음과 같이 잘못 번역되어 있기 때문이다.

"삭개오가 서서 주께 여짜오되 주여 보시옵소서 내 소유의 절반을 가난한 자들에게 <u>주겠사오며</u> 만일 누구의 것을 속여 빼앗은 일이 있으면 네 갑절이나 <u>갚겠나이다</u>"(개역한글개정)

하지만 영어 역본들은 모든 번역이 다음과 같이 원어에 맞게 제대로 번역되어 있다.

"And Zacchaeus stood and said to the Lord, 'Behold, Lord, the half of my goods I <u>give</u> to the poor. And if I have defrauded anyone of anything, I <u>restore</u> it fourfold'"(8, ESV)

헬라어 원문에서는 밑줄로 표시된 두 동사가 우리말 성경에서처럼 미래시제('주겠사오며' … '갚겠나이다')가 아니라 현재시제('주며give' … '갚나이다restore')로 되어 있다는 점에 주목하라.

어째서 원문은 '미래시제'가 아니라 '현재시제'로 되어 있는 것일까? 이 현재시제의 원문 내용이 우리에게 암시하는 바는 무엇일까? 이것을 근거로 삭개오가 이미 변화 받은 상태였다고 해석하는 주장들이 있다. 하지만 예수께서 잃어버린 자를 찾아오신 분이라는 점(10절)과 삭개오에 대한 동네 사람들의 수군거림과 비난의 말('죄인', 7절)을 참조해볼 때 그것은 옳은 해석이 아니라는 사실을 알 수 있다.

이 현재시제는 오히려 삭개오의 믿음과 회개를 반영하는 열매로서의 확실한 결단과 회심과 변화의 마음을 리얼하게 그려주는 것으로 봐야 한다.[195] 말이 아니라 제자도에 관한 확고한 실천의 마음을 현재형으로 저자가 그리고 있다. 이것이 바로 '회개에 합당한 열매'(마태복음 3:8)다.

② 본문 읽기와 기도 및 깊은 묵상과 관찰

일단 설교자가 설교할 본문 범위를 택하고 원문에 충실한 내용을 번역하고 난 다음의 필수작업이 있다면 본문 해석이다. 하지만 본문을 해석하기 전에 해야 할 필수작업이 있다. 그것은 '본문을 여러 번 읽고 기도하는 것'과 '깊이 묵상하고 관찰하는 것'이다.

그래서 원문에 충실하게 번역된 삭개오의 본문을 적어도 열 번 이상은 읽어야 하고, 다음으로는 기도하면서 본문의 의미가 무엇인지 제대로 보게 해달라고 하나님의 도우심을 구해야 한다. 무엇보다 본문의 전후 문맥을 충분히 고려하며 누가복음 전체를 통전적으로 잘 파악하게 해달라고 기도해야 한다.

이후에 곧바로 주석이나 참고도서들을 집어 들지 말고, 깊은 묵상과 관찰[196]을 통해 성령이 설교자 개인에게 들려주시는 음성과 보여주시는 내용을 파악할 수 있어야 한다. 본문 해석을 위해서 곧장 주석이나 전문 서적을 참조한다면 본문을 통해 성령이 설교자 개인에게 주시려는 진귀한 내용을 담지 못할 가능성이 높기 때문이다. 전문가가 연구한 자료의 도움을 받는 것이 필요하겠으나, 처음부터 그 습관에 물들면 남이 준비한 식단에 숟

가락 하나 놓는 격이 되고 말 것이다.

따라서 설교자는 충실한 설교문 작성에 필요한 자료의 도움도 받아야겠지만, 무엇보다 묵상과 관찰을 통해 설교자 자신이 먼저 성령이 개인적으로 주시는 영의 양식을 직접 맛보는 것이 필요하다. 설교자 자신이 직접 맛보고 경험한 내용으로 설교해야 확신 있게 선포할 수 있다.

▶ 묵상과 관찰 이삭줍기

본문 묵상을 통해 우선 떠오르는 것은 높은 자리를 차지하고 많은 재산을 소유한 한 사람에 대한 연민의 정이 느껴졌다는 점이다. 특히 직위가 높고 재산이 많아도 주위 사람들로부터 따돌림당하고 조롱당하는 삭개오의 고독한 모습과 과거 미국 권력의 최정점에 있다가 감옥에 떨어져 고독과 괴로움 속에 살았던 찰스 콜슨(Charles Colson)의 모습이 오버랩됐다. 그의 이야기는 본 설교의 서론과 결론 부분을 차지하는 시의적절한 도구로 작용했다. 이것이 깊은 묵상이 설교자에게 주는 기막힌 선물이다. 묵상은 본 설교에 활용할 적절한 예화거리도 생각나게 하는 장점이 있다. 주석을 통해서는 결코 얻을 수 없는 자신만의 자산이다.

그뿐만 아니라 누가복음 전체의 문맥과 본문 1절, 그리고 무엇보다 10절에 대한 세심한 관찰이 기존 설교의 방향을 바꿔놓았다. 그것은 예수님을 찾아간 삭개오를 주인공으로 한 세 대지 설교에서 삭개오를 선행적으로 찾아가신 예수님을 주인공으로 한 원포인트 강해설교로의 전환을 가능케 해준 소중한 자산이다.

원포인트의 드라마틱한 강해설교

③ 본문의 근접 및 전체 문맥 파악

성경 각 본문은 문맥을 떠나 존재할 수 없음을 설교자는 반드시 기억해야 한다. 물고기가 물을 떠나 살 수 없듯 각 성경 구절이나 본문은 좀 더 큰 문맥을 떠나 홀로 설 수 없다. 본문의 전후 문맥과 전체 문맥을 제대로 파악해야 큰 흐름을 놓치지 않는 통전적 해석이 가능해진다.

삭개오 이야기는 누가복음에만 등장하는 내용으로 '이스라엘의 잃어버린 자의 구원'이라는 주제적 측면에서 누가복음 15장 1~32절에 나오는 세 가지 잃어버린 비유와 맥을 같이한다고 볼 수 있다. 삭개오 기사와 가장 깊이 연결되거나 대조되는 기사는 한 부자 관원과 예수님의 만남을 다룬 사건이다. 누가복음 18장 18~30절에 나오는 한 부자 관원은 큰 부자여서 천국에 들어가기가 낙타가 바늘귀로 들어가는 것보다 어려운 존재라는 평가를 받은 반면, 본문 삭개오 사건은 그 부자 관원과는 대조되는 흐름으로 되어 있다.

예수께서 부자가 하나님 나라에 들어가기가 어렵다고 하자, 제자들이 그러면 "누가 구원을 얻을 수 있나이까"(누가복음 18:26)라고 묻는데, 같은 부자로서 자기 재물을 가난한 자들에게 나누어주겠다고 선언한 삭개오는 "오늘 구원이 이 집에 이르렀다"(9절)는 선언을 듣는다. 모든 부자가 구원받지 못하는 것은 아니고, 하나님이 하고자 하시면 삭개오 같은 예외도 존재할 수 있다는 사실을 문맥 전체의 흐름이 잘 보여준다.

④ 본문 연구

본문이 의도하는 바가 한마디로 무엇인가를 알기 위해 지금까지 여러 가지 작업을 수행해왔다. 설교가 아무리 드라마틱하게 감동적이고 역동적으로 흘러간다 해도 본문 내용이 충실하게 반영되어 있지 않으면 강해설교라 하기 어렵다.[197]

본문의 핵심을 파헤치기 위해 필자가 즐겨 사용하는 방법이 있는데, 그것은 질문을 하는 것이다. 본문에서 제기될 만한 중요한 질문 몇 개를 떠올리고 그에 대한 답을 본문 속에서 찾아보라. 그러면 그것들이 본문 전체의 핵심 메시지를 파악하고 설교 원고의 상당 부분을 메우는 데 크게 유익하다는 점을 알게 될 것이다.

▶ 질문

1) 삭개오가 주님을 먼저 찾았나, 주님이 삭개오를 먼저 찾으셨나?

이 질문은 본문을 푸는 가장 중요한 도구가 된다. 대개 본문을 연구하는 이들에게서 이런 질문은 잘 나오지 않는다. 이유는 삭개오를 주인공으로 해서 본문을 이해하기 때문이다. 즉, 그리스도 중심적이 아니라 인물 중심적 관점으로 본문을 파악하기 때문이라는 말이다. 대부분이 그렇게 알고들 설교하고 있는데, 설교학교와 사이버 설교학교 교수로 사역하고 있는 한 강사가 삭개오 본문을 가지고 설교한 내용을 다음에 소개해본다.

사랑하는 성도 여러분, 오늘 우리에게도 올라가야 할 나무가 있습니다. 하나님은 우리 모두가 이 나무 위로 올라가기를 원하십니다. 그런데 우리는 이 나무 위에 올라가지 않으려고 합니다. 나무 위에 오르기에는 나이가 너무 많다거나, 나무에 오르는 일은 체면을 구기는 일이라거나, 왜 내가 나무에 올라가야 하느냐고 항의를 하기도 합니다. 어떤 사람은 나무에 오르다 문제라도 생기면 누가 책임을 질 것인가를 따지기도 합니다. 어떤 사람은 지금은 바빠서 올라갈 수 없으니 나중에 시간이 되면 꼭 올라가겠다고 말만 합니다.

이런 생각과 삶에 우리가 머물러 있는 한, 우리에게는 어떤 기적도 일어나지 않습니다. 이제는 우리도 머뭇거리지 말고 우리도 올라갑시다.

그런데 우리가 나무에 올라가기 위해서 무엇이 필요할까요? 밧줄이 필요합니까? 아닙니다. 우리가 나무 위에 올라가기 위해서는 열정이 필요합니다. 열정만 있으면 누구든지 올라갈 수 있습니다. 이제 우리도 열정으로 올라갑시다.

이렇게 <u>열정으로 올라가기만 하면, 예수님이 열정의 사람인 나를 만나주시려고 찾아오십니다. 열정이 예수님을 만나는 유일한 비결입니다.</u> 내 이름을 불러주십니다. 내 모든 문제를 아시고 해결해주십니다. 나와 내 집과 나와 관계된 모든 것에 지속적인 은혜를 주십니다.[198]

'수치도 조롱도 무릅쓰고 예수님을 만나고자 하는 열정을 가지고 나무 위에 올라간다면 예수님이 만나주시므로 우리도 삭개오처럼 열정의 사람이 되자!'라는 내용의 설교다.

하지만 삭개오가 주님을 먼저 찾았는지, 아니면 예수님이 삭개오를 먼저 찾으셨는지에 관한 질문을 던지고 본문을 자세히 관찰해보면 이 설교 내용이 얼마나 본문 저자의 의도를 왜곡하고 있는지를 알게 될 것이다.

삭개오가 주님을 찾기(3~4절) 전에 주님이 먼저 삭개오를 찾아가신 사실(1절)에 주의해야 한다.

"예수께서 여리고로 들어가 지나가시더라 삭개오라 이름하는 자가 있으니 세리장이요 또한 부자라"

삭개오도 주님을 찾아갔고 주님도 삭개오를 찾아가셨지만, 선행적인 의도와 주도적인 의지는 예수님에게 있었다는 사실을 놓쳐선 안 된다. 하나님의 은혜와 예수님의 사랑이 선행됨을 놓치는 율법적 설교들이 얼마나 난무하고 있는지 본문의 이야기가 아주 잘 보여주고 있지 않은가?

설교자가 이 본문으로 인물 중심의 모범적 설교를 할 것인가, 아니면 그리스도의 선행적 은혜와 사랑에 의한 그리스도 중심의 설교를 할 것인가가 '삭개오와 예수님 중 누가 먼저 찾았나?'라는 질문 하나에 달려 있음을 놓치지 말라.

2) 삭개오의 변화의 결단(회개)이 먼저인가, 주님의 은혜 베푸심이 먼저인가?

이 역시 첫 번째 질문과 비슷하게 율법적 설교냐, 주님의 은혜

원포인트의 드라마틱한 강해설교

가 선행적으로 역사하신 것이냐를 판가름하는 좋은 질문이 될 것이다.

3) 7절의 '내가 오늘 네 집에 유하여야 하겠다 하시니'에서 '유하여야 하겠다'는 무슨 뜻인가?

당시 '유한다'라는 동사의 의미는 '하룻밤을 옷 벗고(Take off) 완전히 무장해제 하다'라는 뜻이다. 이는 그 집의 일원이 되었음을 의미한다.

4) 어째서 주님은 굳이 삭개오의 집에 가셔서 머무셔야만 했는가?

십자가 대속이라는 하나님의 시간표를 향해 가고 있던 주님은 굳이 삭개오의 집에 머무실 필요 없이 그 자리에서 삭개오에게 구원을 선포하시고 곧장 떠나실 수 있었다. 그럼에도 주님이 삭개오의 집에 머무신 이유를 제대로 드러내게 되면 엄청난 은혜를 받을 것이다.

5) "내 소유의 절반을 가난한 자들에게 주겠사오며 만일 뉘 것을 토색한 일이 있으면 사 배나 갚겠나이다"(8절)라는 삭개오의 말을 통해 알 수 있는 바는 무엇인가?

구두쇠 같았던 삭개오가 자기 재산의 절반을 내놓는다는 것은 상상하기 어렵다. 그뿐 아니라 당시 규례대로 한다면 토색한 것의 두 배를 갚으면 되는데도 네 배나 갚겠다고 한 것은 믿을 수 없으리만치 확실한 믿음과 회심의 결과라는 사실을 보여주는 것이다. 여기서 재산의 갑절을 내놓고 빼앗은 것의 네 배나 갚겠다고 한 내용을 한번 유추해보라. 무엇을 알 수 있는가? 그의 말대로 한다면 한마디로 'Bankruptcy', 즉 '파산'이다. 망하는 지름길이라는 말이다. 이 말은 자기의 전 재산을 몽땅 잃어버려도 좋다는 각오로서 망해도 개의치 않겠다는 삭개오의 결심이 엿보인다.

6) 수전노 같았던 삭개오에게 믿을 수 없는 회개와 변화를 가져 다준 근본적 원인은 무엇인가?

본문을 아는 대다수는 주님을 먼저 찾은 이도 삭개오였고, 돌무화과나무에 올라가는 액션을 먼저 취한 이도 삭개오였다고 알고 있다. 그래서 우리도 그처럼 주님을 찾아야 한다고 설교한다. 그리고 찾을 때는 수치와 조롱도 무릅써야 한다고 가르친다. 문제 해결을 위해 내가 먼저 모험하고 액션을 취할 때 하나님도 도와주신다고 전한다.

하지만 이것은 복음이 아니다. 삭개오가 주님을 먼저 찾은 것이 아니라 주님이 먼저 삭개오를 위해 움직이셨음을 볼 수 있어야 한다. 주님의 액션은 삭개오의 액션이 있기 전인 19장 1절 "예수께서 여리고로 들어가 지나가시더라"로 시작한다. 주님은 삭개오처럼 잃어버린 자를 찾아서 이 땅에 오셨다(10절). 삭개오가 주님을 찾아 출발했지만, 그를 찾고자 하신 하나님의 계획은 만세 전부터 시작된다. 그 때가 찼을 때 주님이 이 땅에 오셔서 적절한 때에 그보다 먼저 그를 향해 출발하셨고, 돌무화과나무에 올라가 있는 삭개오와의 대화도 먼저 시작하신 것이다.

'구원과 천국 백성'이라는 엄청난 선물을 가지고서 말이다. 그게 바로 주님의 '신적인 사명(δεῖ, Divine appointment)'이었기 때문이다.

기독교와 타종교의 차이점이 바로 여기에서 드러난다. 타종교는 인간이 신을 향해 찾아가지만 기독교는 신이 우리를 찾아오신다. 그렇다. 주님이 삭개오를 미리 아시고 찾아오신 것이다. 삭개오는 그 사실도 모른 채 주님을 찾아온 것이다. 알고 보니 주님이 먼저 삭개오를 찾아오신 것이다.

그뿐이 아니다. 아무도 찾아오지 않는 외로운 집에 그 집의 참주인이 되셨어야 할 주님이 그를 초대하신 것이다. 이보다 더 큰 행복과 기쁨이 어디에 있겠는가? 돈과 권력을 주고도 살 수 없고 세상 물질로도 얻을 수 없는, 견딜 수 없는 인간의 지복(至福)이 바로 주님을 만나 그분으로부터 은혜와 사랑의 혜택을 누리는 일 아니겠는가. 바로 이것이 죄인을 의롭고 죄 없고 깨끗한 자 삭개오로 변화시킨 근본적 동기이다.

⑤ 설교의 방향

성경을 보는 두 개의 큰 관점이 있다. 하나는 '하나님 중심적(Theocentric) 관점'이고, 다른 하나는 '인물 중심적(Anthropocentric) 관점'이다. 소수의 성경 본문은 하나님 중심과 인물 중심 중 하나에 치우쳐 있지만, 대부분의 본문은 두 관점이 복합적으로 얽혀 있다. 오늘 삭개오의 본문이 그러하다.

이 본문으로 설교할 때 유의해야 할 점은 설교자들 대다수가 삭개오라는 인물을 주인공으로 내세워 설교한다는 점이다. 삭개오가 키가 작은 데다가 사람들이 너무 많아서 예수께서 지나가셔도 볼 수 없는 기막힌 상황이다. 구별되는 의복을 입은 높은 신분의 귀족이 나무 위에 올라간다는 것은 당시로서는 있을 수 없는 경망스러운 행동이었을 것이다. 하지만 그는 그런 수치와 조롱도 아랑곳하지 않고 오직 예수님을 보려는 일념으로 모험과 도전을 감행한다.

선한 열매를 얻기 위해선 반드시 수치와 희생과 겸손의 자세를 추구함이 필요함을 각인시키는 좋은 실례가 된다. 이 본문으로 설교를 준비하는 설교자들이 놓칠 리 없는 세 가지 영적 교훈의 메시지다.

문득 이 대목에서 "하늘은 스스로 돕는 자를 돕는다(Heaven helps those who help themselves)"라는 유명한 문장이 떠오른다. 이것이 성경적 내용인 줄 알고 설교 중에 긍정적으로 활용하는 설교자들이 많음을 보아왔다. 하지만 이 문장의 내용만큼 율법주의적 발상의 전형은 없다는 사실에 유의해야 한다. 그럼 이 문장을 성경적으로 수정해보면 어떻게 될까? 다음은 필자가 성경적 문장으로 수정해본 말이다.

"하늘은 스스로 도울 수 없는 자를 돕는다(Heaven helps those who cannot help themselves)."

그렇다. 본문 속에서 우리는 분명히 삭개오의 장점을 발견할 수 있다. 영적 고독과 갈증에 사로잡힌 삭개오가 예수님을 찾아와서 주변 이웃들에게 수치와 조롱당함을 무릅쓰고 그분을 추

원포인트의 드라마틱한 강해설교

구한 것은 사실이다. 그 때문에 삭개오 이야기로 설교한 설교문들을 보면 모두가 한결같이 '수치와 희생과 겸손의 모습으로 예수님을 추구한 삭개오를 본받자!'라는 식의 세 대지 설교임을 알 수 있다. 하지만 이는 그 내용으로 볼 때 10점짜리 정도 설교라고 할 수 있지만, 설교의 출발점으로 볼 때는 하나님의 은혜와 예수님의 사랑으로 시작하지 않고 인간의 노력과 추구로 시작하기 때문에 지극히 비성경적인 설교로 비판할 수밖에 없다.

삭개오도 예수님을 찾았고 예수님도 삭개오를 찾으셨는데, 선행적 주도권은 예수님에게 있다는 사실을 놓쳐선 안 된다. 타종교와 기독교의 차이점을 잘 보여주는 본문이다. 타종교는 인간이 스스로 노력해서 신을 찾아가지만, 기독교는 하나님과 예수님이 인간을 찾아오셔서 은혜를 주심으로 사랑의 관계가 시작되기 때문이다.

따라서 삭개오의 내러티브를 가지고 삭개오를 유일한 주인공으로 내세워 그를 우리의 모범으로 제시하는 세 대지의 설교는 배제되어야 한다. 본문 속에 등장하는 삭개오의 모범적인 자세와 코페르니쿠스적 변화를 청중에게 감출 이유야 전혀 없지만, 그것이 주님의 강력한 은혜와 사랑 공급의 결과라는 차원에서 설교가 흘러가야 영양 만점의 성경적 설교가 될 수 있다.[199]

⑥ 본문의 핵심 메시지(Central or Main Message)

'핵심 메시지' 또는 '중심사상(Main Idea)'이란 본문 속에 나타나는 하나의 지배적이고 두드러지고 주된 핵심 내용을 한 문장으로 표현한 것이다.[200] 본문을 제대로 파악하려면 그 내용을 한마디로 요약해서 추출하는 작업이 필요하다. 설교자는 본문에서 반드시 다음과 같은 질문을 던져보아야 한다.

"오늘 내가 설교하려는 핵심 메시지는 한마디로 무엇인가?"

"오늘 설교를 들은 청중이 가져갈 하나의 메시지는 무엇인가?"

▶ 핵심 메시지

최고의 구두쇠로 하여금 회개에 합당한 믿을 수 없는 변화를 가져오게 만든 것은 소외된 자를 찾아가셔서 먼저 손 내밀고 사랑을 실천하신 예수님의 선행적이고 주도적인 은혜와 사랑이다.

⑦ 설교의 목적

설교원고 작성을 위한 본문의 핵심 메시지를 화살에 비유한다면 그것을 근거로 작성된 설교의 목적은 과녁에 견줄 수 있다.[201] 과녁이 없으면 화살은 날아갈 목표지점을 찾기 어려울 것이다. 달리 표현하자면, 본문의 목적은 핵심 메시지라는 쇳덩어리를 버리고 갈아 만든 날카로운 칼을 말한다. 본문에서 추출된 핵심 메시지가 진리를 진술하는 것이라면, 설교의 목적은 진리가 선포됨으로써 달성하려고 하는 것이 무엇인지를 가리킨다.[202]

▶ 목적

오늘 이 설교를 듣는 청중으로 하여금 잃어버린 자를 찾아다니며 주도적 은혜와 사랑을 선물로 주신 예수님처럼 주변의 소외된 자들을 찾아 먼저 손 내밀고 사랑을 실천하게 함으로써 만나는 모든 사람에게 기적 같은 변화를 가져오게 하는 공동체의 주역들로 삼고자 한다.

⑧ 원포인트의 드라마틱한 강해설교 원고를 작성하기 위한 전략

오늘 설교자들의 깊은 고민이 있다. 그것은 웬만한 성경 본문 내용은 교회 내 청중이 익히 알고 있다는 점이다. 내가 전하려고 하는 설교의 내용이 청중 대부분이 잘 아는 것들이라 생각해 보라. 설교할 맛이 나겠는가? 그 때문에 원고작성에는 새로운 전략이 필요하다. 그것이 바로 '원포인트의 드라마틱한 강해설교'다.

오늘 우리의 설교가 청중에게 새롭게 와닿고 감동적으로 들린다면 얼마나 좋겠는가? 그러기 위해서 먼저 필요한 것이 설교 제목에 새로운 변화를 시도하는 것이다. 설교 내용을 미리 다 알려주거나 예측하게 만드는 뻔한 제목으로는 안 된다. 우리의 청중은 오늘 설교자들의 설교 제목 방식과는 전혀 다른 문화에서 생활하고 있기 때문이다. 끝이 훤히 들여다보이는 제목과 내용의 소설, 영화, 드라마는 눈 닦고 찾아봐도 없다. 그래서 오늘의 설교자는 궁금증이 유발되고 예상을 뒤엎는 설교 제목을 활용해야 한다.

다음으로는 청중으로 하여금 마치 처음 본문을 듣고 대하듯 느끼게 만드는 것이다.[203] 어떻게 그것이 가능할까? 본문 내용과 흡사한 예화를 가지고 설교를 전개해 나가는 방식을 활용하면 된다. 그러면 그 신선한 예화 하나 때문에 익숙한 본문 내용까지 새로운 느낌을 받게 만들 수 있다.

정말 중요한 전략 하나를 더 소개한다. '궁금증을 유발하는 설교 제목을 결론 부분에 가서는 풀어줘야 하는데, 그때 그 풀어주는 제목의 내용이 그날 설교의 핵심 메시지가 되게 하라는 점'이다. 청중 모두가 궁금해했던 제목이 명확하게 풀리는데, 그것이 그 설교 본문이 말하려는 딱 하나의 핵심 메시지였다고 생각해보라. 그 원포인트의 핵심 메시지는 설교의 제목과 함께 청중에게 평생 기억되는 수준 높고 드라마틱한 명설교로 남을 것이다.

그에 관한 좀 더 구체적인 전략을 소개해본다.

---

1) 본문에서 핵심이 되는 한 문장의 핵심 메시지를 추출하라.

2) 내용을 미리 추측할 수 없게 하기 위해 궁금증을 유발하는 설교 제목을 정하라.

3) 설교 제목은 결론 부분에 가서 그 의미를 공개하라.

4) 결론에서 공개하는 제목의 내용이 본문의 원포인트 핵심 메시지가 되게 하는 제목을 정하라.

5) 본문의 사건과 흡사한 현실의 감동적인 예화를 하나 찾으라.

6) 그 예화를 둘로 나누어 서론에서는 '갈등', '문제' 내용만 소개하고 후반부나 결론에서 궁금했던 나머지 내용을 몽땅 다 소개하라.

원포인트의 드라마틱한 강해설교

⑨ 설교의 개요(Outline)

〈Who found whom?〉

(누가복음 19:1~10)

1. 사악한 천재의 이야기1: 찰스 콜슨(Charles Colson)

2. 성경에서의 이야기: 삭개오(Zacchaeus)(3~4a)

  1) 갈증(2)

  2) 추구(3a)

  3) 낮춤(4)

  4) 결과

    (1) 은혜 베푸심(5)

    (2) 초청과 교제(5)

    (3) 엄청난 구제(8a)

    (4) 분에 넘치는 배상(8b)

    (5) 확실한 회심과 변화(8)

3. 성경에서의 변화의 동인: 삭개오(5, 9~10)

4. 사악한 천재의 이야기2: 찰스 콜슨(Charles Colson)

  1) 변화

  2) 변화의 동인

5. 사냥개와 주인(Hunting Dog & Master)

6. 결론적 적용

⑩ 실제 설교문

* * *

⟨Who found whom?⟩

(누가복음 19:1~10)

1. Story of an evil genius1: Charles Colson

2012년 4월 21일, 향년 80세로 세상을 떠난 찰스 콜슨(Charles Colson) 이야기가 있습니다. 콜슨은 공화당의 리처드 닉슨 대통령 특별고문으로 백악관에서 권력과 명예를 누렸던 사람이에요. 좋은 대학을 나오고 변호사로서 닉슨을 대통령으로 만들고, 그의 재선을 성공시키고, 백악관의 대통령 집무실(The Oval Office)에서 대통령과 독대하며 세계를 주무르던 콜슨 역시 성공 이후에 자기를 기다리는 것이 무엇인지 전혀 알지 못했어요. 그는 닉슨 대통령을 위해서는 수단과 방법을 가리지 않았던 '야비한 냉혈인간'이라는 악평을 받았지요. 워터게이트 사건을 통해 그는 모든 것을 잃게 돼요. 화려한 경력도, 명예도, 심지어는 그가 대통령으로 재선시켰던 닉슨마저 자기가 살아남기 위해 그를 저버립니다. 언론은 마치 하이에나처럼 그의 약점을 찾아내 폭로하려고 혈안이 되었어요.

마침내 콜슨은 성공의 자리에서 일순간 감옥이라는 나락으로 떨어지는 비참함을 경험해요. 성공에는 많은 시간과 노력이 필요했지만, 감옥까지 가는 데는 한순간이면 충분했지요. 세계 권력의 최정점에까지 서봤던 그가 교도소라는 밑바닥까지 추락해버린 거예요. 그런 그에게 소망이란 전혀 없었죠. 그를 인

원포인트의 드라마틱한 강해설교

정하거나 보호해주는 이도 한 명 없었어요. 조소와 비난과 정죄 밖에 그가 얻을 것은 아무것도 없었답니다. 얼마나 괴롭고 비참했을까요?

스스로 헤어날 방도가 없었지요. 아니, 헤어나고 싶은 마음도 의지도 방법도 알지 못했다고 하는 게 정확한 말일 것입니다.

2. Story in the Bible: Zacchaeus(3~4a)

1) 갈증(2)

그런데 오늘 이와 흡사한 사람이 본문에 소개되고 있어요. 그는 우리가 너무도 잘 아는 삭개오입니다. 그는 세리장이라 하는 부자였어요(2절). 돈도 많고 권력의 최상부에 속했던 사람이고요. 하지만 동족의 혈세를 착취한다고 해서 동족으로부터 조소와 수치를 당하는 사람이었어요. 그 주위엔 아무도 없었답니다. 그의 집엔 누구도 찾아오지 않았어요. 얼마나 깊은 고독과 심적 갈등에 시달렸을지 상상해보세요.

재산이 많고 지위가 높으면 뭐 하나요? 인간은 사회적 동물이라 주위 사람들과 교제하며 부대끼고 살아야 하는 법인데, 대화할 사람조차 전혀 없었으니 그만큼 불쌍하고 불행한 이도 없었을 것입니다.

2) 추구(3a)

하지만 삭개오에게 찰스 콜슨과 달랐던 점이 하나 있었으니, 그는 당시 괴로웠던 자신의 신세를 한탄만 하고 가만히 앉아 있진 않았다는 겁니다.

본문 2절부터 가만히 살펴보면, 삭개오는 누구도 따를 수 없을 만큼 적극적이고 창조적인 사람이 분명했습니다. 비록 돈과 지위밖에 모르는 삶을 살아오긴 했으나, 그는 내면에 찾아드는 고독과 갈등을 가만히 앉아서 수용하려 하진 않았지요. 그렇다고 세상 다른 사람들의 방식대로 하려고 꾀하지도 않았고요. 자신의 신세를 한탄하면서 불평과 저주 속에 살아가거나, 술과 마약으로 자신의 괴로운 심정을 잊어버리려 애쓰거나, 그도 아니면 자살로 생의 종지부를 찍어버리거나 그런 식으로 하지 않았답니다.

그는 풍문으로 들어오던 예수라는 사람이 자기 마을로 지나간다는 소문을 듣자마자 혹시라도 마음속 깊은 곳에 스며드는 영적 고독과 갈증을 해결할 수 있을까 해서 예수를 찾아 아주 정열적인 발걸음을 옮기고 있음을 3절에서 확인할 수 있어요.

"그가 예수께서 어떤 사람인가 하여 보고자 하되"

여기서 동사는 '미완료 시제'로 그저 보려고 한 정도가 아니라 보기 위해 '계속해서 찾아다니고 있었다(Zacchaeus was trying to see', ἐζήτει)라는 뜻이에요. 그분이 어떤 분인지는 알 수 없지만 먼발치서라도 꼭 한번 봐야겠다 생각하고, 그를 향해 부지런히 몸을 움직여 총총걸음으로 뛰어가는 모습을 상상해보세요.

3) 낮춤(4)

하지만 문제가 발생했어요.

"키가 작고 사람이 많아 할 수 없어 앞으로 달려가서 보기 위하여 돌무화과나무에 올라가니"(3~4a)

키가 작은 데다가 사람들이 너무 많아서 예수가 지나가도 볼 수 없는 기막힌 상황입니다. 구별되는 의복을 입은 높은 신분의 귀족이 나무 위에 올라간다는 것은 당시로는 있을 수 없는 경망스러운 행동이었을 것입니다. 하지만 그는 그런 수치와 조롱도 무릅쓴 채 오직 예수를 보기 위한 일념으로 모험과 도전을 감행해요. 꼭 예수를 보고야 말겠다는 굳은 의지 하나로 돌무화과나무 위로 올라간 것입니다. 있을 수 없는 일이 눈앞에 펼쳐집니다. 그러잖아도 동네 사람들에게 손가락질받고 살았을 텐데, 주위 사람들이 얼마나 더 비웃고 욕했겠는지 상상해보세요. 대단한 열정과 집념이 아니면 있을 수 없는 행동입니다.

선한 열매를 얻기 위해선 반드시 '수치'와 '희생'과 '추구'라는 모험이 필요함을 각인시켜주는 좋은 실례가 돼요. 이 본문으로 설교를 준비하는 설교자들이 놓칠 리 없는 영적 교훈의 메시지입니다. 세상에는 아무런 노력 없이 뭔가를 얻어보려는 약고 게으른 사람들이 많은데, 삭개오는 그런 이들에게 "웃기지 마!"라고 조롱하는 듯합니다. "이봐, 세상은 그리 만만치 않아. 비싼 대가의 지불 없이 얻어지는 것은 없단 말이야! No Pain, No Gain!" 마치 이렇게 소리치는 것 같아요.

문득 이 대목에서 "하늘은 스스로 돕는 자를 돕는다(Heaven helps those who help themselves)"라는 유명한 문구가 떠오릅니다. 그러면 적극적으로 자신이 당면한 과제 해결을 위해 팔을 걷어

붙이고 나서는 이런 적극적인 도전정신을 가진 자에게 주어진 결과는 어떠했을지 몹시 궁금해집니다.

4) 결과

(1) 은혜 베푸심(5)

돌무화과나무 위에 올라간 삭개오는 수많은 인파 속에서 마침내 자기 앞으로 지나가시던 예수님을 볼 수 있었습니다. 하지만 정면이 아니라 측면에서밖에 볼 수 없어서 안타까운 마음이 들었지요. 그런데 바로 그 순간, 자기 앞을 거의 지나쳐가실 것만 같던 예수께서 갑자기 걸음을 멈추시고는 돌무화과나무 위에 올라간 자기 쪽을 향해 얼굴을 돌리시는 게 아닙니까. 있을 수 없는 일이 벌어졌어요. 삭개오는 깜짝 놀랍니다.

"아니, 저분이 지금 누굴 보시려는 걸까? 설마 난 아니겠지? 저분이 나를 아실 리가 없지. 이 많은 사람 중에 하필이면 나를 찾으실 리 없지. 그런데 혹시라도… 아니야, 그런 일은 있을 수 없어. 그래도 만일 내 쪽으로 얼굴을 돌리셔서 저분의 얼굴만이라도 한번 정면에서 바라볼 수 있다면, 아니 저분과 눈이라도 한번 맞출 수 있다면 얼마나 좋을까? 정말 그런 일이 벌어질까? 나같이 죄 많은 사람에게 그런 일이 정말 일어날 수 있을까? 아니, 그런데 저분이 지금 나를 보고 계시네. 분명 나를 보셨어. 지금 내 쪽으로 오셔서 나를 바라보고 계시네. 아니, 어찌 이런 일이? 꿈인지 생시인지…. 정말일까? 사실이네. 점점 더 가까이 오시네. 이젠 바로 내 밑에서 나를 응시하고 계시네. 세상에 어쩜 저토록 인자하고 자비로운 얼굴을 하고 계실까? 아, 저분은 내가 찾던 분이 아닌 것 같아. 내가 만나고 싶어 했던 분보다 더 존귀하고 높고 사랑이 많으신 분이 틀림없어. 도대체 저분이 나를 아시기나 할까? 무슨 얘기를 하시려고 지금 내 앞에 서서 나를 바라보고 계신단 말인가? 이런 행운이 내게 닥치다니, 이게 정말 꿈은 아니겠지?"

바로 그때 온화하고 따뜻한 목소리가 삭개오에게 들립니다. "삭개오야, 내려오라." 충격적이었어요.

"도대체 저분이 어떻게 내 이름을 아시지? 누가 내 이름을 저분에게 알려드렸단 말인가? 어찌 이런 놀라운 일이…. 어떻게 저렇게 귀하신 분이 나 같은 죄인의 이름을 아신단 말인가? 그럴 리가 없어. 혹시 나의 죄와 허물을 마을 누군가가 저분에게 알려 줘서 나를 책망하려 하시는 건 아닐까? 그런데 저분이 내게 뭐라고 부르셨지? 분명 '삭개오야!(Ζακχαῖος)'라고 하셨지. 아니, 이럴 수가! 나보고 '죄 없는(Innocent)', '깨끗한(Clean)', '의로운(Righteous)' 자라고 하셨단 말이야. 저분이 내 이름을 아시는 것도 신기한 일이지만, 내 이름의 뜻과 같이 나를 '죄 없는 자', '깨끗한 자', '의로운 자'로 부르셨단 말이야. 저렇게 죄 없어 보이는 분이 나를 죄 없다고 하셨어. 깨끗하다고 말이야. 의롭다고 하신게 틀림없어.

지금까지 누구도 나를 그렇게 부른 사람이 없었지. '매국노'라, '죄인'이라 조롱하는 소리만 듣고 살아왔거늘…. 아, 이 얼마 만에 들어보는 이름인가? 어릴 때 부모님이 죄 없이 깨끗하고 의롭게 살라는 뜻에서 삭개오라는 이름을 지어주셨고, 매일 그 이름을 내게 불러주셨지. 그런데 그 이후 나는 지금까지 그 이름에 걸맞은 삶을 살지 못했어. 그래서 그동안 삭개오라는 내 이름을 들은 지 오래됐지. 그런데 저분이 내 이름을 불러주셨어. 나를 죄 없다고 하셨단 말이야. 깨끗하고 의롭다고 하신 거야. 그것도 다름 아닌 예수님 같은 분이 내게 그러신 거야. 나 같은 죄인에게 그렇게 말씀하시다니…. 아, 이럴 수가!"

"♬ 나 같은 죄인 살리신… ♬"(찬송)

이 대목에서 생각나는 시가 하나 있어요. 김춘수 시인의 〈꽃〉이라는 시 말입니다. 한국 현대시 100주년을 맞아 2004년 가을, 시 전문 계간지인 『시인세계』는 현역 시인 246명을 대상으로 평소 즐겨 읽는 애송시를 조사했어요. 그 결과 1위가 김춘수의 〈꽃〉이었고, 2위가 윤동주의 〈서시〉였습니다. 한국 시인들의 최고 애송시인 김춘수 시인의 〈꽃〉 앞부분을 같이 읽어보십시다.

내가 그의 이름을 불러 주기 전에는
그는 다만
하나의 몸짓에 지나지 않았다.

내가 그의 이름을 불러 주었을 때
그는 나에게로 와서

꽃이 되었다.

이것을 오늘 본문의 주인공 삭개오 버전으로 수정하면 이렇게 되겠지요.

"주님이 삭개오의 이름을 불러주기 전에는
그는 다만 하나의 죄인에 지나지 않았지요.
주님이 삭개오의 이름을 불러 주셨을 때
그는 주님께로 가서 아름다운 열매를 맺는 의인이 되었어요."

김춘수 시인의 시에 나오는 내용 그대로 아닌가요? 신기하고 놀랍기만 합니다. 주님을 만난 삭개오가 죄인에서 의인으로 거듭나는 순간입니다. 동네 사람들은 삭개오를 '죄인'이라 불렀어요(7절). 그들은 주님이 보시는 관점으로 삭개오를 보지 못했습니다(They did not see what Jesus could see). 주님이 보신 삭개오는 더 이상 죄인이 아니라 하나님의 아들 '의인 삭개오'였어요. 삭개오란 이름에 걸맞은 삶을 살지 못했던 그가 주님을 만나자 그 이름대로 '깨끗한 자', '의인', '죄 없는 자' 삭개오가 된 것입니다.

그래요. 예수를 만나면 누구나 이렇게 바뀌게 돼요. 오늘 우리는 어떤가요? 우리의 이름은 뭔가요? '크리스찬', 그리스도의 사람이지요. 여러분은 지금 그리스도인답게 잘 살고 있나요? '하나님의 백성'이에요. 여러분은 지금 그분의 백성답게 잘 살고 있는지요? '왕 같은 제사장'이고요. 정말 왕 같은 제사장으로 살고 있는지요? 그렇지 않다면 여러분의 이름을 버리든지, 아니면 잘못된 삶을 버리든지 둘 중 하나를 결단해야 해요. 오늘 삭개오를 만나신 주님을 통해 여러분의 삶도 그 이름에 걸맞은 삶으로 바뀌게 되기를 바랍니다.

(2) 초청과 교제(5)

김춘수 시인의 〈꽃〉 초반부 내용을 아는 사람은 많아도 후반부는 거의 아는 사람이 없어요. 그 내용은 이렇습니다.

> 내가 그의 이름을 불러 준 것처럼
> 나의 이 빛깔과 향기에 알맞은
> 누가 나의 이름을 불러 다오.
> 그에게로 가서 나도
> 그의 꽃이 되고 싶다.

꽃을 불러준 이 역시 자신의 이름을 꽃이 불러주기를 바라고, 꽃에게 가서 그와 의미 있는 교제 나누기를 원하고 있음을 알 수 있지요. 어쩌면 이렇게 본문의 흐름과 같은 내용인지 놀라지 않을 수 없습니다.

"내려오라"는 예수님의 말씀에 삭개오는 즉시 내려갔어요. 그런데 그것으로 끝이 아니었어요. 주님은 삭개오의 집으로 가자고 그를 초청하셨어요. 그를 집으로 모시고 가서 그분의 이름을 불렀어요. 8절에 보면 "삭개오가 서서 주께 여짜오되 주여 보시옵소서"라고 말해요. 여기서 '주여(κύριον)'라는 단어에 주목하세요. '존경받는 랍비'나 'Miracle Maker'로만 보았던 삭개오가 그를 '주님(Lord)'이라고 부릅니다. 그분이 누구신지를 알았기 때문이지요. 그렇게 해서 주님과 삭개오의 교제가 아름답게 이루어져요.

그런데 여기서 이상한 점이 하나 있어요. 주님이 초청하신 집이 누구의 집인가요? 다름 아닌 삭개오의 집이지요. 그런데 그 집에 주님이 삭개오를 초청하신 거예요. 그래요. 삭개오의 집에 주님이 주인이셔야 했는데, 오랜 세월 그는 주인 없이 홀로 살아왔어요. 그러니 어찌 깊은 고독과 고민과 갈등에 괴로워하지 않겠어요?

오늘 여러분 중에는 그런 분이 없습니까? 넓고 좋은 집에 살지만, 주님이 그 집에 주인으로 계시지 않는 분은 없는지요? 주님을 주인으로 모신 가정이라야 해요. 오늘 주님이 삭개오에게 구원의 은혜를 베푸신 뒤 가던 길을 계속 가시지 않고 그의 집으로 그를 초청해서 함께 가신 이유가 바로 여기에 있어요. 평생 주인을 모시지 않고 살아온 그 집의 주인으로서 주님은 삭개오를 손님으로 초청하신 거예요. 이보다 더 큰 복이 또 있을까요?

지금 세상에서 가장 행복한 사람은 삭개오예요. 수천만 불짜리 슈퍼볼 당첨자보다 더 큰 기적의 사나이가 된 것이지요. 삭개오는 뛸 듯이 기뻤어요. 한 번도 경험하지 못한 행복이 한꺼번에 몰려옴을 느낄 수 있었고요. 생전에 이런 기쁨과 행복은 난생처음이었어요. 주님을 만난 순간, 자신의 마음에 있었던 모든 고독과 상처와 아픔과 갈등이 다 치유되고 감격과 은혜가 충만한 사람으로 거듭난 것이지요. 그냥 있을 수가 없었습니다. 가만히 있다가는 미쳐버릴 것만 같았어요.

(3) 엄청난 구제(8a)

바로 그 순간 삭개오의 입에서 누구도 예상치 못한 말이 툭 튀어나와요.

"삭개오가 서서 주께 여짜오되 주여 보시옵소서 내 소유의 절반을 가난한 자들에게 주겠사오며 만일 누구의 것을 속여 빼앗은 일이 있으면 네 갑절이나 갚겠나이다"(누가복음 19:8)

지금껏 돈이 최고였던 삭개오예요. 돈이라면 동네에서 욕을 먹고 왕따를 당해도, 매국노 취급을 받아도 잘 견뎌왔던 그였지요. 동족에게 자기 재물을 나누어주기는커녕 착취만 해왔던 삭개오 아닌가요? 그런 수전노 같았던 그에게서 이런 획기적 변화가 나타날 줄 누가 상상했겠어요? 언빌리버블(Unbelievable)! 도무지 믿을 수 없는 일이 일어난 것이지요.

여기서 설교자들 대부분이 놓치는 부분이 있어요. 그것은 "네 갑절이나 갚겠다"는 내용에만 초점을 맞춘다는 거예요. 그보다 중요한 내용을 놓쳐선 안 되지요. 그것은 그 앞에 나오는 "소유의 절반을 가난한 자들에게 주겠다"는 내용이에요. 어떻게 전 재산의 반을 내놓을 수 있나요? 어떻게 모은 돈인데요? 어떤 수치와 모멸과 고독의 대가를 치르고 얻은 재산인데 말이에요? 그럼에도 전 재산의 반을 내놓고자 했으니 이 얼마나 대단한 변화와 회심의 사건입니까!

원포인트의 드라마틱한 강해설교

(4) 분에 넘치는 배상(8b)

하지만 그것으로 그치지 않아요. "네 갑절이나 갚겠다"고 말하잖아요. 사실 당시 규례대로 하면 두 배를 갚으면 돼요. 그럼에도 네 배나 갚겠다고 한 것은 그만큼 확실한 믿음과 회심의 결과라는 사실을 보여주지요. 여기서 재산의 갑절을 내놓고 빼앗은 것의 네 배나 갚겠다고 한 내용을 한번 유추해보세요. 무엇을 알 수 있지요? 그의 말대로 한다면 한마디로 '뱅크럽시(Bankruptcy)', 즉 '파산'입니다. 망하는 지름길이란 말이라고요. 이 말은 자기의 전 재산을 몽땅 다 잃어버려도 좋다는 각오 아닌가요? 망해도 개의치 않는다는 말이지요.

요한복음 4장에 나오는 수가성 우물가의 여인을 보세요. 물 긷는 물동이를 들고 나온 그 여자가 예수를 만나 예수가 누구인지를 알고 나자 어떤 행동을 취합니까?

"여자가 물동이를 버려두고 동네로 들어가서 사람들에게 이르되"(요한복음 4:28)

사람은 물이 없으면 못 삽니다. 생활필수품이라 할 수 있어요. 그런데 그 여인은 물동이를 버려두고 자기가 만난 예수를 전하러 동네로 떠나요. 어째서요? 더 좋은 것을 만나면 이전에 좋았던 것은 버리는 게 정상이지요. 본문의 삭개오가 바로 그런 사람이에요. 권력과 재물과는 비교도 안 되는 이를 만났으니 '♬ 이전에 좋던 것 이제는 값없다 ♬'(436장)는 찬송이 절로 나오게 됩니다.

쫄딱 망하고 다 털어먹을 게 뻔한데도 그렇게 서원했어요. 그저 내뱉어본 말이 아닐까요? 과장된 이야기 아닐까요? 천만에요. 어떻게 알 수 있나요?

(5) 확실한 회심과 변화(8)

바로 이 이유 때문이에요. 8절의 우리말 번역에 심각한 문제가 있음을 놓쳐선 안 됩니다. 8절을 원어대로 옮기자면 다음과 같아요.

"And Zacchaeus stood and said to the Lord, 'Behold, Lord, the half of my goods I give to the poor. And if I have defrauded anyone of anything, I restore it fourfold."(Lk. 19:8, ESV)

우리말은 이렇게 잘못 번역되어 있어요.

"삭개오가 서서 주께 여짜오되 주여 보시옵소서 내 소유의 절반을 가난한 자들에게 주겠사오며 만일 누구의 것을 속여 빼앗은 일이 있으면 네 갑절이나 갚겠나이다."

'절반을 주겠다'라는 미래형이 아니라 현재형으로 '절반을 지금 드리나이다'로, '네 갑절이나 갚겠나이다'라는 미래형이 아니라 역시 현재형으로 '네 갑절이나 지금 갚나이다'로 되어 있음에 주목하기를 바랍니다. 어째서 미래시제가 아니라 현재형으로 되어 있는 걸까요? 이 현재형 대답은 우리에게 무엇을 암시하는 걸까요? 삭개오의 '확실한 결단'과 '회심'과 '변화의 마음'을 보여주는 것이지요. 물질은 언제든 뒤따라올 수 있는 것이지만, 그전에 변화된 마음이 선행돼야 해요. 마음의 결단이 있어야 행동이 따르지 않겠어요? 그래요. 물질은 나중에라도 내놓을 수 있지만, 마음은 지금 당장 주님께 드릴 수 있어요. 주님의 즉각적인 은혜 베푸심과 교제 초청에 따른 삭개오의 즉각적 회심과 변화의 반응을 잘 묘사하고 있지요. 이것이 바로 '회개에 합당한 열매'(마태복음 3:8 / 누가복음 3:8)랍니다.

오늘 여러분의 변화도 회개에 합당한 열매로 확실히 발휘되길 바랍니다. 주님이 삭개오의 획기적 변화에 얼마나 기뻐하셨을지 상상해보세요.

"오늘 구원이 이 집에 이르렀으니 이 사람도 아브라함의 자손임이로다"(누가복음 19:9)

다시금 구원과 천국 백성의 일원이 됨을 선포하실 정도의 기쁨이었을 것입니다. 그 선포에 삭개오의 기쁨 또한 얼마나 컸을지 미루어 짐작이 가고도 남지 않습니까?

3. Cause in the Bible: Zacchaeus(5, 9~10)

자, 그러면 삭개오같이 권력과 돈에 눈먼 사람에게 어떻게 해서 이런 믿을 수 없는 변화가 일어났을까요? 그 원인과 동인이 정말 궁금하지 않습니까? 이 본문에서 가장 중요한 핵심 내용이에요. What could have made him like this? 그 무엇이 삭개오로 하여금 이런 기적과 변화의 주인공이 되게 했느냐는 말이지요. 도대체 그게 뭘까요?

"하늘은 스스로 돕는 자를 돕는다." 삭개오는 그 나름대로 이런 기적의 축복을 맛볼 만한 분명한 이유가 있는 사람이었어요.

그는 서두에 소개한 찰스 콜슨과는 달리 자신의 문제를 해결하고자 최선을 다했고요. 조롱과 수치를 무릅쓰고 주님을 만나고자 애쓰며 자신을 도왔던 자였어요. 그래서 하늘도 자기 스스로 도운 그를 도우신 것으로 생각하면 될까요? 아니지요. 결코 아닙니다. 이것은 너무도 비성경적인 생각이에요.

많은 설교자가 본문에서 삭개오에게 초점을 맞추어 그를 우리의 모범으로 제시해왔어요. 주님을 먼저 찾은 이도 삭개오였고, 돌무화과나무에 올라가는 액션을 먼저 취한 이도 삭개오였다고 말이에요. 우리도 그처럼 주님을 찾아야 한다고 해요. 그리고 찾을 때는 수치와 조롱도 무릅써야 한다고 가르치지요. 문제 해결을 위해 내가 먼저 모험하고 액션을 취할 때 하나님도 도와주신다고 전해요. 세 대지 설교에서 그렇게들 많이 설교하고 있지요.

하지만 이것은 복음이 아니에요. 삭개오가 주님을 먼저 찾은 것이 아니라 주님이 먼저 삭개오를 위해 움직이셨어요. 주님의 액션은 삭개오의 액션이 있기 전인 19장 1절부터 이미 시작됩니다. "예수께서 여리고로 들어가 지나가시더라" 주님은 삭개오처럼 잃어버린 자를 찾아서 이 땅에 오셨어요(10절). 삭개오가 주님을 찾아 출발했지만, 그를 찾고자 하신 하나님의 계획은 만세 전부터 시작되었음을 놓치지 말아야 해요. 그 때가 찼을 때 주님이 이 땅에 오셔서 그보다 먼저 그를 향해 출발하신 거고요. 구원과 천국 백성이라는 엄청난 선물을 가지고 말이에요. 그게 바로 주님의 '신적 사명(Divine Appointment)'이셨기 때문이지요.

기독교와 타종교의 차이점이 바로 여기서 드러나요. 타종교는 인간이 신을 향해 찾아가지만, 기독교는 신이 우리를 찾아오십니다. 그렇지요. 주님이 삭개오를 미리 아시고 찾아오신 거예요. 삭개오는 그런 사실도 모른 채 주님을 찾아온 것인데, 알고 보니 주님이 먼저 삭개오를 찾아오신 것이었어요.

"하늘은 스스로 돕는 자를 돕는다." 이 말보다 더 인본주의적인 발상은 없어요. 제가 성경적인 문장으로 바꾸어봤어요. 바로 이거예요. "하늘은 스스로 도울 수 없는 자를 돕는다(Heaven helps those who cannot help themselves)." 정말 중요한 내용이에요. 이것이 성경적인 대답임을 기억하시길 바랍니다.

주님이 삭개오의 이름을 부르는 순간, 그에게 구원과 은혜가 임했어요. 그런데 본문은 그것으로 끝나지 않습니다. 주님은 삭개오의 집에 그를 초청하시고 교제를 요구하셨어요. 반드시 그렇게 해야만 하셨어요('δεῖ'). 이것이 그분에게 지워진 신적 사명이었기 때문이거든요.

아무도 찾아오지 않는 외로운 집에 그 집의 참주인이 되셨어야 할 주님이 그를 초대하신 것이지요. 이보다 더 큰 행복과 기쁨이 어디에 있을까요? 돈과 권력을 주고도 살 수 없고 세상 물질로도 얻을 수 없는, 견딜 수 없는 인간의 지복(至福)이 바로 주님을 만나 그분으로부터 은혜와 사랑의 혜택을 누리는 일 아닌가요.

바로 이것이 죄인을 의롭고 죄 없고 깨끗한 자 삭개오로 변화시킨 근본적 동기예요. 주님을 만나면 그 어떤 악인이라도 변하고 말아요. 그 어떤 살인마도 회개하고 돌이키지 않고는 배길 수가 없어요. 상상하지 못할 복을 경험한 삭개오에게 그런 믿기지 않는 변화가 나타날 수밖에 없었던 이유가 바로 여기에 있어요. 믿을 수 없는 은혜와 복을 경험한 자에게 믿을 수 없는 놀라운 변화와 회심과 결단의 열매가 나타나는 것은 지극히 당연한 일이기 때문이지요.

앨리스터 맥그래스(Alister McGrath)가 이렇게 말했습니다.

"삶의 변화가 없다면 그리스도를 온전히 만나지 않은 것이다."

오늘 여러분은 그런 주님을 경험하셨는지요? 그런 주님으로부터 분명한 회심을 드러내 보이고 있는지요? 만일 그러지 못하다면 여러분은 아직 그리스도를 온전히 만나지 못한 것임을 자각하시길 바랍니다. 오늘 삭개오를 찾아오신 그 주님을 이 시간 여러분도 만나고 돌아가길 바랍니다. 삭개오를 바꿔놓으신 그 주님을 통해 여러분의 문제도 해결 받고, 여러분의 삶도 전적으로 변화되는 놀라운 체험의 주인공이 되시길 바랍니다.

4. Story of an Evil Genius 2: Charles Colson

1) 변화

서론에서 소개한 찰스 콜슨의 뒷이야기가 궁금하지 않습니까? 권력 핵심부에서 차디찬 교도소에 수감됐던 그는 감옥에서 완전히 변화된 삶으로 거듭나게 돼요. 콜슨은 교도소 죄수들에게 복음을 전하고 이들을 예수의 제자로 만드는 것이 자신의 부르심의 이유라고 믿게 되었어요. 그는 '교도소선교회'를 설립했고, 처음에는 죄수 일부를 교도소 밖으로 데려가 성경공부를 한 뒤 돌려보내 이들을 통해 다른 죄수들이 예수를 믿고 제자가 되게 했어요. 나중에는 직접 교도소로 찾아가 관심 있는 죄수들에게 성경공부와 직업교육을 통한 재활훈련을 시켰고요.

그는 "70년대 중반 미국 정치인들은 교도소 내 죄수들을 감방에 넣고 문을 걸어 잠근 뒤 잊어버리고 있었다"며 "이들의 갱생을 위해 좀 더 적극적인 접근이 필요했다"고 강조했습니다. 그는 사회에서 잊힌 죄수들을 직접 찾아가 성경공부, 직업교육 등의 재활훈련을 실시했고, 많은 죄수가 이를 통해 예수를 믿고 기독교인이 되며 재활에 성공했어요. 놀랍지 않습니까? 참으로 믿기 어려운 변화 중의 변화요 기적 중의 기적입니다.

빌리 그레이엄 목사가 콜슨을 가리켜 '현대판 삭개오'라고 말한 것도 다 이 때문이지요.

2) 변화의 동인

여기서 우리가 풀어야 할 숙제가 하나 더 있습니다. 권력을 위해서라면 자신의 할머니도 밟고 지나갈 수 있다고까지 말했던 냉혈한 찰스 콜슨에게 어떻게 이처럼 믿을 수 없는 변화가 나타났을까요? 그를 그렇게 만든 원인과 동인이 무엇인지 궁금하지 않나요?

콜슨이 감옥에 있는 동안 그에게 복음을 전하고자 애썼던 헤트필더, 휴스, 퀴에라는 상원의원이 있었습니다. 그가 투옥되자 반대당이었던 그들은 날마다 그를 위해 시간을 정해놓고 기도

했고, 그를 찾아가 위로하며 책을 주었어요. 그의 형 집행 기간이 7개월가량 남았을 때의 일이에요. 어느 날, 평소처럼 기도하는 가운데 퀴에의 마음에 그를 위해서 대신 옥살이를 해야겠다는 감동이 생겼습니다. 변호사였던 퀴에는 특수 법조문 안에 다른 사람을 대신해 형기를 치를 수 있다는 내용이 언급된 사실을 알아내고 법원에 제안해보지만 거절당합니다. 그러나 퀴에의 노력은 헛되지 않았어요. 그 사실을 알게 된 콜슨이 마침내 감옥에서 마음을 열고 복음을 받아들인 것입니다. 믿는 자들이 값없이 베푼 사랑 앞에 교만하기 그지없던 그의 자아가 무너져 내리기 시작했어요. 그리고 자신도 누군가를 위하여 사랑을 베풀어야겠다고 마음먹습니다. 감옥에서 그가 사랑을 베풀 수 있는 대상은 오로지 동료 죄수들밖에 없었어요.

그때부터 그는 어떻게 하면 저들을 사랑할 수 있을까 기도하기 시작했어요. 그리고 죄수들이 가장 싫어하는 빨래를 자청해서 빨기 시작했는데, 처음에는 죄수들로부터 그런 행동에 대해 오해를 받았지요. 그러나 머지않아 죄수들이 그의 진심을 이해하고 감동받기 시작했어요. 그래서 그들과 더불어 기도하고 사랑을 나누게 됩니다. 콜슨은 그의 자서전에서 이렇게 말했어요.

"평생 집안에서 손가락 하나 까딱하지 않던 나는 저들을 사랑하면서 인생의 진정한 행복을 발견했다."

사랑의 힘은 이래서 위대한 것입니다. 용납할 수 없는 죄인을 품고 사랑해주는 것보다 더 강력한 힘은 세상에 없는 줄 믿으시길 바랍니다.

원포인트의 드라마틱한 강해설교

5. 사냥개와 주인(Hunting dog & Master)

어느 시골 산중에 사냥꾼과 사냥개가 사냥을 시작했어요. 하루 종일 총을 들고 애를 썼지만 꿩 새끼 한 마리 잡지 못했답니다. 날이 저물어 사냥꾼과 사냥개는 길을 잃은 채 서로 떨어지게 됐지요. 어둠이 몰려오자 사냥꾼은 사냥개를 산에 놔둔 채 마을로 내려와 허기진 배를 채우고 잠이 들었습니다. 날이 밝자 사냥꾼은 다시 산으로 올라갔어요. 그가 산등성이로 올라가자 주인을 찾아 헤매던 사냥개가 주인을 발견하고는 달려와 품에 안기는 것이었어요. 밤새 얼마나 주인을 찾아 헤맸던지요.

Who found whom? 누가 누구를 찾았지요? 주인이 개를 찾은 것일까요, 아니면 개가 먼저 주인을 찾은 것일까요? 개가 먼저 주인을 찾은 것이라고요? 아니에요. 정확하게는 그렇지 않습니다. 주인이 개를 찾은 것입니다. 어째서요? 사실은 주인이 어두울 때 산을 내려가면서 자기 옷을 평평한 안전지대에 놓아둔 채 떠났기 때문입니다. 그래서 주인의 냄새를 맡아 헤매던 개가 그 옷 냄새를 맡고는 밤새 안전한 평지에서 주인을 기다렸던 거예요. 개를 찾은 선행적 주도권이 개가 아닌 주인에게 있었다는 말입니다. 그래요. 오늘 본문의 이야기도 마찬가지입니다.

6. 결론적 적용

오늘 설교의 제목이 뭐지요? "Who found whom?" "누가 누구를 찾았나?"입니다. 삭개오가 주님을 찾았나요, 주님이 삭개오를 찾았나요? 둘 다 서로 찾았지요. 하지만 사실은 주님이 삭개오를 먼저 찾았다는 것이 정답이에요. 삭개오가 행동하기 이전 선행적인 하나님의 은혜와 주님의 사랑하심의 역사가 오늘 삭개오로 하여금 이토록 놀라운 변화를 가져오게 한 겁니다.

그래요. 미움과 저주와 정죄로는 결코 사람을 바꿔놓을 수 없어요. 삭개오의 주변 동족 중 한 사람이라도 그를 용납하고 사랑하고 교제했다면 어떻게 되었을까요? 좀 전에 소개한 찰스 콜슨도 그를 위해 기도하고 사랑을 베풀어준 의원들이 옆에 없었다면 어떻게 됐을까요? 오늘 우리가 180도로 변화된 콜슨의 아름다운 감동적 이야기를 결코 들을 수 없었을 것입니다.

이 콜슨처럼 삭개오 주변에도 그를 위해서 기도하고 사랑을 베풀어준 친구가 있었다면 얼마나 좋았을까요? 그런데 다행히 삭개오 곁에 믿을 수 없을 정도로 사랑과 자비가 풍성한 친구가 한 명 있었어요. 누구지요? 바로 주님이시죠. 그분이 삭개오로 하여금 코페르니쿠스적 변화를 가져오게 한 주인공이셨음을 기억하십시다.

오늘 우리 주위에도 과거엔 잘나갔지만, 지금은 추락해서 참혹한 상황에 빠진 이들이 있을 것입니다. 평소 눈에 거슬리거나 못마땅하게 생각하거나 미움의 대상이었던 여러분의 삭개오도 있을 겁니다. 그들을 향한 우리의 자세가 어떤 방식으로 발휘되어야 할지, 이 시간 우리의 사명과 나아갈 방향을 한번 생각해보는 뜻깊은 시간이 되었으면 좋겠습니다. 오늘 본문의 주님처럼 우리 주변에서 소외된 이 시대의 삭개오들에게 어떤 자세로 나아가야 할지를 구체적으로 꼼꼼히 점검해보는 복된 시간이 되시기를 간절히 바랍니다.

⑪ '베스트 프레임2'의 분석

지금까지 '원포인트의 드라마틱한 강해설교'를 위한 7단계 전략과 그 과정을 구체적으로 소개했다. 이 본문을 가지고 삭개오를 주인공으로 내세운 세 대지 방식 설교로 작성하는 경우가 대다수인데, 전형적인 개요는 다음과 같다.

〈구원의 은혜를 받는 세 가지 비결〉
(누가복음 19:1～10)
1. 열심히 추구해야 한다.
2. 수치를 무릅써야 한다.
3. 겸손해야 한다.

이것은 삭개오를 우리의 모범으로 하여 인물 중심의 관점으로 본문을 해석한 개요다. 하지만 이는 본문의 큰 메시지를 놓치고 일부 내용만으로 설교를 구상한 개요다. 더 중요한 본문의 핵심 메시지를 살리려면 그리스도 중심으로 물 흐르듯이 흘러가는 원포인트의 설교방식이 되어야 한다. 세 대지 방식과는 달리 마치 개요가 없는 것처럼 하나의 주제로 자연스럽게 전개되는 방식이라야 오늘의 청중에게 어필할 수 있다.[204]

이제 필자가 앞에서 소개한 '원포인트의 드라마틱한 강해설교'의 개요에 대해 설명해보자. 우선 설교의 제목 자체가 정답을 알게 해주는 내용이 아니라 궁금증을 유발하는 문장으로 되어 있음을 보라. "Who found whom?", "누가 누구를 찾은 것인가?"다. 삭개오가 주님을 찾았나, 주님이 삭개오를 찾았나? 둘 다 서로 찾았다. 하지만 사실은 주님이 삭개오를 먼저 찾은 것이 정답이다. 삭개오가 행동하기 이전 선행적인 하나님의 은혜와 주님의 사랑하심의 역사가 오늘 삭개오로 하여금 이토록 놀라운 변화를 일으키게 한 것이다. 인물 중심으로 설교할 것인가, 아니면 그리스도 중심으로 설교할 것인가를 결정짓는 중요한 질문이다.

이 제목의 내용을 구체적으로 설명하기 위해 필자는 '사냥개와 주인'의 예증을 통해 삭개오가 아니라 삭개오를 찾아오신 예수님에게 '선행적 주도권(Initiative)'이 있음을 보여주면서 결론적 적용의 말씀을 맺는 형식으로 플롯을 구성해보았다.

본문 속 인간 주인공인 삭개오의 상황과 상당 부분 흡사한 찰스 콜슨의 예화도 소개했다. 본문 이야기만 가지고 설교하면 거의 다 아는 내용이기 때문에 교인들이 식상하게 느낄 가능성이 높다. 그 때문에 본문과 흡사한 신선한 현실의 예화 하나가 절실하다. 그리고 그 내용을 한꺼번에 다 소개하지 말고 소개되는 인물의 부족했던 내용만 먼저 서론에 소개한 후, 설교 후반부에 가서 극적으로 변화된 그 인물의 나중 모습을 소개하는 것이 좋다. 이게 '드라마틱한 반전'에 해당하는 부분이다.

누구나가 다 익히 아는 본문을 새로운 현실의 예화를 양념 삼아 주거니 받거니 왔다 갔다 하면서 설교의 클라이막스를 향해

원포인트의 드라마틱한 강해설교

몰고 가서는, 마침내 설교 후반부에 그동안 궁금했던 뒷애기를 속 시원하게 몽땅 공개하는 형식이어서 매력 만점의 드라마 같은 설교로 빛을 발할 것이다.

마지막에 소개한 '사냥개와 주인' 예화는 설교 제목에 대한 청중의 궁금증을 해소시키는 동시에 원포인트의 핵심 메시지 하나를 오래도록 기억하게 하기 위한 도구로 사용됐다. '선행적이고 주도적인 하나님의 은혜와 예수님의 사랑만이 삭개오 같은 천하제일 구두쇠의 지갑도 쉽게 열 수 있게 한다'는 복음적 메시지 말이다.

예수님은 삭개오가 살던 동네 사람들과 달리 삭개오를 그 이름의 의미대로 '의로운 자'라 불러주셨다. 하지만 삭개오 주변 이웃 동족은 주님이 보시는 관점으로 삭개오를 보지 못했다(They could not see what Jesus could see). 그들은 삭개오를 그 이름의 내용('의로운')대로 보지 않고 '죄인'으로 정죄했는데, 이런 공동체로는 세상에 빛을 발할 수 없다. 지금 한국교회는 불신 세계로부터 '개독교' 소리를 들을 수밖에 없는 안타까운 상황이다. 변화가 절실하다. 어떻게 그것이 가능할까?

예수님처럼 모든 사람을 긍정적 관점으로 바라보고 품고 사랑해줌으로써 변화는 가능해질 것이다. 우리 주님이 행하신 것과 같이 내가 먼저 손 내밀고, 내가 먼저 찾아가고, 내가 먼저 용서하고 사랑을 실천한다면 삭개오같이 악하고, 교만하고, 인색한 구두쇠의 마음도 녹여내어 기적 같은 변화를 이끌어내는 행복한 공동체의 주역들로 살아갈 수 있을 것이다.

(3) 샘플3(요한복음 6:1~15)

베스트 프레임3을 소개한다. 이 프레임 또한 필자가 무척 아끼는 '원포인트의 드라마틱한 강해설교'의 샘플 중 하나이다. 이 설교 또한 서론과 결론에서 예화 하나를 둘로 나누어 소개하는 특징이 있다.

이제 요한복음 6장 1~15절을 본문으로 해서 한 편의 설교가 어떻게 작성되어 가는지 집중해서 살펴보자.

① 본문 선정과 원문에 충실한 번역

설교할 본문을 정하는 일만큼이나 중요하고도 어려운 일은 없다. 강해설교가 되려면 기본적으로 본문의 핵심 메시지가 포함될 수 있을 만큼 본문 길이를 최대한 길게 잡아줘야 한다. 본문을 성경 원문에 맞게 잘 번역한다 해도 본문을 중심 메시지가 있는 구절까지 길게 잡지 않고 너무 짧게 잡을 경우, 강해설교는 실패로 돌아가고 만다. 다음에는 원문에 맞는 정확한 번역을 시도하는 작업이 필수적이다.

▶ 본문 선정

오늘의 이야기는 예수님의 그 유명한 '오병이어 기적 사건'을 소개한 내용으로 비교적 본문 선정에 큰 어려움이 없다고 볼 수 있다. 하지만 본문을 오병이어 기적 사건만 기록된 13절까지로 잡을 것인가, 아니면 기적 이후 사람들이 예수님을 임금 삼으려 할 때 기도하시러 산으로 가신 15절까지로 잡을 것인가는 고심해봐야 한다.

기적 베풂도 중요하지만 이후 사람들의 유혹에도 교만하지 않은 모습도 중요하다. 예수님께서 우리에게 모본을 보이시며 큰 교훈과 가르침을 주셨기에 15절까지를 본문으로 잡는 것이 통전적으로 더 저자의 의도에 맞으리라 본다.

▶ 수정되어야 할 번역

본문 선정 작업이 끝나면 본문을 저자의 의도에 맞게 번역할 준비를 해야 한다. 성경 원문과 우리가 가진 개역한글개정의 내용 차이가 많기 때문이다. 하지만 이 본문에서는 원어성경에 맞게 새로 수정해야 할 단어나 문장이 보이지 않기 때문에 그냥 넘어가도록 한다.

② 본문 읽기와 기도 및 깊은 묵상과 관찰

일단 설교자가 설교할 본문의 범위를 택하고 원문에 충실한 내용을 번역하고 난 뒤에 필수작업이 있다면 본문 해석이다. 하지만 본문을 해석하기 전에 해야 할 작업은 바로 '본문을 여러 번 읽고 기도하는 것'과 '깊이 묵상하고 관찰하는 것'이다.

그래서 오병이어 기적 사건에 대한 본문을 적어도 열 번 이상은 읽어야 하고, 다음으로는 기도하면서 본문의 의미가 무엇인지 제대로 보게 해달라고 하나님의 도움을 구해야 한다. 무엇보다 본문의 전후 문맥을 충분히 고려하며 요한복음 전체를 통전적으로 잘 파악하게 해달라고 간구하는 기도가 필요하다.

▶ 묵상과 관찰 이삭줍기

본문 묵상을 통해 우선 떠오르는 것은 예수님의 질문이다. 예수님께서 제자들에게 여자와 아이 외 오천 명이나 되는 많은 사람이 모인 빈 들에서 어디서 떡을 사서 먹일 수 있는지를 질문하셨는데, 이는 불가능한 질문이었다는 점이다. 여기서 주일성수냐 올림픽 예선전 참전이냐의 시험에 응해야 하는 에릭 리델(Eric Liddell)의 불가능의 도전 예화가 오버랩되었다. 리델의 이야기는 본 설교의 서론과 결론 부분을 차지하게 되는 시의적절한 도구로 작용했다. 이것이 모두 깊은 묵상이 설교자에게 주는 기막힌 선물이다. 묵상은 본 설교에 활용할 적절한 예화거리도 생각나게 하는 장점이 있다.

그뿐만 아니라 본문의 불가능을 해결할 수 있는 단서가 되는 중요한 단어 하나를 포착하는 소중한 기회로도 작용했다. 그것은 5절에 나오는 "우리가 어디서?"라는 말이다.

③ 본문의 근접 및 전체 문맥 파악

본문 이후 16~21절에는 제자들이 배를 타고 갈릴리 바다를 건너가다가 큰 풍랑을 만나자 그들의 작은 믿음이 노출되는 내용이 나온다. 큰 기적을 행한 뒤 예수님은 유혹을 떨치기 위해 산으로 가서 기도하시는데, 제자들은 엄청난 위기 앞에 스스로의 믿음이 부족함을 드러내고 만다. 사람이 잘나갈 때 하나님께 기도하며 유혹을 이겨내고 겸손해야 함을 보여주는 소중한 교훈이 문맥으로 이어짐을 볼 수 있다.

원포인트의 드라마틱한 강해설교

④ 본문 연구

본문이 의도하는 바가 한마디로 무엇인가를 알기 위해 지금까지 여러 가지 작업을 수행해왔다. 설교가 아무리 드라마틱하게 감동적이고 역동적으로 흘러간다 해도 본문 내용이 충실하게 반영되어 있지 않다면 강해설교라 하기 어렵다.

본문의 핵심을 파헤치기 위해 필자가 즐겨 사용하는 방법이 있는데, 그것은 '질문'이다. 본문에서 제기될 만한 중요한 질문 몇 개를 떠올리고 그에 대한 답을 본문 속에서 찾아보라. 그러면 그것들이 본문 전체의 핵심 메시지를 파악하고 설교 원고의 상당 부분을 메우는 데 큰 유익을 준다는 점을 알게 될 것이다.

▶ 질문1

본문에서 우리가 반드시 던져야 할 질문이 하나 있는데, 그것은 '우리가 어디서?'라는 질문이다. 그런데 같은 사건의 다른 성경인 누가복음 9장 16절에 너무도 소중한 정답이 제시되어 있다. 그게 뭘까?

"예수께서 떡 다섯 개와 물고기 두 마리를 가지사 하늘을 우러러 축사하시고 떼어 제자들에게 주어 무리에게 나누어 주게 하시니"

여기서 "하늘을 우러러"라는 문장에 주목해야 한다. "우리가 어디서?" "하늘을 우러러!"

빈 들에서 남자만 오천 명, 남녀노소 약 2만 명에 가까운 사람들을 돈도 없이 식당도 없이 먹이는 것이 불가능한 일임을 예수님이 모르셨을까? 아니다. 예수님은 빌립과 다른 제자들을 시험하신 것이다. 빌립은 계산적인 사람답게 계산에만 능했을 뿐 해결방안은 찾지 못했다. 오늘 우리도 난제를 만났을 때 문제에만 집중할 뿐 해결책을 보지 못할 때가 많다.

마침내 예수님께서 정답을 보여주셨다. 그것이 바로 "하늘을 우러러"다. 하나님을 의뢰하고 그분께 도움을 요청했다는 말이다. 제자들 또한 예수님처럼 하늘을 쳐다봤어야 한다. 불가능을 가능케 할 유일한 분이 하나님이 아니신가!

▶ 질문2

본문에서 우리가 반드시 던져야 할 두 번째 질문이 있다. 그것은 '안드레는 선한 역할을 하는 우리의 모범인가?'라는 질문이다.

예수님께서 "눈을 들어 큰 무리가 자기에게로 오는 것을 보시고 빌립에게 이르시되 우리가 어디서 떡을 사서 이 사람들을 먹이겠느냐 하시니"(5절)라고 물으시자, 빌립은 다음과 같이 대답한다.

"빌립이 대답하되 각 사람으로 조금씩 받게 할지라도 이백 데나리온의 떡이 부족하리이다"(요한복음 6:7)

본문에 나오는 빌립의 계산법이 우리가 본받아야 할 모범이 되지 못한다는 점에서는 이견이 없다. 하지만 안드레의 역할을 어떻게 봐야 하는지에 대해서는 두 갈래로 답이 갈린다. 안드레는 이렇게 답했다.

"여기 한 아이가 있어 보리떡 다섯 개와 물고기 두 마리를 가

원포인트의 드라마틱한 강해설교

지고 있나이다 그러나 그것이 이 많은 사람에게 얼마나 되겠사옵나이까"(요한복음 6:9)

안드레도 빌립과 마찬가지로 예수님을 온전히 신뢰하지 못했다는 점에서는 차이가 없지만, 그래도 아이가 갖고 있던 오병이어를 예수님께 가지고 나왔다는 점에서 조금은 긍정적으로 평가할 수 있다는 견해가 꽤 많다.

그렇게 해석한 설교자들이 다음과 같은 세 대지 설교를 하는 모습을 많이 보았다. 설교개요만 소개하면 다음과 같다.

〈세 종류의 신앙인〉
1) 빌립 – 계산적인 사람
2) 안드레 – 가능성을 찾는 사람
3) 아이 – 자신의 것을 양보하는 사람

세 종류의 신앙인 중에서 빌립과 같은 사람을 제외한 나머지 안드레나 아이 같은 사람이 되라는 식의 세 대지 설교가 주를 이루고 있다. 하지만 다른 성경을 참조해보면 이런 세 대지 설교가 틀린 해석에서 비롯된 것임을 파악할 수 있다. 동일한 사건이 기록된 다른 성경 마가복음 6장 38절에는 이런 말씀이 나온다.

"이르시되 너희에게 떡 몇 개나 있는지 가서 보라 하시니 알아보고 이르되 떡 다섯 개와 물고기 두 마리가 있더이다 하거늘"

안드레가 무리에게 가서 아이의 오병이어를 자발적으로 예수님께 가져온 것이 아니라는 사실을 놓치지 말라. 예수님께서 뭐 좀 있는지 찾아보라고 하셔서 갔는데, 가보니 한 아이가 오병이어를 가지고 있어서 예수님께 있는 그대로 보고드렸고, 주님이 그것을 가져오라고 하셔서 가지고 나온 것이다. 그런데 안드레가 그것을 가지고 나오면서 뭐라고 말했는지 보라.

"그러나 그것이 이 많은 사람에게 얼마나 되겠사옵나이까"(요한복음 6:9b)

안드레의 이 발언은 빌립의 발언과 별 차이 없는 불신 그대로였음에 유의하라.

▶ 질문3

우리가 던져야 할 세 번째 질문이 있다. '오병이어를 양보한 아이는 선한 역할을 하는 우리의 모범인가?'라는 것이다.

아이 역시 자신의 소중한 양식을 내놓는 것을 거절하지 않았다는 점에서 우리의 모범이 될 수 있겠으나, 자발적으로나 적극적으로 자기 것을 내놓는 모습은 보이지 않는다. 예수님이 가져오라고 명하시니 드린 것뿐이다.

따라서 세 사람 모두 본문의 주인공이 될 수 없음을 캐치할 수 있다. 본문의 유일한 주인공은 역시 사람들이 아니라 하나님 한 분이심을 설교자들은 잘 간파해야 한다.

⑤ 설교의 방향

앞에서 성경을 보는 두 개의 큰 관점이 있다는 것을 살펴보았다. 하나는 '하나님 중심적(Theocentric) 관점'이고, 다른 하나는

원포인트의 드라마틱한 강해설교

'인물 중심적(Anthropocentric) 관점'이다. 오늘 본문에서는 우리가 본받아야 할 모범이 될 만한 사람은 보이지 않는다. 물론 빌립과 안드레는 우리가 본받지 말아야 할 샘플이 되기는 한다.

이 본문으로 설교할 때 유의해야 할 점은 설교자들 대다수가 빌립과는 대조되어 보이는 안드레라는 인물을 주인공으로 내세워 설교한다는 점이다. 안드레와 어린아이 혹은 어린아이만을 주인공으로 설교하는 이들도 꽤 있다. 이 모든 게 본문을 꼼꼼히 관찰하지 못한 탓이기도 하지만, 세 대지 설교에 억지로 끼워 맞추려다 보니 생겨나는 불행한 결과이기도 함에 유의해야 한다.

본문에서 빌립과 안드레와 아이를 내세워서 세 사람 중 안드레와 아이를 우리의 모범으로 제시하는 세 대지 설교는 반드시 배제되어야 한다. 오히려 이 오병이어 기적의 사건은 자기 백성들 앞에 놓인 불가능의 환경을 가능케 하는 해결책이 하늘의 하나님에게서 온다는 사실을 우리에게 보여주며, 또한 그것을 잘 아시고 당신을 왕으로 세우려는 청중을 피해서 산으로 기도하러 가신 겸손하신 예수님의 모습을 주인공으로 강조한 본문이다.

이처럼 본문의 전후 문맥을 살핀 통전적 석의 작업이 충실히 이루어져야 '원포인트의 드라마틱한 강해설교' 작성이 멋지게 시작된다는 점을 놓치지 말라.

⑥ 본문의 핵심 메시지(Central or Main message)

핵심 메시지 파악을 위해 설교자는 본문에서 반드시 다음과 같은 질문을 던져보아야 한다.

"오늘 내가 설교하려는 핵심 메시지는 한마디로 무엇인가?"

"오늘 설교를 들은 청중이 가지고 갈 하나의 메시지는 무엇인가?"

▶ 핵심 메시지

불가능의 환경을 해소할 수 있는 유일한 해결책은 하나님 한 분뿐이다.

⑦ 설교의 목적

오늘 이 설교를 듣는 청중이 불가능의 상황을 만날 때마다 예수님처럼 하늘을 우러러 하나님을 찾아 해결하는 공동체의 주역들로 삼고자 한다.

⑧ '원포인트의 드라마틱한 강해설교'의 원고를 작성하기 위한 전략

예수님의 오병이어 기적 사건 역시 '원포인트의 드라마틱한 강해설교'로 작성하고자 한다. 이 설교문은 에릭 리델의 예화를 설교의 서론, 결론 부분으로 나누어 작성하는 형태를 띠게 될 것이다.

설교의 제목은 "우리가 어디서?"라는 질문형으로 시작해 설교의 결론 부분에서 그에 대한 정답을 제시하는 방식으로 할 것이다.

⑨ 설교의 개요(Outline)

〈우리가 어디서?〉

(요한복음 6:1~15)

1. 서론
   1) 에릭 리델의 이야기1
2. 본문
   1) 예수님의 질문
   2) 질문의 이유
   3) 빌립의 반응
   4) 안드레의 반응
3. 주님의 해결책
   1) 하나님께 시선을 돌림
      (1) 오례
         ① 베드로
      (2) 모범 예화
         ① 모세 다안(시편 121:2)
         ② 조지 뮬러
         ③ 스펄전
   2) 감사와 찬양
      (1) 3복음 – 율로게오(εὐλογηω, 찬양하다)
         ① 모범 예화 – 바울과 실라
      (2) 요한복음 – 유카리스테오(εὐχαριστέω, 감사하다)
         ① 모범 예화 – 여호사밧
         ② 나사로
   3) 하나님을 다시 찾음
      (1) 오례
         ① 삼손
      (2) 모범 예화
         ① 요셉
4. 결론
   1) 에릭 리델의 이야기2

⑩ 실제 설교문

* * *

〈우리가 어디서?〉

(요한복음 6:1~15)

1. 서론

1) 에릭 리델의 이야기1

〈불의 전차(Chariots of Fire)〉라는 영화를 보신 적 있습니까? 이 영화에는 에릭 리델(Eric Liddell)이라는 청년의 감동적 이야기가 나옵니다. 그는 100미터 세계신기록 보유자로서 제8회 파리 올림픽 금메달 획득이 가장 확실시되는 선수였습니다. 그 때문에 그를 향한 영국인들의 기대는 대단했습니다. 그런데 심각한 문제가 발생했습니다. 100미터 예선경기가 열리는 날이 다름 아니라 주일이었기 때문입니다. 여러분 같으면 어떻게 했을 것 같습니까? 나라를 대표하는 너무도 중요한 올림픽 경기라 하나님께는 죄송하지만 예선경기에 출전하지 않았겠습니까? 하지만 철저한 신앙인 에릭에겐 그것이 불가능과도 같은 상황이었습니다. 웬만한 신앙인들에겐 문제가 되지 않았을 일이지만, 독실한 크리스찬인 그에게는 불가능 그 자체였습니다.

이처럼 우리가 살다 보면 뜻하지 않게 어려운 일을 만날 때가 종종 있습니다. 불가능의 현실에 봉착할 때도 있고요. 우리가 불같이 찾아오는 이런 시험에 어떻게 대처할 것인가는 매우 중요한 사안이 될 것입니다.

원포인트의 드라마틱한 강해설교

2. 본문

1) 예수님의 질문

오늘 본문에도 이런 불가능의 난관에 봉착한 사람들의 이야기가 나옵니다. 예수님이 병을 고치고 말씀을 전하실 때는 그를 따르는 무리가 많았습니다. 이날도 벳세다라고 하는 광야에 2만 명 가까운 남녀 무리가 모였는데, 날이 저물면서 모두가 시장한 상황이었습니다. 바로 그때 예수님께서 한 제자에게 질문을 던지십니다. 다른 세 복음서의 기록에는 "너희가 먹을 것을 주라"(마태복음 14:16 / 마가복음 6:37 / 누가복음 9:13)고 기록되어 있는데, 오늘 본문인 요한복음을 보면 그와는 달리 예수님께서 빌립에게 질문을 던지시는 것을 볼 수 있습니다.

"우리가 어디서 떡을 사서 이 사람들을 먹이겠느냐"(요한복음 6:5)

예수님은 제자들 가운데 특히 빌립에게 질문하셨어요. 5절입니다.

"예수께서 눈을 들어 큰 무리가 자기에게로 오는 것을 보시고 빌립에게 이르시되 우리가 어디서 떡을 사서 이 사람들을 먹이겠느냐 하시니"

왜 하필이면 제자 빌립에게 시험을 풀어보라고 하셨을까요? 그들이 있는 장소가 벳세다였고, 그곳은 바로 빌립의 고향이었기 때문입니다. 다른 제자들은 몰라도 빌립은 자기 동네에 가게가 몇 개나 되며, 어디에 있는지를 누구보다 잘 알았을 것입니다.

2) 질문의 이유

그렇다면 주님이 빌립에게 질문하신 이유는 무엇일까요? 6절
입니다.

"이렇게 말씀하심은 (…) 빌립을 시험하고자 하심이라"

빌립을 시험할 목적으로 물으셨다고 합니다. 그럼 오늘 본문
에서 빌립은 이 시험을 어떻게 풀었을까요?

3) 빌립의 반응

7절입니다.

"빌립이 대답하되 각 사람으로 조금씩 받게 할지라도 이백 데
나리온의 떡이 부족하리이다"

일꾼의 월급 8개월치로도 2만에 가까운 군중을 먹이기 힘들
것이라는 계산이 금방 나왔습니다. 빌립은 아주 머리가 명석하
고 계산에 밝은 사람이었어요. 물론 돈이 있더라도 음식을 사 먹
을 수 있는 식당조차 없었으니 가능성이 완전 제로인 상황이었
지요.

그런데 빌립은 주님이 주신 시험의 본질을 파악하지 못했습
니다. 그는 그 시험을 인간적으로 해결해보려 했습니다. 결과는
실패입니다. 불가능이에요. 당연하지 않습니까?

오늘 주님이 불가능한 시험을 주신 이유가 뭘까요? 우리가 먼
저 알아야 할 것은, 이 시험은 스스로의 힘으로 풀라고 주신 시
험이 아니라는 것입니다. 문제에 집중하라고 시험하신 게 아니
지 않습니까? 주님이 불가능의 시험을 주신 이유는 빌립이 어떻

게 반응하는지를 보고자 하심입니다.

▶ 적용

살다 보면 우리도 불가능한 시험에 빠질 때가 있지요. 인간으로서는 도저히 풀 수 없는 난제입니다. 가정 문제, 부부 문제, 자식 문제, 경제적 문제, 영적 문제 등 실타래처럼 얽히고설킨 풀 수 없는 불가능의 난제들이 거듭거듭 우리 앞에 다가오지 않습니까? 이런 시험이 올 때마다 불가능의 상황에 집중하거나 그것을 내 힘으로 풀려고 할 때가 많습니다. 주님은 그렇게 해서는 안 된다는 사실을 제자들에게 가르쳐주시려 하신 겁니다.

4) 안드레의 반응

학자들이나 설교자들은 여기서 한 가지 다른 대안을 찾아 소개하기를 좋아합니다. 안드레에게서 말입니다. 그들은 믿음이 없다는 점에서는 빌립과 차이가 없으나 안드레에게서는 한 가지 배울 점이 있다고 말합니다. 턱없이 부족하지만 작고 적은 오병이어를 주님 앞에 가지고 나아갔다고 말이에요. 비록 빌립처럼 그도 "그러나 이 작은 것이 이 많은 사람에게 얼마나 되겠사옵나이까?"(요한복음 6:9b)라고 말했지만, 그래도 그 보잘것없는 오병이어라 할지라도 주님 손에 잡히면 혹시라도 기적을 행하실 수 있을지 모르겠다는 작은 희망을 품고 주님께 나아가 드렸다는 것입니다. 그래서 이 점은 안드레에게 우리가 배워야 한다고 설교하지요.

하지만 성경을 정확하게 봐야 합니다. 4복음서 전체를 살펴보면 안드레의 장점을 찾아보기가 힘듭니다. 주님께서 "너희에게 떡이 몇 개나 있는지 가서 보라"(마가복음 6:38)라고 하셨어요. 그때 안드레가 "여기 한 아이가 있어 보리떡 다섯 개와 물고기 두 마리를 가지고 있나이다"(요한복음 6:9a)라고 말합니다. 그러자 예수님께서 "그것을 내게 가져오라"(마태복음 14:18)고 명하시지요. 우리가 보통 알고 있는 것과는 달리 안드레가 주님께 자발적으로 가져온 것이 아님을 알 수 있습니다. 오히려 안드레는 오병이어를 주님께 가지고 나오면서 "그러나 그것이 이 많은 사람에게 얼마나 되겠사옵나이까"(요한복음 6:9b)라며 믿음 없는 발언을 했음을 볼 수 있지요.

안드레가 한 일은 그저 한 아이에게 보리떡 다섯 개와 물고기 두 마리가 있음을 알린 것뿐이에요. 그래서 본문에서 안드레는 빌립과 마찬가지로 우리의 모범이 될 수 없음을 알아야 합니다.

여기서 또 어떤 설교자들은 한 아이에게 초점을 맞추어 자신의 음식을 수많은 사람을 위해 내놓은 훌륭한 모범자로 우리 앞에 제시하기도 합니다. 하지만 이 또한 본문 내용과는 다름을 알아야 해요. 물론 이 아이가 자기 음식을 주님께로 가져가는 것을 완강히 거부하지 않은 것은 사실이지만, 자진해서 적극적으로 주님께 양보한 것도 아님을 알 필요가 있습니다. 주님이 요구하시니 그저 반대하지 않고 내어준 것뿐이에요.

원포인트의 드라마틱한 강해설교

결론적으로 본문에 나오는 빌립이나 안드레나 한 아이에게서 우리가 배울 점은 전혀 없다는 사실입니다. 빌립도 안드레도 주님이 내신 시험에 합격하지 못하고 실패했다는 것이 결론이에요.

▶ 적용

오늘 여러분 같으면 똑같은 문제를 어떻게 풀었을 것 같습니까? 아마도 빌립과 안드레의 답변이 우리가 내놓을 최선의 답변 아닐까요? 인정하시나요? 돈이 없지요, 설사 돈이 있다 해도 그 많은 사람을 먹일 수 있는 음식이 준비된 식당조차 없어요. 그런 상황에서 주님이 2만 명에 가까운 군중을 먹이라고 하신다면 여러분에게는 다른 대안이 있을까요? 당연히 없지요.

그런 상황에서는 누구도 해결책을 마련할 수 없을 것입니다. 오늘 예수님이 제자들에게 내신 문제는 그 자체가 인간의 힘으로는 불가능한 시험이었어요. 그 본질을 알아야 합니다. 그래야 해결책을 찾을 수 있어요.

3. 주님의 해결책

그렇다면 주님은 이 시험을 어떻게 해결하셨을까요? 이것이 본문에서 우리가 집중하고 주목해야 할 가장 중요한 이슈입니다.

예수님께서 빌립에게 처음 이르신 말씀을 기억하십니까?

"우리가 어디서 떡을 사서 이 사람들을 먹이겠느냐"(요한복음 6:5b)

사실 주님이 내신 시험문제 속에 정답의 힌트가 숨어 있음을 그들은 처음부터 눈치챘어야 하는데 그러지 못했어요. 여기서 "우리가 어디서(Where)?"라는 말에 주목해야 합니다. 한번 따라 하겠습니다. "우리가 어디서?"

그렇습니다. 빌립을 비롯한 제자들은 주님이 말씀하신 '어디서'라는 말에 주목하지 못했어요. 바로 거기에 힌트가 있고 정답이 있음에도 제자들은 누구 하나 그 말씀을 귀담아듣지 못했단 말이에요.

빌립도 실패하고 안드레도 실패했지만, 예수님은 힌트를 주셨던 대로 정답과 해결책을 찾으셨어요. 그리고 바로 행동에 들어가십니다. 그게 뭘까요?

1) 하나님께 시선을 돌림

마태복음 14장 19b절 "하늘을 우러러 축사하시고"에 그 답이 있습니다. '하늘을 우러러(Looking up to Heaven)'라고 했습니다. 그렇습니다. 하나님 그분이 유일한 해결책이셨어요. 제자들은 음식비를 셈했습니다. 하지만 거기는 돈도 없고 식당도 없는 곳이었어요. 절망 불가능의 상황이었다는 말이지요.

그런데 예수님은 문제에 집중하지 않았습니다. 불가능의 현장을 보지 않았어요. 해결 불가인 수많은 사람도 의식하지 않았지요. 식당이나 가게 하나 없이 푸른 잔디만 널려 있는 황량한 빈 들판을 보지 않았어요. 문제와 불가능의 현장에서 시선을 돌려 하늘에 계신 전능하신 하나님을 바라보았습니다. 그렇습니다.

원포인트의 드라마틱한 강해설교

하나님이 우리가 가진 모든 문제의 유일한 해결사 되심을 기억하시길 바랍니다.

(1) 오례

① 베드로

마태복음 14장 25~32절을 보면 "베드로가 바다 위로 걸어오신 주님을 향해 만일 주시거든 자기를 명하여 물 위로 오라 하소서"라고 요청하는 내용이 나옵니다. 주께서 '오라' 하시니 베드로가 배에서 내려 물 위를 걸어가는 인류 최초의 사람이 됩니다. 하지만 예수께로 가는 도중에 그만 바다에 빠져버립니다. 왜 그랬을까요? 바람을 보고 두려움에 빠졌기 때문입니다. 주님께로 고정된 시선이 바람이라고 하는 장애물로 옮겨지니 즉각 바다에 빠진 겁니다.

두려움, 의심, 염려는 주님을 향한 우리의 믿음을 깨뜨리고 맙니다. 오직 하나님과 주님 한 분에게만 우리의 시선이 고정되어야 함을 보여주는 사건이에요.

(2) 모범 예화

① 모세 다얀(시편 121:2)

6일 전쟁 당시 이스라엘군을 이끌던 모세 다얀 장군은 세계가 깜짝 놀랄 만한 선언을 했습니다. 다얀 장군은 이스라엘보다 인구가 100배나 많은 아랍 연합군과 맞서 싸우는 전쟁에서 승리를 위한 새로운 무기가 있다고 선언했거든요. 전 세계 사람들은 놀라며 틀림없이 아무도 몰래 숨겨둔 원자폭탄이나 수소폭탄을 능가하는 신무기가 있을 것으로 추측했습니다.

마침내 다얀 장군이 신무기를 소개합니다. "우리에게 승리를 안겨줄 신무기는 원자폭탄이나 수소폭탄이 아닙니다. 바로 시편 121편 말씀입니다"라고요.

"내가 산을 향하여 눈을 들리라 나의 도움이 어디서 올까 <u>나의 도움은 천지를 지으신 여호와에게서로다</u>"(시편 121:1~2)

바로 오늘 본문의 핵심 메시지와도 같은 말씀입니다.

여러분도 여호와 하나님 그분이 여러분의 영원한 도움이 되시고, 불가능의 환경을 가능으로 바꾸어놓을 유일한 도움이 되심을 믿으시길 바랍니다.

② 조지 뮬러

기도 응답을 가장 많이 받은 독일 출신 청년 조지 뮬러의 얘기를 소개합니다. 그는 어느 토요일 저녁, 한 가정의 기도 모임에서 무릎을 꿇고 경건히 기도하던 한 그리스도인의 모습에 충격을 받고 일생을 성경과 기도로만 살기로 결심합니다.

그는 일생에 성경을 200번 통독하고 매일 한 시간 이상 기도의 삶을 산 대단한 신앙의 선진이었어요. 그는 사람을 의지하기보다는 하나님만을 의지하고 믿음의 원리를 따라 물질을 공급받는 은혜를 체험하기 시작해 평생 십수만 번이나 기도 응답을 받는 기적의 사람이 됩니다. 5만 번으로 잘못 알려져 있는데, 제가 뮬러의 고아원에서 발견한 그의 설교 원고 내용을 참조해 계속

원포인트의 드라마틱한 강해설교

수정해 나가고 있습니다. 5만 번이 아니라 '십수만 번' 기도 응답을 받은 분으로요.

일평생 그 어떤 사람에게 단 한 번도 도움을 요청하지 않고 날마다 기도와 말씀을 통해 하나님만을 전적으로 의존하며 고아원을 운영해왔는데, 죽을 때까지 그가 공급받은 돈이 얼마인지 아십니까? 무려 30억 원 이상이라고 합니다. 지금 가치로 생각하면 30조에 해당하는 어마어마한 액수예요. 대단하지 않습니까? 사람과 타협하지 않고 오직 하나님 한 분만 의지하고 도움을 받으려는 절대신앙의 모범이 아닐 수 없습니다.

③ 스펄전

조지 뮬러가 고아원을 경영하던 그 시대에, 불과 20대 초반의 나이로 2만 명이나 되는 성도들에게 설교하던 스펄전이라는 분이 있었습니다. 이분은 설교의 황태자요, 다른 한 분은 고아들의 아버지입니다. 그 당시 영국은 자본독점주의가 팽배해 노동자들이 하루 14시간씩 일해도 아이들의 밥을 먹일 수 없을 정도였어요. 부유한 사람은 한없이 부유하고 가난한 사람은 한없이 가난하던 시절이었지요. 그러니 도시에 고아들이 얼마나 많았겠습니까? 그래서 조지 뮬러만 고아들을 데리고 있었던 것이 아니라 스펄전도 고아들을 데리고 있었답니다.

어느 날, 스펄전이 여러 차례에 걸쳐 특별한 설교를 해서 자신이 세운 스톡웰 고아원 사역을 위한 헌금을 모았습니다. 무려 300파운드라는 큰 액수가 모였어요. 당시로서는 집 한 채 값에 해당하는 엄청난 금액이었습니다. 스펄전이 기뻐하며 하나님께 감사했는데, 바로 그날 밤 기도 중에 하나님께서 이렇게 말씀하셨어요.

"이 돈은 너를 위한 것이 아니라 조지 뮬러를 위한 것이다. 그에게 이 돈을 갖다주어라."

스펄전은 매우 당황해서 "주님, 저도 고아원을 운영하고 있고, 지금 매우 절박한 상황인데요?"라고 조용히 항변했지만, 하나님의 음성은 분명히 반복되었습니다. 그래서 불쾌한 마음으로 300파운드를 들고 조지 뮬러가 경영하는 고아원으로 갔습니다. 가보니 뮬러가 보이지 않아서 어디 갔나 했더니 기도실에서 기도 소리가 들려요. 그래서 문을 열고 들어서는데, 스펄전의 귀에 이런 기도 소리가 들려와요.

"하나님, 300파운드가 절실해요. 300파운드를 주세요."

그 소리를 들은 스펄전이 화가 나서 탁자 위에 300파운드를 던지며 이렇게 소리쳤어요.

"300파운드 여기 있소!"

그러고는 자리를 떠나 돌아서 나오며 스펄전은 이렇게 자신을 돌아봤어요.

"그날이 내 인생에서 최고의 충격을 받은 날이다. 나는 나 나름대로 최대의 수고를 아끼지 않고 돈을 모았건만, 하나님께 나아가 그 돈을 달라고 기도할 생각은 하지 않았잖은가? 뮬러는 인간적인 수고 대신 하나님을 찾은 거야. 그래서 내 돈을 뮬러한테 다 뺏겨도 할 말이 없지 않겠어?"

자신은 땀 흘리며 수고해서 받은 돈인데, 교회에서 조용히 기도만 하고 있던 뮬러한테 그 돈을 몽땅 털리지 않았습니까? 뛰는 놈 위에 나는 놈이 있는 거지요. 여러분 같으면 자존심 상하지 않겠습니까? 그날의 경험이 스펄전에게 얼마나 뼈아프게 사무쳤는지 그는 이렇게 결심했답니다.

'내가 다시는 인간적인 방법을 쓰나 봐라. 나도 뮬러처럼 하나님께 기도만 할 거야.'

그날 이후로 스펄전은 10분 이상 하나님의 임재를 놓쳐본 적이 없다고 합니다.

▶ 적용

그래요. 아직도 인간의 수단과 방법을 강구하는 분이 계십니까? 하나님 그분을 찾으십시오. 그분께 나아가 그분의 도움을 요청하세요. 그럴 때 기적이 일어날 줄 믿습니다. 기도 제목이 응답될 줄 믿습니다. 지금도 살아 역사하시는 놀라운 하나님의 기적을 여러분도 뮬러처럼 경험하시길 축원합니다.

2) 감사와 찬양

이제 예수께서 하나님께 시선을 돌리고 나서 오병이어의 기적을 일으키시기 위해 구체적으로 무엇을 하셨는지를 봅시다. 4복음서 모두에 "축사하셨다"는 우리말이 기록되어 있습니다. 하지만 여기서 축사의 원어가 두 가지로 나뉜다는 사실에 유의해야 합니다. '율로게오'와 '유카리스테오'로 사용되고 있어요. '율로게오'는 '찬양하다'란 뜻이고, '유카리스테오'는 '감사하다'라는 뜻이에요. 먼저 '율로게오'부터 살펴볼까요?

(1) 3복음 – 율로게오(εὐλογηω, 찬양하다)

마태복음, 마가복음, 누가복음의 원문에는 우리말 '축사하다'라는 말이 '율로게오'라고 되어 있습니다. '찬양하다'라는 뜻이라고 했지요?

① 모범 예화 – 바울과 실라

"그가 이러한 명령을 받아 그들을 깊은 옥에 가두고 그 발을 차꼬에 든든히 채웠더니 한밤중에 바울과 실라가 기도하고 하나님을 찬송하매 죄수들이 듣더라 이에 갑자기 큰 지진이 나서 옥터가 움직이고 문이 곧 다 열리며 모든 사람의 매인 것이 다 벗어진지라"(사도행전 16:24~26)

사도행전 16장을 보면 바울과 실라가 감옥에 갇혀 차꼬에 채워진 상태에 있습니다. 그런데 그들은 차꼬에 채워진 자신들의 불행한 문제를 보지 않고 살아 계신 하나님을 찬송했습니다. 그랬더니 옥문이 열리고 자유의 몸이 되는 기적이 일어났어요.

찬송이 가져다준 기적 아닙니까? 기적을 경험한 후에 찬양했나요? 아니지요. 기적을 맛보기 전에 찬양한 거지요.

▶ 적용

오늘 우리는 어떤가요? 기적을 경험한 후에도 찬양을 잘 못하지 않습니까? 그런데 바울과 실라는 발에 차꼬를 찬 상태에서 하나님을 찬양했어요. 그랬더니 옥문이 열리는 기적을 경험하게 되었습니다. 오늘 여러분에게도 찬양을 통해 이런 놀라운 역사가 일어나길 축원합니다.

기적을 경험한 뒤의 찬양은 불신자도 할 수 있어요. 여러분이 참 하나님의 백성이라면 기적을 맛보기 전에 찬양하세요. 암담하고 절망적인 상황 가운데서도 미리 찬송하시길 바랍니다. 그럴 때 상상할 수 없는 기적을 맛보는 주인공들이 다 되실 줄로 믿습니다. 이게 바로 '선불(先拂) 찬송'이에요.

(2) 요한복음 - 유카리스테오(εὐχαρίστέω, 감사하다)

그런가 하면 요한복음 원문에는 '축사하다'라는 우리말이 '유카리스테오'로 되어 있어요. '감사하다'라는 뜻이에요.

① 모범 예화 - 여호사밧

"여호사밧이 몸을 굽혀 얼굴을 땅에 대니 온 유다와 예루살렘 주민들도 여호와 앞에 엎드려 여호와께 경배하고 그핫 자손과 고라 자손에게 속한 레위 사람들은 서서 심히 큰 소리로 이스라엘 하나님 여호와를 찬송하니라 이에 백성들이 아침에 일찍이 일어나서 드고아 들로 나가니라 나갈 때에 여호사밧이 서서 이르되 유다와 예루살렘 주민들아 내 말을 들을지어다 너희는 너희 하나님 여호와를 신뢰하라 그리하면 견고히 서리라 그의 선지자들을 신뢰하라 그리하면 형통하리라 하고 백성과 더불어 의 논하고 노래하는 자들을 택하여 거룩한 예복을 입히고 군대 앞에서 행진하며 <u>여호와를 찬송하여 이르기를 여호와께 감사하세</u> 그의 인자하심이 영원하도다 하게 하였더니 그 노래와 찬송이 시작될 때에 여호와께서 복병을 두어 유다를 치러 온 암몬 자손과 모압과 세일 산 주민들을 치게 하시므로 그들이 패하였으니 곧 암몬과 모압 자손이 일어나 세일 산 주민들을 쳐서 진멸하고 세일 주민들을 멸한 후에는 그들이 서로 쳐죽였더라"(역대하 20:18~23)

역대하 20장을 보면 여호사밧이 아람왕이 이스라엘을 공격한다는 소식을 전해 듣습니다. 그때 여호사밧이 여호와께로 낯을 향하여 간구하고 온 유다 백성에게 금식을 선포했어요. 그때 유다의 모든 백성이 성읍에 모여서 왕과 함께 여호와께 금식하며 기도했습니다. 그리고 다음 구절의 기적을 확인할 수 있어요.

왕이 성가대를 조직하게 해서 여호와 하나님께 찬송하게 하는 모습이 나옵니다. 찬송의 내용이 뭘까요? '감사'입니다. 감사했더니 여호와께서 두신 복병이 적의 연합군을 치고 또 서로 쳐죽이게 하심으로써 이스라엘이 승리하게 하셨습니다. 그렇습니다. 감사는 이렇게 위력이 있습니다.

승리하고 나서는 누구나 감사할 수 있습니다. 위기 상황에서 미리 감사의 폭죽을 터뜨려야 해요. 절망의 상황에서 '선불(先拂) 감사'를 해야 합니다. 일이 잘 풀릴 때가 아니라 앞이 캄캄한 상황에서 감사가 터져 나와야 하나님의 기적을 경험할 수 있음을 믿으시길 바랍니다.

② 나사로

나사로가 죽어서 3일이 지난 뒤 예수님께서 그의 무덤에서 무슨 일을 행하셨나요?

"예수께서 이르시되 내 말이 네가 믿으면 하나님의 영광을 보리라 하지 아니하였느냐 하시니 돌을 옮겨 놓으니 예수께서 눈을 들어 우러러 보시고 이르시되 아버지여 <u>내 말을 들으신 것을 감사하나이다</u> 항상 내 말을 들으시는 줄을 내가 알았나이다 그러나 이 말씀 하옵는 것은 둘러선 무리를 위함이니 곧 아버지께서 나를 보내신 것을 그들로 믿게 하려 함이니이다 이 말씀을 하시고 큰 소리로 나사로야 나오라 부르시니 죽은 자가 수족을 베로 동인 채로 나오는데 그 얼굴은 수건에 싸였더라 예수께서 이르시되 풀어 놓아 다니게 하라 하시니라"(요한복음 11:40~44)

여기서도 감사가 선행됨을 봅니다. 그럴 때 죽은 나사로가 살아나는 기적이 일어났어요. 선행 감사가 하나님의 보좌를 움직인다는 것을 믿으십니까?

▶ 적용

예수께서 하늘을 우러러 찬양하고 감사드렸을 때 오병이어로 2만 명에 가까운 백성을 먹이고도 열두 광주리가 남는 기적을 보이셨어요. 기적 이전에 찬양이 선행되어야 합니다. 선물 이전에 감사를 미리 드려야 하고요. 승리 이전에 찬양과 감사가 하나님께 올려져야 함을 믿으시길 바랍니다.

오늘 여러분 중에 절망의 늪에 빠진 분이 계십니까? 불안의 고통 속에 괴로워하는 분이 계십니까? 실패의 어둠이 진하게 드리워진 분이 계십니까? 그 뒤에 하나님이 감추어두신 소망과 평안과 승리를 보시길 바랍니다. 절망과 소망, 불안과 평안, 실패와 승리는 한 끗 차이임을 기억하십시오. 지속적인 선불의 찬양과 감사로 반전의 기적을 경험하는 주인공들이 다 되시기를 축원합니다.

3) 하나님을 다시 찾음

예수께서 하나님을 주목해 그분께 찬양하고 감사드리자 어떤 기적이 일어났나요? 11~13절을 보면 오병이어로 2만 명에 가까운 군중을 배불리 먹이신 뒤 열두 광주리가 남는 기적을 행하셨습니다. 이 얼마나 놀라운 사건입니까? 요즘처럼 택배로 배달시킬 일도 없고, 또 그럴 수도 없는 광야 잔디밭에서 수많은 사람이 떡과 물고기를 배불리 먹는 기적이 일어났다고 상상해보십시오. 모두가 눈물을 글썽이며, 환호하고, 기뻐하고, 박수하며 난리가 났을 것입니다.

그런데 그 기적을 맛본 뒤 백성이 보인 반응은 어땠을까요? 14절입니다.

"그 사람들이 예수께서 행하신 이 표적을 보고 말하되 이는 참으로 세상에 오실 그 선지자라 하더라"

신명기 18장 14절을 보면 "이는 참으로 세상에 오실 그 선지자라"는 말씀이 있습니다. 그 배경은 광야인데, 이는 모세가 앞으로 올 메시아에 대해 증언하던 곳으로 오늘의 현장이 바로 그 배

원포인트의 드라마틱한 강해설교

경인 벳세다 광야임을 잘 보여주고 있어요. 하나님께서 광야에서 만나로 이스라엘 백성들을 먹이셨던 것처럼, 모세가 예언했던 광야 그 들판에서 메시아이신 예수님께서 떡과 고기로 이스라엘 백성을 먹이고 있는 바로 그 장면임을 내다보셔야 합니다.

그런데 오병이어의 기적을 경험한 백성은 예수님을 바로 그 선지자로 받아들이고 있는데, 성경이 예언한 영적 메시아가 아니라 정치적 메시아로 오해하고 있음을 알아야 합니다. 2절을 참조해보면 큰 무리가 예수를 따른 목적이 "병자들에게 행하시는 표적" 때문이었음을 알 수 있습니다. 예수님을 통해 먹을 것을 얻고, 병 고침을 받고, 로마의 지배에서 해방되기를 바라는 의도였다는 말이지요.

그런 그들이 예수께 와서 뭘 하고 있는지 보세요. 14~15절입니다.

"그 사람들이 예수께서 행하신 이 표적을 보고 말하되 이는 참으로 세상에 오실 그 선지자라 하더라 그러므로 예수께서 그들이 와서 자기를 억지로 붙들어 임금으로 삼으려는 줄 아시고"

그들은 예수님을 강제로 붙잡아 이스라엘의 임금으로 삼으려는 시도를 했습니다. 여기서 "억지로 붙들어"라는 말은 '엄청난 기세로 예수님을 강압해서'라는 뜻입니다. 예수님을 통해 자신들의 욕구와 한을 풀고자 했던 것이지요.

이러한 반응에 제자들은 기뻤을 거예요. 그들의 바람이 뭐였나요? 예수님이 왕이 되시면 좌정승 우정승 누가 하느냐로 다툰 사람들이었어요. 예수님이 인기를 얻으시면 자기들도 덩달아 뜰

테니까요. 그들은 무리가 예수님을 에워싸고 "왕으로 등극하소서!"라고 외쳤을 때 의기양양한 자세로 기뻐하며 미소를 띤 채 그 모습을 쳐다보았을 겁니다.

오늘 우리는 어떻습니까? 이런 승리의 자리, 성공의 자리, 형통의 자리를 바라지 않습니까? 우리 가운데 성공과 대중의 찬사와 인기를 싫어할 사람이 몇이나 될까요? 하지만 예수님의 반응은 달랐어요. 15절입니다.

"그러므로 예수께서 그들이 와서 자기를 억지로 붙들어 임금으로 삼으려는 줄 아시고 다시 혼자 산으로 떠나가시니라"

그리고 마태복음 14장 23절은 이렇게 말씀합니다.

"무리를 보내신 후에 기도하러 따로 산에 올라가시니라 저물매 거기 혼자 계시더니"

마가복음 6장 46절도 이렇게 말합니다.

"무리를 작별하신 후에 기도하러 산으로 가시니라"

예수님께서는 하나님을 찾아 기도하러 혼자 산으로 올라가셨다는 말입니다. 예수님이 오병이어의 기적 사건을 혼자 기도하러 산으로 올라가 다시 하나님을 찾는 것으로 마무리하고 있음에 주목해야 해요.

'박수 칠 때 떠나라!'는 말이 있어요. 예수님은 정말 대중의 찬사와 환호가 절정에 달할 때 무리를 보내시고 하나님을 만나러 홀로 산으로 떠나셨습니다.

사람은 누구나 다 타인으로부터 인정받고 칭찬받고 높임받기를 원합니다. 그래서 기적을 주신 주체보다 기적 자체에 더 관심을 가질 때가 많아요. 선물을 주신 하나님보다 선물 자체에 머물러 즐기려 할 때가 많다는 것이지요. 그러다가 망한 사람이 적지 않습니다.

(1)오례
① 삼손
성령의 역사를 경험한 뒤 자신의 위대함을 드러내다 망한 사람이 있습니다. 삼손이 대표적인 인물입니다.

"삼손이 레히에 이르매 블레셋 사람들이 그에게로 마주 나가며 소리 지를 때 여호와의 영이 삼손에게 갑자기 임하시매 그의 팔 위의 밧줄이 불탄 삼과 같이 그의 결박되었던 손에서 떨어진지라 삼손이 나귀의 새 턱뼈를 보고 손을 내밀어 집어 들고 그것으로 천 명을 죽이고 이르되 나귀의 턱뼈로 한 더미, 두 더미를 쌓았음이여 <u>나귀의 턱뼈로 내가 천 명을 죽였도다 하니라</u>"(사사기 15:14~16)

성령의 능력으로 나귀 턱뼈를 이용해 천 명을 죽였음에도 "'내가' 천 명을 죽였도다"라고 자화자찬하는 모습을 보세요. 성령을 드러내지 않고 자기 능력을 자랑하다가 마침내 이방 민족에게 잡혀 조롱받는 신세가 되지 않습니까?

(2)모범 예화
① 요셉
그런가 하면 자신이 아니라 하나님을 드러냄으로써 아주 요긴하게 쓰임 받은 사람이 있습니다. 바로 요셉입니다. 그는 바로 왕의 꿈을 해몽해주고 애굽의 총리가 되었어요. 그런데 그는 스스로 잘나고 지혜롭다고 뻐긴 적이 한 번도 없어요.

창세기 41장 16절을 보면 "내가 아니라 하나님께서…"라고 말합니다. 25절, 28절, 32절 그리고 51절과 52절에 걸쳐서 "하나님이…"라고 하면서 자신이 아니라 하나님만을 드러내고 있음을 봅니다. 그랬을 때 어떤 일이 일어났는지 아십니까? 39~40a절을 보면 바로 왕이 이렇게 말하는 모습을 볼 수 있습니다.

"요셉에게 이르되 하나님이 이 모든 것을 네게 보이셨으니 (…) 너는 내 집을 다스리라"

하나님의 백성이 하나님만 높여드렸을 때 이방 왕조차 하나님이 모든 것을 하셨다고 고백하는 모습을 성경은 우리에게 보여줍니다.

▶ 적용

오늘 여러분은 하나님만을 드러내고 사시나요? 그분이 우리 승리와 형통과 기적의 원천 되심을 매 순간 인정하고 사세요? Do they see God in you? 믿지 않는 불신자들이 여러분의 말과 행동에서 하나님이 여러분 속에 살아 계심을 보게 하고 있으신가요? Do they see Jesus in you? 그들이 여러분 속에서 예수님을 보고 있습니까?

4. 결론

1) 에릭 리델의 이야기2

서론에서 소개한 에릭 리델의 이야기로 다시 돌아갑니다. 리델은 불가능의 시험에 어떻게 반응했을까요? 그는 금메달도 마다하고 경기를 포기하고 말았어요. 확실한 올림픽 금메달 후보에게 영국 사람들이 받은 충격과 실망은 말할 수 없이 컸습니다. 급기야는 황태자까지 날아와서 권고했지만, 리델의 결심을 바꿔놓을 수는 없었어요. 마침내 그는 금메달이 확실시되던 100미터 경기를 주일성수라는 이유로 포기하고 말았습니다. 그를 향했던 국민의 기대는 거센 비난으로 바뀌었어요.

"꼭 그래야만 했나? 그렇게 해야만 하나님을 잘 섬기는 건 아니지. 바보 같은 예수쟁이 하나 때문에 확실한 금메달 하나를 놓쳤어! 사이비 신앙인 같으니라고!"

온갖 욕설이 난무했지요.

그런데 그는 우연찮게 주종목도 아닌 400미터 경기에 다른 선수를 대신해서 출전하게 돼요. 거기서 그는 놀랍게도 세계신기록으로 금메달을 목에 겁니다. 전 세계가 놀라서 그의 기사를 앞다투어 소개했어요. 금메달을 목에 건 그는 기자의 질문에 이렇게 대답했습니다.

"처음 100미터는 제 힘껏 달렸습니다. 그러나 나머지 300미터는 하나님의 도우심으로 더 빨리 달릴 수 있었습니다. 하나님께 모든 영광을 돌립니다."

실제 경기 비디오를 보면 그 말이 사실이라는 것을 알 수 있습니다.

그는 일약 세계 스타와 영웅의 반열에 올랐어요. 하나님을 향한 철저한 신앙으로 불가능한 시험을 멋지게 패스했을 때 하나님은 그를 역사에 길이 남는 인물로 세계 앞에 높이 세워주셨지요. 이제 그에게 남은 건 부와 명예와 찬사뿐이었습니다.

그런데 그의 이야기는 그것으로 끝나지 않습니다. 파리 올림픽이 지난 이듬해인 1925년, 리델은 모든 영광을 뒤로한 채 하나님이 자신에게 주신 더 큰 사명을 위해 많은 사람의 만류를 뿌리친채 선교사가 되어 조용히 중국으로 갑니다. 그때 중국은 아편전쟁과 심한 기아와 홍수에 시달리고 있었어요. 그러나 형편이 아무리 나빠도 리델의 결심은 흔들리지 않았습니다. 1941년, 제2차 세계대전을 일으킨 일본이 중국에 있는 모든 외국인을 웨이신 수용소로 이송시켰어요. 그곳의 환경은 최악이었습니다. 특히 화장실은 사람들이 가장 꺼리는 곳이었어요. 하지만 리델은 그곳 청소까지 도맡아 하면서 주위 사람들을 그리스도의 사랑으로 돌봤습니다. 그러다가 1945년, 뇌종양으로 세상을 떠나게 됩니다.

많은 사람이 리델에게 찬사를 아끼지 않았습니다. 그와 함께 수용소 생활을 하다가 훗날 자유의 몸이 되어 대학교수가 된 '랭던 컬키'라는 사람이 이런 글을 남겼어요.

"사람이 태어나 일생 동안 성자를 한 번 만나는 것은 매우 힘든 일이다. 하지만 다행히 나는 그런 행운을 가졌다. 내가 가까이서 경험한 그 성자의 이름은 에릭 리델이다."

원포인트의 드라마틱한 강해설교

하나님과 그분이 보내신 메시아 예수 그리스도를 믿은 참 그리스도인 에릭 리델. 그는 그 누구도 따라올 수 없는 세계 제일의 특출한 재능이 있었고, 게다가 독실한 신앙까지 겸비한 사람이었어요. 그는 인간적 욕심을 내려놓은 채 하나님 한 분만 온전히 섬기려고 했고요. 그랬을 때 하나님은 그를 세계 모든 사람 위에 우뚝 세워주셨습니다.

그 결과 그는 수많은 팬의 환호와 열광 속에 남은 인생을 행복하게 잘 살 수 있었습니다. 그러나 이후 그는 본문의 주님처럼 자신의 부귀와 명예와 인기를 떨쳐내고는 고국을 떠나 중국 선교사로 갑니다. 거기서 자기 이름이 아니라 하나님의 영광을 위해 살다가 갔어요. 이게 바로 주님이 우리에게 보여주신 참 그리스도인의 모습인 줄로 믿습니다.

말씀을 맺습니다. 사랑하는 성도 여러분, 오늘 여러분에게는 시험이 없습니까? 있다면 그 시험은 어떤 시험인가요? 그 시험의 본질이 뭔지 파악하고 계신가요?

시험보다는 하나님 그분에게 여러분의 시선을 고정하시기를 바랍니다. 그래서 형통과 승리와 기적을 경험하셨다면 그 선물 자체보다는 선물을 주신 하나님을 더 기뻐하시길 바랍니다.

우리 하나님은 지금도 시험이나 문제가 아니라 하나님께 시선을 돌리는 믿음의 사람을 찾고 계십니다. 한번 따라 하십시다.

"우리가 어디서?"

정답은요?

"하늘을 우러러."

맞습니다. 오늘 설교의 제목과 정답입니다. 우리 하나님은 지금도 절망적인 상황에서 하나님 한 분께만 시선을 돌리고 그분이 주신 영광과 기적과 승리 가운데서도 오직 하나님 한 분께만 영광 돌리며 선불 찬송과 감사로 살아가는 참믿음의 사람을 찾고 계십니다. 우리 주님처럼, 방금 소개한 에릭 리델처럼 여러분도 모두 이런 믿음과 찬송과 감사의 사람이 되어 하나님이 위대하게 사용하시는 기적의 주인공들로 쓰임 받게 되시기를 주님의 이름으로 축원합니다.

* * *

⑪ '베스트 프레임2 설교'의 분석

오병이어 기적 사건은 모두가 하나같이 세 대지 설교로 전달되고 있음을 본다. 하지만 이 본문 역시 세 대지가 아니라 원포인트로 제시되는 내용임을 보았다. 이 하나의 큰 핵심 메시지를 가지고 효과적인 설교문으로 작성하는 과정도 실제 설교를 통해서 확인할 수 있었다. 그리고 설교문 중간중간에 신구약 본문 속에 나오는 모범적 인물들과 현실 인물들이 뒤섞여 소개되는 것도 아주 감동적인 매력 포인트라는 사실을 감지했을 것이다.

설교자들은 대부분 본문 속 예화나 인물보다는 현실에서의 예화나 위인 소개하기를 즐겨 한다. 하지만 본문 속에 나오는 인물들과 현실의 인물들을 같이 등장시키면 설교가 훨씬 더 신선하고 재미있고 강력해진다는 사실을 설교 시연을 통해 체험할 수 있기를 바란다.

에필로그

설교가 무엇이며, 설교자는 어떤 사람인지에 대해 질문 받을 때가 많다. 그럴 때마다 떠오르는 사람이 있다. '해롤드 비비안(Harold Vivian)'이라는 영국 청년이다. 영국 국왕 조지 5세가 의회 개회에 맞춰 라디오 연설을 하게 되었다. 그 연설은 신대륙에까지 중계되도록 준비되어 있었다. 막 연설을 시작하려는데, 갑자기 뉴욕 지국에 설치돼 있던 케이블이 탁 끊겨버리는 것이 아닌가. 당황한 직원들은 어쩔 줄 몰라 허둥대기 시작했다. 미국에 있는 백만 명 이상의 사람이 주파수를 맞추고 왕의 음성만을 기다리고 있는데 방송이 끊겨버린 것이다.

불통 케이블을 원상 복구하는 데는 최소 20분 이상이 소요되어야 하는데, 그러면 국왕의 연설은 허망하게 끝나버리고 만다. 해롤드 비비안은 이때 그 자리에 고용된 지 얼마 안 된 젊은 기술자였다. 그 급박한 순간, 다른 선택이 없음을 깨달은 그는 자기 두 손을 뻗어 끊겨버린 케이블 양 끝을 세게 움켜잡았다.

원포인트의 드라마틱한 강해설교

250볼트가 넘는 전류가 그의 몸을 관통했고, 머리끝부터 발끝까지 격렬한 고통이 엄습해왔다. 그래도 그는 손을 놓지 않았다. 사람들에게 왕의 음성을 들려주기 위해 그는 이를 악물고 자기 몸을 불살라 필사적으로 케이블을 붙잡았던 것이다.[205]

자신을 희생해서라도 '왕의 음성', 곧 '하나님의 이야기를 들려주는 것'. 이것이 바로 '설교'요, '설교자의 사명'이 아닌가 생각한다.

바야흐로 이야기의 홍수 시대다. 하루 동안에도 수많은 이야기가 뉴스나 SNS를 통해 전달되어 보는 이들을 감동케 하고 울고 웃게 한다. 이야기는 호흡이나 혈액순환처럼 인간 본질의 한 부분이다. 우리가 지금 마시는 물 한 잔 속에도 에비앙의 신화처럼 수많은 이야기가 들어 있음을 살펴본 바 있다.

성경만큼 이야기가 즐비한 책도 없다. 하나님의 이야기와 사람의 이야기 말이다. 구약 창세기와 다른 내러티브 본문에는 하나님과 사람의 이야기가 많이 나온다. 또 신약 4복음서에는 예수님의 이야기가 수없이 쏟아진다. 이런 이야기에 성경의 첫 번째 수신자들은 울고 웃었다.

하지만 이런 분위기는 3~4세기 이후부터 급격히 달라진다. 우주의 왕이신 하나님의 음성을 들려줘야 하는데, 그에 관한 이야기는 사라지고 인간적 충고와 교훈의 내용으로 서서히 채워지고 말았다. 그리고 헬라 수사학과 인간 논리학이 그 자리를 대신 차지하기 시작했다.

랠프 루이스(Ralph Lewis) 박사는 예수님의 귀납적 설교와 회중 중심의 단순한 설교 스타일은 3~4세기부터 헬라의 수사학과 논리학, 그리고 인간의 세련된 지성에 의해 밀려났다고 주장한다. 한마디로, 인본주의 사상에 의해 잠식되었다는 말이다.

설교에서 이야기는 헬라 문화를 접하면서 점점 상실되기 시작했고, 인간의 이성에 중점을 두었던 계몽주의의 영향으로 이야기는 철저히 외면받게 되었다. 그 결과 예수님의 설교 속에 뛰놀던 이야기는 우리의 설교에서 푸대접받고 있는 비극적 상황이 되고 말았다. 이제 논리가 뛰어놀던 자리에 이야기를 다시 주인공으로 모셔들여야 할 때가 되었다. 그래서 잃어버린 이야기를 강단에서 다시 살려내야 한다.

성경의 3/4 이상이 이야기로 기술되었다. 다시 말해, 성경 전체 내용의 75%가 내러티브 형식으로 구성되었다. 우리의 설교에서 내러티브 설교를 회복해야 하는 이유 중 이보다 더 확실한 것은 없다.

성경이 기록되던 시절이 '문자 중심의 시대'였다면 지금 이 시대는 '구술 중심'의 시대다. 따라서 오늘의 설교자는 청각적 측면으로 청중이 가장 잘 들을 수 있는 방식으로 설교할 수 있도록 최선을 다해야 한다. 물론 구술 중심의 시대뿐 아니라 영상 중심의 이미지 시대가 된 지 오래이기 때문에 귀로 듣게 함은 물론이요, 생생하게 눈으로 보고, 만지고, 느끼고, 냄새 맡게 해주어야 한다. 이것은 오직 내러티브의 드라마틱한 방식으로만 해결할 수 있다.

이런 때에 필자가 개발한 '원포인트의 드라마틱한 강해설교'를 습득해서 자기 설교의 변화를 시도한다면 강단에 얼마나 새롭고 놀라운 부흥과 성장의 역사가 경험될지 상상해보라.

앞에서도 언급한 바 있지만, 실제로 필자가 사역하는 아신대의 '예배설교학' 석박사 과정에서 공부하는 목회자들 가운데 여러 사람에게서 이 설교를 배우고 난 뒤 예상치 못한 놀라운 부흥의 기적을 경험했노라는 고백을 들어왔다. 그런 이야기를 듣는 재미가 얼마나 쏠쏠한지 모른다.

학자로서 '쓰고 싶은(Felt-need)' 책과 '반드시 써야 할(Real need)' 책이 있다. 이 책의 내용은 두 가지 모두를 포함하고 있다. 지금까지 필자가 집필한 저서 가운데 가장 가치 있는 작품이자, 필자만의 독창적 내용이 주로 들어 있는 책이라 할 수 있다.

'세 대지 설교'에서 '원포인트 설교'로의 코페르니쿠스적인 변화를 고대해왔으나, 구체적인 방법을 몰라서 움츠렸던 분들에게 이 책이 무더운 여름날의 시원한 청량제가 된다면 더없는 기쁨과 행복이 될 것이다.

끝으로, '원포인트 설교'에 관한 자료 부족으로 인용을 많이 할 수 없는 아쉬움이 남긴 하지만, 이 책을 통해 앞으로 더 구체적이고 효과적인 내용의 저서들이 많이 출간되기를 두 손 모아 고대한다.

미주

1   허셀 요크와 버트 데커는 다음 책에서 이렇게 말했다. "강해설교는 하나님의 말씀을 전함에 있어서 성경적이 되거나 효과적이 되거나 둘 중 하나만을 선택하지 않는다. 반드시 둘 다를 추구한다." (Expository preaching never chooses between either biblical or effective in communicating God's word, but must be both.) Hershael W. York and Bert Decker, *Preaching with Bold Assurance: A Solid and Enduring Approach to Engaging Exposition* (Nashville: B&H, 2003), p. 62.

2   맥스 루케이도, In The Grip of Grace, 차성구 역, 『은혜를 만끽하는 비결』(서울: 규장, 1996).

3   David Buttrick, *Homiletic: Moves and Structures* (Philadelphia: Fortress, 1987).

4   Gerhard Kittel and Gerhard Friedrich, *Theological Dictionary of the New Testament* (Grand Rapids: Eerdmans, 1964), III, p. 703.

5   한진환, 『설교, 그 영광의 사역』(서울: 프리셉트, 2013), p. 10.

6   안상헌, 『생산적인 삶을 위한 자기발전 노트 50』(서울: 북포스, 2005).

7   강헌구, 『단 한마디 말로도 박수 받는 힘』(서울: 예담, 2013), p. 49.

8   한진환, 『설교, 그 영광의 사역』, p. 83.

9   John Osborn, "Pseudo-Sermons", *Ministry* 53 (July 1980), p. 9.

10 한진환, 『설교, 그 영광의 사역』, p. 85.

11 David R. Breed, *Prepare to Preach* (New York: George H. Doran Co., 1911), p. 387.

12 김양재, 『말씀이 들리는 그 한 사람 – 사무엘 상』 (서울: 두란노, 2016), pp. 15~29.

13 헤르만 리델보스는 "명령은 서술을 바탕으로 하고 이 순서는 뒤바뀔 수 없다"고 말했다. Herman Nicolaas Ridderbos, *Paul: An Outline of His Theology*, 박문재 역, 『바울신학』(서울: 개혁주의신행협회, 1985); Bryan Chapell, *Christ-Centered Sermons*, 안정임 역, 『그리스도 중심 설교 이렇게 하라』(서울: 도서출판 CUP, 2013), p. 326.

14 장두만, 『다시 쓰는 강해설교 작성법』(서울: 요단, 2000), pp. 30~32.

15 Richard L. Mayhue, "Rediscovering Expository Preaching," in *Rediscovering Expository Preaching*, ed. John MacArthur Jr. (Dallas: Word, 1992), p. 10.

16 Byron Yawn, *Well-Driven Nails: The Power of Finding Your Own Voice*, 전의우 역, 『자기 목소리로 설교하라』(서울: 성서유니온선교회, 2012), pp. 2~3.

17 Ibid., pp. 31~32

18 권호·임도균·김대혁·박현신, 『새강해설교』(서울: NEP, 2016), p. 49; Mark Dever,

Greg Gilbert, *Preach [Theology Meets Practice]*, 이대은 역, 『설교』(서울: 개혁된실천사, 2019), p. 46.

19   John A. Broadus, *On the Preparation and Delivery of Sermons* (New York and San Francisco: Harper & Row, 1979), pp. 58~59; Walter L. Liefeld, *New Testament Exposition* (Grand Rapids: Ministry Resources Library, 1984), pp. 6~7; James Braga, *How to Prepare Bible Messages* (Portland, OR: Multnomah Press, 1981), p. 53; J. Daniel Baumann, *An Introduction to Contemporary Preaching* (Grand Rapids, MI: Baker Book House, 1972), p. 102.

20   Bryan Chapell, *Christ-Centered Preaching: Redeeming the Expository Sermon* (Grand Rapids: Baker, 1994), p. 129.

21   Haddon W. Robinson, *Biblical Preaching: The Development and Delivery of Expository Messages*, 2d ed. (Grand Rapids: Baker, 2001), p. 130.

22   Steven D. Mathewson, *The Art of Preaching Old Testament Narrative*, 이승진 역, 『청중을 사로잡는 구약의 내러티브 설교』(서울: CLC, 2002), p. 24.

23   Haddon W. Robinson, *Biblical Preaching: The Development and Delivery of Expository Message*, 박영호 역, 『강해설교』(서울: CLC, 2011), pp. 23~24; Haddon W. Robinson, *Making a Difference in Preaching*, 김창훈 역, 『탁월한 설교에는 무언가 있다』(서울: 도서출판 솔로몬, 2009), pp. 94~101; John Stott, *Between Two Worlds: The Art of Preaching in the Twentieth Century* (Grand Rapids: Eerdmans, 1982), 125; Mark Dever, Greg Gilbert, 『설교』, pp. 63~64.

24   권호·임도균·김대혁·박현신, 『새강해설교』, p. 49; Mark Dever, Greg Gilbert, 『설교』, p. 65.

25   Steven W. Smith, Recapturing the Voice of God: Shaping sermons like Scripture, 김대혁·임도균 역, 『본문이 이끄는 장르별 설교』(서울: 아가페출판사, 2016), p. 51.

26   정인교, 『특수설교』(서울: 두란노, 2007), p. 22.

27   복음주의의 출현에 계몽주의가 미친 영향에 대해서는 다음을 참조하라. David W. Bebbington, "Evangelical Christianity and Modernism", *Crux* 26, no. 2 (1990), pp. 1~9.

28   이런 우려에 대해서는 다음 논문을 참조하라. Donald G. Bloesch, "Evangelical Rationalism and Propositional Revelation", *Reformed Review* 51, no. 3 (1998), pp. 169~181.

29   이재기, 『새로운 강해설교』(서울: 요단출판사, 2011), p. 66.

30   Warren W. Wiersbe, *Preaching and Teaching with Imagination*, 이장우 역, 『상상이 담긴 설교』(서울: 요단출판사, 1995), p. 76.

31 Eugene H. Peterson, *Working the Angles: The Shape of Pastoral Integrity* (Grand Rapids: Eerdmans, 1987), p. 119.

32 Lisa Cron, *Wired for Story*, 문지혁 역, 『끌리는 이야기는 어떻게 쓰는가』(서울: 웅진지식하우스, 2012), p. 23.

33 EBS 다큐프라임 '이야기의 힘' 제작팀, 『이야기의 힘』(서울: 황금물고기, 2011), p. 33; Gérard Genette, *Narrative Discourse: An Essay in Method*, trans. Jane Lewin (Ithaca: Cornell University Press, 1980), p. 245; Wayne B. Robinson, *Journeys toward Narrative Preaching*, 이연길 역, 『이야기 설교를 향한 여행』(서울: 한국장로교출판사, 1998), p. 14.

34 이상욱, "내러티브 설교의 평가와 전망", 「신학과 목회」(제24집, 2005), p. 7; 민경민, 『내러티브 설교구조에 있어서의 반전 플롯에 대한 연구』(석사학위 청구논문, 총신대신학대학원, 2011), pp. 11~27.

35 Eugene L. Lowry, *The Homiletical Plot*, 이연길 역, 『이야기식 설교 구성』(서울: 한국장로교출판사, 1996), p. 10.

36 Joel B. Green, "The (Re-)Turn to Narrative," Joel B. Green and Michael Pasquarello III eds., Narrative Reading, *Narrative Preaching: Reuniting New Testament Interpretation and Proclamation* (Grand Rapids: Baker, 2003), pp. 28~29.

37 권호, 『보이는 내러티브 설교법』(서울: 생명의말씀사, 2021), pp. 23~24.

38 Jeffrey D. Arthurs, *Preaching with Variety: How to Re-create the Dynamics of Biblical Genres* (Grand Rapids: Kregel, 2007), p. 28; Steven W. Smith, 『본문이 이끄는 장르별 설교』.

39 '장르에 민감한 설교'에 대해서는 다음의 논문과 글을 참조하라. Dae Hyeok Kim. "Genre Sensitive Expository Preaching of the Lament Psalms: Honoring the Message, Medium, and Mood of the Text", Ph.D. diss., Southern Baptist Theological Seminary(2013); Steve Smith, "Why Genre Matters in Preaching", Southwestern Baptist Theological Seminary Preaching Source (October 3, 2016). https://preachingsource.com/blog/why-genre-matters-in-preaching.

40 Thomas G. Long, *Preaching and the Literary Forms of the Bible* (Philadelphia: Fortress Press, 1989), p. 33; 권호, "현대설교의 한 흐름: 장르가 살아 있는 설교", 「교회와 문화」 31(2013), pp. 143~178.

41 유진 로우리의 방법론이 성경 내러티브에 관한 연구에서 나온 것이 아니라 소설, 드라마, 연극, 영화에서 사용하는 플롯 구성법에 기초하고 있다는 비판에 대해서는 다음의 글을 참조하라. 권호, 『보이는 내러티브 설교법』, 26; David L. Allen, "A Tale of Two Roads: Homiletics and Biblical Authority", *JETS* 43 (2000), pp. 508~513; Thomas

Long, "What Happened to Narrative Preaching?" *JP* 28 (2005), pp. 9~14.

42 Michael Duduit, *Preaching with Power*, 권영주 역, 『능력 있는 설교 이렇게 한다』(서울: 국제제자훈련원, 2000), p. 12.

43 이야기의 힘을 활용한 내러티브 변증에 대해서는 존 스토트와 제임스 패커의 뒤를 잇는 복음주의 기독교계의 대표 신학자인 영국의 알리스터 E. 맥그래스의 다음 책을 참조하라. Alister E. McGrath, *Narrative Apologetics*, 홍종락 역, 『포스트모던 시대, 어떻게 예수를 들려줄 것인가』(서울: 두란노, 2020).

44 '삼대지 설교'란 용어는 정확한 표현이 아님에 유의하라. '삼대지 설교'는 세 개의 대지로 구성된 설교 중 '세 번째에 해당하는 대지' 하나만을 의미하기 때문이다. 따라서 '삼대지 설교'가 아니라 세 개의 대지가 모두 포함된 '세 대지 설교'란 용어가 적절함을 밝혀둔다.

45 서천석, 『설교, 예수님처럼 하라』(고양: 엔크리스토, 2017), p. 189.

46 이후로 필자는 '삼대지'라는 단어 대신 '세 대지'라는 용어를 사용할 것을 밝힌다.

47 채경락, 『쉬운 설교』(서울: 생명의양식, 2015), pp. 35~38.

48 Jim L. Wilson, R. Gregg Watson, Michael Kuykendall, David Johnson, *Impact Preaching* (Wooster, Ohio: Weaver Book), p. 27.

49 한진환, 『설교, 그 영광의 사역』, p. 201.

50 John W. Stott, *Between Two Worlds: The Art of Preaching in the Twentieth Century* (Grand Rapids: Eerdmans, 1982), p. 230.

51 권성수, 『성령 설교』(서울: 국제제자훈련원, 2009), p. 41.

52 Steven D. Mathewson, *The Art of Preaching Old Testament Narrative*, 이승진 역, 『청중을 사로잡는 구약의 내러티브 설교』(서울: CLC, 2004), p. 10.

53 서천석, 『설교, 예수님처럼 하라』, pp. 143~145.

54 Mimi Goss, *What Is Your One Sentence?: How to Be Heard in the Age of Short Attention Spans*, 김세진 역, 『한 마디로 말하라』(서울: 중앙북스, 2012).

55 서천석, 『설교, 예수님처럼 하라』, p. 147.

56 강헌구, 『단 한 마디 말로도 박수받는 힘』(서울: 예담, 2013), pp. 32~33.

57 Mimi Goss, 『한 마디로 말하라』, pp. 17~18.

58 한진환, 『설교, 그 영광의 사역』, p. 150.

59 Donald G. Miller, *Way to Biblical Preaching* (Nashville: Abingdon, 1957), p. 53.

60 한 가지 주제의 중요성에 대해서는 다음을 참조하라. Thomas G. Long, *The Witness of Preaching* (Louisville, Kentucky: Westminster/ John Knox Press, 1989), p. 86; Reuel Howe, *Partners in Preaching* (New York: The Seabury Press, 1967), p. 26; Duane Litfin, *Public Preaching: An Handbook for Christians*, 2nd ed. (Grand Rapids: Baker, 1992), pp. 80~83; Bryan Chapell, *Christ-Centered Preaching: Redeeming the Expository Sermon*, pp. 139~142; William T.

Brooks, *High Impact Public Speaking* (Englewood Cliffs, N.J.: Prentice Hall, 1988), pp. 105~106.

61 Haddon W. Robinson, 『강해설교』, p. 37.

62 John H. Jowett, *The Preacher: His Life and Work* (George H. Doran Co., 1912), p.133.

63 박영재, 『원 포인트로 설교하라』(서울: 요단, 2018), p. 17, 25.

64 Byron Yawn, 『자기 목소리로 설교하라』, p. 35; Haddon W. Robinson & Torrey W. Robinson, *Preaching First-Person Expository Messages*, 전광규 역, 『1인칭 내러티브 설교』(서울: 이레서원, 2004), pp. 21~22.

65 정인교, 『정보화 시대 목회자를 위한 설교 살리기』(서울: 생명의말씀사, 2000), p. 163.

66 David Buttrick, *Homiletic* (Philadelphia: Fortress, 1987), xii.

67 서천석, 『설교, 예수님처럼 하라』, p. 61.

68 박양규, 『인문학은 성경을 어떻게 만나는가』(서울: 샘솟는 기쁨, 2021), p. 39.

69 Jim L. Wilson, R. Gregg Watson, Michael Kuykendall, David Johnson, *Impact Preaching*, p. 27.

70 김진규, 『성경묵상, 어떻게 할까?』(서울: 생명의샘, 2019), p. 85.

71 이재기, 『새로운 강해설교』, pp. 93~103; Jeffrey D. *Arthurs, Preaching With Variety*, 박현신 역, 『목사님 설교가 다양해졌어요』(서울: 베다니출판사, 2010), p. 97.

72 권성수, 『성령 설교』, p. 23.

73 Fred Craddock, *As One Without Authority* (Nashville: Abingdon, 1981), p. 57, p. 146; Haddon Robinson, *Biblical Preaching*, p. 125; 이재기, 『새로운 강해설교』, p. 89.

74 박영재와 송인설에 따르면 보수신앙이 강한 미 중부와 남부는 여전히 세 대지 설교를 고수하고 있는 반면, 지성인들이 많이 살고 있는 미 북동부는 대체로 원포인트 설교를 많이 행하고 있다고 한다. 박영재, 『원 포인트로 설교하라』, p. 17; 송인설, 『원 포인트로 복음을 설교하라』(서울: 드림북, 2024), p. 6.

75 박영재, 『원 포인트로 설교하라』, p. 25.

76 권성수, 『성령 설교』, p. 23.

77 김도인, 『설교는 인문학이다』(서울: 두란노, 2018), pp. 139~141.

78 정인교, "엔데믹 시대, 설교를 다시 생각한다", 두란노, 「목회와신학」(2022, 7), pp. 48~49.

79 Charley Reeb, "The One-Point Sermon", Reading Ideas, March 21, 2018; https://www.churchleadership.com/leading-ideas/the-one-point-sermon.

80 원포인트 설교의 장점에 대해서는 다음 책을 참고하라. 박영재, 『원 포인트로 설교하라』, pp. 25~35.

81 Ramesh Richard, *Scripture Sculpture*, 정현 역, 『7단계 강해 설교 준비』(서울: 디모데, 1996), p. 95.

82 주석을 등한시해서 주관적 해석을 하는 이들은 반드시 다음의 책을 참고하라. B. W. Anderson, "The Problem and the Promise of Commentary", *Int* 36: pp. 342~343.

83 성경의 맥을 잡기 위해서는 다음의 책들을 참조하라. John MacArthur, *The Heart of Bible*, 전의우 역, 『성경의 핵심을 꿰뚫어라』(서울: 생명의말씀사, 2007); John Mimmer, 박혜영·이석열 역, 『성경, 흐름을 잡아라』(서울: 홍성사, 2000).

84 안토니 티슬턴은 설교자들이 설교 본문 선택과 관련해 '자신이 좋아하는 본문들만을 선택적으로 다루어서는 안 된다'는 충고를 아끼지 않았다. 그는 "여호수아·신명기·잠언·사도행전 등과 같이 신적 약속의 확신을 주는 예들을 제공하는 책들뿐만 아니라 사사기·욥기·탄식의 시편들·전도서 등 성도들이 지불해야 할 대가와 아픔이 증거되고 있는 책들도 균형 있게 다뤄야 한다"고 말했다. − 안토니 티슬턴(Anthony C. Thiselton)이 2007년 국내에서 행한 '성경해석학 고전 특강'에서 인용함.

85 이정엽, 『생명의 삶으로 이끄는 QT』(서울: 두란노, 2006), p. 38.

86 설교에 있어 구속사를 어떻게 다뤄야 하는지에 대해서는 다음의 책을 참조하라. Graeme Goldsworthy, *Preaching the Whole Bible as Christian Scripture: The Application of Biblical Theology to Expository Preaching* (Grand Rapids, MI: Eerdmans, 2000); Edmund P. Clowney, "Preaching Christ from All the Scripture", in *Preachers & Preaching*, Samuel T. Logan Jr. (Phillipsburg, NJ: P&R, 1986), pp. 163-191; Clowney, *The Unfolding Mystery: Discovering Christ in the Old Testament* (Phillipsburg, NJ: P&R, 1991). 구속사적 설교의 한계와 주의할 점에 대해서는 다음의 글을 참조하라. 정창균, "구속사적 설교론의 근거와 제기되는 문제들", 〈그말씀〉 (1998년 11월), pp. 6~13; "기독론적 설교의 함정과 오류, 그리고 극복", 〈그말씀〉(1998년 11월), pp. 14~23; 류응렬, "예수 그리스도 중심의 설교: 그 기초와 방법론", 〈신학지남 277호〉(2003년 겨울), pp. 290~292; 김덕수, 『삶의 변화를 일으키는 설교』(서울: 쿰란출판사, 2005), pp. 69~70.

87 화란의 '모범적−구속사적 논쟁과 그 개관'에 대해서는 다음의 책을 참조하라. Sidney Greidanus, *Sola Scriptura: Problems and Principles in Preaching Historical Texts*, 권수경 역, 『구속사적 설교의 원리』(서울: 학생신앙운동, 1991), pp. 55~112.

88 홀베르다(Holwerda)는 사람들과 관계를 맺으시는 하나님을 중심으로 하는 '하나님 중심적 방법'을 주장한 반면 바빙크(Bavink)는 하나님과 관계를 맺는 사람들을 중심으로 하는 '인물 중심적 방법'을 주장한다는 점에서 차이가 있는데, 시드니 그레이다누스는 하나님과 그와 관련된 사람이 서로 완전히 분리된 것으로 볼 수 없다고 말한다. 그레이다누스, pp. 130~134. 구속사적 관점과 모범적 관점을 조화 있게 잘 사용할 수 있는 방법에 대해서는 다음의 책을 참조하라. Bryan Chapell, *Christ-Centered Sermons*, 『그리스도 중심 설교 이렇게 하라』, p. 362; Sidney Greidanus, "Redemptive History and

Preaching", *Pro Rege* 19,2 (December 1990), p. 14.

89 Annette Simmons, *The Story Factor*, 김수현 역, 『대화와 협상의 마이더스 스토리텔링』(서울: 한언, 2013), pp. 101~103.

90 권성수, 『성령 설교』, p. 122.

91 〈국민일보〉 2002년 3월 11일 자.

92 총신대 신대원에서 구약을 가르치는 김지찬 교수의 '주해에서 설교까지'의 내용이 게재된 블로그를 참조하라. https://blog.naver.com/jim2008/110097055925.

93 이와 관련된 이슈들은 다음의 자료를 참조하라. 김지찬, "역사서와 기독론적 설교: 여호수아 5장 1~9절을 중심으로", 〈그말씀〉(2002년 12월), p. 53.

94 Max Lucado, *Next Door Savior*, 윤종석 역, 『내 안에 계신 예수님』(서울: 두란노, 2003), pp. 107~108.

95 고재수, 『구속사적 설교의 실제』(서울: 기독교문서선교회, 1987), pp. 16~22.

96 한진환, 『설교, 그 영광의 사역』, p. 118.

97 고든 피와 더글라스 스튜어트에 의하면 구약은 성경의 3/4을 차지한다. Gordon Fee and Douglas Stuart, *How to Read the Bible* (Grand Rapids: Zondervan, 1993), p. 78; Walter C. Kaiser, *THE OLD TESTAMENT in Contemporary Preaching*, 김영철 역, 『현대 설교에서 천대받는 구약 성경』(서울: 여수룬, 1973), pp. 14~44.

98 구약설교의 필요성과 구약설교를 많이 하지 않는 이유에 대해서는 다음의 책들을 참조하라. Sidney Greidanus, *Preaching Christ from the Old Testament* (Wm. B. Eerdmans Publishing Co.: Grand Rapids, 1999), pp. 15~38; W. A. Criswell, "Preaching from the Old Testament," in *Tradition and Testament*. Ed. J. S. Feinberg (Chicago: Moody, 1981), p. 293; Herbert Mayer, "The Old Testament in the Pulpit," *Concordia Theological Monthly* 35(1964), p. 603; Thomas E. Ridenhour, "Old Testament and Preaching," *Currents in Theological and Mission* 20(1993), p. 254; Michael Duduit, "The Church's Need for Old Testament Preaching," in *Reclaiming the Prophetic Mantle*. Ed. George L. Klein (Nashville: Broadman), p. 10; Foster R. McCurley, *Proclaiming the Promise: Christian Preaching form the Old Testamen* (Philadelphia: Fortress, 1974), p.3; Donald E. Gowan, *Reclaiming the Old Testament for the Christian Pulpit* (Atlanta: John Knox, 1980), p. 6; Walter C. Kaiser, *Toward an Exegetical Theology: Biblical Exegesis for Preaching and Teaching* (Grand Rapids: Baker, 1981), p. 10. 그레이다누스 교수는 구약설교의 어려움, 역사–신학적 어려움과 신학적 어려움, 윤리적 어려움, 실천적 어려움 이 네 가지로 말하고 있다. Sidney Greidanus, pp. 22~25.

99 Haddon W. Robinson, *Biblical Preaching: The Development and Delivery of*

Expository Message, 2d ed. (Grand Rapids: Baker, 2001), p. 55.

100 국제신학대학원대학교의 구약 교수인 장세훈 박사는 2009년 7월 12일 창신교회 주일예배 때 행한 설교에서 이 구절을 본문 속에 나오는 다윗과 연결시켜 적용한 바 있다.

101 맥스 루케이도, 『믿음연습』(서울: 두란노, 2007), pp.13~14.

102 매튜슨은 사무엘상 17장에서 드러나는 본문의 중심사상의 주어가 "왜 하나님께서는 사울 대신에 다윗을 선택하셨는가?"로 정하고, 이에 대한 보어는 "그 이유는 다윗은 하나님께서 약속하신 구체적인 내용들을 분명히 믿고 이를 담대하게 실행할 수 있는 용기를 지녔기 때문이었다"로 정했다. Steven D. Mathewson, *The Art of Preaching Old Testament Narrative*, pp. 152~156.

103 김창대, 『거침없이 빠져드는 성경 테마 여행』(서울: 브니엘출판사, 2020), p. 145; Paul Borden, "Preaching from Biblical Narratives," *Expositapes 3* (Denver: Denver Seminary, 1984), Audiocassette.

104 Steven D. Mathewson, *The Art of Preaching Old Testament Narrative*, 이승진 역, 『청중을 사로잡는 구약의 내러티브』(서울: CLC, 2002), p. 155.

105 신성욱, "번영신학과 설교학적 대응", 『한국설교학회』 4 (2012/2), pp. 83~93.

106 강정훈, 『신수성가』(서울: 생명의말씀사, 2012), pp. 20~21.

107 율법과 복음의 선명한 대조에 관해서 다음의 책을 참조하라. 한나 휘톨 스미스, 『그리스도인의 행복한 삶의 비밀』(서울: 살림, 2009), pp. 192~197.

108 Bryan Chapell, 『그리스도 중심의 설교』, pp. 359~365; 권성수, 『성령 설교』, p. 115.

109 Tullian Tchividjian, *Jesus + Nothing = Everything*, 정성묵 역, 『Jesus All』(서울: 두란노, 2013), pp. 146~203.

110 Brian McLaren, *Church on the Other Side*, 이순영 역, 『저 건너편의 교회』(서울: 낮은울타리, 2002), p. 225.

111 신성욱, 『김창인 목사의 설교 세계』(서울: 두란노, 2020).

112 김창인, 『은혜로 영광을 돌리며』(서울: 도서출판 모퉁이돌, 2002), p. 136.

113 김창인, 『강력한 교회』(서울: 도서출판 모퉁이돌, 2002), p. 257.

114 김창인, 『천국의 챔피언』(서울: 도서출판 모퉁이돌, 1999), p. 338.

115 Michael Duduit, ed., *Handbook of Contemporary Preaching*.

116 Jeffrey D. Arthurs, 『목사님 설교가 다양해졌어요』, p. 24; Thomas G. Long, *Preaching and the Literary Forms of the Bible*, 박영미 역, 『성서의 문학유형과 설교』(서울: 한국장로교출판사, 1995), pp. 26~27.

117 Jeffrey D. Arthurs, 『목사님 설교가 다양해졌어요』, p. 9; Daniel L. Akin, David Allen, and Ned Matthews, 『본문이 이끄는 설교』, p. 125.

118 권호·임도균·김대혁·박현신, 『새강해설교』, pp. 31~32.

119 권성수, 『성령 설교』, p. 19, p. 43.

120 Hershael W. York and Bert Decker, *Preaching with Bold Assurance: A Solid and Enduring Approach to Engaging Exposition*, pp. 60~62.

121 David L. Allen, "The Rules of the Game: Seven Steps to Proper Interpretation", in *The Art and Craft Biblical Preaching* (Grand Rapids, MI.: Zondervan, 2005), pp. 237~241.

122 Jeffrey D. Arthurs, 『목사님 설교가 다양해졌어요』, p. 36; William W. Klen, Claig L. Blomberg, and Robert I. Hubbard Jr., *Introduction to Interpretation*, 류호영 역, 『성경 해석학 총론』(서울: 생명의말씀사, 1997), pp. 51~56.

123 Ibid.

124 Thomas G. Long, 『성서의 문학유형과 설교』, p. 64.

125 Kevin J. Vanhoozer, 『이 텍스트에 의미가 있는가?』, p. 548; J. Kent Edwards, 『깊은 설교』, pp. 141~142.

126 포스트모더니즘 시대의 사람들에게 이야기가 지니는 장점에 대해서는 다음의 책을 참고하라. 이재기, 『새로운 강해설교』, pp. 67~68, p. 89.

127 EBS 다큐프라임 '이야기의 힘' 제작팀, 『이야기의 힘』, p. 46.

128 Ibid., p. 272.

129 Ibid., p. 77.

130 Dan Brown, *The Da Vinci Code*, 양선아 역, 『다 빈치 코드』(서울: 북스캔, 2005).

131 신성욱, 『다 빈치 코드가 뭐길래?』(서울: 생명의말씀사, 2007).

132 Steve Moss, *The World's Shortest Stories*, 김윤배 역, 『세상에서 가장 짧은 영어 55단어 소설』(서울: 정한PNP, 2004), p. 37.

133 M. H. Abrams, *A Glossary of Literary Terms*, 최상규 역, 『문학용어사전』(서울: 보성출판사, 1999), p. 218.

134 Eugene L. Lowry, *The Homiletical Plot: The Sermon as Narrative Art Form*, p. 53.

135 서천석, 『설교, 예수님처럼 하라』 p. 202.

136 박정근, "설교는 감동을 넘어 변화를 일으키는 것입니다", 〈그말씀〉(2003년 9월), p. 13.

137 박용후, 『관점을 디자인하라』(서울: 프롬북스, 2013), pp. 290~291.

138 김용규, 『설득의 논리학』(서울: 웅진 지식하우스, 2007), p. 53.

139 Ibid., p. 67, pp. 73~76. '연쇄삼단논법'이란 둘 이상의 삼단논법을 모아 하나의 연결체로 만듦으로써 자신의 주장을 더욱 강화하는 논증. 이때 앞에 오는 삼단논법의 결론이 뒤에 오는 삼단논법의 전제로 쓰인다.

140 해돈 W. 로빈슨 & 토리 W. 로빈슨, 『1인칭 내러티브 설교』(서울: 이레서원, 2003), p. 21.

141 Ibid., 21-23. 청중분석에 관해서는 필자의 박사(Ph.D) 논문을 참조하라. Sung Wook Shin, *Paul's Use of Ethos and Pathos in Galatians: Its Implication for Effective*

Preaching. Ph.D Thesis (University of Pretoria, 2004).

142 김진기, 『명설교 컨설팅』(서울: 한국강해설교학교, 2004), p. 19.

143 장하늘, 『문장력 높이기 기술』(서울: 다산초당, 2007), pp. 67~80.

144 '네 페이지 설교'는 당시 장신 신대원의 주승중 교수가 2000년 봄 기독공보에 처음으로 소개한 바 있다. 그의 책을 참조하라. 주승중, 『성경적 설교의 원리와 실제』(서울: 예배와설교아카데미, 2006), pp. 192~234.

145 Paul Scott Wilson, *The Four Pages of the Sermon: A Guide to Biblical Preaching* (Nashville: Abingon Press, 1999).

146 Mark Barger Elliott, *Creative Styles of Preaching*, 성종현 역, 『당신의 설교는 창조적입니까』(서울: 그루터기하우스, 2001), p. 138.

147 James W. Cox, ed., *Best Sermons 7* (San Francisco, CA: Harper Collins Publishers, 1994), p. 160.

148 여기서 '수직적 문제'란 높은 자리에서 다스리시는 하나님의 관점을 말하고, '수평적 문제'란 낮은 자리에서 가책을 느끼며 고침 받고 용서받기를 바라는 인간이 느낄 수 있는 문제를 말한다. 윌슨은 "설교를 잘하는 설교자는 수평적 문제와 수직적 문제를 다 사용한다. 만일 그리스도 안에서의 개인과 하나님과의 관계에만 초점을 맞추면, 우리는 불의나 고난 같은 문제에 대한 하나님의 관심을 전달할 수 없고, 또 이웃을 우리 자신처럼 사랑할 수 없게 된다." 주승중, 『성경적 설교의 원리와 실제』, pp. 204~206.

149 권호, 『보이는 내러티브 설교법』(서울: 생명의말씀사, 2021), p. 32.

150 김운용, "새로운 설교 형태, 네 장면으로 이어지는 설교", 〈교회성장〉(2007년 9월).

151 송숙희, 『돈이 되는 글쓰기의 모든 것』(서울: 책밥, 2020), pp. 47~49.

152 송숙희, 『당신의 글에 투자하라』(서울: 웅진웰북, 2009), p. 229.

153 Ibid., p. 235.

154 Ibid., p. 233.

155 Ibid., p. 234.

156 Ibid., p. 236.

157 박영재, 『청중욕구순서를 따른 16가지 설교구성법』(서울: 규장, 2000), pp. 297~314; 『설교자가 꼭 명심할 9가지 설득의 법칙』(서울: 요단출판사, 2009), pp. 87~91.

158 Ibid., pp. 89~91. 1956년 3월 17일에 행한 빌리 그레이엄의 설교.

159 Seth Goddin, *Purple Cow*, 이주형, 남수현 역, 『보랏빛 소가 온다』(서울: 재인, 2005), pp. 38~41.

160 Paul S. Wilson, *The Four Pages of the Sermon* (Nashville: Abingdon Pres, 1999), p. 10; 권성수, "성령과 설교(1)-온고지신을 통한 설교 도약", 〈그말씀〉(2008년 1월), pp. 219~221; 김덕수, 『삶의 변화를 일으키는 설교』, pp. 105~106.

161 Max Lucado, *He Chose the Nails*, 윤종석 역, 『예수가 선택한 십자가』(두란노,

2001), pp. 29~38.

162 Fred B. Craddock, *As One Without Authority*, 김운용 역, 『권위 없는 자처럼』(서울: 예배와설교아카데미, 2014).

163 David Buttrick, *Homiletic*, xii.

164 Eugene L. Lowry, 『권위 없는 자처럼』, p. 25.

165 정장복, 『한국교회의 설교학개론』(서울: 예배와설교아카데미, 2001), pp. 206~207.

166 송길원, 『유머, 세상을 내 편으로 만드는 힘』(서울: 청림출판, 2005), pp. 182~183.

167 〈노컷뉴스〉, 2009년 7월 18일, "정동영 울린 '견공'의 충심".

168 최병광, 『농도 100% 말발글발 완전정복』(서울: 황금부엉이, 2007), pp. 28~31.

169 강미은, 『성공하는 리더를 위한 매력적인 말하기』, pp. 168~167.

170 〈동아일보〉, 2009년 07월 21일 자.

171 송숙희, 『당신의 글에 투자하라』, pp. 277~282; 추성엽, 『100권 읽기보다 한 권을 써라』(서울: 더난출판, 2007), pp. 64~65.

172 송숙희, 『당신의 글에 투자하라』, p. 277.

173 설교학 시간에 과제물을 D학점 받은 이후에 얻은 교훈에 대해서는 다음의 책을 참조하라. Rick Ezell, *Hitting a Moving Target,* 민병남 역, 『설교, 변하는 청중을 사로잡으라』(서울: 생명의말씀사, 2004), pp. 165~166.

174 독자를 유혹하는 제목 만들기 요령에 대해서는 다음의 책들을 참조하라. 송숙희, 『당신의 글에 투자하라』, pp. 277~282; Ibid., 『당신의 책을 가져라』(서울: 국일미디어, 2007), pp. 156~160; 김희진, 『신문 헤드라인 뽑는 법』(서울: 커뮤니케이션북스, 2000), pp. 27~31; 한진환, 『설교, 그 영광의 사역』, pp. 317~321.

175 김덕수, 『삶의 변화를 일으키는 설교』, p. 163.

176 맥퍼슨(Macpherson)은 복음서에 기록된 예수님의 가르침 중에서 예화가 차지하는 비율이 75% 이상이라고 추정했다. Ian Macpherson, *The Art of Illustrating Sermons* (Nashville: Abingdon, 1964), p. 40.

177 Bryan Chapell, 『그리스도 중심의 설교』, p. 228.

178 김덕수, 『삶의 변화를 일으키는 설교』, pp. 165~166.

179 Ibid., p. 165.

180 Bryan Chapell, 『그리스도 중심 설교 이렇게 하라』, p. 224.

181 Ibid., p. 213.

182 Steve Moss, 『세상에서 가장 짧은 영어 55단어 소설』, p. 37.

183 강요식, 『이기는 습관을 지닌 인생을 살아라』(서울: 일송미디어, 2005), pp. 56~57.

184 구대일, 『거룩한 몸부림』(서울: 멘토, 2005), pp. 247~248.

185 다음 세 책을 참조하라. 한재욱, 『인문학을 하나님께』(서울: 규장, 2018); 신성욱, 『인문학이 묻고 성경이 답하다』(용인: 킹덤북스, 2021); 이지성, 『리딩으로 리드하라』(서울: 차

이정원, 2016).

186 Fred B. Craddock, *As One without Authority* (Nashville: Abingdon Press, 1971), p. 110. 크래독은 "여기(연역법)에는 민주주의(Democracy)도 없고 대화도 없으며 설교자가 듣는 것도, 청중이 공헌하는 것도 없다. 회중을 한 팀으로 생각하면 그들은 단지 투창 던지기의 포수(Javelin Catcher)와 같은 존재일 뿐이다. 여기에서는 위에서 아래로 흘러가는 움직임만 있을 뿐이며, 설교의 생각들은 낮추는 듯하면서 오만하게 드러내는 것만 있다"고 지적한다.

187 Dwight E. Stevenson, *In the Biblical Preacher's Workshop* (Nashville: Abingdon Press, 1967), pp. 200~201. 스티븐슨은 본문이 먼저 언급되느냐 나중에 언급되느냐에 따라 연역적인 방법과 귀납적인 방법으로 구별된다고 규정짓고 있다. 그러나 크래독은 귀납적 방법을, 설교의 첫 부분에서 본문의 나중 사용은 물론, 설교의 '중심사상(Central Thought)'을 향한 전반적인 '움직임(Movement) 혹은 진행(Process)'을 의미하는 말로 사용했다. Fred B. Craddock, 『권위 없는 자처럼』, p. 112.

188 귀납적으로 설교해야 하는 이유에 대해서는 다음 책을 참조하라. 박영재, 『설교가 전달되지 않는 18가지 이유』(서울: 규장, 1998), pp. 170~181.

189 홍영기, 『설교의 기술』(서울: 교회성장연구소, 2007), pp. 81~82.

190 이동원, 『청중을 깨우는 강해설교』(서울: 요단출판사, 1991), p. 142.

191 고신대 신대원의 설교학 교수인 한진환은 그의 책 『설교, 그 영광의 사역』에서 '연역법'을 범인이 누구라는 걸 알아차리게 하는 유명한 추리극 〈형사 콜롬보〉로, '귀납법'을 처음부터 범인을 밝히지 않는 셜록 홈즈가 나오는 소설로 잘 설명하고 있다. 한진환, 『설교, 그 영광의 사역』, pp. 196~200.

192 Richard Foster, *Celebration of Discipline*, 황을호·권달천 역, 『영적 훈련과 성장』(서울: 생명의말씀사, 2009).

193 한진환, 『설교의 영광』, pp. 96~97; 김대혁, "본문성을 고려한 설교본문 선정에 대한 연구", 한국복음주의실천신학회, 「복음과 실천신학」 제46권 (2018), pp. 34~61.

194 Haddon W. Robinson, 『강해설교』.

195 김동수, 『신약 성경 주해와 설교 어떻게 할 것인가?』(용인: 킹덤북스, 2018), p. 74; Darrell L. Bock, *Luke Volume 2(9:51-24:53). BECNT* (Grand Rapids, MI: Baker Academic, 1996), p. 1520.

196 Robert A. Traina, *Methodical Bible Study* (Wilmore, Ky.: Academic, 1952), 31f.

197 Haddon W. Robinson, 『강해설교』, p. 20.

198 최식, 『보여주는 설교』(서울: CPS, 2016), pp. 83~84.

199 Jeffrey D. Arthurs, 『목사님 설교가 다양해졌어요』, p. 108.

200 John A. Broadus, *On the Preparation and Delivery of Sermons* (New York: Harper & Row, 1979), p. 38.

201 Steven D. Mathewson, 『청중을 사로잡는 구약의 내러티브 설교』, p. 187.

202 Jay E. Adams, *Preaching with Purpose* (Grand Rapids: Baker Book House, 1982), p. 27.

203 Borden, "Is There Really One Big Idea?", In *The big idea of biblical preaching: connecting the Bible to people*, Keith Willhite; Scott M Gibson; Haddon W. Robinson (Grand Rapids, Mich.: Baker Books, 1998).

204 Donald G. McDougall, "Central/Ideas, Outlines, and Titles", in *Rediscovering Expository Preaching*, ed. John MacArthur, Jr. (Dallas: Word, 1992), p. 234.

205 Ian Macpherson, *The Burden of the Lord* (Nashville: Abingdon Press, 1956), p. 119.

참고문헌

국내 도서

강미은, 『성공하는 리더를 위한 매력적인 말하기』, 서울: 원앤원북스, 2005.

강요식, 『이기는 습관을 지닌 인생을 살아라』, 서울: 일송미디어, 2005.

강정훈, 『신수성가』, 서울: 생명의말씀사, 2012.

강헌구, 『단 한마디 말로도 박수받는 힘』, 서울: 예담, 2013.

김도인, 『설교는 인문학이다』, 서울: 두란노, 2018.

김창대, 『거침없이 빠져드는 성경 테마 여행』, 서울: 브니엘출판사, 2020.

구대일, 『거룩한 몸부림』, 서울: 멘토, 2005.

권성수, 『성령 설교』, 서울: 국제제자훈련원, 2009.

권호·임도균·김대혁·박현신, 『새강해설교』, 서울: NEP, 2016.

권호, 『보이는 내러티브 설교법』, 서울: 생명의말씀사, 2021.

고재수, 『구속사적 설교의 실제』, 서울: 기독교문서선교회, 1987.

김덕수, 『삶의 변화를 일으키는 설교』, 서울: 쿰란출판사, 2005.

김동수, 『신약 성경 주해와 설교-어떻게 할 것인가?』, 용인: 킹덤북스, 2018.

김양재, 『말씀이 들리는 그 한 사람-사무엘상1』, 서울: 두란노, 2016.

김용규, 『설득의 논리학』, 서울: 웅진 지식하우스, 2007.

김진규, 『성경묵상, 어떻게 할까?』, 서울: 생명의샘, 2019.

김진기, 『명설교 컨설팅』, 서울: 한국강해설교학교, 2004.

김창인, 『천국의 챔피언』, 서울: 도서출판 모퉁이돌, 1999.

김창인, 『강력한 교회』, 서울: 도서출판 모퉁이돌, 2002.

김창인, 『은혜로 영광을 돌리며』, 서울: 도서출판 모퉁이돌, 2002.

김희진, 『신문 헤드라인 뽑는 법』, 서울: 커뮤니케이션북스, 2000.

박영재, 『원 포인트로 설교하라』, 서울: 요단, 2018,

박영재, 『청중욕구순서를 따른 16가지 설교구성법』, 서울: 규장, 2000.

박영재, 『설교자가 꼭 명심할 9가지 설득의 법칙』, 서울: 요단출판사, 2009.

박용후, 『관점을 디자인 하라』, 서울: 프롬북스, 2013.

서천석, 『설교, 예수님처럼 하라』, 고양: 엔크리스토, 2017.

송길원, 『유머, 세상을 내 편으로 만드는 힘』, 서울: 청림출판, 2005.

송숙희, 『당신의 책을 가져라』, 국일미디어, 2007.

송숙희, 『당신의 글에 투자하라』, 서울: 웅진웰북, 2009.

송숙희, 『돈이 되는 글쓰기의 모든 것』, 서울: 책밥, 2020.

송인설, 『원 포인트로 복음을 설교하라』, 서울: 드림북, 2024.

신성욱, 『다 빈치 코드가 뭐길래?』, 서울: 생명의말씀사, 2007.

신성욱, 『김창인 목사의 설교 세계』, 서울: 두란노, 2020.

신성욱, 『인문학이 묻고 성경이 답하다』, 용인: 킹덤북스, 2021.

안상헌, 『생산적인 삶을 위한 자기 발전 노트 50』, 서울: 북포스, 2005.

이동원, 『청중을 깨우는 강해설교』, 서울: 요단출판사, 1991.

이재기, 『새로운 강해설교』, 서울: 요단출판사, 2011.

이정엽, 『생명의 삶으로 이끄는 QT』, 서울: 두란노, 2006.

이지성, 『리딩으로 리드하라』, 서울: 차이정원, 2016.

장두만, 『다시 쓰는 강해설교 작성법』, 서울: 요단, 2000.

장하늘, 『문장력 높이기 기술』, 서울: 다산초당, 2007.

정인교, 『정보화 시대 목회자를 위한 설교 살리기』, 서울: 생명의말씀사, 2000.

정인교, 『특수설교』, 서울: 두란노, 2007.

정장복, 『한국교회의 설교학개론』, 서울: 예배와설교아카데미, 2001.

주승중, 『성경적 설교의 원리와 실제』, 서울: 예배와설교아카데미, 2006.

채경락, 『쉬운 설교』, 서울: 생명의양식, 2015.

추성엽, 『100권 읽기보다 한 권을 써라』, 서울: 더난출판, 2007.

최병광, 『농도 100% 말발글발 완전정복』, 서울: 황금부엉이, 2007.

최수묵, 『기막힌 이야기 기막힌 글쓰기』, 서울: 교보문고, 2011.

최식, 『보여주는 설교』, 서울: CPS, 2016,

하우석, 『100억짜리 기획력』, 서울: 새로운 제안, 2005.

한나 휘톨 스미스, 『그리스도인의 행복한 삶의 비밀』, 서울: 살림, 2009.

한재욱, 『인문학을 하나님께』, 서울: 규장, 2018.

한진환, 『설교, 그 영광의 사역』, 서울: 프리셉트, 2013.

홍영기, 『설교의 기술』, 서울: 교회성장연구소, 2007.

EBS 다큐프라임 '이야기의 힘' 제작팀, 『이야기의 힘』, 서울: 황금물고기, 2011.

번역 도서 및 외국 도서

Abrams, M, H, *A Glossary of Literary Terms*, 최상규 역, 문학용어사전, 서울: 보성출판사, 1999.

Adams, Jay E, *Preaching with Purpose*, Grand Rapids: Baker Book House, 1982.

Akin, Daniel L, David Allen, and Ned Matthews, *Text-Driven Preaching*, 김대혁, 임도균 역, 『본문이 이끄는 설교』, 서울: 베다니, 2016.

Allen, David L, "A Tale of Two Roads: Homiletics and Biblical Authority", *JETS* 43 (2000): 508-513.

Allen, David L, "The Rules of the Game: Seven Steps to Proper Interpretation", in *The Art and Craft Biblical Preaching,* Grand Rapids, MI: Zondervan, 2005.

Anderson, B, W, "The Problem and the Promise of Commentary," *Int* 36: 342-43.

Arthurs, Jeffrey D, *Preaching With Variety*, 박현신 역, 『목사님 설교가 다양해졌어요』, 서울: 베다니출판사, 2010.

Baumann, J, Daniel, *An Introduction to Contemporary Preaching*, Grand Rapids, MI: Baker Book House, 1972.

Bebbington, David W, "Evangelical Christianity and Modernism", *Crux* 26, no, 2 (1990): 1-9.

Bloesch, Donald G, "Evangelical Rationalism and Propositional Revelation", *Reformed Review* 51, no, 3 (1998): 169-81.

Bock, Darrell L, *Luke Volume 2 (9:51-24:53), BECNT*, Grand Rapids, MI: Baker Academic, 1996,

Borden, "Is There Really One Big Idea?", In *The big idea of biblical preaching: connecting the Bible to people*, Keith Willhite; Scott M Gibson; Haddon W, Robinson, Grand Rapids, Mich,: Baker Books, 1998.

Braga, James, *How to Prepare Bible Message*, Portland, OR: Multnomah Press, 1981.

Breed, David R, *Prepare to Preach*, New York: George H, Doran Co,, 1911.

Broadus, John A, *On the Preparation and Delivery of Sermons*, New York and San Francisco: Harper & Row, 1979,

Brooks, William T, *High Impact Public Speaking,* Englewood Cliffs, N,J,: Prentice Hall, 1988.

Brown, Dan, *The Da Vinci Code*, 양선아 역, 『다 빈치 코드』, 서울: 북스캔, 2005.

Buttrick, David, *Homiletic*, Philadelphia: Fortress, 1987.

Chapell, Bryan, *Christ-Centered Preaching: Redeeming the Expository Sermon*, Grand Rapids: Baker, 1994.

Chapell, Bryan, *Christ-Centered Sermons*, 안정임 역, 『그리스도 중심 설교 이렇게 하라』, 서울: 도서출판 CUP, 2013.

Chapell, Bryan, *Christ-Centered Preaching*: Redeeming the Expository Sermon, Grand Rapids: Baker, 1994.

Clowney, Edmund P, "Preaching Christ from All the Scripture", in *Preachers & Preaching,* Samuel T, Logan Jr, Phillipsburg, NJ: P&R, 1986.

Clowney, Edmund P, *The Unfolding Mystery: Discovering Christ in the Old Testament*, Phillipsburg, NJ: P&R, 1991.

Cox, James W, ed, *Best Sermons 7*, San Francisco, CA: Harper Collins Publishers, 1994.

Craddock, Fred B, *As One Without Authority,* Nashville: Abingdon, 1981.

Craddock, Fred B, *As One Without Authority*, 김운용 역, 『권위 없는 자처럼』, 서울: 예배와설교아카데미, 2014.

Cron, Lisa, *Wired for Story*, 문지혁 역, 『끌리는 이야기는 어떻게 쓰는가』, 서울: 웅진 지식하우스, 2012.

Dever, Mark, Greg Gilbert, *Preach [Theology Meets Practice]*, 이대은 역, 『설교』, 서울: 개혁된실천사, 2019.

Duduit, Michael, *Handbook of Contemporary Preaching*, Nashville: Broadman Press, 1992.

Edwards, J, Kent, *Deep Preaching: Creating Sermons that Go Beyond the Superficial*, 조성헌 역, 『깊은 설교』, 서울: CLC, 2012.

Elliott, Mark Barger, *Creative Styles of Preaching*, 성종현 역, 『당신의 설교는 창조적입니까』, 서울: 그루터기하우스, 2001.

Ezell, Rick, *Hitting a Moving Target*, 민병남 역, 『설교, 변하는 청중을 사로잡으라』, 서울: 생명의말씀사, 2004.

Foster, Richard, *Celebration of Discipline*, 황을호·권달천 역, 『영적 훈련과 성장』, 서울: 생명의말씀사, 2009.

Genette, Gérard, *Narrative Discourse: An Essay in Method,* trans, Jane Lewin, Ithaca: Cornell University Press, 1980.

Goddin, Seth, *Purple Cow*, 이주형·남수현 역, 『보랏빛 소가 온다』, 서울: 재인, 2005.

Goldsworthy, Graeme, *Preaching the Whole Bible as Christian Scripture: The Application of Biblical Theology to Expository Preaching*, Grand Rapids, MI: Eerdmans, 2000.

Goss, Mimi, *What is Your One Sentence?*, 김세진 역, 『한 마디로 말하라』, 서울: 중앙books, 2012.

Greidanus, Sidney *Sola Scriptura: Problems and Principles in Preaching Historical Texts*, 권수경 역, 『구속사적 설교의 원리』, 서울: 학생신앙운동, 1991.

Greidanus, Sidney, "Redemptive History and Preaching", *Pro Rege* 19,2 December 1990.

Howe, Reuel, *Partners in Preaching*, New York: The Seabury Press, 1967.

Jowett, John H., *The Preacher: His Life and Work*, George H. Doran Co., 1912.

Kaiser, Walter C, *THE OLD TESTAMENT in Contemporary Preaching*, 김영철 역, 『현대 설교에서 천대받는 구약 성경』, 서울: 여수룬, 1973.

Kim, Dae Hyeok, "Genre Sensitive Expository Preaching of the Lament Psalms: Honoring the Message, Medium, and Mood of the Text", P,D, Diss,, Southern Baptist Theological Seminary, 2013.

Kittel Gerhard and Gerhard Friedrich, *Theological Dictionary of the New Testament*, Grand Rapids: Eerdmans, 1964.

Klen, William W, Claig L, Blomberg, and Robert I, Hubbard Jr, *Introduction to Biblical Interpretation*, 류호영 역, 『성경 해석학 총론』, 서울: 생명의말씀사, 2007.

Liefeld, Walter L, *New Testament Exposition*, Grand Rapids: Ministry Resources Library, 1984.

Litfin, Duane, *Public Preaching: An Handbook for Christians*, 2nd ed, Grand Rapids: Baker, 1992.

Long, Thomas, "What Happened to Narrative Preaching?" *JP* 28 (2005): 9-14.

Long, Thomas G, *Preaching and the Literary Forms of the Bible*, Philadelphia: Fortress Press, 1989.

Long, Thomas G, *Preaching and the Literary Forms of the Bible*, 박영미 역, 『성서의 문학유형과 설교』, 서울: 대한기독교서회, 1995.

Long, Thomas G, *The Witness of Preaching,* Louisville, Kentucky: Westminster/ John Knox Press, 1989.

Lowry, Eugene L, *The Homiletical Plot*, 이연길 역, 『이야기식 설교구성』, 서울: 한국장로교출판사, 1996.

Lucado, Max, *In The Grip of Grace*, 차성구 역, 『은혜를 만끽하는 비결』, 서울: 규장, 1996.

Lucado, Max, *He Chose the Nails*, 윤종석 역, 『예수가 선택한 십자가』, 서울: 두란노, 2001.

Lucado, Max, *Next Door Savior*, 윤종석 역, 『내 안에 계신 예수님』, 두란노, 2003.

Macpherson, Ian, *The Art of Illustrating Sermons*, Nashville: Abingdon, 1964.

Macpherson, Ian, *The Burden of the Lord*, Nashville: Abingdon Press, 1956.

MacArthur, John, *The Heart of Bible*, 전의우 역, 『성경의 핵심을 꿰뚫어라』, 생명의말씀사, 2007.

Mathewson, Steven D, *The Art of Preaching Old Testament Narrative*, 이승진 역, 『청중을 사로잡는 구약의 내러티브 설교』, 서울: CLC, 2002.

McDougall, Donald G, "Central/Ideas, Outlines, and Titles", in *Rediscovering Expository Preaching*, ed, John MacArthur, Jr, Dallas: Word, 1992.

McGrath, Alister E, *Narrative Apologetics*, 『포스트모던 시대, 어떻게 예수를 들려줄 것인가』, 홍종락 역, 서울: 두란노, 2020.

McLaren, Brian, *Church on the Other Side*, 이순영 역, 『저 건너편의 교회』, 서울: 낮은울
타리, 2002.

Mayhue, Richard L, "Rediscovering Expository Preaching", in *Rediscovering Expository Preaching*, ed, John MacArthur Jr, Dallas: Word, 1992.

Michael, *Preaching with Power*, 권영주 역, 『능력 있는 설교 이렇게 한다』, 서울: 국제제자
훈련원, 2000.

Miller, Donald G, Way to Biblical Preaching, Nashville: Abingdon, 1957.

Mimmer, John, 박혜영·이석열 역, 『성경, 흐름을 잡아라』, 홍성사, 2000.

Moss, Steve, *The World's Shortest Stories*, 김윤배 역, 『세상에서 가장 짧은 영어 55단어
소설』, 정한PNP, 2004.

Osborn, John, "Pseudo-Sermons", *Ministry* 53, July 1980: 9.

Paul Borden, "Preaching from Biblical Narratives," *Expositapes 3*, Denver: Denver
Seminary, 1984. Audiocassette.

Peterson, Eugene H, *Working the Angles*: The Shape of Pastoral Integrity, Grand
Rapids: Eerdmans, 1987.

Reeb, Charley, "The One-Point Sermon", Reading Ideas, March 21, 2018; https://
www,churchleadership,com/leading-ideas/the-one-point-sermon

Richard, Ramesh, *Scripture Sculpture*, 정현 역, 『7단계 강해 설교 준비』, 서울: 디모데,
1996.

Ridderbos, Herman Nicolaas, *Paul: An Outline of His Theology*, 박문재 역, 『바울신학』,
서울: 개혁주의신행협회, 1985.

Robinson, Haddon W, *Biblical Preaching: The Development and Delivery of
Expository Messages*, 2d ed, Grand Rapids: Baker, 2001.

Robinson, Haddon W, *Making a Difference in Preaching*, 김창훈 역, 『탁월한 설교에는
무언가 있다』, 서울: 도서출판 솔로몬, 2009.

Robinson, Haddon W, *Biblical Preaching: The Development and Delivery of
Expository Message*, 박영호 역, 『강해설교』, 서울: CLC, 2011.

Robinson Haddon W, & Torrey W, Robinson, *Preaching First-Person Expository
Messages*, 전광규 역, 『1인칭 내러티브 설교』, 서울: 이레서원, 2004.

Robinson, Wayne B, *Journeys toward Narrative Preaching*, 이연길 역, 『이야기 설교를
향한 여행』, 서울: 한국장로교출판사, 1998.

Shin, Sung Wook, *Paul's Use of Ethos and Pathos in Galatians: Its Implication for
Effective Preaching*, Ph,D Thesis, University of Pretoria, 2004.

Simmons, Annette, *The Story Factor*, 김수현 역, 『대화와 협상의 마이더스 스토리텔링』, 서
울: 한언, 2013.

Smith, Steven W, *Recapturing the Voice of God: Shaping sermons like Scripture*, 김

대혁·임도균 역, 『본문이 이끄는 장르별 설교』, 서울: 아가페출판사, 2016.

Smith, Steven W, "Why Genre Matters in Preaching", Southwestern Baptist Theological Seminary Preaching Source, October 3, 2016. https://preachingsource,com/blog/why-genre-matters-in-preaching.

Stevenson, Dwight E, *In the Biblical Preacher's Workshop*, Nashville: Abingdon Press, 1967.

Stott, John R, *Between Two Worlds: The Art of Preaching in the Twentieth Century,* Grand Rapids: Eerdmans, 1982.

Tchividjian, Tullian, *Jesus + Nothing=Everything*, 정성묵 역, 『Jesus All』, 서울: 두란노, 2013.

Traina, Robert A, *Methodical Bible Study*, Wilmore, Ky,: Academic, 1952.

Vanhoozer, Kevin J, The Bible, *The Reader, and the Morality of Knowledge*, 김재영 역, 『이 텍스트에 의미가 있는가?』, 서울: IVP, 2008.

Wiersbe, Warren W, *Preaching and Teaching with Imagination*, 이장우 역, 『상상이 담긴 설교』, 서울: 요단출판사, 1995.

Wilson, Jim L, R, Gregg Watson, Michael Kuykendall, David Johnson, *Impact Preaching*, Wooster, Ohio: Weaver Book.

Wilson, Paul Scott, *The Four Pages of the Sermon*, Nashville: Abingdon Press, 1999.

Yawn, Byron, Well-Driven Nails: *The Power of Finding Your Own Voice*, 전의우 역, 『자기 목소리로 설교하라』, 서울: 성서유니온선교회, 2012.

York Hershael W, and Bert Decker, *Preaching with Bold Assurance: A Solid and Enduring Approach to Engaging Exposition*, Nashville: B&H, 2003.

정기간행물

권성수, "성령과 설교(1)-온고지신을 통한 설교 도약", 〈그말씀〉 2008년 1월, pp. 219~221.

권호, "현대설교의 한 흐름: 장르가 살아 있는 설교", 「교회와 문화」 31, 2013, pp. 143~178.

김대혁, "본문성을 고려한 설교본문 선정에 대한 연구", 한국복음주의실천신학회, 「복음과 실천신학」 제46권, 2018, pp. 34~61.

김운용, "새로운 설교 형태, 네 장면으로 이어지는 설교", 〈교회성장〉 2007년 9월, pp. 22~24.

김지찬, "역사서와 기독론적 설교: 여호수아 5장 1-9절을 중심으로", 〈그말씀〉 2002년 12월.

민경민, 『내러티브 설교구조에 있어서의 반전 플롯에 대한 연구』, 석사학위 청구논문, 총신대신학대학원, 2011, pp. 11~27.

박정근, "설교는 감동을 넘어 변화를 일으키는 것입니다", 〈그말씀〉 2003년 9월, p. 13.

신성욱, "번영신학과 설교학적 대응", 「한국설교학회」 4, 2012/2, pp. 83~93.

신성욱, "주제별 성경연구-'신실'", 〈그말씀〉 2021년 8월, pp. 166~181.

이상욱, "내러티브 설교의 평가와 전망", 「신학과 목회」 제24집, 2005, p. 7.

정창균, "구속사적 설교론의 근거와 제기되는 문제들", 〈그말씀〉 1998년 11월, pp. 6~13.

정창균, "기독론적 설교의 함정과 오류, 그리고 극복", 〈그말씀〉 1998년 11월, pp. 14~23.

류응렬, "예수 그리스도 중심의 설교: 그 기초와 방법론", 〈신학지남〉 277호, 2003년 겨울, pp. 290~292.

원포인트의
드라마틱한 강해설교

발행일 2026년 3월 5일 초판 1쇄

지은이 신성욱
발행인 고영래
발행처 (주)도서출판미래사

주소 서울시 마포구 토정로 195–1 정우빌딩 3층
전화 (02)773-5680
팩스 (02)773-5685
이메일 miraebooks@daum.net
등록 1995년 6월 17일(제2016-000084호)

이 저서는 아신대 교내 연구비에 의하여 수행된 것임.

* 가격은 뒤표지에 있습니다.
* 잘못 만들어진 책은 구입처에서 바꾸어 드립니다.